narr STUDIENBÜCHER

Prof. Dr. Elissa Pustka ist Professorin für Romanische Sprach- und Kommunikationswissenschaft an der Universität Wien.

Elissa Pustka

Französische Sprachwissenschaft

Eine Einführung

narr\francke\attempto

Bibliografische Information der Deutschen Nationalbibliothek
Die Deutsche Nationalbibliothek verzeichnet diese Publikation in der Deutschen Nationalbibliografie; detaillierte bibliografische Daten sind im Internet über http://dnb.dnb.de abrufbar.

DOI: https://www.doi.org/10.24053/9783823394624

Dischingerweg 5 · D-72070 Tübingen

Internet: www.narr.de
eMail: info@narr.de

CPI books GmbH, Leck

ISSN 0941-8105
ISBN 978-3-8233-8462-5 (Print)
ISBN 978-3-8233-9462-4 (ePDF)
ISBN 978-3-8233-0334-3 (ePub)

MIX
Papier aus verantwortungsvollen Quellen
FSC
www.fsc.org
FSC® C083411

Pour Amélie

Inhalt

Vorwort

Ist ein Lehrbuch noch zeitgemäß in Zeiten von *YouTube*-Tutorials, Podcasts und MOOCs (*Massive Open Online Courses*)? Wer nur liest, lernt weniger als wer auch zuhört, spricht und schreibt, nachdenkt, sich mit anderen austauscht und – vor allem – selbst forscht, unterrichtet und in der Praxis ausprobiert. Den größten Erfolg verspricht Lernen mit allen Sinnen und eine Kombination verschiedener Aktivitäten. Hierfür bleiben Lehrbücher zentral. Sie führen Anfänger*innen durch den Dschungel einer ihnen noch unbekannten wissenschaftlichen Disziplin, liefern einen ersten Überblick und schaffen Orientierung.

Aber ist ein Lehrbuch nicht ein Nürnberger Trichter, der nur Wissen in die Lernenden stopft? Nein! Ein Lehrbuch ist kein abgelesener Frontalunterricht ohne Ton. Lesen ist ein aktiver Prozess. Und Lesen aktiviert: Es ist anstrengend, es berührt, es bringt uns zum Lachen. Ein Buch verführt erst gar nicht zur Illusion, man könne durch 'Berieselung' ganz bequem schlauer werden. Der enorme Vorteil eines Lehrbuchs ist: Es ermöglicht differenziertes individualisiertes Lernen. Je nach Vorwissen, Interessen und Zielen kann man ein Buch von vorne bis hinten durcharbeiten oder nur einzelne Kapitel lesen, es zunächst einmal überfliegen oder in Ruhe darin schmökern, vor- und zurückspringen, Absätze bei Bedarf immer wieder lesen und dabei sein eigenes Tempo finden. Während eindimensionale Lautketten zum einen Ohr rein und zum anderen wieder herausgehen und Hin- und Herspulen in Audio- und Videomaterial mühsam ist, führen uns Texte und Graphiken mehrdimensional vor Augen, worum es geht. Es entstehen Bilder im Kopf – eine wunderbare Merkhilfe. Doch wo bleibt die Vermittlung von Kompetenzen, mit denen man sich in einer sich ständig verändernden Welt zurechtfinden kann, wo bleiben eigene Analysen und Bewertungen von Zusammenhängen? Lehrbücher bemühen sich schon lange, mit Übungsaufgaben ihre Leser*innen in unterschiedlichen Wissensdimensionen zu aktivieren. Musterlösungen ermöglichen es ihnen, durch Feedback aus ihren Fehlern zu lernen.

Das didaktische Konzept dieser neuen Einführung ist, seine Leser*innen ausgehend von ihrem Vorwissen induktiv an die französische Sprachwissenschaft heranzuführen. Das Buch ist spiralförmig aufgebaut: Es führt Beschreibungen und Begriffe in kleinen Häppchen ein und ordnet sie erst einmal in die großen Zusammenhänge ein, um sie später im Detail zu vertiefen. Die Aufgaben befinden sich nicht am Ende der Kapitel (wo sie oft weggelassen werden), sondern Fragen zum Nachdenken und kleine Übungen (mit Audio-Materialien und Musterlösungen zum Download unter www.meta.narr.de /9783823384625/Zusatzmaterial.zip) aktivieren die Leser*innen an den entscheidenden Stellen zwischendrin – wie im Präsenzunterricht.

Inhaltlich ist weniger mehr. Diese Einführung soll vor allem eines: motivieren – für die französische Sprache, für die Wissenschaft und für die französische Sprachwissenschaft. Faszinierende aktuelle Themen wie Comic-Sprache, Mehrsprachigkeit und politische Rhetorik regen die Leser*innen an, selbst zu entdecken, wie Sprachlaute, Grammatik und Bedeutung funktionieren. Daneben enthält das Buch zahlreiche Tipps für populärwissenschaftliche Podcasts, Filme und Spiele. So kann man das Gelernte auch mit Personen teilen, die nicht Französisch studieren und sich mit ihnen darüber austauschen. Wer die vorgestellten Teilgebiete vertiefen möchte, sei auf die darauf jeweils spezialisierten Einführungsbücher verwiesen (z. B. Pustka [2]2016 für die Phonologie, Kaiser 2020 für die Syntax). Während die Anzahl der Fachbegriffe in diesem Buch auf diejenigen begrenzt ist, die in der aktuellen Forschung auch wirklich relevant sind, spart es nicht daran, Zusammenhänge zu anderen Sprachen (insbesondere Deutsch und Englisch) und wissenschaftlichen Disziplinen (jenseits der Französistik und der Romanistik) herzustellen. Französisch-Student*innen dürfen sich von Anfang an umfassend sprachwissenschaftlich bilden!

Auch wenn Wissenschaft nach Objektivität strebt, ist die Auswahl der Themen für ein Einführungsbuch nie neutral. Dieses Buch ist auf Basis meiner persönlichen Erfahrungen nach 23 Jahren an der Universität geschrieben. Es liefert keinen Überblick über sämtliche Theorien und Methoden, Forschungs- und Anwendungsfelder; es nimmt vielmehr die Perspektive der kognitiven (Varietäten-)Linguistik ein. Dabei ist es mir besonders wichtig, die französische Sprachwissenschaft auf ein solides wissenschaftstheoretisches Fundament zu stellen. In der Wissenschaft geht es nicht um Fakten, die richtig oder falsch sind, sondern darum zu verstehen, wie Wissen entsteht. Die Leser*innen lernen Ergebnisse von Forschung kritisch zu hinterfragen und durch eigene Forschung selbst neues Wissen zu produzieren.

Dieses Buch ist Ergebnis meines eigenen Studiums und meiner Lehrerfahrung, meiner Lektüren, Forschungsaktivitäten und Diskussionen mit vielen Kolleg*innen und Student*innen, die mich geprägt und inspiriert haben. Ihnen allen sei an dieser Stelle gedankt! Bei der Erstellung des Manuskripts und beim Korrekturlesen haben mich Cornelia Arbeithuber, Helga Auer, Linda Bäumler, Patricia de Crignis, Christoph Gabriel, Elisabeth Heiszenberger, Georg Kaiser, Thomas Krefeld, Eva Remberger, Barbara Tiefenbacher und Verena Weiland unterstützt. Herzlichen Dank dafür!

Und wie immer – Daniel, Linus, Jonas und Amélie – Danke für die Inspiration!

1 Faszination Französisch

Romantisch und unbezwingbar – dem Klischee nach schreckt ein Labyrinth von Regeln und Ausnahmen Schüler*innen davor ab, Französisch zu lernen. Gleichzeitig zieht sie eine sanfte Melodie an, die die Wörter elegant aneinanderbindet. Die französische Sprachwissenschaft blickt hinter die Kulissen dieser faszinierenden Sprache: Sie beschreibt ganz genau, zwischen welchen Wörtern die *liaison* stattfindet und erklärt, warum auch *native speaker* schon seit Jahrhunderten Probleme mit dem *accord* haben. Während Schulbücher Sprache zu einem begreifbaren Gegenstand vereinfachen, taucht die Wissenschaft ein in das pulsierende Treiben hinter der starren Fassade. Die elitäre Schriftsprache der Literatur interessiert dabei nur am Rande; im Zentrum steht, wie Menschen im Alltag miteinander sprechen. Wir wagen daher mit diesem ersten Kapitel den Sprung ins kalte Wasser und schauen uns dieses Ihnen vielleicht noch unbekannte Alltagsfranzösisch an, das Hauptgegenstand der Sprachwissenschaft ist (Kapitel 1.1). Natürlich wird es nicht nur in Frankreich gesprochen, geschrieben, gehört und gelesen, sondern in der ganzen Welt. Entsprechend stellt Kapitel 1.2 vor, wer wo und wie Französisch als Erstsprache (L1), Zweitsprache (L2) und Fremdsprache erwirbt und lernt.

1.1 Alltagsfranzösisch

[ʃpɔmwa], <chépa>, *je ne sais pas*: Das Französische hat viele Gesichter. Während man im Französischunterricht *je ne sais pas* lernt, finden Sprachwissenschaftler*innen [ʃpɔmwa] und <chépa> interessanter. Dementsprechend geht es im Linguistik-Studium an der Universität weniger darum, was korrekt ist, sondern mehr um die Frage, wie man wirklich spricht und schreibt – also um authentische Sprache. Während Sie bislang im Fremdsprachenunterricht gelernt haben, wie man Französisch sprechen und schreiben *sollte*, ist für die Sprachwissenschaft besonders spannend, was von der Norm abweicht.

Im Fall von <chépa> und [ʃpɔmwa] sind das gleich eine ganze Reihe von Phänomenen. Ausgehend von der Standardform *je ne sais pas* [ʒənəsɛpa] kommt man wie folgt zu den Varianten der Alltagssprache:

- Die Negationspartikel *ne* (< lat. *non* ‘nicht’) fällt im gesprochenen Französisch schon seit Jahrhunderten weg.
- In der Verbalphrase *je sais* [ʒəsɛ], die man häufig [ʒəse] ausspricht, fällt das Schwa [ə] weg: [ʒse]. Das stimmhafte [ʒ] gleicht sich anschließend an das stimmlose [s] an, das verschwindet: [ʃe]. In Chats und Comics findet sich entsprechend die Schreibung <ché>.
- *pas* sprechen viele mit [ɔ] statt [a] aus. In Comics findet man daher auch die Schreibung <pô>.

- *je sais pas* [ʃepɔ] lässt sich zu [ʃpɔ] verkürzen.
- Das Personalpronomen *je* lässt sich schließlich noch durch *moi* verstärken.

Die große Herausforderung der Sprachwissenschaft ist, diese Dynamik in all ihren Dimensionen zu verstehen. So fällt das *ne* etwa nach Pronomina wie *je* öfters weg als nach Nominalphrasen wie *mon frère* (dazu mehr in Kapitel 8.3.1). Zudem findet sich die Aussprache von *pas* als [pɔ] besonders häufig im *français populaire* und im *québécois* (vgl. Kapitel 10.2.1 und 10.1.2). Um herauszufinden, wer wann wie spricht, reicht Intuition nicht aus, denn vieles davon läuft unbewusst ab und oft macht die Frequenz den Unterschied. Die Sprachwissenschaft sammelt daher große Mengen von Sprachdaten, bereitet diese digital auf und analysiert sie statistisch (vgl. Kapitel 2.1.1). Ein Forschungsgegenstand unter vielen kann natürlich auch das korrekte Französisch sein. So untersucht man etwa sprachsoziologisch und -politisch, warum sogar viele Franzosen und Französinnen in Bezug auf die Norm verunsichert sind und wie die Kanadier*innen ihr eigenes Standardfranzösisch entwickeln (vgl. Kapitel 10.3.2).

1.1.1 Gesprochene Sprache

Seitdem die Sprachwissenschaft im 19. Jahrhundert eine eigene Universitätsdisziplin geworden ist, gibt sie – zumindest theoretisch – der Mündlichkeit den Vorrang (zur Geschichte der Sprachwissenschaft vgl. Kapitel 2.2).

Das Primat der gesprochenen Sprache

Ein deutliches Bekenntnis zum sogenannten *Primat* der gesprochenen Sprache (d. h. Vorrang gegenüber der geschriebenen Sprache) findet sich im *Cours de Linguistique Générale* des Schweizers Ferdinand de Saussure (1857–1913):

> Langue et écriture sont deux systèmes de signes distincts ; l'unique raison d'être du second est de représenter le premier ; l'objet linguistique n'est pas défini par la combinaison du mot écrit et du mot parlé ; ce dernier constitue à lui seul cet objet. (CLG[1]: 30)

Für dieses Primat der gesprochenen Sprache gibt es zwei Gründe. Erstens ist die gesprochene Sprache **phylogenetisch** älter als die geschriebene Sprache: Während Menschen bereits seit mindestens 40 000 Jahren sprechen, schreiben sie erst seit ca. 7 300 Jahren. Zweitens ist die gesprochene Sprache auch **ontogenetisch** primär: Alle Menschen lernen zunächst – schnell, mühelos und perfekt – sprechen (vgl. Kapitel 4.1) und erst in der Schule schreiben: langsam, mühsam, fehlerhaft – wenn überhaupt. Selbst in Deutschland gibt es schätzungsweise 15 bis 20 % funktionale

---

1 Da der *Cours de Linguistique Générale* kein Werk von Ferdinand de Saussure selbst ist, sondern auf den Vorlesungsmitschriften seiner Schüler basiert und postum 1916 publiziert wurde (vgl. Kapitel 2.2.4), besteht die Literaturreferenz nicht wie üblich aus dem Namen des Autors und der Jahreszahl, sondern einfach nur aus der Abkürzung *CLG*.

Analphabet*innen[2] (Dohmen 2019: 40). Von Schrift unberührte Kulturen existieren allerdings heute nicht mehr: Der *Coca Cola*-Schriftzug ist auf der ganzen Welt bekannt.

Wie sieht gesprochenes Französisch aus?

Auch wenn wir täglich Sprache(n) sprechen und hören, ist den meisten Menschen nicht bewusst, was gesprochene Sprache ausmacht. Im Alltag achten wir nicht darauf. Daher bringt das Sprachwissenschaftsstudium viele Überraschungen mit sich, die Sie den Alltag mit einer ganz neuen Aufmerksamkeit erleben lassen werden! Ein Beispiel für französische Spontansprache liefert die Audio-Datei 'Paris-Province', die Sie unter www.meta.narr.de/9783823384625/Zusatzmaterial.zip herunterladen und anhören können. Die orthographische Transkription des Interviewausschnitts ist im folgenden Kasten abgedruckt.

Interview mit einer *Brasserie*-Besitzerin in Paris (*1961)

E : Et pour vous, quelles sont les différences de mentalité les plus importantes entre les Aveyronnais et les Parisiens ?

L : (...) C'est surtout euh, ben, moi je vais dans ma, dans la, dans ma belle-famille euh, les enfants, c'est comme les lapins et les poulets. On les nourrit, on leur change la cage régulièrement, donc euh la couche, mais pour le reste, pour ce qui est de jouer avec eux, de, de, de leur faire faire les devoirs, de leur euh, de les inscrire à la danse, au judo euh, de les emmener à Pétaouchnock pour faire ou pour voir tel musée ou telle euh, c'est du superflu, c'est du, c'est un truc de Parisien. <E : Hum, hum.> C'est un truc de Parisien. (...) Et puis bon, il y a des choses moi qui me, qui m'horripilent, mais qui me choquent aussi, c'est le, les garçons sont complètement euh, on se croirait retourné cinquante ans en arrière quoi. Les garçons, c'est euh 'Ne touche pas à la vaisselle !', on leur sort le, leur petit linge, euh, mais alors quand moi mes belles-sœurs me voient parler à mon fils euh 'Maman, tu as pas vu mes basquets ?' 'Ben, tu te les cherches, elles sont où tu les as trou/, où tu les as posés.', elles me regardent avec des grands yeux euh. (...) C'est, bon euh, des choses, bon, peut-être parce que j'ai trois enfants et que je travaille, j'ai, je suis plus rigide sur certaines choses, mais euh.

(Korpus Pustka; PFC-Code 75wcn1; vgl. Pustka 2007)

Hier besteht kein Zweifel: Es handelt sich ganz eindeutig um gesprochenes Französisch. Insbesondere finden wir die Negation ohne *ne* wieder („tu as pas vu" in der Transkription oben) sowie die Verstärkung von *je* durch *moi* („moi je vais"). Daneben springen

2 Während *primäre Analphabet*innen* nie Lesen und Schreiben gelernt haben, können *funktionale Analphabet*innen* zwar Buchstaben entziffern und mit ihrem Namen unterschreiben, aber keine Texte verstehen.

einem in der Transkription eine Reihe von Wörtern ins Auge, die man in schriftlichen Texten nicht gewohnt ist: *bon, ben, quoi.* In der Mündlichkeit strukturieren diese den Diskurs, da man ja 'ohne Punkt und Komma' redet. Beim Anhören des Tondokuments fällt außerdem auf, dass die Sprecherin oft zögert, sei es durch Dehnungen der Vokale, Pausen oder *euh.* Manchmal bricht sie ihre Sätze ganz ab, korrigiert sich selbst und setzt wieder neu an (z. B. „C'est surtout euh, ben, moi je vais..."). Daran erkennt man, dass das Gesprochene ganz spontan aus ihr 'heraussprudelt'.

In anderen Fällen ist die Einordnung der Kommunikationssituation und der Sprache dagegen nicht eindeutig. Überlegen Sie selbst!

À vous !
Wie würden Sie eine Vorlesung an der Universität oder eine Rede im Parlament einordnen? Hören wir dort eher gesprochene oder geschriebene Sprache? Inwiefern?

Medium und Konzeption

Vorlesungen und Parlamentsreden werden von Mund zu Ohr übermittelt. Sie sind also eigentlich mündlich. Dennoch wirken sie irgendwie 'schriftlicher' als Alltagssprache, selbst wenn sie weder abgelesen noch auswendig gelernt sind. Diese Beispiele zeigen uns, dass die Begriffe *gesprochen* und *geschrieben* zweideutig sind. Sie bezeichnen zum einen das **Medium**, das durch eine einfache Dichotomie (Zweiteilung) charakterisiert ist: Phonie vs. Graphie. Hier ist ganz einfach zu bestimmen, ob Sprache über Schallwellen von Sprecher*innen zu Hörer*innen gelangt (**phonisch**) oder ob Schreiber*innen sich in Textform – sei es auf Papier oder dem Smartphone-Bildschirm – an Leser*innen wenden (**graphisch**). Ein alltägliches Gespräch unter Freund*innen und eine Rede im Parlament sind beide eindeutig phonisch, ein Chat und ein Verwaltungsformular ganz eindeutig graphisch. Daneben bezieht sich die Opposition zwischen Mündlichkeit und Schriftlichkeit aber auch auf die **Konzeption**. Hier ist die Einordnung nicht ganz so einfach, denn zwischen dem Pol der **kommunikativen Nähe** und dem Pol der **kommunikativen Distanz** besteht ein Kontinuum. Nähe bedeutet dabei neben physischer Nähe (*face-to-face*-Kommunikation) auch psychische Nähe (Vertrautheit). So stellt ein Gespräch unter Freund*innen einen Extremfall von Nähesprache dar, ein Verwaltungsformular einen Extremfall von Distanzsprache; Vorlesungen und Parlamentsreden dagegen können sich an unterschiedlichen Punkten dazwischen ansiedeln.

Das Schema in Tab. 1.1 bildet dies ab, indem der Strich zwischen phonischem und graphischem Medium durchgezogen ist, der zwischen Nähe- und Distanzkonzeption dagegen nur gestrichelt.

		Konzeption	
		Nähe	Distanz
Medium	phonisch	Alltagsgespräch: [ʃpɔmwa]	Rede: [ʒənəsɛpa]
	graphisch	Chat: <chépa>	Verwaltungsformular: <je ne sais pas>

Tab. 1.1: Gesprochenes und geschriebenes Französisch (in Anlehnung an Söll [1974] (^{3}1985) und Koch/Oesterreicher [1990] ^{2}2011).

In diesem Vierfelderschema sind grundsätzlich alle Kombinationen möglich. Allerdings kommen einige häufiger vor als andere. So bestehen ganz klar **Affinitäten** zwischen dem phonischen Medium und der Nähekonzeption (z. B. Alltagsgespräch) und dem graphischen Medium und der Distanzkonzeption (z. B. Verwaltungsformular). Zur Verdeutlichung sind diese beiden Kästchen in Tab. 1.1 dunkler hinterlegt als die anderen beiden. Die zwei übrigen Kombinationen sind seltener, aber ebenfalls möglich. Dies zeigt allein schon die Möglichkeit des **Medienwechsels**: Jedes Gespräch lässt sich transkribieren und jeden Text kann man laut vorlesen. Manche Texte sind sogar aus mündlichen Erzählungen entstanden, zum Beispiel die Volksmärchen von Charles Perrault oder der Gebrüder Grimm. Andere wiederum werden speziell geschrieben, um vorgelesen zu werden, insbesondere Kinderbücher. Zudem können einige Menschen (speziell manche Professor*innen und Politiker*innen) auch ohne Manuskript 'sprechen wie gedruckt' – was Student*innen und Journalist*innen das Mitschreiben erleichtern kann. Letzten Endes lässt sich Mündlichkeit auch inszenieren, beispielsweise im Comic (vgl. Kapitel 1.1.3).

Auch wenn die Idee der Nähe- und Distanzsprache sehr intuitiv ist, so müssen in der Wissenschaft subjektiv 'gefühlte' Kategorien intersubjektiv nachvollziehbar gemacht werden. Dazu dienen sowohl sprachexterne als auch sprachinterne Kriterien. Sprachextern sind dies die „Kommunikationsbedingungen" (Koch/Oesterreicher ^{2}2011: 6), d. h. die Charakteristika der Situationen kommunikativer Nähe und Distanz, und sprachintern die „Versprachlichungsstrategien" (Koch/Oesterreicher ^{2}2011: 6), mit denen Nähe- und Distanzsprache produziert wird. Beides sehen wir uns im Folgenden genauer an.

Situationen zwischen Nähe und Distanz

Tab. 1.2 gibt einen Überblick über die wichtigsten Kriterien zur Definition von Kommunikationssituationen:

Nähe	Distanz
Dialog	Monolog
Vertrautheit	Fremdheit
Emotionalität	keine Emotionalität
Situations- und Handlungs*ein*bindung	Situations- und Handlungs*ent*bindung
face-to-face	raum-zeitliche Trennung
freie Themenentwicklung	Themenfixierung
Privatheit	Öffentlichkeit
Spontanität	Reflektiertheit
...	...

Tab. 1.2: Kriterien von Nähe- und Distanzsituationen (vgl. KOCH/OESTERREICHER ^{2}2011).

Mit Hilfe dieser Kriterien können Kommunikationssituationen genauer bestimmt werden. So lässt sich beispielsweise eine Rede im Parlament wie folgt definieren:

Nähe-/Distanzprofil einer Rede im Parlament

- **Monolog**, evtl. z. T. Dialog aus Rede, Zwischenrufen und Reaktionen darauf;
- **Vertrautheit** z. T. mit den anderen Parlamentarier*innen und Zuschauer*innen, aber Fremdheit eines Großteils des Fernsehpublikums und der Zeitungsleser*innen;
- **Emotionalität**: je nach Thema unterschiedlich;
- **Situations- und Handlungseinbindung**: meist ohne;
- ***face-to-face*** mit dem Präsenzpublikum, dagegen nicht über die Massenmedien;
- **Themenfixierung**, evtl. mit spontanen Ergänzungen;
- **Öffentlichkeit** über die Massenmedien, aber eingeschränkter Kreis vor Ort;
- **Reflektiertheit** der (schriftlich vorbereiteten) Rede, aber auch spontane Ergänzungen.

Dieses Beispiel verdeutlicht, dass das Kontinuum zwischen Nähe und Distanz mehrdimensional ist. Fälle in der Mitte des Kontinuums können daher nicht pauschal als näher oder entfernter vom Nähe- bzw. Distanzpol eingeordnet werden. Sie sind dies möglicherweise in Bezug auf eines der Kriterien, aber nicht in Bezug auf andere. So kann beispielsweise eine Rede im Parlament sehr emotional sein, obwohl sie öffentlich ist, ein Chat mit dem Kundenservice der Bank rein sachlich, aber gleichzeitig höchst vertraulich. Außerdem ist jede Parlamentsrede verschieden, und auch innerhalb derselben Rede kann sich die Situation immer wieder ändern. Nähesprache im engeren Sinne definiert Krefeld (2015) daher nur über das folgende zentrale Merkmal: *face-to-face*-Situation ohne Zuhilfenahme technischer Medien.

Merkmale gesprochener Sprache

Die Verteilung der **sprachinternen Charakteristika** gesprochener und geschriebener Sprache ist ebenfalls vielschichtig. Der Sprachvergleich zeigt, dass sich eine Reihe von Merkmalen in allen Sprachen der Welt wiederfinden. Diese **universellen Merkmale** der Nähe- und Distanzsprache lassen sich aus den Kommunikationsbedingungen ableiten. Nähekommunikation findet parallel auf zahlreichen Kanälen statt: neben der Sprache auch durch Gestik und Mimik, den situativen Kontext und geteiltes Wissen. Dagegen ist Distanzkommunikation oft auf die Sprache beschränkt. Aus diesem Grund ist Distanzsprache präziser in der Wortwahl, komplexer in der Syntax und deutlicher in der Phonologie. In der Nähesprache reichen oft sogenannte *passe partout*-Wörter aus (die so heißen, weil man sie für alles mögliche einsetzen kann), z. B. fr. *truc, machin, mec*, Aneinanderreihungen von Hauptsätzen und eine reduzierte Aussprache. Im Französischen sind Formen wie <chépa> [ʃpɔ] für *je ne sais pas* (s. o.), <quat'> [kat] für *quatre* oder <t'as> [ta] für *tu as* allerdings komplexeren einzelsprachlichen Regelmäßigkeiten unterworfen (vgl. Kapitel 6.2.2). Zusätzlich finden sich in der Nähesprache viele Deiktika, mit denen man direkt auf die Umgebung zeigen kann: *ici, là-bas, celui-ci, celui-là* etc.

Da Nähesprache im Gegensatz zu Distanzsprache nicht sorgfältig vorbereitet und korrigiert ist, sondern spontan produziert wird, erscheint sie – wenn man sie als Transkription vorliegen hat – oft chaotisch, provisorisch, bruchstückhaft oder sogar falsch: Man findet hier Häsitationsphänomene wie leere und gefüllte Pausen (*euh*), Dehnungen und Wiederholungen, abgebrochene Sätze, Selbstkorrekturen (eingeleitet durch *enfin, bon* etc.) und Unsicherheitsbekundungen (z. B. durch *je sais pas, je veux dire*). Im Alltag fällt uns das aber gar nicht auf. Denn ganz so chaotisch ist die Nähesprache auch nicht: Statt mit Punkt und Komma ist sie durch Gliederungssignale strukturiert. Das sind Öffnungssignale wie *et* und *alors* und Schließungssignale wie *hein* und *quoi*. Zu ihrem auf den ersten Blick chaotisch wirkenden Satzbau gehören auch die sogenannten Rechts- und Linksversetzungen, d. h. Abweichungen von der üblichen Subjekt-Verb-Objekt-Reihenfolge. So findet man statt *Le chat mange la souris* eher *il mange la souris, le chat* oder *le chat, il mange la souris.*

À vous !
Welche sprachlichen Gliederungssignale (*connecteurs*) der französischen *Distanz*sprache kennen Sie? Wie leitet man einen Gedanken ein, wie fügt man einen hinzu, wie schließt man ab und wie stellt man Parallelen her? Erstellen Sie eine Vokabelliste, die Ihnen beim Verfassen französischer Texte hilft!

Da Nähesprache typischerweise im Dialog vorkommt, finden sich hier auch Kontaktsignale von Sprecher*in (z. B. *hein, tu sais, tu vois, écoute*) und Hörer*in (z. B. *hum, d'accord, tiens*).

Das Kriterium der Emotionalität kann sich schließlich unterschiedlich niederschlagen. Einerseits machen Emotionen sprachlos bzw. drücken sich in sprachlich marginalen Interjektionen aus, wie *beurk !* für Ekel und *aïe !* für Schmerz. Zu dieser direkten Ausdrucksweise gehören auch die Onomatopoetika ('Lautmalereien'), z. B. *crac, boum*. Auf der anderen Seite lassen sich durch besonders aufwändige Versprachlichungsstrategien Emotionen bei den Hörer*innen wecken, u. a. durch Metaphern und Übertreibungen (vgl. Kapitel 9.4). Beim mündlichen Erzählen sorgen außerdem das Präsens und die direkte Rede für Lebendigkeit (z. B. « 'Maman, tu as pas vu mes basquets ?' » im Interviewausschnitt oben).

Nähe und Distanz beeinflussen jedoch nicht nur die Sprache, sondern auch die nichtsprachliche Kommunikation. So kommt man sich bei einer Umarmung näher als beim Händeschütteln. Viel ist hier allerdings auch kulturell bedingt, wie etwa in Frankreich die Anzahl der *bises* je nach Region.

Merkmale des gesprochenen Französisch

Neben den universellen Merkmalen der gesprochenen Sprache existieren auch **einzelsprachliche Merkmale**. Im Französischen ist der Unterschied zwischen gesprochener und geschriebener Grammatik ganz besonders groß. Vergleicht man die Konjugation der regelmäßigen Verben auf *-er* (z. B. *chanter* in Tab. 1.3), so sieht man, dass Endungen fast nur im graphischen Medium existieren; im phonischen **Medium** erkennt man Person und Numerus dagegen v. a. am vorangestellten Personalpronomen, das oft verdoppelt wird.

Phonie	Graphie
[mwaʒəʃɑ̃t]	<je chant**e**>
[twatyʃɑ̃t]	<tu chant**es**>
[lɥiiʃɑ̃t]/[ɛlɛlʃɑ̃t]	<il/elle/on chant**e**>
[nuɔ̃ʃɑ̃t]	<nous chant**ons**>[3]
[vuvuʃɑ̃te]	<vous chant**ez**>
[øiʃɑ̃t]/[ɛlɛlʃɑ̃t]	<ils chant**ent**>

Tab. 1.3: Verbkonjugation in phonischem und graphischem Medium.

Auf Ebene der **Konzeption** sind die Unterschiede besonders deutlich in Morphologie und Syntax (vgl. Kapitel 7 und 8). So ist die Anzahl der Tempi und Modi in der Nähesprache geringer: Das *passé simple*, der *imparfait du subjonctif* und das *futur simple* kommen hier (fast) nicht vor, und häufig wird an Stelle des *subjonctif* der Indikativ verwendet. Bei den Pronomina kann das unpersönliche *il* in *(il) faut* und *(il) y a* wegfallen und *nous* durch *on* ersetzt werden (was auch die Konjugation vereinfacht; vgl. Tab. 1.3); gleichzeitig ist eine Verdoppelung möglich (z. B. *nous on chante*; vgl. Tab. 1.3). Typisch für das gesprochene Französisch ist außerdem die Verkürzung von *cela* zu *ça* und von *qui* vor Vokal zu *qu'* (z. B. *c'est qui qu'a fait ça ?* statt *qui a fait*). In der Verbalphrase fällt auf, dass die Negation ohne *ne* erfolgt (vgl. <chépa> statt *je ne sais pas*; s. o.). Zudem kann der *accord* fehlen, beim *participe passé*, aber auch beim Präsentativ *c'est* (z. B. *c'est pas des pizzas* statt *ce ne sont pas des pizzas*). Auf Satzebene ist *il y a X qui* eine speziell französische Konstruktion (z. B. « il y a des choses moi qui me, qui m'horripilent » in der Transkription oben). Schließlich werden im gesprochenen Französisch Fragen üblicherweise allein durch die Intonation ausgedrückt (z. B. *Tu viens ?*), während in der Distanzsprache die Inversion vorherrscht (z. B. *Pourriez-vous m'envoyer votre adresse ?*). Wir vertiefen diese Phänomene noch in Kapitel 8.3.3.

Im Gegensatz zu den universellen Versprachlichungsstrategien ergeben sich die einzelsprachlichen Versprachlichungsstrategien nicht automatisch aus den Kommunikationsbedingungen. Im Gegenteil: Sie konstruieren diese mit. Da beispielsweise eine Negation ohne *ne* als mündlich eingeordnet wird, kann dieses Phänomen in einer Rede oder einer E-Mail Nähe herstellen.

---

3 Bei <nous chantons> vs. [nuɔ̃ʃɑ̃t] besteht nicht nur ein Unterschied auf der Ebene des Mediums, sondern auch auf der Ebene der Konzeption: Anstelle des Personalpronomens der 1. Person Plural *nous* ist im gesprochenen Französisch *on* üblicher. Zudem wird das Pronomen häufig zu *on nous* gedoppelt (vgl. Kapitel 8.3.2).

1.1.2 *Langage texto*

In der computervermittelten Kommunikation verschwimmen die Grenzen zwischen Mündlichkeit und Schriftlichkeit. Auf *WhatsApp* sendet nicht mehr zwangsläufig ein Sender eine Nachricht, die ein Empfänger liest und erst im Anschluss beantwortet (womit sich dann die Rollen umdrehen und der Empfänger zum Sender wird). Die Kommunikationspartner können ihre Nachrichten auch häppchenweise verschicken, sich dabei ins Wort fallen, aber auch gleichzeitig tippen. Komplett synchron wie eine *face-to-face*-Unterhaltung ist ein Chat zwar nicht (da niemand jeden Buchstaben einzeln senden würde), aber fast. Man spricht daher von ***quasi-synchroner Kommunikation*** (vgl. Dürscheid 2016) – im Gegensatz zur nicht-synchronen Kommunikation von Schriftsteller*innen, deren Werke manchmal erst mehrere Jahrhunderte später gelesen werden. Die Spontaneität, die bei der Kommunikation per Smartphone häufig vorliegt, führt dazu, dass das Geschriebene nicht genau geplant, sorgfältig elaboriert und vor der Übermittlung noch einmal gründlich Korrektur gelesen wird. Zudem ermöglichen *Instant Messaging*-Dienste neben reinen Sprachnachrichten auch die Übersendung von Emojis, Fotos, Audio- und Videobotschaften und Links – auf diese Weise ergibt sich eine multimediale und vielfach kontextualisierte Kommunikation. Dabei bestehen natürlich enorme Unterschiede zwischen den Nachrichten und Chats, die man austauschen kann, von der Terminerinnerung des Friseursalons bis zum Beziehungsstreit.

À vous !
Entziffern Sie die folgenden französischen SMS: « jSpR ktu va bi1 », « D-100 chuis ariV », « j'tapLdkej'pe », « C pa grav », « J'v boC », « a2m1 » (Beispiele aus Sabatier 2014).

Der französische SMS-Slang (*langage texto*) hat mit der Verbreitung von Handy und Internet ab Ende der 1990er Jahre schnell die Aufmerksamkeit der Sprachwissenschaft und der Massenmedien auf sich gezogen. « Parlez-vous texto ? » titeln regelmäßig Bücher, Zeitungsartikel und Blogs, um die Erwachsenenwelt in die vermeintliche Geheimsprache der *digital natives* einzuweihen (z. B. Sabatier 2014). Mittlerweile sind sogar mehrere Romane im Chat-Slang erschienen. Aber auch große internationale Forschungsprojekte widmen sich dem Thema, u. a. *sms4science* (2007–2016; www.sms4science.org) und *What's up, Switzerland?* (2016–2020; www.whatsup-switzerland.ch).

Das Forschungsprojekt *sms4science*

Mit dem Aufruf « Faites don de vos SMS à la science ! » hat 2004 in Belgien die erste große SMS-Sammlung stattgefunden. Zwei Monate lang haben insgesamt

3300 Personen 75500 ihrer bereits geschriebenen SMS an ein Forschungsteam weitergeleitet. 2275 von ihnen haben zudem einen Fragebogen zu ihrem soziodemographischen Profil und ihrem Medienverhalten ausgefüllt. Die Teilnehmer*innen waren zwischen 12 und 73 Jahre alt, 76 % unter 25 Jahren. Im Anschluss wurde das Projekt auf La Réunion, die Schweiz, Québec und mehrere französische *départements* ausgeweitet (www.sms4science.org/). Auf dieser Datenbasis haben die Forscher*innen herausgefunden, welche der in den Massenmedien beschriebenen Merkmale des *langage texto* auch wirklich existieren, wie häufig sie sind und inwiefern sich die SMS von Jugendlichen und Erwachsenen unterscheiden (vgl. Fairon/Klein/Paumier 2006).

Schreibstrategien

Wie die Beispiele zeigen, zeichnen sich französische Textnachrichten durch eine ganze Reihe von Schreibstrategien aus:

- **Abkürzungen:** Weglassen der Vokale (z. B. *bcp* für *beaucoup*), des Wortendes (z. B. *dak* für *d'accord*) oder des Wortanfangs (z. B. *net* für *internet*);
- **Siglen:** Reduktion auf die Anfangsbuchstaben (z. B. *mdr* für *mort de rire*);
- **Expressive Längungen** (z. B. *ke jeu taimmmmmmeu* für *que je t'aime*);
- **Rebus-Prinzip:** Verwendung von Ziffern, Buchstaben und Symbolen als Lautzeichen (z. B. *a2m1* für *À demain !*, *OKLM* für *au calme*, *A+* für *À plus tard !*);
- **Pseudo-phonetische 'Transkription'** (z. B. *kwa* für *quoi*);
- **Anglizismen** (z. B. *LOL* für *laughing out loud*);
- **Emoticons** (z. B. :-), xD), später auch Emojis (z. B. 😘, 😴);
- **Merkmale der konzeptionellen Nähesprache** (vgl. Kapitel 1.1.1), u. a. Wegfall des *ne* der Negation (z. B. *C pa grav* für *Ce n'est pas grave*).

Der *langage texto* hat sich in den vergangenen drei Jahrzehnten mit der Veränderung der Technik aber auch rasant weiter- und auseinanderentwickelt. Als es noch darauf ankam, auf einem Handy mit neun Tasten SMS von maximal 160 Zeichen zu tippen, war der SMS-Slang durch extreme **Abkürzungen** geprägt. Durch die automatische Textergänzung sind diese zurückgegangen. Diese Abkürzungen waren keineswegs Innovationen, sondern bauten auf der Tradition handschriftlicher Notizen auf. Die wichtigsten davon lernt man in Frankreich sogar in der Schule. Für das Mitschreiben von Vorlesungen an der Universität sind sie besonders nützlich. Die Hauptstrategie dabei ist das Weglassen der Vokale (z. B. *bcp* für *beaucoup*). Tab. 1.4 gibt einen Überblick über die wichtigsten französischen Abkürzungen.

Abkürzung	Vollform
bcp	*beaucoup*
ds	*dans*
ns	*nous*
pb	*problème*
pr	*pour*
qd	*quand*
tjs	*toujours*
tps	*temps*
tt	*tout*
qqch	*quelque chose*
cad	*c'est-à-dire*
t° (z. B. *solut°*)	*-tion*
-mt (z. B. *évidemmt*)	*-ment*
m̂	*même*

Tab. 1.4: Französische Abkürzungen.

Zu diesen Abkürzungen für das Mitschreiben kommen in der digitalen Kommunikation Abkürzungen in anderen Wortschatzbereichen hinzu. Dazu gehören insbesondere die Kommunikationssituation am Handy oder Computer (z. B. *OCP* für *occupé*) sowie der Ausdruck von Emotionen (z. B. *dsl* für *désolé*). Die Kürzungen von Wortanfängen und -enden, die man im *langage texto* findet, sind dagegen nichts Neues: *aprem*, *ptit dèj* etc. gab es schon vor der Verbreitung der computervermittelten Kommunikation.

Eine spezielle Form der Abkürzung ist die **Siglenbildung**, bei der aus den ersten Buchstaben der Wörter einer Konstruktion ein neues Wort gebildet wird. In SMS finden sich *LOL* (*laughing out loud*) und seine französische Entsprechung *mdr* (*mort de rire*). Sehr viel häufiger sind Siglen im *Instant Messanger*-Dienst *Discord*, in dem man beim Computerspielen chattet. Dort finden sich sowohl für diese Kommunikationssituation spezifische Ausdrücke (z. B. *AFK* für *away from keyboard*, *GG* für *good game*) als auch Flüche, Beleidigungen und Beschimpfungen – die sich durch die Emotionalität der Situation erklären lassen (z. B. *BLC* für *je m'en bats les couilles !*, *FDP* für *fils de pute*, *TG* für *Ta gueule !*).

Eine entgegengesetzte Versprachlichungsstrategie zu Abkürzungen sind **expressive Längungen** durch die Wiederholung von Buchstaben wie <ke jeu taimmmmmmeu> für *que je t'aime*. Diese haben keinerlei Entsprechung in der Phonie. Alternativ werden zur Unterstreichung der Relevanz des Gesagten sowie zur Imitation hoher Lautstärke auch Großbuchstaben eingesetzt, z. B. <JT ADOOOR> für *je t'adore* (Beispiele aus FAIRON/KLEIN/PAUMIER 2006: 40).

Platz einsparen lässt sich auch durch das **Rebus-Prinzip**. Hierbei stehen Ziffern und Buchstaben für die Lautkette, die ihnen beim Zählen und Buchstabieren entspricht, etwa <1> (*un*) für [ɛ̃] (z. B. in *a2m1* für *À demain !*) und <C> für [se] (z. B. in *C pa grav* für *Ce n'est pas grave !*). Da die Aussprache des französischen Schwas [ə] (vgl. Kapitel 6.2.2) dem [ø] sehr ähnelt, wird <2> (*deux*) gerne für <de(-)> eingesetzt (z. B. in *a2m1*). Zur Sprachökonomie kommt hier aber auch ein spielerischer Effekt beim Lösen der Rebus-Rätsel. Auch dieses Prinzip existierte schon lange vor der computervermittelten Kommunikation.

À vous !

Entschlüsseln Sie den folgenden Rebus-Briefwechsel zwischen Friedrich dem Großen und Voltaire:

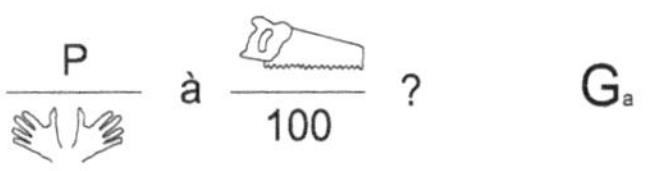

Tab. 1.5 liefert einige klassische Beispiele für das Rebus-Prinzip im *langage texto*. Ein neuerer Ausdruck ist *OKLM* [o.kalm]/[o.ka.ɛl.ɛm] für *au calme*, der durch den Rapper Booba popularisiert wurde.

Langage texto	**Orthographie**	**Phonetische Transkription**
<koi29>	*Quoi de neuf ?*	[kwadənœf]
<a2m1>	*À demain !*	[adəmɛ̃]
<a12c4>	*À un de ces quatre !*	[aɛ̃dəsekatʁ]
<C>	*c'est*	[sɛ]/[se][4]
<CT>	*c'était*	[setɛ]/[sete]
<G>	*j'ai*	[ʒɛ]/[ʒe]
<je t'M>	*je t'aime*	[ʒətɛm]
<NRV>	*énervé*	[enɛʁve]
<A+>	*À plus tard !*	[aplytaʁ]

Tab. 1.5: Das Rebus-Prinzip im *langage texto* (Beispiele aus SABATIER 2014).

4 Zur Aussprache von [e] und [ɛ] vgl. Kapitel 6.2.1.

Auch hier lässt sich ein technikbedingter Wandel beobachten. Während Zahlen auf klassischen Handys am einfachsten einzutippen waren, ist es auf dem Smartphone umständlich, von der Buchstaben- auf die Zahlentastatur umzuschalten. Entsprechend nehmen diese Rebus-Typen ab.

Bei den **pseudo-phonetischen 'Transkriptionen'** geht es ebenfalls sowohl um Sprachökonomie als auch um Expressivität. <mwa> für *moi* spart beispielsweise kein einziges Zeichen ein, sieht aber witzig aus, da es gerade nicht der üblichen französischen Rechtschreibung entspricht. Besonders verbreitet ist das Fehlen stummer Buchstaben (übrigens auch ein häufiger Rechtschreibfehler): z. B. das <s> in <mé> (*mais*) und das <e> am Ende von <malad> (*malade*; vgl. Tab. 1.6). Auch der Buchstabe <k> für [k] in <keske> (*qu'est-ce que*) ist zwar kürzer als <qu>, v. a. aber auffällig, da er ansonsten im Französischen (fast) nicht existiert (nur in Lehnwörtern wie *ketchup*). Schreibungen wie <chuis> und <chépa> (vgl. Kapitel 1.1.1) haben ebenfalls eine solche 'Schockwirkung', während die assimilierten Formen [ʃɥi] und [ʃepa] im phonischen Medium unbemerkt bleiben. Fehlende Abstände zwischen den Wörtern (z. B. <jveu> für *je veux*) entsprechen schließlich der typisch französischen Aussprache von Wortgruppen als sogenanntes *mot phonétique* ([ʒvø]) ohne Pausen oder andere Grenzsignale dazwischen. Auch die Liaison zwischen den Wörtern findet sich im *langage texto* wieder: z. B. <lé zétud> für *les études* [lezetyd] (vgl. Kapitel 6.2.2).

Langage texto	**Orthographie**	**Phonetische Transkription**
<keske>	*qu'est-ce que*	[kɛskə]
<koi>/<koua>/<qwa>	*quoi*	[kwa]
<malad>	*malade*	[malad]
<mé>	*mais*	[mɛ]/[me]
<jsui>/<chui>	*je suis*	[ʃɥi]
<moi jveu bien kon srevoie>	*moi je veux bien qu'on se revoie*	[mwaʒvøbjɛ̃kɔ̃sʁəvwa]
<lé zétud>	*les études*	[lezetyd]

Tab. 1.6: Pseudo-phonetische 'Transkription' im *langage texto* (Beispiele aus Fairon/Klein/Paumier 2006).

Auf medialer Ebene imitiert der *langage texto* also einerseits in der Graphie die Phonie, andererseits besitzt er mit den Abkürzungen und Buchstabenwiederholungen, dem Rebus-Prinzip und den Emoticons bzw. Emojis auch ganz eigene Schreibstrategien.

Graphisch realisierte Nähesprache

Im *langage texto* finden wir außerdem zahlreiche Merkmale der **konzeptionellen Nähesprache** wieder (vgl. Kapitel 1.1.1): auf universeller Ebene Aneinanderreihungen von Hauptsätzen sowie Kontakt- und Gliederungssignale wie *alors*, *bon ben* und *hein*, auf einzelsprachlicher Ebene der Wegfall des *ne* der Negation (z. B. <G c pa> für *je ne sais pas*), die Verdoppelung des Subjekts (z. B. <moi jveu bien> für *moi je veux bien*) und die Form <t'> statt *tu* vor Vokal (z. B. <dis qd t libre à midi> für *dis quand tu es libre à midi*; Beispiele aus Fairon/Klein/Paumier 2006).

Aufgrund der raum-zeitlichen Distanz finden sich hier dagegen keine Deiktika. Häsitationen entsprechen realen zeitlichen Pausen, Selbstkorrekturen lassen sich in *WhatsApp* auch über das Löschen bereits abgeschickter, aber noch nicht gelesener Nachrichten realisieren – wie beim Schreiben anderer Texte am Computer – und für den Ausdruck von Emotionen gibt es die mediumsspezifischen Emoticons bzw. Emojis sowie Buchstabenwiederholungen und Großschreibungen (s. o.). Eine medienspezifische Besonderheit sind Autokorrekturen bei der Eingabe von Wörtern durch das Gerät, die manchmal auch entgegen der Absichten der Schreiber*innen zu Fehlern führen.

Variation

Die aufgelisteten Charakteristika des *langage texto* sollten nicht suggerieren, dass französische Textnachrichten immer und durchgehend auf diese Weise geschrieben werden. Korpora wie *sms4science* dokumentieren vielmehr, dass hier die **Variation** enorm ist. Insbesondere bestehen große Unterschiede zwischen den Schreiber*innen, wie die folgenden beiden Liebes-SMS zeigen:

> Putain mon amour je t aime trop j sui trop fou d toi c pa poss je ne voi k toi mon amour t la seule ke j aime je t aime+ke tt mon bébé d amour je t aime pour la vie (15-jähriger Junge; Fairon/Klein/Paumier 2006: 63)
>
> Michel, je ne t'ai pas oublié, bien au contraire. Comment le pourrais-je ? Je suis folle de toi... Je n'ai pas eu l'opportunité d'envoyer un sms. Je suis prudente, je ne veux pas que Jm ait des doutes en me voyant lancer des sms en pleine nuit. Tu me manques bcp. Ta voix me manque. Je t'aime. (Fairon/Klein/Paumier 2006: 56)

Im Korpus finden sich in der Tat die meisten in den Massenmedien kolportierten SMS-Charakteristika in der Altersgruppe von 15 bis 25 Jahren. Es zeigt aber auch, dass *language texto* nicht mit Jugendsprache gleichzusetzen ist. Textnachrichten schreiben Menschen jeden Alters. Allerdings geht der SMS-Slang auch in die Jugendsprache ein, z. B. die Aussprache [o.ka.ɛl.ɛm] (*OKLM*) für *au calme* (s. o.). In Comics finden sich ebenfalls typische Ausdrücke des *language texto* wieder (mehr zur französischen Jugendsprache in Kapitel 10.2.2, mehr zur Comic-Sprache in Kapitel 1.1.3).

Eine ungeahnte Vielfalt zeigt sich auch bei der näheren Betrachtung einzelner Wörter. So erscheint das Wort *aujourd'hui* allein im belgischen *sms4science*-Subkorpus in insgesamt 40 Varianten: Am häufigsten sind <aujourd'hui> (191/654 Okkurrenzen), <ajd> (123 Okkurrenzen) und <auj> (118 Okkurrenzen). Dabei macht die Standard-Schreibung 29 % und die drei häufigsten Varianten gemeinsam bereits 67 % der Fälle aus. Seltenere Formen sind <aujourd hui> (ohne Apostroph), <aujourdhui> (zusammengeschrieben), <ojourdui> (mit pseudo-phonetischer 'Transkription' des

<au> als <o>), die Abkürzung <oj> und die Form <ojrd8> fast ohne Vokale und mit Rebus sowie zahlreiche seltenere Kombinationen dieser Elemente. Durch die automatische Wortergänzung und Autokorrektur auf dem Smartphone hat diese Variation inzwischen allerdings wieder abgenommen.

WhatsApp: von der SMS zum Chat

Der technische Wandel hat schließlich zu einer Zunahme der Dialogizität geführt, wie der folgende drei Minuten andauernde Chatverlauf zwischen zwei jungen Männern aus dem Korpus *What's up, Switzerland?* zeigt.

WhatsApp-Chatverlauf (2014)

À vous !
Notieren Sie alle Merkmale des *langage texto* im *WhatsApp*-Chatverlauf im Kasten!

1.1.3 Inszenierte Mündlichkeit

Die französische Nähesprache begegnet einem nicht nur im Alltagsgespräch und im *texto*, sondern auch in der Kunst: Literatur, Theater, Comic, Film, Fernsehen, Hörspiel und Musik imitieren und inszenieren gesprochene Sprache. Von authentischer Mündlichkeit ist diese sogenannte *fingierte* – d. h. vorgetäuschte bzw. erdichtete – *Mündlichkeit* aber weit entfernt:

> Wenn Merkmale, die üblicherweise oder gelegentlich der Mündlichkeit zugeordnet werden, in Literatur auftauchen, dann verweisen sie gleichermaßen auf Mündlichkeit und Schriftlichkeit: Mündlichkeit in geschriebenen Texten ist nie mehr sie selbst, sondern stets fingiert und damit eine Komponente des Schreibstils und oft auch der bewußten Schreibstrategie des jeweiligen Autors. (Goetsch 1985: 203)

So nehmen Leser*innen und Hörer*innen beispielsweise den Wegfall des *ne* der Negation oder die Verdoppelung der Pronomina in *moi je* als mündlich wahr – auch wenn diese Phänomene graphisch realisiert sind oder zumindest schriftlich vorbereitet wurden, etwa bei Theaterstücken und Drehbüchern.

Authentizität

Die naheliegendste Funktion fingierter Mündlichkeit ist die „Herstellung der Illusion einer Sprache der Nähe" (Goetsch 1985: 217). Die Nähesprache soll Authentizität transportieren, **Lebendigkeit** erzeugen und damit die Leser*innen tiefer in die Geschichte eintauchen lassen. Dieses Ziel war in der Epoche des **Naturalismus** besonders wichtig. Der französische Schriftsteller Émile Zola untersuchte sogar selbst die Sprache des Arbeitermilieus, bevor er diese in seinen Roman *L'Assommoir* (1877) einfließen ließ. Hierfür wurde er seiner Zeit heftig kritisiert. Im Vorwort des Buchs verteidigt er sich:

> On s'est fâché contre les mots. Mon crime est d'avoir eu la langue du peuple. (...) ma volonté était de faire un travail purement philologique, que je crois d'un vif intérêt historique et social. (...) C'est une œuvre de vérité, le premier roman sur le peuple, qui ne mente pas et qui ait l'odeur du peuple. (Zola [1877] 1996: 47)

Während der Schriftsteller seinen Figuren – bzw. einigen davon an einigen Stellen – in der **direkten Rede** Alltagssprache in den Mund legt, verwendet er für den ***récit*** aus Perspektive des Erzählers die Literatursprache. Dies wird am folgenden Ausschnitt aus *L'Assommoir* deutlich: In der Rede des Arbeiters Coupeau findet sich die Negation ohne *ne* (aber auch mit), *faut* statt *il faut*, *ça* und *moi je*, im unmittelbar darauffolgenden *récit* das *passé simple* (*disparut*) und *l'on* statt *on*.

Direkte Rede im Roman: *L'Assommoir* von Zola (1877)

– Ah ! quand vous l'empêcherez de se miner, par exemple ! dit Coupeau, la bouche pleine. Si vous n'étiez pas là, je parie qu'elle se lèverait pour me couper mon pain... Tiens-toi donc sur le dos, grosse dinde ! Faut pas te démolir, autrement tu en as pour quinze jours à te remettre sur tes pattes... Il est très bon, ton ragoût. Madame va en manger avec moi. N'est-ce pas, madame ?

La sage-femme refusa ; mais elle voulut bien boire un verre de vin, parce que ça l'avait émotionnée, disait-elle, de trouver la malheureuse femme avec le bébé sur le paillasson. Coupeau partit enfin, pour annoncer la nouvelle à la famille. (...)

– Je t'amène la séquelle ! cria Coupeau. Tant pis ! ils ont voulu te voir... N'ouvre pas le bec, ça t'est défendu. Ils resteront là, à te regarder tranquillement, sans se formaliser, n'est-ce pas ?... Moi, je vais leur faire du café, et du chouette !

Il disparut dans la cuisine. Maman Coupeau, après avoir embrassé Gervaise, s'émerveillait de la grosseur de l'enfant. Les deux autres femmes avaient également appliqué de gros baisers sur les joues de l'accouchée. (Zola [1877] 1996: 128)

Sprachpolitisches Engagement

Im darauffolgenden Jahrhundert wagt Raymond Queneau es, **einen ganzen Roman im sogenannten *néofrançais*** zu schreiben: *Zazie dans le métro* (1959). Für den Autor ist das gesprochene Französisch das Französisch von morgen – so wie das Vulgärlatein, also das gesprochene Latein, das sich einst zu den romanischen Sprachen weiterentwickelte (vgl. Kapitel 5.2). Er sieht Schriftsteller als Geburtshelfer bei der Weiterentwicklung des *néofrançais* zur neuen Schriftsprache:

> Avant d'écrire, l'écrivain choisit, autant que possible, la langue dans laquelle il va rédiger ce qui lui semble nécessaire d'être dit. [...] Un problème se pose actuellement aux écrivains français, bien que la plupart d'entre eux ne s'en doutent même pas. [...] il y a *deux* langues distinctes : l'une qui est le français qui, vers le XVe siècle, a remplacé le 'francien' [...], l'autre, que l'on pourrait appeler le néo-français, qui n'existe pas encore et qui ne demande qu'à naître. [...] L'accouchement sera laborieux. L'écrivain français doit aider à cette parturition, son travail, son œuvre doit être une maïeutique linguistique. (Queneau [1955] 1965: 65–67)

Sich auf die Sprachwissenschaft berufend fordert Queneau zum einen eine radikale Rechtschreibreform, damit die Orthographie der Phonie eins zu eins entspricht: <s> statt <ç> und <ss>, <k> statt <qu> etc. Zum anderen weist er darauf hin, dass morphologische Formen wie die des *passé simple* und des *imparfait du subjonctif* in der gesprochenen Sprache ausgestorben sind. Diese Ideen setzt er in mehreren Romanen um. Der bekannteste davon ist sicher *Zazie dans le métro*. Im folgenden Kasten ist der erste Absatz daraus abgedruckt.

Ein Roman in *néofrançais*: *Zazie dans le métro* (1959) von Queneau

Doukipudonktan, se demanda Gabriel excédé. Pas possible, ils se nettoient jamais. Dans le journal, on dit qu'il y a pas onze pour cent des appartements à Paris qui ont des salles de bain, ça m'étonne pas, mais on peut se laver sans. Tous ceux-là qui m'entourent, ils doivent pas faire de grands efforts. D'un autre côté, c'est tout de même pas un choix parmi les plus crasseux de Paris. Y a pas de raison. C'est le hasard qui les a réunis. On peut pas supposer que les gens qui attendent à la gare d'Austerlitz sentent plus mauvais que ceux qu'attendent à la gare d`Lyon. Non vraiment, y a pas de raison. Tout de même quelle odeur. (Queneau 1959: 9)

À vous !
Notieren Sie alle Merkmale des gesprochenen Französisch im ersten Absatz des Romans *Zazie dans le métro*!

Aus heutiger Sicht wirkt diese Art zu Schreiben vielleicht gar nicht mehr so revolutionär. Schließlich sind wir durch SMS (vgl. Kapitel 1.1.2) und Comics daran gewöhnt, Merkmale des gesprochenen Französisch graphisch realisiert zu sehen. Schreibungen wie <Doukipudonktan> für *D'où qu'il(s) pue(nt) donc tant ?* bleiben aber trotzdem eine Herausforderung für die Leser*innen.

Stereotypisierung

Im Comic sind wir mittlerweile fingierte Mündlichkeit gewöhnt. Frühe *bandes dessinées* wie *Tintin* oder *Astérix* wirken allerdings noch ziemlich schriftlich. Und genauso wenig wie *eine* SMS-Sprache gibt es auch nicht *eine* Comic-Sprache. Während manche **Comics** in literarischer Sprache verfasst sind, finden sich bei anderen einige (nicht immer dieselben) nähesprachliche Merkmale in den Sprechblasen, und wieder andere setzen diese auch in den Erzähltexten ein. So wie in Romanen dienen auch im Comic Merkmale der Mündlichkeit nicht nur dazu, Mündlichkeit zu imitieren. Oft sind die nähesprachlichen Merkmale auch mehr oder weniger auf unterschiedliche Figuren verteilt und inszenieren damit Unterschiede zwischen den Individuen und Gruppen. So 'sprechen' Eltern oft in geschriebener und Kinder in gesprochener Sprache, sozial hohe Milieus in geschriebener Sprache und sozial niedrige Milieus in gesprochener Sprache etc. Fingierte Mündlichkeit transportiert also nicht unbedingt Authentizität. Da mündliche Merkmale im graphischen Medium traditionell als unangebracht gelten, können sie auch der **Stigmatisierung** dienen. So inszeniert die Schweizer Comic-Serie *Titeuf* u. a. durch die Realisierung bzw. Nicht-Realisierung des *ne* der Negation Generationenunterschiede (vgl. Abb. 1.1):

Abb. 1.1: Inszenierung von Generationenunterschieden im Comic (*Titeuf* 3: 8).

1.2 Weltsprache Französisch

Französisch ist eine Weltsprache. Sie ist auf allen fünf Kontinenten verbreitet:

- **Europa:** Frankreich, Schweiz, Belgien, Luxemburg, Monaco, das Aostatal in Italien sowie die britischen Kanalinseln Guernsey und Jersey;
- **Amerika:** Kanada, Haiti, die französischen *départements et régions d'outre-mer* (DROM) Martinique, Guadeloupe und Guyana, die *collectivités d'outre-mer* (COM) Saint-Martin und Saint-Barthélémy in der Karibik und Saint-Pierre-et-Miquelon vor der kanadischen Küste, in den USA (Minderheiten in Louisiana und an der Grenze zu Kanada; *Franco-Americans*);
- **Afrika:** Maghreb (Algerien, Marokko, Tunesien), Subsahara-Afrika (Republik Kongo, Kamerun etc.), Indischer Ozean (Mauritius, Seychellen, die DROM La Réunion und Mayotte);
- **Ozeanien:** Vanuatu, die französischen COM Französisch-Polynesien, Neukaledonien sowie Wallis und Fortuna;
- **Asien:** Libanon und französische Minderheiten im ehemaligen Indochina (Kambodscha, Laos, Vietnam).

Zudem ist Französisch neben dem Englischen die wichtigste **Sprache der internationalen Kommunikation**. So sind beispielsweise die Arbeitssprachen der Vereinten Nationen (UNO) Englisch und Französisch und die der Organe der Europäischen Union (EU) v. a. Deutsch, Englisch und Französisch.

1.2.1 L1, L2, Fremdsprache und offizielle Sprache

Die ***Organisation Internationale de la Francophonie*** (**OIF**) zählt 300 Millionen Frankophone in der Welt (2018). Nach dieser Zählung steht Französisch auf Platz 5 der Liste der meistgesprochenen Sprachen der Welt: nach Chinesisch, Englisch, Spanisch und Arabisch. Die meisten Frankophonen (59 %) leben laut OIF in Afrika – Tendenz steigend. Für 2070 prognostiziert die OIF zwischen 477 und 747 Millionen Frankophone weltweit (www.francophonie.org). Diese Zahlen sind allerdings mit Vorsicht zu genießen. Die OIF verwendet nämlich eine sehr weite Definition von *frankophon*:

> Revenons-donc au sens commun, qui entend par 'francophone' une personne capable de s'exprimer en français, quel que soit son niveau ou sa maîtrise d'autres compétences comme l'écriture ou la lecture. (Wolff 2014: 3)

So zählt die OIF auch in Deutschland 12,2 Millionen Frankophone (15 % der Bevölkerung), in Österreich 1,1 Millionen (13 %) und in der Schweiz 5,7 Millionen (67 %). Dagegen sind nach der Schweizer Volkszählung von 2014 nur 22,5 % der Schweizer*innen frankophon (vgl. Reutner 2017).

L1

Konzentriert man sich auf die Erstsprache (L1), dann kommt man nur mehr auf **75,9 Millionen Sprecher*innen** des Französischen – und damit auf Platz 14 der meist gesprochenen Sprachen der Welt (2020, *Ethnologue*[5]). Diese leben in erster Linie in Frankreich (mit seinen DROM), Québec (vgl. Kapitel 10.1.2), den französischsprachigen Gebieten Belgiens (*Fédération Wallonie-Bruxelles*) und der Schweiz (*Suisse romande*) sowie in Monaco, in geringerem Maße auch in Luxemburg, im Libanon und den kanadischen Provinzen Ontario und New Brunswick (Wolff 2014; vgl. Abb. 1.2 und 1.3). Dazu kommen gebildete urbane Milieus in einigen afrikanischen Staaten (z. B. Kamerun, Republik Kongo) sowie Auswanderer (fr. *expats*) in allen Ländern der Welt (z. B. französische und deutsch-französische Familien in Deutschland). Auch in einzelnen Staaten können die Zahlen beträchtlich variieren: So sind etwa in Luxemburg laut OIF 92 % der Bevölkerung frankophon, nach der Volkszählung von 2011 bezeichnen aber nur 12 % das Französische als ihre Hauptsprache; die Mehrheit der Bevölkerung spricht Luxemburgisch als L1 (vgl. Reutner 2017).

---

5 www.ethnologue.com/statistics/summary-language-size-19.

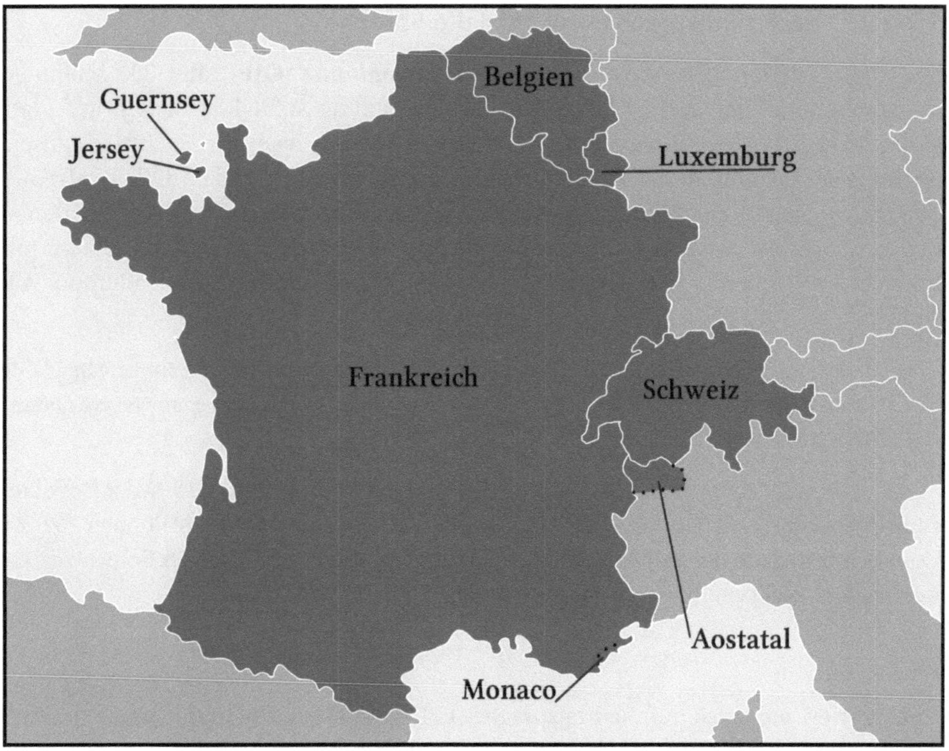

Abb. 1.2: Französisch in Europa.

L2

Von einer *Zweitsprache* (L2) – und nicht von einer *Fremdsprache* – spricht man, wenn die Sprache in einer Region auch im Alltag verwendet wird, beispielsweise zur Kommunikation zwischen Personen mit unterschiedlichen L1 oder als Unterrichtssprache an Schule und Universität (*français langue de scolarisation*: FLSco). Diese Rolle des Französischen in der Welt ist nicht zu vernachlässigen: Insgesamt besuchen **81 Millionen Schüler*innen** weltweit eine **französischsprachige Schule**. Im Alltag wird L2-Französisch in folgenden Staaten am häufigsten verwendet: auf **Mauritius** von 73 % der Bevölkerung, in der Republik **Kongo** von 59 % und in **Tunesien** von 52 %.

Fremdsprache

Die Situation ist anders im Fall des Französischen als Fremdsprache (*français langue étrangère*, FLE). Hier sind die Lerner*innen im Alltag nicht von der gelernten Sprache umgeben. In Europa ist Französisch die nach dem Englischen (96 %) **am zweithäufigsten gelernte Fremdsprache** (26 %); in englischsprachigen Ländern rangiert es sogar auf Platz 1. Weltweit lernen ca. 51 Millionen Menschen Französisch als Fremdsprache (vgl. auch Kapitel 4.1.4). Ein besonderer Fall ist Französischunterricht für Migrant*innen in Frankreich selbst: Hier spricht man vom *français langue d'intégration* (FLI). Um die **französische Staatsbürgerschaft** zu bekommen, muss man das Niveau B1 nach dem Gemeinsamen Europäischen Referenzrahmen für Sprachen (GERS) vorweisen.

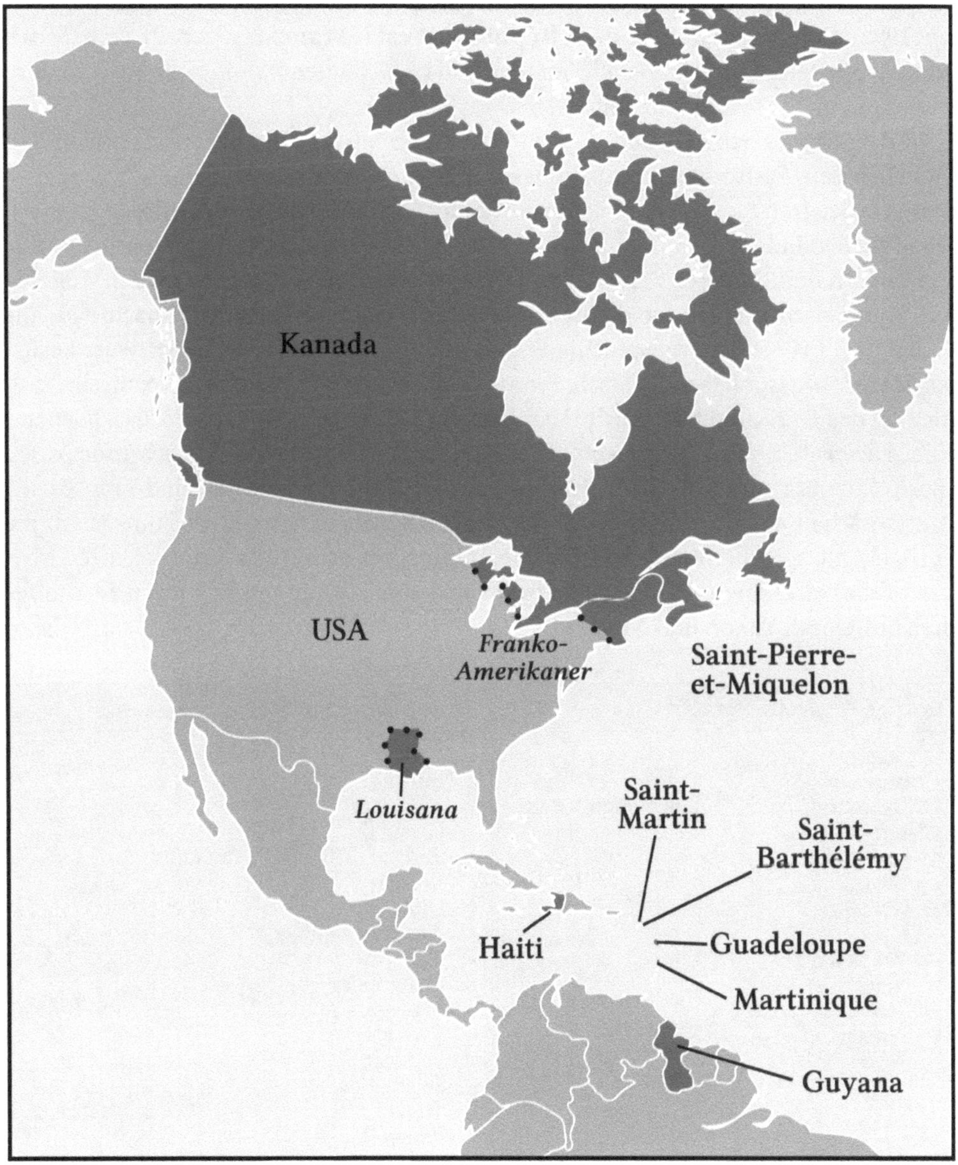

Abb. 1.3: Französisch in Amerika.

Offizielle Sprache

Offizielle Sprache ist das Französische nicht nur in den Staaten, in denen es als L1 gesprochen wird, sondern auch in vielen Staaten, in denen es als L2 mehr oder weniger verbreitet ist. Auch hier ist die Zählung nicht ganz so einfach, denn in vielen Staaten gibt es keine offizielle Staatssprache. So enthält selbst die französische Verfassung erst seit 1992 den Satz « **La langue de la République est le français** » (Art. 2). Französisch ist in 13 Staaten alleinige offizielle Sprache und in 16 Staaten ko-offizielle Sprache, also insgesamt in 29 Staaten (vgl. Tab. 1.7).

In Belgien, der Schweiz und Kanada ist die Lage etwas komplizierter, da man hier zwischen dem Status des Französischen auf Ebene des gesamten Staates und seinem Status in den frankophonen Gebieten unterscheiden muss. **Belgien** hat drei Amtssprachen: Niederländisch, Französisch und Deutsch. Es gilt das Territorialitätsprinzip, d. h. in Flandern funktionieren Schule und Verwaltung auf Niederländisch, in der Wallonie auf Französisch und in der deutschsprachigen Gemeinschaft auf Deutsch. Nur die Hauptstadt Brüssel ist zweisprachig Französisch/Niederländisch. Die **Schweiz** besitzt sogar vier Amtssprachen: Deutsch, Französisch, Italienisch und Rätoromanisch. Auch hier gilt das Territorialitätsprinzip: Vier Kantone sind einsprachig französisch (Genève, Jura, Neuchâtel, Vaud; *Suisse romande*), drei sind zweisprachig deutsch-französisch (Bern, Fribourg und Valais). In **Kanada** schließlich sind Englisch und Französisch Amtssprachen auf Bundesebene. In der Provinz Québec dagegen ist Französisch die einzige Amtssprache. Einen ko-offiziellen Status hat es in New Brunswick (fr. *Nouveau-Brunswick*) sowie den drei nord-östlichen kaum bewohnten Provinzen Territoires du Nord-Ouest, Yukon und Nunavut.

Einzige offizielle Sprache	Ko-offizielle Sprache
• Benin • Burkina Faso • Demokratische Republik Kongo • Elfenbeinküste • Frankreich • Gabun • Guinea • Mali • Monaco • Niger • Republik Kongo • Senegal • Togo	• Belgien • Burundi • Kamerun • Kanada • Zentralafrikanische Republik • Komoren • Djibouti • Äquatorialguinea • Haiti • Luxemburg • Madagaskar • Rwanda • Schweiz • Seychellen • Tschad • Vanuatu

Tab. 1.7: Französisch als offizielle Sprache (OIF 2019).

In der Liste in Tab. 1.7 fällt auf, dass das Französische einzige offizielle Sprache in vielen Staaten **Subsahara-Afrikas** ist, in denen es kaum gesprochen wird (vgl. Abb. 1.4). So gebrauchen etwa in Mali nur 17 % und im Niger nur 13 % der Bevölkerung laut OIF täglich das Französische. In einigen Ländern, in denen das Französische ko-offizielle Sprache ist, sind die Zahlen noch niedriger (Burundi: 8 %, Ruanda: 6 %). Dagegen hat das Französische in anderen Staaten, in denen es sehr präsent ist, gar keinen offiziellen Status. **Mauritius** steht beispielsweise nicht auf der Liste, da in der Mauritianischen Verfassung keine offizielle Sprache festgelegt ist. Englisch gilt dort *de facto* als offizielle Sprache, Französisch zumindest als semi-offizielle Sprache: Beide werden im Parlament gesprochen und sind Unterrichtssprachen in der Schule (vgl. dazu auch Kapitel 4.2). Auch im **Maghreb** (Algerien, Marokko, Tunesien) und im Libanon hat das Französische keinen offiziellen Status.

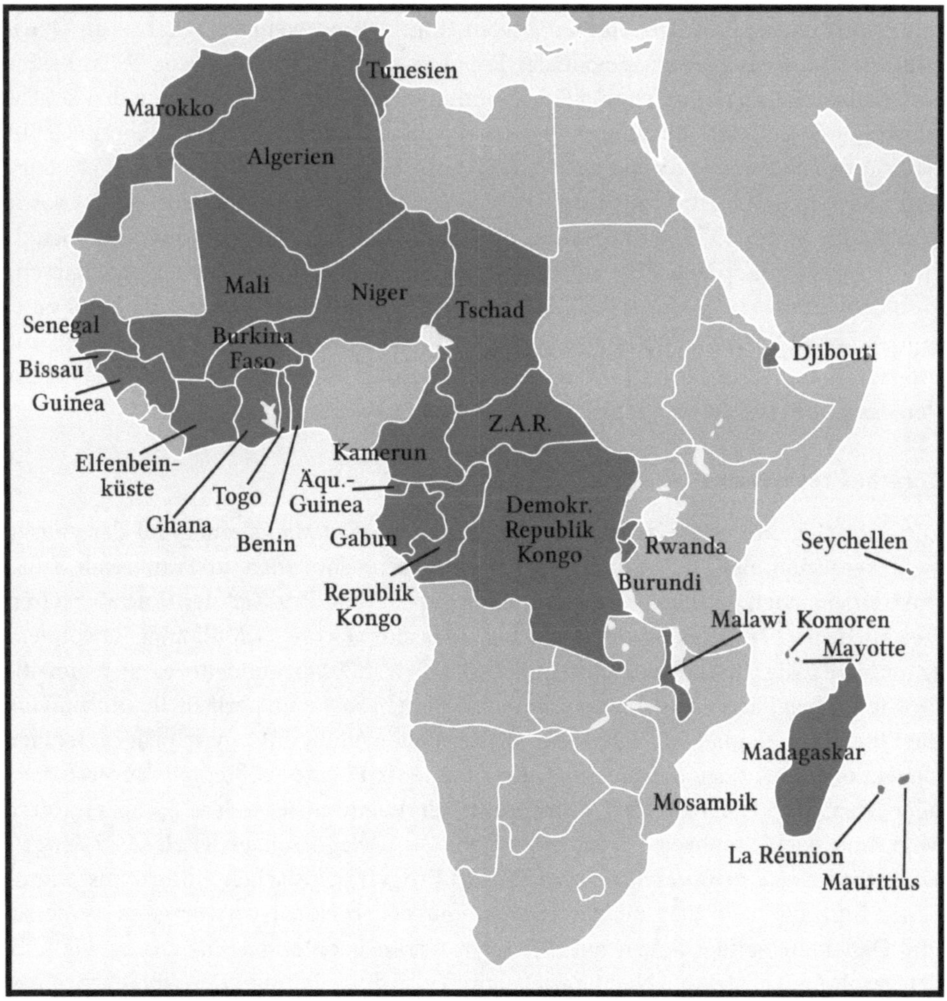

Abb. 1.4: Französisch in Afrika.

Zu dieser Liste kommen das **Aoastatal** in Italien und die britischen **Kanalinseln** Jersey und Guernsey hinzu (vgl. Abb. 1.2). Hier ist das Französische ebenfalls Amtssprache (neben Italienisch bzw. Englisch), im Gegensatz zu Belgien, der Schweiz und Kanada aber nicht auf nationaler Ebene. Allerdings sprechen die Menschen im Aostatal und auf den Kanalinseln kein Standardfranzösisch (zur Frage der Norm vgl. Kapitel 10.3). Im Aostatal spricht eine Minderheit Frankoprovenzalisch – eine romanische Sprache, die typologisch zwischen dem Französischen und dem Okzitanischen angesiedelt ist. Auf den Kanalinseln spricht eine Minderheit einen normannischen Dialekt des Französischen. Ko-offizielle Sprache ist Französisch schließlich auch in der Stadt Pondichéry in **Indien**, die von 1673 bis 1954 die Hauptstadt der französischen Niederlassungen in Indien war.

Im Gegensatz zu Europa, Amerika und Afrika ist die Verbreitung und der Status des Französischen auf den übrigen beiden Kontinenten weniger bekannt. In **Ozeanien** ist Französisch Amtssprache der Republik Vanuatu, die 1980 von ihren beiden Kolonialmächten Frankreich und Großbritannien unabhängig wurde. Von den 282 200 Einwohnern sind der OIF zufolge 31 % frankophon. Daneben gibt es in diesem Gebiet noch drei *collectivités d'outre mer* (COM), in denen der Anteil der Frankophonen laut OIF sehr hoch ist: Französisch-Polynesien (98 %), Neukaledonien (99 %) sowie Wallis und Fortuna (83 %). In **Asien** gab es in der französischen Kolonie Indochina (1887–1954) frankophone Eliten, die in der Schule Französisch lernten. Einer Schätzung zufolge waren 1935/36 von 12 Millionen Einwohnern 930 000 zweisprachig mit einer autochthonen Sprache und Französisch (7,6 %); dazu kamen 30 000 Französinnen und Franzosen. Heute gibt es dort nur noch wenige Frankophone. Es handelt sich um ältere Personen, die eine zweisprachige Schule besucht haben (vgl. Noll 2017).

Sprachen Frankreichs

Die Tatsache, dass sich das Französische durch die Kolonialisierung auf der ganzen Welt verbreitet hat, sollte nicht vergessen lassen, dass man in Frankreich selbst größtenteils noch gar nicht so lange französisch spricht. Zur Zeit der **Französischen Revolution (1789)** ergab eine Umfrage, dass nur 3 von 15 Millionen Bewohnern Frankreichs die Nationalsprache sprachen (20 %). Dabei handelte es sich um die Bewohner von Paris und den umgebenden Regionen sowie im übrigen Territorium um die Eliten (vgl. Kapitel 5.5). Die Mehrheit der Landbevölkerung sprach dagegen einen Dialekt oder eine Regionalsprache. Diese Idiome sind heute größtenteils ausgestorben oder kurz davor auszusterben. Gleichzeitig sind zahlreiche andere Sprachen durch Migration nach Frankreich dazugekommen. Die ***Délégation générale à la langue française et aux langues de France*** **(DGLFLF)** des französischen Kulturministeriums beschäftigt sich seit 2001 nicht mehr nur mit den regional verwurzelten Sprachen und Dialekten, sondern auch mit den nicht-territorialen *langues de France* wie z. B. den arabischen Dialekten. Nicht dazu gehören allerdings Immigrationssprachen, die in ihren Herkunftsländern Amtssprachen sind, wie das Chinesische und Portugiesische.

Sprachenvielfalt in Frankreich

- **Dialekte des Französischen:** *bourguignon-morvandiau, champenois, franc-comtois, gallo, lorrain, normand, picard, poitevin-saintongeais* (vgl. dazu auch Kapitel 3.4.2);
- **Regionalsprachen:** Elsässisch, Baskisch, Bretonisch, Flämisch, Frankoprovenzalisch, Katalanisch, Korsisch, Ligurisch, Moselfränkisch, Okzitanisch;
- **Sprachen der Überseegebiete:** französisch basierte Kreolsprachen: Guadeloupe-Kreol, Réunion-Kreol, Martinique-Kreol, Guyana-Kreol; Guyana: *saramaka, aluku, njuka, paramaka, kali'na, wayana, palikur, arawak, wayampi, teko, hmong*; Mayotte: *shimaoré, shibushi*; Neukaledonien: 28 Kanak[6]-Sprachen; Französisch-Polynesien: *tahitien, marquisien, langue des Tuamotu, mangarévien, langues des Îles Australes*; Wallis und Futuna: *wallisien, futunien*;
- **Nicht-territoriale Sprachen:** arabische Dialekte, Armenisch, Berberisch, Judenspanisch, Romani, Jiddisch; französische Gebärdensprache;
- **Immigrationssprachen:** Chinesisch, Portugiesisch, Spanisch, Türkisch, Wolof etc.

À vous !

Welche der in Frankreich gesprochenen Regionalsprachen sind das?

1. Oh! principellu, l'aghju capita cusì, à pocu à pocu, a to vitarella malin-conica. S'ella ùn era a dulcezza di i ciuttà di u sole, tù distrazzione ùn ne cunniscii ed era durata assai cusì. Aghju amparatu istu particulare novu u quartu ghjornu da mane quand'è tù m'ai dettu: À mè mi piacenu assai i ciuttà di u sole.
2. Ai printze txikia! Horrela zure bizitza tristea poliki poliki ulertu nuen. Ez zenuen beste gozabiderik eguzkiaren sartzeen goxotasuna besterik. Gauza berri hau laugarren eguneko goizean jakin nuen zuk zera esan zenidanean: Eguzkiaren sartzeak gustatzen zaizkit.
3. A! priñs bihan, komprenet 'm eus, tamm-ha-tamm, da vuhezig velkonius. E-pad pell ne 'z poa bet evel didu nemet c'hwekted ar c'huzh-heol. Desket 'm eus ar munud nevez-se d'ar pevare deiz, d'ar beure, pa 'c'h eus lavaret din: Me 'blij.

1999 hatten 26 % der Erwachsenen, die in Frankreich leben (ohne Überseegebiete) – z. T. neben dem Französischen – in der Familie ein anderes Idiom als das Französische erworben. Die **am häufigsten gesprochenen Idiome neben dem Französischen in Frankreich** waren damals arabische Dialekte (3–4 Millionen Sprecher*innen), das Ber-

6 Die Kanaken sind die indigene Bevölkerung Neukaledoniens.

berische und die französisch-basierten Kreolsprachen (ca. 2 Millionen), das Elsässische (548 000), das Okzitanische (526 000), das Bretonische (304 000), französische Dialekte (204 000), das Moselfränkische (78 000), das Korsische (60 000) und das Baskische (44 000) (vgl. DLGLF 2016). Da die meisten Sprecher*innen der Regionalsprachen zum Befragungszeitpunkt bereits sehr alt waren, dürften die Zahlen seitdem deutlich abgenommen haben (vgl. auch Kapitel 5.3.3). Gleichzeitig entstehen durch den fakultativen Schulunterricht der Regionalsprachen und v. a. *in* den Regionalsprachen auch einige *néolocuteurs*. Dieses Phänomen ist insbesondere für das Bretonische und Okzitanische relevant. Seit 2011 haben die Regionalsprachen Eingang in die französische Verfassung gefunden: « Les langues régionales appartiennent au patrimoine de la France » (Art. 75.1). Dagegen bleiben die Herkunftssprachen von Migrant*innen weiterhin außen vor.

Kreolunterricht in der Île-de-France

Seit den 1960er Jahren sind so viele Menschen aus Martinique und Guadeloupe nach Frankreich ausgewandert (v. a. in die *région parisienne*), dass man die Île-de-France auch als « troisième île » der Antillen bezeichnet (vgl. Anselin 1990). Mit den Migrant*innen aus den Überseedepartements kam auch das Kreolische nach Paris. Doch als Regionalsprache gilt es nur in den Regionen, aus denen es stammt: Daher konnten zunächst nur Schüler*innen in den DROM Kreolisch in der Schule lernen. Dies wollte der Verein *Eritaj* (vgl. fr. *héritage* 'Erbe') ändern, der das Kreol aufgrund der Bedeutung für die Identität in der *région parisienne* fördert. 2007 startete er eine Petition – mit Erfolg: Seit 2008 können Schüler*innen in zwei Lycées der Pariser *banlieue* Kreol wählen. Neben Jugendlichen mit Wurzeln in den DROM lernen dort auch Haitianer*innen ihre Herkunftssprache; für andere wiederum ist Kreolisch eine Fremdsprache.

1.2.2 *Linguistic landscape*

Das Französische ist weltweit präsent – auch dort, wo man im Alltag nicht Französisch spricht. Selbst wenn man nicht überall wie Gott in Frankreich isst, so findet sich doch immer, egal, wohin man reist, ein Restaurant: dt. *Restaurant*, engl. *restaurant*, sp. *restaurante*, it. *ristorante*, schwed. *restaurang*, türk. *restoran*, serb. *restoran*, russ. *ресторан* etc. (< fr. *restaurant*). Auch an anderen Ladenschildern, Werbeplakaten, Straßennamen und Graffitis trifft man häufig auf das Französische (z. B. *Café*, *prêt-à-porter*). Diese Sprachlandschaft nennt man in der Forschung *linguistic landscape*:

> The language of public road signs, advertising billboards, street names, place names, commercial shop signs, and public signs on government buildings combines to form the linguistic landscape of a given territory, region, or urban agglomeration. (Landry/Bourhis 1997: 25)

Da die *linguistic landscape* in Großstädten besonders mehrsprachig ist, spricht man auch von „multilingual cityscape“ (Gorter 2006).

Sprachen in Kontakt und Konflikt

Die unterschiedlichen Texte, an denen man nicht vorbeisehen kann, repräsentieren und inszenieren das Prestige der jeweiligen Sprachen an einem Ort. Die offizielle(n) Sprache(n) eines Staates oder einer Region sieht man auf den Orts- und Straßenschildern sowie den Beschriftungen und Aushängen der Amtsgebäude; manchmal findet sich auf den Ortsschildern zusätzlich eine Minderheitensprache. Manche Migrationssprachen sind auf Ladenschildern und Speisekarten zu sehen, andere bleiben dagegen unsichtbar. Omnipräsent ist daneben fast überall das *Global English.*

Wenn sich Sprachen im Kontakt befinden, herrscht fast nie Harmonie. Sprachen ‘kämpfen’ vielmehr um Prestige, ihre Verwendung im Alltag, die Weitergabe an die nächste Generation und damit ums Überleben. Die *linguistic landscape* kann ein Indikator dafür sein – aber auch im Kampf um Prestige bewusst eingesetzt werden. So ist bei einer Fahrt durch Kanada unübersehbar, wenn man vom englischsprachigen Ontario ins französischsprachige Québec kommt. In Südfrankreich hört man in der Regel kein Okzitanisch mehr, jedoch würdigen heute zweisprachige Ortsschilder die Regionalsprache als Teil des *patrimoine* (vgl. Kapitel 1.2.1). Während chinesische Schriftzeichen von Montréal bis Genf zu sehen sind, bleiben die Roma sprachlich im Verborgenen. Gegen das Englische wehren sich französischsprachige Staaten ganz aktiv: In Frankreich schreibt die *Loi Bas-Lauriol* seit 1975 (seit 1994 die *Loi Toubon*) die Verwendung der französischen Sprache in der Öffentlichkeit, insbesondere in der Werbung vor (vgl. auch Kapitel 4.3.2). Andere Sprachen sind zwar nicht verboten, müssen aber gut sichtbar auf Französisch übersetzt sein. Selbst wenn eine Sprachenschule mit „Do you speak English?“ für sich wirbt, ist eine Übersetzung in einer Fußnote nötig. In Québec steht auf den Stoppschildern nicht wie in Frankreich *Stop*, sondern *Arrêt.* Dort, wo indigene Sprachen verbreitet sind, finden sich auf den an Form und Farbe gut wiedererkennbaren Verkehrsschildern auch diverse Entsprechungen. Abb. 1.5 liefert das Beispiel „Ngaabzan“ in der Sprache der Ojibwe. Diese war u. a. im Südwesten Québecs, in Ontario und bis in die USA verbreitet und hat heute nur mehr ca. 33 300 Sprecher*innen.

Abb. 1.5: *Stoppschilder* in Kanada: Französisch und Ojibwe (© Pustka 2017).

In der *linguistic landscape* sieht man unterschiedliche Sprachen, aber nicht nur nebeneinander. Manchmal ändert sich die Sprache auch mitten im Satz. In der Sprachwissenschaft spricht man in diesem Fall von *Code-Switching* (vgl. Kapitel 4.3.1). So wirbt das Pariser Outlet-Center Paddock etwa mit dem Slogan « Be stylé not ruiné » (vgl. Abb. 1.6). Hier finden sich französische Adjektive in englischer Syntax. Das Modewort fr. *stylé* kommt dabei selbst aus dem Englischen und bedeutet neben 'todschick' in der Jugendsprache einfach nur 'geil'.

Abb. 1.6: Werbeplakat in einer Pariser Metrostation (© Pustka 2019).

Die App *Lingscape*

Wer die *linguistic landscape* systematisch erforschen möchte, kann dies mittlerweile ganz *en passant* mit dem Smartphone tun: Fotos aufnehmen, die darauf sichtbaren Sprachen annotieren (*taggen*), mit Kommentaren versehen und schließlich GPS-georeferenziert auf eine *Google Maps*-Karte mit angeschlossener Datenbank ins Internet hochladen. Die User*innen sehen ihren Eintrag unmittelbar im Netz und können ihn per *Facebook* oder *Twitter* mit ihren Freund*innen teilen. Durch solche Techniken, die großen Spaß machen, können Sprachwissenschaftler*innen die breite Bevölkerung dafür motivieren, sich an der Datensammlung zu beteiligen (*citizen science*). Wenn das in großem Stil passiert, spricht man von *Crowdsourcing*.

Man kann die App auch sehr gut im Fremdsprachenunterricht einsetzen, um Schüler*innen für die (Omni-)Präsenz der gelernten Sprache in ihrer alltäglichen Umwelt zu sensibilisieren (vgl. Purschke 2017, 2018 sowie Pustka 2021b zum Französischen in Wien).

Französisch weltweit

Französisch ist in der weltweiten *linguistic landscape* zwar bei Weitem nicht so präsent wie Englisch, dennoch findet man es immer wieder – auch wenn es weder Regional- noch Herkunftssprache ist. In deutschsprachigen Ländern prägen *Cafés* und *Restaurants* das Straßenbild, und beim Blick in die Speisekarten wimmelt es nur von Lehnwörtern aus dem Französischen – vom *Aperitif* bis zum *Dessert.* Dies gilt nicht nur für die *Haute Cuisine*, sondern auch für *Pommes Frites* mit *Mayonnaise.* Aus der *Parfüm*-Werbung ist die französische Sprache ebenfalls kaum wegzudenken. Der Grund dafür: Frankreich gilt als Land der Gourmets, Paris als Hauptstadt der Schönheit und Mode (v. a. der *Haute Couture*):

> [...] [D]as Französische [transportiert], namentlich in den Bereichen Parfum, Mode, Wein und Käse, einen Image-Mix aus Raffinesse, Eleganz und Savoir-vivre [...]. (Platen 1997: 58)

Da müssen die Rezepte nicht immer original französisch sein, wie die Käsemarke *Fol Épi* zeigt: Den deutschen Essgewohnheiten entsprechenden Scheibenkäse gibt es mittlerweile auch „*À la* pesto". Daneben verweisen auch beim Bäcker Komposita wie *Laugencroissant* auf kulinarische Mischungen (vgl. Abb. 1.7).

Abb. 1.7: « C'est quoi, ces Viennoiseries ? ».

Lesetipps

Grutschus, Anke / Kern, Beate (2021): „L'oralité mise en scène dans la bande dessinée: marques phonologiques et (morpho)syntaxiques dans *Astérix* et *Titeuf*", in: *Journal of French Language Studies* 31(2), 192–215.

Koch, Peter / Oesterreicher, Wulf [1990] (²2011): *Gesprochene Sprache in der Romania: Französisch, Italienisch, Spanisch*, Berlin: De Gruyter.

Reutner, Ursula (2017) (Hrsg.): *Manuel des francophonies*, Berlin/Boston: De Gruyter.

Spieltipp

Blanchet, Philippe / Clerc-Conan, Stephanie / Ledegen, Gudrun (2019): *Francophonies: Le grand jeu de toutes les langues françaises*, Assimil.

2 Faszination Sprachwissenschaft

Sprache ist alltäglich, alle sprechen sie und jeder hat eine Meinung dazu. In Frankreich ist Sprache ein besonders beliebtes Thema – bei Partys, in Talkshows und Internet-Foren. Die Massenmedien beschwören dabei oft den Untergang des Französischen herbei: « les enfants bilingues n'apprennent aucune langue correctement », « l'anglais menace la langue française », « les 'djeuns' ne savent plus écrire ».[1] Häufig beruhen solche Behauptungen auf kulturellen Vorurteilen und haben keinerlei wissenschaftliche Fundierung. In anderen Fällen liefern unterschiedliche Methoden unterschiedliche Ergebnisse, die mit Vorsicht zu interpretieren sind. An der Universität lernen Sie, welche Fragen man stellen muss, um nicht auf *Fake News* hereinzufallen, denn Sprache ist der Gegenstand einer darauf spezialisierten wissenschaftlichen Disziplin: der *Sprachwissenschaft* oder *Linguistik*. Um zu verstehen, was Sprachwissenschaft ist, widmen wir uns zunächst der Frage, was Wissenschaft ist (Kapitel 2.1) und überfliegen dann die Geschichte der Sprachwissenschaft (Kapitel 2.2). Ziel dieses Kapitels ist zunächst, Sie zu kritischen Rezipient*innen von Wissenschaft und damit mündigeren Bürger*innen zu machen. Gleichzeitig lernen Sie dabei selbst wissenschaftlich zu arbeiten.

2.1 Was ist Wissenschaft?

Wissenschaftliches Wissen unterscheidet sich von Alltagswissen wie folgt: Es ergibt sich nicht aus zufälligen Erlebnissen und subjektiven Einschätzungen von Privatpersonen. Stattdessen machen Wissenschafler*innen nach transparenten Methoden systematische Beobachtungen und entwickeln Theorien, um diese zu erklären. Für die Qualitätskontrolle im komplexen System Wissenschaft spielen die Universitäten eine zentrale Rolle: Die dort ansässigen Wissenschaftler*innen bestimmen, was sie unterrichten, wer Prüfungen besteht und wen sie in ihren Kreis aufnehmen, um wiederum mitzubeeinflussen, wie sich ihre Disziplin weiterentwickelt.

Man kann Wissenschaft also aus zwei Perspektiven betrachten. Die **Erkenntnistheorie** beschäftigt sich mit der *präskriptiven* Frage 'Wie sollten gute wissenschaftliche Methoden und Theorien beschaffen sein?' Die **Wissenschaftssoziologie** interessiert sich dagegen für die *deskriptive* Frage 'Wie interagieren Menschen und Institutionen in der Wissenschaft?'. Kapitel 2.1.1 präsentiert zunächst aus erkenntnistheoretischer Perspektive die Prinzipien der Wissenschaftlichkeit, Kapitel 2.1.2 dann aus wissenschaftssoziologischer Perspektive das System Wissenschaft.

1 Was an diesen drei Statements dran ist, erfahren Sie in Kapitel 4.1, 4.3 und 10.2.2.

2.1.1 Prinzipien der Wissenschaftlichkeit

Wissenschaftliches Wissen zeichnet sich dadurch aus, dass es auf einem wissenschaftlichen Weg zustande gekommen ist: auf Basis wissenschaftlicher Methoden und Theorien. Wissenschaftliche Methoden, die den meisten aus der Schule und den Massenmedien bekannt sein dürften, sind chemische Experimente und Meinungsumfragen. Die sicherlich bekanntesten wissenschaftlichen Theorien sind die Evolutionstheorie von Charles Darwin (1838) und die Relativitätstheorie von Albert Einstein (1905).

Methoden

Was ist eine gute Methode? Die wichtigsten Gütekriterien für empirische Methoden sind fächerübergreifend Objektivität, Reliabilität und Validität (vgl. Diekmann [1995] [27]2016):

- **Objektivität** meint, dass eine Methode zu denselben Ergebnissen führt, egal welche Person sie anwendet. In der Forschung von Menschen an Menschen ist 100 %-ige Objektivität allerdings oft nicht erreichbar. Wissenschaftler*innen sollten ihr Vorgehen jedoch zumindest *werturteilsfrei* gestalten und *intersubjektiv nachvollziehbar* machen.
- **Reliabilität** meint, dass eine Methode zu denselben Ergebnissen führt, egal, zu welchem Zeitpunkt man sie anwendet. Wenn man eine Messung unter denselben Bedingungen wiederholt, sollten die Ergebnisse reproduzierbar und die Messfehler möglichst gering sein. Die Methode sollte also *zuverlässig* sein.
- **Validität** meint, dass eine Methode tatsächlich misst, was sie messen soll und dass die Ergebnisse der Testsituation mit der Realität übereinstimmen. Die Methode sollte also zu *gültigen* Ergebnissen führen.

Ein einfaches Beispiel aus dem Alltag liefert das Fieberthermometer als Messinstrument: Würde man beim Aufstehen 39,3°C messen, kurz später der Arzt aber nur noch 36,8°C, wüsste niemand, ob man nun krank ist oder nicht und sich zu Hause ausruhen sollte oder zur Arbeit gehen müsste.

Besondere methodische Herausforderungen ergeben sich durch das **Beobachterparadoxon** (engl. *Observer's Paradox*). Aus der Physik ist schon lange bekannt, dass das Beobachtete die Beobachtung beeinflussen kann. In der Sprachwissenschaft hat der amerikanische Soziolinguist William Labov (*1927) das Problem wie folgt formuliert:

> *Observer's Paradox*: the aim of linguistic research in the community must be to find out how people talk when they are not being systematically observed; yet we can only obtain these data by systematic observation. (Labov 1972: 209)

Er schlägt vor, das Problem mit der sogenannten *Todesangstfrage* zu lösen. Die Feldforscher*innen sollten ihre Informant*innen fragen, ob sie jemals in einer Situation waren, in der sie in ernsthafter Gefahr schwebten, getötet zu werden. Da Labov in den 1960er Jahren über New Yorker Ghettos arbeitete, war das eine Situation, in der sich viele seiner Informant*innen tatsächlich schon einmal befunden hatten. Seine Idee war, dass die Erinnerung an diese Situation bei den Sprecher*innen die damaligen Emotionen wiederhervorrufen würde und sie damit die Kontrolle über ihr Sprechen verlieren würden („amount of attention paid to speech“ bzw. „audio-monitoring“; Labov 1972: 208). Aus heutiger Sicht gilt eine solche Manipulation von Menschen zu Forschungszwecken allerdings als unethisch und ist daher auch nicht mehr erlaubt: Die Teilnehmer*innen müssen vor Sprachaufnahmen über die Ziele des Forschungsprojekts aufgeklärt werden und freiwillig ihre schriftliche Einwilligung geben (DFG 2013). Wenn man dem Soziologen Erving Goffman (1922–1982) folgt, dann sind Sprecher*innen sowieso nie unbeobachtet und spielen quasi immer Theater (vgl. Goffman [1969] [10]2003). Der Soziolinguist Allan Bell (*1947) entwickelte entsprechend die Theorie des „audience design“: Wir richten unser Sprechen immer auf die Hörer*innen aus. Insofern ist es nicht mehr Ziel der Sprachwissenschaft, gänzlich unbeobachtetes Sprechen aufzunehmen, sondern die Selbstinszenierung als zentralen Faktor der Variation zu verstehen.

Die Forschung entwickelt also immer wieder neue Methoden, die alle ihre Vor- und Nachteile haben. Daher muss die Wahl der Methode bei jeder wissenschaftlichen Studie **reflektiert** sein. In Publikationen sollten Wissenschaftler*innen die Gründe für ihre Auswahl **transparent** darstellen. So können die Leser*innen die Ergebnisse besser einschätzen. Eine sinnvolle Lösung ist oft ein **Methodenmix**. Egal wie gut die Methodenwahl vorab durchdacht ist, man sollte sie immer in einem **Pre-Test** ausprobieren und danach noch einmal überarbeiten.

Was in der Forschungspraxis umsetzbar ist, ist aber immer auch eine Frage der finanziellen, personellen und zeitlichen Ressourcen: Student*innen können in einer Bachelorarbeit nicht leisten, was ein 20-köpfiges Team aus Wissenschaftler*innen in einem Sonderforschungsbereich in einem Jahrzehnt stemmt. Es gilt daher auch das Prinzip der **Forschungsökonomie**. Zudem müssen Forscher*innen die **rechtlichen und ethischen Rahmenbedingungen** respektieren (z. B. Datenschutz).

À vous !
Sie wollen untersuchen, wer mehr Schimpfwörter verwendet: Männer oder Frauen. Welche Methode wählen Sie? Vergleichen Sie die teilnehmende Beobachtung, das Interview und den Online-Fragebogen hinsichtlich der drei Gütekriterien Objektivität, Reliabilität und Validität!

Neben den Methoden der Datensammlung haben sich auch die Methoden der Datenauswertung in den vergangenen Jahrzehnten im Zuge der **Digitalisierung** stetig weiterentwickelt. Durch den Fortschritt in der Computertechnik haben sich nicht nur die Speicherkapazitäten, sondern auch die Rechengeschwindigkeiten enorm verbessert. Daher sind mittlerweile in vielen Subdiziplinen **statistische Analysen** üblich, z. B. mit Computerprogrammen wie *R* (www.r-project.org). Sie können explorativ eingesetzt werden, um Regelmäßigkeiten in großen Datenmengen zu entdecken (z. B. mit Entscheidungsbäumen oder Clustering-Methoden) oder testen, ob ein Unterschied *signifikant* ist. Dies bedeutet, dass der Unterschied zwischen zwei Gruppen (z. B. Frauen vs. Männer) wahrscheinlich nicht auf reinen Zufall zurückzuführen ist, sondern von der Stichprobe auf die Grundgesamtheit geschlossen werden kann (vgl. z. B. Baayen 2008, Meindl 2011).

Theorien

Das zweite Standbein der Wissenschaft sind neben den Methoden die Theorien. Viele Menschen außerhalb der Wissenschaft halten davon jedoch nicht viel: Theorien gelten als weltfremd und nicht praxistauglich für das 'echte Leben' – eben 'nur graue Theorie'. Diese Auffassung beruht jedoch auf einem Missverständnis: Wissenschaftliche Theorien sind alles andere als wilde Spekulationen. Sie basieren vielmehr auf einer großen Menge systematisch und nach transparenten Methoden gesammelten Beobachtungen in ebendiesem 'echten Leben' (daneben aber auch im Labor) und müssen sich an diesem auch immer wieder messen. Aus wissenschaftlichen Theorien lassen sich zudem sehr wohl Tipps für die Praxis ableiten: zur Verbesserung von Produkten, Dienstleistungen und sogar der Gesellschaft. Und die Praxis schließlich steht vor Problemen und offenen Fragen, die die Wissenschaft inspirieren können, und auf die die Wissenschaft eventuell Antworten findet. Weder Theorie und Empirie noch Theorie und Praxis stellen also einen Widerspruch dar; sie gehören vielmehr zusammen (vgl. Abb. 2.1)!

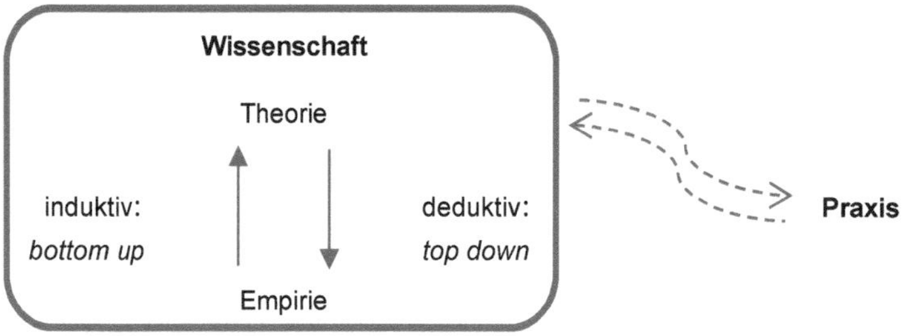

Abb. 2.1: Theorie, Empirie und Praxis.

Zur wissenschaftlichen Erkenntnis gibt es unterschiedliche Wege. Vereinfacht gesprochen kann man entweder zunächst konkrete Daten untersuchen, daraus Hypothesen abstrahieren und dann eine Theorie aufbauen (*bottom up*) – oder aber man entwickelt aus einer Theorie **Hypothesen** und testet diese dann empirisch (*top down*). In der Realität der Forschung sind diese beiden Richtungen des Vorgehens keine Alternativen, sondern finden nacheinander oder sogar parallel statt. Selbst explorative Studien, die erste Informationen zu einem wenig bekannten Gebiet sammeln, können nicht vollkommen theoriefrei designt werden, und bei der Überprüfung von Hypothesen ergeben sich immer wieder Überraschungen.

Was ist nun eine Theorie genau? Eine Theorie besteht zunächst einmal aus **Modellen**, die eine Auswahl von Elementen der Welt und die Beziehungen zwischen ihnen vereinfacht darstellen. Diese Modelle braucht man für die Formulierung von Hypothesen. Ziel von Theorien ist es, die Beobachtungen in der Welt zu **erklären**. Die Modelle und Hypothesen können entweder sprachlich formuliert oder in **Graphiken** und/oder **Formeln** dargestellt werden. Bekannte Beispiele sind die Graphik des Bohrschen Atommodells (vgl. Abb. 2.2a) und Einsteins Formel $E = mc^2$.

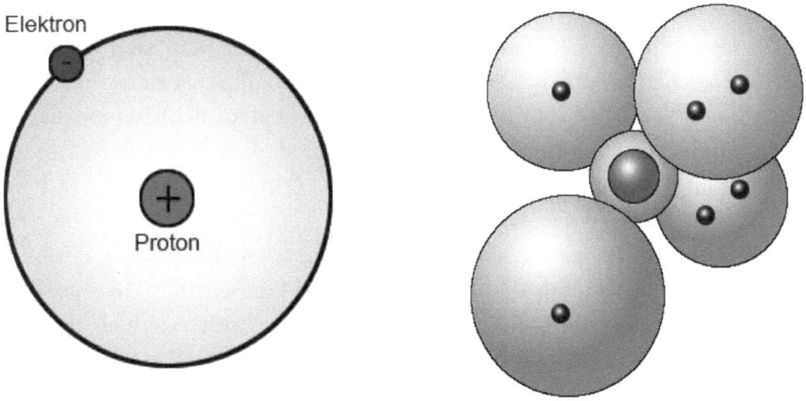

(a) Bohrsches Atommodell: Wasserstoff (H) (b) Kugelwolkenmodell: Sauerstoff (H^2O)

Abb. 2.2: Atommodelle.

Das Bohrsche Atommodell hat sich für die Forschung als sehr ergiebig erwiesen; allerdings gibt es auch zahlreiche Phänomene, die es nicht erklären konnte. Deswegen haben Wissenschaftler*innen weitere Modelle entwickelt, insbesondere das aus der Schule bekannte Kugelwolkenmodell (vgl. Abb. 2.2b). Modelle sind also nicht richtig oder falsch, sondern mehr oder weniger **fruchtbar** für bestimmte Fragestellungen.

Um über Theorien und Hypothesen zu kommunizieren, verwenden Wissenschaftler*innen natürlich auch die Sprache. Während in der Alltagssprache viele Wörter auf sehr vage Konzepte verweisen (z. B. fr. *truc*; vgl. Kapitel 1.1.1), ist in der Wissenschaft Präzision gefragt. Aus diesem Grund zeichnet sich die **Wissenschaftssprache** insbesondere durch ihre Fachterminologie aus. Dabei handelt es sich häufig um Wörter aus der Alltagssprache, die als **Fachbegriffe** klar definiert werden, z. B. in der Physik *Energie* und *Masse*. Besonders verbreitet sind Metaphern. So stellt man sich etwa ein Atom wie eine Frucht mit einem *Kern* in der Mitte vor (vgl. Abb. 2.2). In manchen Fällen schaffen Wissenschaftler*innen auch neue Wörter, sogenannte *Neologismen*. So hat Marie Curie beispielsweise das Element *Polonium* nach ihrer polnischen Heimat benannt.

Grundsätzlich ist Wissenschaftssprache natürlich keine eigene Sprache, sondern ganz normales Deutsch, Französisch, Englisch etc. Sie zeichnet sich lediglich durch eigene Wörter und Wortbedeutungen aus sowie durch einen bestimmten Stil (vgl. dazu auch Kapitel 2.1.3).

À vous !
Was haben die Begriffe *Röntgenstrahlen*, *pasteurisieren* und *Ampere* gemeinsam?

Wenn Theorien also keine reinen Spekulationen sind, könnte man sich fragen, ob denn zum Beispiel mittlerweile *bewiesen* ist, dass die Relativitätstheorie *wahr* ist. Das ist aber nicht möglich. **Beweise** gibt es nur in der Mathematik, nicht in empirischen Wissenschaften. Empirisch kann man **Hypothesen** nach dem Wissenschaftstheoretiker Karl Popper (1902–1994) nur *falsifizieren* und nicht verifizieren (vgl. Popper 1935). Nehmen wir die Hypothese „Alle Schwäne sind weiß.". Wenn man sein Leben lang nur weiße Schwäne sieht, *erhärtet* sich diese Hypothese immer mehr. Findet man einen schwarzen Schwan, dann ist sie falsifiziert. Entsprechend können sich Theorien auch nur *bewähren* oder als mehr oder weniger *fruchtbar* erweisen, nicht jedoch als *wahr*. Niemand hat die Möglichkeit, alle Schwäne anzusehen, die es gibt, jemals gab und geben wird. Eine Theorie muss also immer so **operationalisierbar** sein, dass man sie empirisch überprüfen kann.

Was macht nun eine gute Theorie aus? Sie...

- ...ist einfach formuliert,
- ...ist in sich widerspruchsfrei,
- ...erklärt viel,
- ...befriedigt die Neugier der Menschen und/oder bringt praktischen Nutzen.

In der Realität finden sich natürlich auch kompliziert formulierte und nutzlose Theorien. Sie gelten dennoch als wissenschaftlich, wenn sie von Wissenschaftler*innen verfasst sind. Damit kommen wir zur zweiten Perspektive auf die Wissenschaft: der wissenschaftssoziologischen Perspektive.

2.1.2 Wissenschaft als soziales System

„Das Ganze ist mehr als die Summe seiner Teile" – so lautet vereinfacht ein berühmtes Zitat von Aristoteles (384–322 v. Chr.).[2] Entsprechend bestehen nach der **Systemtheorie** soziale Systeme nicht aus Menschen, sondern aus deren sozialen Rollen, mit denen sie im jeweiligen System handeln (z. B. Marie Curie als Wissenschaftlerin, als Ausländerin, als Mutter). Systeme grenzen sich nach außen gegenüber ihrer Umwelt ab (z. B. die Wissenschaft von der Gesellschaft) und bestehen innerlich wiederum aus Subsystemen (z. B. Universitäten, Fachzeitschriften). Das System Wissenschaft kann eine Zeitlang stabil funktionieren, aber auch gelegentlich durch sogenannte 'wissenschaftliche Revolutionen' umgestürzt werden. All diese Aspekte des Systems Wissenschaft schauen wir uns im Folgenden genauer an.

Wissenschaftler*innen

Dem Klischee nach sind Menschen, die in der Wissenschaft arbeiten, verrückte Genies: von Professor Higgins im Musical *My Fair Lady* (1956) über 'Doc' Brown im Film *Zurück in die Zukunft* (1985–1990) bis Sheldon Cooper in der Serie *The Big Bang Theory* (2007–2019). Oft sind es alte bärtige Männer in weißen Kitteln, die in den Naturwissenschaften mit gefährlichen Instrumenten und Substanzen arbeiten. Ihre Ideen sind unerwartete Geistesblitze: Der griechische Mathematiker Archimedes (ca. 287–212 v. Chr.) nahm der Legende nach ein Bad, als ihm seine wichtigste Erkenntnis kam. Als er in die Wanne stieg, lief genau das Volumen an Wasser über, das er mit seinem Körper verdrängte. Dies brachte ihn dazu, den Zusammenhang zwischen dem Gewicht schwimmender Körper und ihrem Auftrieb zu entdecken. Angeblich soll er überglücklich nackt auf die Straße gelaufen sein und „Heureka!" gerufen haben: 'Ich habe es gefunden!'.

Jede*r Wissenschaftler*in wird bestätigen, dass man nach langem Lesen und Auswertungen oft in einer Sackgasse landet und sich der 'Knoten im Hirn' oft erst löst, wenn man etwas ganz anderes tut. Damit wissenschaftliches Wissen entsteht, reicht jedoch die Kreativität einzelner Persönlichkeiten nicht aus. Wissenschaft ist ein Subsystem der Gesellschaft und besteht selbst aus einer Vielfalt von Institutionen und sozialen Rollen.

Wissenschaft in der Gesellschaft

Aufgrund ihrer Bedeutung für die **Demokratie** steht die Wissenschaft in Deutschland unter besonderem Schutz. Die Freiheit von Forschung und Wissenschaft sind Grundrechte:

2 Original-Zitat: „Dasjenige, was so zusammengesetzt ist, dass das ganze eins ist, nicht wie ein Haufen, sondern wie die Sylbe, ist noch etwas anderes außer den Elementen. Die Sylbe nämlich ist nicht einerlei mit ihren Elementen, das ba nicht einerlei mit b und a (…)." (Aristoteles [1890] 2020: 163)

> Kunst und Wissenschaft, Forschung und Lehre sind frei. Die Freiheit der Lehre entbindet nicht von der Treue zur Verfassung. (Deutsches Grundgesetz, Art. 5.3)

Professor*innen haben auch ein relativ gutes **Ansehen** in der Gesellschaft – weit besser als Lehrer*innen (Studienrät*innen in Abb. 2.3), Journalist*innen und Politiker*innen, aber deutlich hinter den Menschen, die Leben retten, sei es bei der Feuerwehr, im Krankenhaus oder bei der Polizei (vgl. Abb. 2.3).

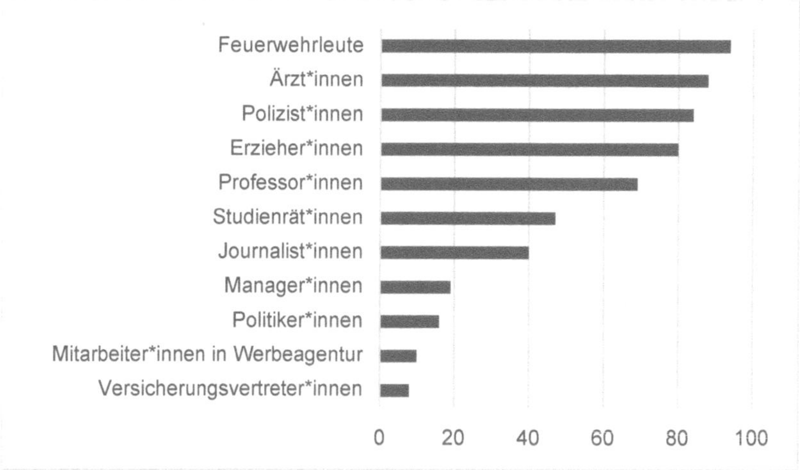

Abb. 2.3: Image von Berufsgruppen in Deutschland (forsa 2019).[3]

Über die **Rolle**, die Wissenschaftler*innen in der Gesellschaft spielen *sollten*, herrscht allerdings kein Konsens: Manche fordern eine größere Präsenz von Wissenschaftler*innen in der öffentlichen Diskussion und sähen Wissenschaft sogar gerne als 'Fünfte Gewalt'. Andere befürchten, dass eine Vermischung der Rollen die Qualität der Wissenschaft, aber auch die Demokratie beeinträchtigen könnte. Natürlich sind Wissenschaftler*innen in erster Linie Wissenschaftler*innen und keine Journalist*innen oder Politiker*innen. Dennoch wird derzeit an den Universitäten die sogenannte *Third Mission* immer wichtiger: Neben ihren ersten beiden 'Missionen' – Forschung und Lehre – sollen sich Wissenschaftler*innen auch dem Wissenstransfer in Gesellschaft und Industrie widmen.

Wissenschaftliche Institutionen und Rollen

Neben dieser Interaktion zwischen den gesellschaftlichen Teilsystemen Wissenschaft, Massenmedien und Politik interessiert sich die Wissenschaftssoziologie auch für

3 Es handelt sich um eine Umfrage des Deutschen Beamtenbundes mit 2206 Befragten. Der im Diagramm angegebene Prozentsatz fasst die Anteile der Antworten „sehr hohes Ansehen“ und „hohes Ansehen“ zusammen.

das interne Funktionieren des Teilsystems Wissenschaft selbst. Zu diesem System gehören natürlich die Wissenschaftler*innen – in ihren **Rollen** als Professor*innen oder Doktorand*innen, als Laborleiter*innen oder Lehrende, als Autor*innen und Gutachter*innen etc. Es beinhaltet auch wissenschaftliche Institutionen wie Universitäten und andere Forschungseinrichtungen, Förderinstitutionen, Fachverbände, Kongresse und Fachzeitschriften.

À vous !
Recherchieren Sie im Internet: Welche Universitäten sind die ältesten Europas?

Während Universitäten lokal verankert sind, haben für die internationale Forschung die **Fachzeitschriften** eine zentrale Bedeutung. Zu diesen Publikationsorganen gehört jeweils ein Team von Herausgeber*innen, die Gutachter*innen anfragen, um im Rahmen eines *peer review*-Verfahrens ('Begutachtung unter Gleichrangigen') die Qualität der eingereichten Artikel zu kontrollieren. Damit dies möglichst objektiv geschieht, erfahren die Gutachter*innen nicht die Namen der Autor*innen und die Autor*innen nicht die Namen der Gutachter*innen (*double blind peer review*). Artikel können entweder komplett angenommen (*accepted*) oder abgelehnt (*rejected*) werden, oder aber die Gutachter*innen fordern mehr oder weniger umfangreiche Überarbeitungen ein (*major* oder *minor revisions*). Dadurch kann es bis zu mehreren Jahren dauern, bis ein Artikel publiziert wird. In vielen Disziplinen erscheinen daher zunächst Vorversionen der Artikel auf sogenannten *preprint*-Servern, um technischen oder medizinischen Fortschritt schneller voranzutreiben. Damit Forschungsergebnisse weltweit diskutiert werden können, setzt sich mittlerweile auch in der Sprachwissenschaft zunehmend die Weltsprache Englisch als Wissenschaftssprache durch (vor einem Jahrhundert dominierten noch Deutsch und Französisch). Ein weiterer aktueller Trend ist, dass die Artikel wie auch die dazugehörigen Daten der Forschungsgemeinschaft kostenlos zur Verfügung gestellt werden (*open access*).

Die *peer review*-Praxis hat allerdings auch Nachteile. So führt die Kontrolle durch die *scientific community* dazu, dass Forscher*innen im *mainstream* bleiben, um ihre Publikationschancen zu erhöhen. Zudem haben es sprachwissenschaftliche Forschungen zum Englischen einfacher, international Gehör zu finden als zu anderen Sprachen. Zwar existieren auch immer noch Publikationsformen ohne jegliche Qualitätskontrolle, bei der Vergabe von Forschungsgeldern und der Besetzung von Stellen wird dies aber ein immer wichtigeres Kriterium. Student*innen sollten sich bei Seminar- und Abschlussarbeiten daher am Musterbeispiel von Artikeln in internationalen Fachzeitschriften mit *peer review*-Verfahren orientieren.

Wissenschaftliche Paradigmen und Revolutionen

Wie in diesem System von Rollen und Institutionen Wissenschaft funktioniert, hat der Wissenschaftstheoretiker Thomas Kuhn (1922–1996) analysiert. Er hat hierzu die Hypothese aufgestellt, dass sich Wissenschaft in Paradigmen organisiert (vgl. Kuhn 1962). Diese **Paradigmen** werden von berühmten Wissenschaftler*innen und Gruppen von Wissenschaftler*innen vertreten, die eine breite gesellschaftliche Anerkennung genießen. Sie beinhalten nicht nur Theorien und Methoden, nach denen Wissenschaft betrieben wird, sondern geben auch vor, welche Fragen und Probleme als relevant gelten. Bestimmte Publikationen gelten als Musterbeispiele, an denen sich künftige Forschung zu orientieren hat.

Nach dieser Theorie entsteht eine wissenschaftliche Disziplin nach einer *vorparadigmatischen Phase* von Beobachtungen, sobald sich ein Paradigma herausbildet. Besteht Konsens über dieses Paradima, beginnt die *normale wissenschaftliche Arbeit.* Wissenschaftler*innen arbeiten die als relevant erachteten Fragen und Probleme in einem anerkannten theoretischen Rahmen mit anerkannten wissenschaftlichen Methoden ab. Auf diese Weise lässt sich mit den vorhandenen finanziellen, zeitlichen und technischen Ressourcen am effizientesten Fortschritt erzielen. Dadurch baut ein Fach **kumulatives Wissen** auf. Das Paradigma wird dabei nicht in Frage gestellt. Erweist sich ein Paradigma über längere Zeit an zentralen Stellen als problematisch oder bringen neue Entdeckungen es an seine Grenzen, kommt die Wissenschaft in eine *Krise.* Jetzt beginnt eine *außerordentliche Phase*: In dieser konkurrieren diverse mögliche neue Paradigmen darum, sich zu etablieren. Dann kommt es zur **Wissenschaftlichen Revolution**, d. h. einem Paradigmenwechsel. Danach ist wieder normales wissenschaftliches Arbeiten möglich. Der Kreis schließt sich also (vgl. Abb. 2.4).

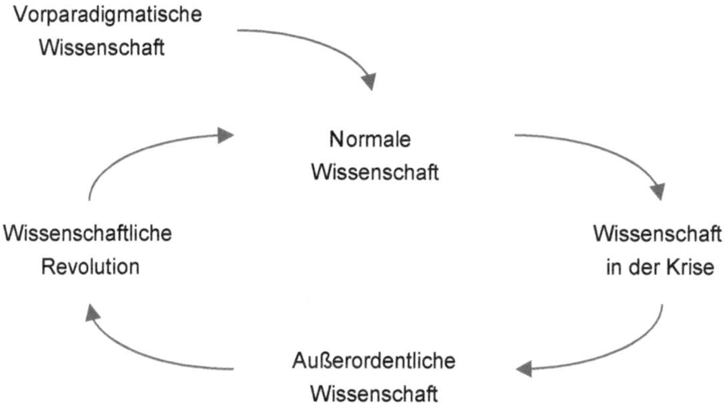

Abb. 2.4: Zyklische Entwicklung der Wissenschaft nach Kuhn 1962 (Graphik nach Kornmesser/Büttemeyer 2020: 91).

Auch wenn Kuhn 1962 seine Theorie auf Basis der Naturwissenschaften entwickelt hat, kann man sie mit einigen Modifikationen auch auf Geistes- und Sozialwissenschaften übertragen. Der wichtigste Unterschied ist sicherlich, dass in Disziplinen wie der Sprachwissenschaft mehrere Paradigmen nebeneinander existieren können (z. B. aktuell das generative und das kognitive Paradigma; vgl. Kapitel 2.2.4). Diese Paradigmen können miteinander konkurrieren, sich nebeneinander ignorieren oder sich ergänzen; trotzdem befindet sich die Wissenschaft nicht unbedingt kurz vor einer Revolution, sondern in der Phase des normalen wissenschaftlichen Arbeitens.

2.1.3 Wissenschaftliches Arbeiten

Student*innen lernen an der Universität von Anfang an *wissenschaftliches Arbeiten.* Darunter versteht man aber in der Regel nicht die Methodik der Datensammlung und -analyse, sondern das Schreiben wissenschaftlicher Texte. Bereits als Schüler*innen haben Sie meist im Rahmen einer Facharbeit, Seminararbeit oder vorwissenschaftlichen Arbeit erste Erfahrungen damit gesammelt. Verwirrend für Studienanfänger*innen ist dabei jedoch, dass sie in der Regel zunächst einmal gar nicht mit wissenschaftlichen Artikeln konfontiert werden, sondern nur mit didaktischen Werken wie Einführungsbüchern und Handbüchern. Diese sollen ganz besonders gut lesbar sein, weswegen die Zahl der Literaturverweise im Text auf ein Minimum reduziert ist (wie auch in diesem Buch). Es ist wichtig zu wissen, dass das eine vollkommen andere Textsorte ist als eine wissenschaftliche Publikation. Das Modell für eine wissenschaftliche Arbeit im Studium ist aber ein Artikel in einer Fachzeitschrift (und nicht ein Einführungsbuch).

Stand der Forschung

Bevor Sie sich an Ihr erstes eigenes Forschungsprojekt machen, lernen Sie den korrekten Umgang mit wissenschaftlicher Literatur. Denn Wissenschaftler*innen müssen zunächst einmal sehr gut den Stand der Forschung zu ihrem Thema kennen. Es ist nicht sinnvoll, Zeit mit der Beantwortung von Fragen zu verschwenden, die bereits beantwortet sind, oder Fehler, die andere schon gemacht haben, zu wiederholen. Wissenschaft ist kumulativ, d. h. sie baut auf dem Wissensschatz auf, der bereits da ist, um Fortschritte zu erzielen.

Daher beginnt jede wissenschaftliche Arbeit mit einer ausführlichen **Literaturrecherche** in Bibliotheken und Online-Datenbanken. Die gefundenen wissenschaftlichen Texte liest man in der Regel nicht von vorne bis hinten durch wie Romane, sondern überfliegt sie erst und sieht sich dann die relevanten Stellen genauer an, oft auch mehrmals. Einen schnellen Überblick kann man sich verschaffen, indem man das Abstract sowie Einleitung und Schluss liest – daher sollte man auch bei Seminararbeiten besonders viel Energie in diese Kapitel stecken. Beim **Lesen wissenschaftlicher Texte** sollte man besonders sorgfältig und kritisch vorgehen. Es ist extrem wichtig, dass man die Inhalte gut verstanden hat und in seiner eigenen Arbeit korrekt wiedergibt. Wie im Journalismus gilt das 'Zwei Quellen-Prinzip': Man sollte jede Information stets in mindestens einer weiteren Publikation noch einmal überprüfen. Wenn man dabei auf Widersprüche stößt, ist das nicht schlimm. Im Gegenteil: Das ist ein interessanter

Ausgangspunkt für künftige wissenschaftliche Studien! In jedem Fall sollte man Widersprüche in der Forschungsliteratur explizit thematisieren. Zudem sollte man sich immer selbst fragen, ob man für plausibel hält, was man gelesen hat, und ob einem dazu Gegenargumente einfallen. Der wissenschaftliche Text, den man danach schreibt, sollte keine Aneinanderreihung von *fiches de lecture* oder eine Zitate-Collage sein. Ziel ist eine eigenständige Argumentation.

Tipp:

Drucken Sie die für Ihre Arbeit wichtigsten Publikationen aus! Auf dem Papier sieht man einiges mehr als am Computer. Man kann es auf das Sofa, in den Park oder in den Zug mitnehmen und dort oft konzentrierter lesen als wenn alle paar Minuten eine Mail hereinkommt. Unterstreichen Sie sich beim Lesen Wichtiges und machen Sie sich am Rand Notizen. Legen Sie danach erst einmal ein paar Tage Pause ein. Schreiben Sie dann ihre Argumentation aus dem Kopf auf: Manche sammeln lieber erst in einer Mindmap Ideen, andere schreiben lieber gleich drauf los. Anschließend suchen Sie aus Ihren Unterlagen Detailinformationen, Zitate, Seitenangaben etc. sorgfältig heraus und vervollständigen und verfeinern ihren Text. Drucken Sie sich am Ende Ihre Arbeit aus und lesen Sie sie sich laut vor! Geben Sie sie mindestens einer weiteren Person zum Lesen.

Wenn man den Stand der Forschung zum Thema zusammenfasst, muss man immer sehr sorgfältig dokumentieren, woher man seine Informationen hat: Der Nachname der Autor*innen, die Jahreszahl und die Seitenzahl ermöglichen es den Leser*innen, die Information wiederzufinden. Dabei unterscheidet man direkte Zitate in Anführungzeichen von der Wiedergabe in eigenen Worten, die man auf Deutsch mit *vgl.* und auf Englisch und Französisch mit *cf.* markiert (in manchen Fachzeitschriften wird dies auch weggelassen). Dagegen ist es ein schweres Vergehen in der Wissenschaft – bei Student*innen genauso wie bei erfahrenen Wissenschaftler*innen – ein **Plagiat** zu begehen. Darunter versteht man sowohl *copy&paste* ohne Anführungszeichen, vergessene Literaturreferenzen als auch Übersetzungsplagiate und Ghostwriting. Plagiate können sehr schwerwiegende Konsequenzen haben, bis hin zum Verweis von der Universität und der Aberkennung von Studienabschlüssen und Doktortiteln.

Fragen beantworten und Ziele erreichen

Genauso wie wissenschaftliche Artikel in internationalen Fachzeitschriften sollten Seminar- und Abschlussarbeiten eine originelle Fragestellung haben, die für Wissenschaft, Gesellschaft und/oder Berufspraxis relevant ist. In Ihrer **Forschungsfrage** erklären Sie, *was* Sie erforschen (z. B. ob sich das Sprachverhalten bestimmer Gruppen von Sprecher*innen in Bezug auf eine bestimmte Variable unterscheidet), in den

Zielen Ihrer Arbeit, *warum* Sie dies erforschen (z. B. um größere Zusammenhänge zu verstehen und die Theorieentwicklung weiterzubringen).

Auch die **Gliederung** sieht ähnlich aus wie bei einem wissenschaftlichen Artikel (siehe Kasten). In der Einleitung führt man zur Fragestellung thematisch hin und erläutert ihre Relevanz. Dann stellt man kurz den theoretischen Rahmen und die empirische Methode vor und skizziert den Gang der Argumentation. Handelt es sich um eine Arbeit mit theoretischer Relevanz, ist es wichtig, zunächst die Theorie vorzustellen und am Schluss den Beitrag der Arbeit dazu zu verdeutlichen. Oft sind studentische Arbeiten aber auch rein deskriptiv oder basieren auf einem im Unterricht gemeinsam erarbeiteten theoretischen Fundament; dann kann dieses Kapitel wegfallen. Unverzichtbar ist dagegen ein ausführlicher Stand der Forschung. Aus diesem lassen sich Forschungslücken, offene Fragen und/oder Hypothesen ableiten. Im Methodenkapitel begründet man die Auswahl der Methode und stellt das Vorgehen bei der Datensammlung und -analyse transparent und kritisch reflektiert dar. Im Anschluss präsentiert man die Ergebnisse seiner eigenen Studie und stellt diese in den Zusammenhang mit dem Stand der Forschung. Dies kann in zwei getrennten Kapiteln zu Ergebnissen und Diskussion erfolgen oder auch in einem kombinierten Kapitel. Jede Arbeit endet mit einem Schlusskapitel, das ein Fazit zieht und im Ausblick Desiderata für die künftige Forschung formuliert. Wichtig ist, dass an jedem Punkt der Arbeit der Bezug zur Fragestellung klar ist. Auf diese Weise ergibt sich ein **roter Faden**.

Typische Gliederung empirischer Arbeiten

1. Einleitung
2. Theoretischer Rahmen
3. Stand der Forschung
4. Methode
5. Ergebnisse
6. Diskussion
7. Schluss

Referenzen

Die in der Arbeit direkt oder indirekt zitierte wissenschaftliche Literatur sowie Quellen (z. B. Korpora) listet man in den **Referenzen** auf. Jedes zitierte Werk muss hier erscheinen und jedes Werk, das hier aufgeführt ist, muss in der Arbeit zitiert worden sein. Es handelt sich also nicht um eine Liste der konsultierten Literatur und auch nicht um eine Bibliographie aller oder wichtiger Publikationen zum Thema.

Wissenschaftlicher Schreibstil

Wenn man über komplexe wissenschaftliche Zusammenhänge spricht oder schreibt, muss das dann besonders kompliziert klingen? Nein, im Gegenteil! Abgesehen von den notwendigen **Fachbegriffen** (vgl. Kapitel 2.1.1) sollten wissenschaftliche Texte möglichst verständlich sein. **Verständlichkeit** – das bedeutet dem Psychologen Schulz von Thun [1981] ([48]2010) zufolge: Einfachheit, Ordnung, Prägnanz und Stimulanz. Damit ist Folgendes gemeint:

- **Einfachheit:** kurze Hauptsätze (max. 25 Wörter) mit wenig Nebensätzen, kein Passiv, keine Pseudo-Synonyme, konkrete Substantive, keine überflüssigen Fremdwörter;
- **Ordnung:** symmetrische Gliederung, aussagekräftige Überschriften und Unterüberschriften, ca. 10 Zeilen lange Absätze, Zwischenfazits und Überleitungen, roter Faden mit Bezug zur Fragestellung, Visualisierungen (Infographiken, Tabellen, Diagramme);
- **Prägnanz:** kurz, auf das Wesentliche beschränkt, keine überflüssigen Wiederholungen, keine Exkurse;
- **Stimulanz:** Zitate, Metaphern, interessante Beispiele, rhetorische Fragen.

Das wichtigste Prinzip der Verständlichkeit ist die Einfachheit. Schulz von Thun [1981] ([48]2010) lässt sie selbst sprechen (vgl. Abb. 2.5). Danach ist die personifizierte Kompliziertheit dran:

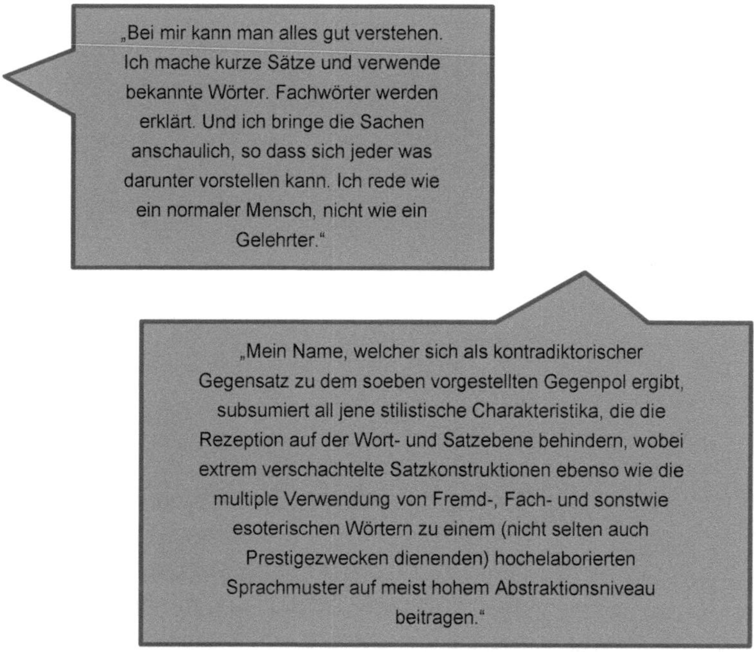

Abb. 2.5: Die personifizierte Einfachheit und Kompliziertheit (nach Schulz von Thun [1981] [48]2010: 164).

2.2 Geschichte der Sprachwissenschaft

Die Sprachwissenschaft ist als wissenschaftliche Disziplin schwer einzuordnen: Theoretisch und methodisch siedeln sich manche ihrer Subdisziplinen in den Naturwissenschaften, andere in den Geistes- oder Kulturwissenschaften und andere wiederum in den Sozialwissenschaften an. Ihr Gegenstand ist mal sehr eng gefasst als abstraktes System, mal sehr weit in Verbindung zur nicht-sprachlichen Kommunikation, zur Physik, Physiologie und Psychologie des Sprechens sowie den Kulturen der Sprachgemeinschaften.

Um die aktuelle Sprachwissenschaft besser zu verstehen, holen wir daher etwas aus und betrachten zunächst einmal die Geschichte der Sprachwissenschaft. Wir werden sehen, mit welchen Theorien und Methoden man Sprache beschreiben und erklären kann und in welchen institutionellen Kontexten dies stattfindet. Der Schwerpunkt liegt dabei auf der wissenschaftlichen Erforschung der französischen Sprache und der Sprachwissenschaft in frankophonen Ländern. Um das komplexe Geflecht an Paradigmen nicht zu sehr zu vereinfachen, gehen wir chronologisch vor: Kapitel 2.2.1 behandelt die Zeit vom Beginn der Geschichtsschreibung bis zum Mittelalter, Kapitel 2.2.2 die Frühe Neuzeit, Kapitel 2.2.3 das 19. Jahrhundert und Kapitel 2.2.4 das 20. und 21. Jahrhundert.

2.2.1 Anfänge

Seit vermutlich 40 000 Jahren spricht der Mensch, seit ca. 7 700 Jahren schreibt er – und seit mindestens 4 400 Jahren denkt er über Sprache nach. So alt ist nämlich die Alphabetschrift, die als erstes sprachwissenschaftliches Meisterwerk gelten kann.

Die Erfindung der Alphabetschrift

Warum kann man die Erfindung der Alphabetschrift als erste überlieferte sprachwissenschaftliche Analyse interpretieren? Aus dem Lautstrom haben Menschen das isoliert und abstrahiert, was bedeutungsunterscheidend ist: Wir unterscheiden mit <p> und <b> Wörter wie *packen* und *backen*, aber haben nur einen Buchstaben <r>, egal ob jemand es ‘rollt’ oder nicht. Die ersten solchen Buchstaben entstanden ausgehend von Hieroglyphen im Alten Ägypten. Die erste reine Alphabetschrift war dann die semitische Schrift. Daraus entstanden das phönizische, das griechische und das lateinische Alphabet, mit dem wir heute schreiben. Auf diese Weise haben Menschen zum ersten Mal **intuitiv** Phonologie und Graphematik **praktiziert**.

Antike

Die ersten metasprachlichen Schriften stammen aus dem alten Indien und dem alten Griechenland. Man kann hier zwei Typen unterscheiden: zum einen **sprachphilosophische** Überlegungen, zum anderen Beschreibungen der **Grammatik** (inklusive der

Aussprache). Im *Kratylos* des griechischen Philosophen **Platon (428/427–348/347 v. Chr.)** findet sich beides. Es geht hier einerseits um Fragen wie die Natürlichkeit oder Konventionalität des sprachlichen Zeichens, also ob „jedes Ding einen ihm von Natur zukommenden richtigen Namen" hat oder „das, was irgendwelche Leute unter sich festgelegt hätten" (PLATON 2014: 7). Andererseits enthält diese Schrift bereits zahlreiche sprachwissenschaftliche Begriffe wie *Vokal, Konsonant, Silbe, Buchstabe, Wort, Hauptwort, Zeitwort* und *Satz*. In derselben Epoche verfasste der Inder **Panini (4./5. Jh. v. Chr.)** die erste erhaltene Grammatik der Welt: 4 400 Grammatikregeln für das klassische Sanskrit. Die erste griechische Grammatik ist die *Technē grammatikē* ('grammatisches Handwerk') von **Dionysios Thrax (2. Jh. v. Chr.)**. In der griechischen und römischen Antike entstanden eine Vielzahl von Grammatiken. Der Ursprung unserer heutigen Schulgrammatik ist die lateinische Grammatik *Ars grammatica* von **Donat (310–380 n. Chr.)**.

Exkurs: Was die Bibel zur Sprache sagt

Die Frage nach dem Ursprung der Sprache thematisiert auch die Bibel – und liefert darauf zwei Antworten: „Im Anfang war das Wort und das Wort war bei Gott und das Wort war Gott." (Joh 1,1 EU). Es folgt die babylonische Sprachverwirrung:

> Die ganze Erde hatte eine Sprache und ein und dieselben Worte. Als sie ostwärts aufbrachen, fanden sie eine Ebene im Land Schinar und siedelten sich dort an. Sie sagten zueinander: Auf, formen wir Lehmziegel und brennen wir sie zu Backsteinen. So dienten ihnen gebrannte Ziegel als Steine und Erdpech als Mörtel. Dann sagten sie: Auf, bauen wir uns eine Stadt und einen Turm mit einer Spitze bis in den Himmel! So wollen wir uns einen Namen machen, damit wir uns nicht über die ganze Erde zerstreuen. Da stieg der HERR herab, um sich Stadt und Turm anzusehen, die die Menschenkinder bauten. Und der HERR sprach: Siehe, ein Volk sind sie und eine Sprache haben sie alle. Und das ist erst der Anfang ihres Tuns. Jetzt wird ihnen nichts mehr unerreichbar sein, wenn sie es sich zu tun vornehmen. Auf, steigen wir hinab und verwirren wir dort ihre Sprache, sodass keiner mehr die Sprache des anderen versteht. Der HERR zerstreute sie von dort aus über die ganze Erde und sie hörten auf, an der Stadt zu bauen. Darum gab man der Stadt den Namen Babel, Wirrsal, denn dort hat der HERR die Sprache der ganzen Erde verwirrt und von dort aus hat er die Menschen über die ganze Erde zerstreut. (Gen 11,1–9 EU)

Im Gegensatz zur Wissenschaft liefert die Religion also klare einfache Antworten: Die Sprachfähigkeit sei etwas Göttliches und die unterschiedlichen Sprachen seien von Gott geschaffen. Die Präsentation der Sprachenvielfalt als Strafe deutet darauf hin, dass als einzige Funktion des Sprechens der Informationsaustausch gesehen wurde (zu weiteren Funktionen vgl. Kapitel 3.2).

Nachdem Menschen bereits mehrere Jahrtausende über Sprache nachgedacht und sprachwissenschaftlich gearbeitet hatten, drang die Beschäftigung mit Sprache in der

Spätantike in die wissenschaftlichen Institutionen ein. Damals entstand der Studienkanon der sieben freien Künste (lat. *septem artes liberales*). Hierzu gehörten mit der Grammatik und der Rhetorik zwei Fächer, die wir aus heutiger Perspektive als *sprachwissenschaftlich* bezeichnen können.

À vous !
Recherchieren Sie im Internet: Welche anderen Fächer gehörten neben Grammatik und Rhetorik noch zu den sieben freien Künsten?

Mittelalter

Die wissenschaftliche Institution der **Universität** entstand im Mittelalter. Als älteste Universität der Welt gilt die Universität Bologna (gegründet 1088). Frankreich bekam 1200 seine erste Universität, in Paris. Ein Teil dieser Universität war im Gebäude der Sorbonne im *Quartier Latin* untergebracht. Heute teilen sich unterschiedliche Universitäten den Namen und das Gebäude. Im deutschsprachigen Raum stehen die ältesten Universitäten in Wien (1365) und Heidelberg (1386). Im Mittelalter entwickelte sich aus den sieben freien Künsten (s. o.) das allgemeinbildende Grundstudium. Auf dieser Basis konnte man sich später auf Medizin, Jura oder Theologie spezialisieren.

2.2.2 Frühe Neuzeit

Die Frühe Neuzeit führte sowohl die sprachphilosophischen Reflexionen als auch die Grammatikschreibung der Antike fort. Dazu kam eine bahnbrechende Entdeckung eines jungen Franzosen: die Entzifferung der Hieroglyphen. Dazu später mehr.

Die erste französische Grammatik

Die erste Grammatik der französischen Sprache stammt von einem Engländer: **John Palsgrave (1480–1554)**. Der Hauslehrer von Prinzessin Mary Tudor und spätere Schuldirektor, der in Cambridge und Paris studiert hatte, veröffentlichte 1530 das Buch *L'esclarcissement de la langue françoyse* (trotz französischen Titels in englischer Sprache). Es wandte sich an Engländer*innen, die Französisch lernen wollten. Palsgrave weist darin insbesondere auf das *enchaînement* und den finalen Phrasenakzent hin (vgl. dazu auch Kapitel 6) und stellt dies in Beispielen graphisch dar:

> Generally there is no worde of one syllable in thé frenche tonge that hath any accent, except the comyng next unto a poynt be the cause of it (...). (...) if it happe that all the wordes in a sentence be of one syllable, than shall they be all reed shortely togyder, tyll the redar come to that worde of one syllable that cometh next unto the poynt, and there shall he lifte up his voyce and pause (...) je ne scay pas que cést, quil vault de moy (...). And al suche other shalbe

sounded in redyng and spekyng: (...) jenesaypaquecét quiueudemoy (...). And this is an other great cause why the frenche tong semeth so brefe and so-dayne in pronounciation, and so harde to be perceyved by a lernar. (Palsgrave [1530] 1852: 47)

Die Idee einer Universalgrammatik

Ein theoretisches Highlight der frühen Neuzeit ist die *Grammaire de Port-Royal* (1660) der Franzosen **Antoine Arnauld (1612–1694)** und **Claude Lancelot (1515–1695)**. Beide waren Jansenisten: Der Priester Arnauld lehrte an der Sorbonne, der Mönch Lancelot war als Erzieher und Lehrer tätig. Auf Basis von Decartes' Logik schlagen sie eine Art Universalgrammatik der menschlichen Sprache vor, auf die sich später Noam Chomsky beruft (s. u.). Diese illustrieren sie u. a. mit französischen Beispielen. Dabei führen Sie insbesondere den phonologischen Fachbegriff des *Schwa* (vgl. Kapitel 6.2.2) ein:

Il reste l'e muet ou féminin, qui n'est dans son origine qu'un son sourd, conjoint aux consonnes lorsqu'on les veut prononcer sans voyelle [...] ce que les Hébreux appellent *scheva*, surtout lorsqu'il commence la syllabe. Et ce *scheva* se trouve nécessairement en toutes les langues, quoiqu'on n'y prenne pas garde, parce qu'il n'y a point de caractère pour le marquer. Mais quelques langues vulgaires, comme l'allemand ou le français, l'ont marqué par la voyelle *e*, ajoutant ce son aux autres qu'elles avaient déjà: et de plus ils ont fait que cet *e* féminin fait une syllabe avec sa consonne, comme est la seconde dans *netteté*, *j'aimerai*, *donnerai*, ce que ne faisait pas le *scheva* dans les autres langues, quoique plusieurs fassent cette faute en prononçant le *scheva* des Hébreux. (Arnauld/Lancelot 1660: 8–9).

Die Frage nach dem Ursprung der Sprache

Die vieldiskutierte Frage nach dem Ursprung der Sprache greift auch der in Genf geborene Philosoph **Jean-Jacques Rousseau (1712–1778)** wieder auf: In seinem 1781 postum (d. h. nach seinem Tode) publizierten *Essai sur l'origine des langues* stellt er die Hypothese auf, dass Sprache auf den Ausdruck von Emotionen zurückgeht:

[...] l'origine des langues n'est point düe aux prémiers besoins des hommes ; il seroit absurde que de la cause qui les écarte vint le moyen qui les unit. D'où peut donc venir cette origine ? Des besoins moraux, des passions. [...] Ce n'est ni la faim ni la soif, mais l'amour, la haine, la pitié, la colére qui leur ont arraché les premiéres voix. (Rousseau 1990: 67)

Entzifferung der Hieroglyphen

Eine weltberühmte sprachwissenschaftliche Entdeckung machte schließlich der Franzose Jean-François Champollion: Er entzifferte die Hieroglyphen. Seine Datenbasis waren zahlreiche Papyri sowie eine Abschrift des berühmten **Steins von Rosette** (ca. 196 v. Chr.), der 1799 während der Ägyptischen Expedition Napoleons gefunden wurde:

Der Legende nach wurde der Stein entdeckt, nachdem ein Pferd darüber gestolpert war! Auf diesem Stein steht derselbe Text in Hieroglyphen, auf Demotisch (eine Art neuägyptischer Dialekt mit eigener Schrift) und auf Altgriechisch. Der Vergleich ermöglichte es, die Hieroglyphen zu entziffern.

Jean-François Champollion (1790–1832)

Jean-François Champollion wird 1790 in Figeac als Sohn eines Buchhändlers geboren. Sein Interesse an Ägypten weckt der berühmte Mathematiker Joseph Fourier (dessen Fourier-Analyse bis heute für die akustische Phonetik von Bedeutung ist). Dieser war mit Napoleon auf Expedition nach Ägypten gefahren. 1802 zeigt Fourier dem damals 12-jährigen Champollion Fundstücke der Exkursion und erklärt ihm, dass man ägyptische Texte nicht verstehen konnte, da die Schriftzeichen nicht entziffert waren.

Abb. 2.6: Jean-François Champollion. Porträt von Léon Cogniet – Musée du Louvre.

Champollion will dieses Problem lösen. Dazu lernt er zahlreiche alte Sprachen. Bereits im Alter von 18 Jahren ist er Professor an der Universität Grenoble – allerdings nicht für Sprachwissenschaft, sondern für Alte Geschichte. Mit 22 Jahren entziffert er die Hieroglyphen, mit 26 Jahren wird er Konservator der Ägyptischen Sammlung im Louvre. Erst danach reist er zum ersten Mal selbst nach Ägypten! 1832 stirbt er mit nur 42 Jahren an einem Schlaganfall.

2.2.3 Das 19. Jahrhundert

Nachdem Jahrhunderte lang Lehrer und Professoren (es waren damals nur Männer) sprachwissenschaftlich geforscht und publiziert hatten, entstanden im 19. Jahrhundert erste Professuren und Institute für Sprachwissenschaft an Universitäten. Dabei fand die wissenschaftliche Beschäftigung mit der französischen Sprache in Frankreich und Deutschland von Beginn an in einem unterschiedlichen institutionellen Rahmen statt. Das ist bis heute so (siehe Kasten).

Französische Sprachwissenschaft in Frankreich und Deutschland

Wer französische Sprachwissenschaft studieren möchte, findet sich in Deutschland und Frankreich in ganz unterschiedlichen instutionellen Kontexten wieder, die auch die Inhalte stark beeinflussen. In Deutschland kann man Französisch nur als Fremdsprache studieren. Das bedeutet, dass man neben französischer Sprachwissenschaft noch viele Sprachkurse belegen muss. Dies geschieht in der Regel an Instituten für Romanistik. Sprachwissenschaft kann man dort (zumindest zu Beginn) nur in Kombination mit Literaturwissenschaft, Französisch häufig nur in Kombination mit Spanisch oder Italienisch studieren. Im Lehramtsstudium kommen noch Bildungswissenschaft und Didaktik dazu sowie mindestens ein weiteres Fach (z. B. Deutsch oder Englisch). In Frankreich dagegen ist französische Sprachwissenschaft entweder in die Universitätsdisziplin *sciences du langage* eingebettet, wo man wie in der allgemeinen Sprachwissenschaft auch viel zu anderen Sprachen erfährt. Oder aber man entscheidet sich für das didaktisch orientierte Fach *français langue étrangère* (FLE), das v. a. darauf vorbereitet, Migrant*innen in Frankreich Französisch beizubringen. Während Professor*innen in Frankreich in der Regel sehr spezialisiert sind (z. B. auf Phonologie oder Soziolinguistik), decken sie in Deutschland ein sehr breites Spektrum mehrerer Sprachen, Epochen und Subdisziplinen ab.

Professuren für Sprachwissenschaft gab es als erstes an deutschen Universitäten. In Frankreich spielten im 19. Jahrhundert zunächst außeruniversitäre Einrichtungen wie das *Collège de France* (1530 gegründet), die *École des Chartes* (seit 1821) und die *École Pratique des Hautes Études* EPHE (seit 1868) eine wichtige Rolle. Alle drei sind in Paris angesiedelt.

Historisch-vergleichende Sprachwissenschaft

Der erste deutsche Professor für Sprachwissenschaft war **Franz Bopp (1791–1867)**, der 1821 eine Professur an der Humboldt-Universität in Berlin erhielt. Er gilt als Begründer der **Indogermanistik** (fr. *études indo-européennes*), da er das Sanskrit mit dem Griechischen, Lateinischen und den germanischen Sprachen verglich. Entdeckt hatte die Sprachverwandtschaft zwischen dem indischen Sanskrit und den europäischen Sprachen jedoch schon lange davor – im Jahre 1767 – der Engländer William Jones (1746–1794), der als Richter in Kalkutta (Indien) arbeitete. Weitere wichtige Vorarbeiten hatte der Schriftsteller Friedrich Schlegel (1772–1829) mit seinem Werk *Über die Sprache und Weisheit der Indier* (1808) geleistet. Es ist in der Tat auffällig, wie etwa sanskrit नक्ति (*nákti* 'Nacht') dem lateinischen *nox*, *noctem* und dem griechischen νύχτα (*nýchta*) ähnelt.

Der Vergleich der Sprachen diente der Rekonstruktion der Sprachgeschichte. Daher nennt man dieses sprachwissenschaftliche Paradigma *historisch-vergleichende*

Sprachwissenschaft. Aus der typologischen Ähnlichkeit der Sprachen schloss **August Schleicher (1821–1868)** auf den Grad der Sprach-'Verwandtschaft' und nahm entsprechend 1861 einen **'Stammbaum'** der indogermanischen Sprach-'Familie' und eine rekonstruierte **indogermanische Ursprache** an (vgl. Abb. 2.7). Zu dem, was er in diesem Stammbaum als *italisch* bezeichnet, gehört auch das Lateinische, aus dem die romanischen Sprachen entstanden (vgl. dazu auch Kapitel 5).

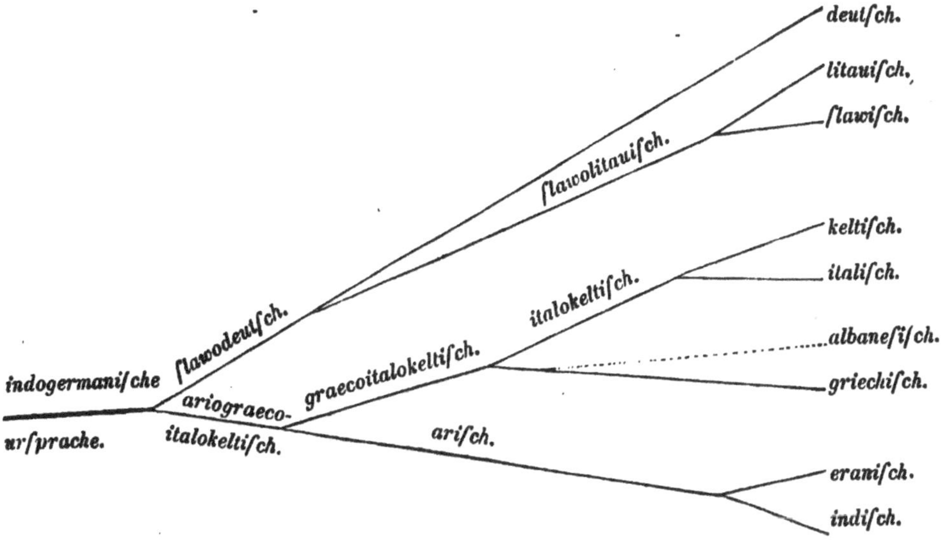

Abb. 2.7: Stammbaummodell nach Schleicher (1861).

Selbst wenn dieses Modell auch außerhalb der Sprachwissenschaft bis heute bekannt ist, darf man nicht vergessen, dass es sich lediglich um eine **Metapher** handelt. Sprachen *sind* keine Lebewesen, die Vorfahren und Nachkommen haben. Wir können uns bestimmte komplexe Zusammenhänge allerdings einfacher vorstellen, wenn wir sie *als solche betrachten* (zu wissenschaftlichen Modellen vgl. Kapitel 2.1.1, zur Metapherntheorie vgl. Kapitel 9.4).

À vous !
Suchen Sie im Internet einen aktuellen Überblick über die Sprachfamilien der Welt!

Die Metapher SPRACHEN SIND LEBEWESEN ist nicht zufällig entstanden. Sie erklärt sich dadurch, dass die Epoche stark von der Evolutionstheorie des Briten Charles Darwin geprägt war (*On the Origin of Species*, 1859). So schrieb der erste amerikanische Professor für Sprachwissenschaft **William Dwight Whitney (1827–1894)** ein Buch zum Thema *The Life and Growth of Language* (1875), das übrigens gleichzeitig auch auf

Französisch und ein Jahr später auf Deutsch erschien. Whitney hatte in Berlin bei Bopp Sanskrit studiert und wurde dann selbst Professor für Sanskrit in Yale. Wie alle Modelle (vgl. Kapitel 2.1.1) ist auch diese Metapher für manche Zwecke nützlich, für andere dagegen nicht brauchbar. So sagt man heute noch, dass das Lateinische eine 'tote' Sprache sei – im Gegensatz zu 'lebenden' Fremdsprachen wie das Französische –, und dass viele Minderheitensprachen vom 'Aussterben' bedroht seien (vgl. Kapitel 1.2.1). Wir werden aber in Kapitel 5.4 sehen, dass es höchst problematisch ist, nach der 'Geburtsstunde' des Französischen zu suchen.

Nicht nur theoretisch, auch methodisch orientierte sich die Sprachwissenschaft des 19. Jahrhunderts an den Naturwissenschaften: Entsprechend der Naturgesetze suchten Sprachwissenschaftler nach **Lautgesetzen**, mit denen sich aus älteren Formen jüngere ableiten bzw. umgekehrt nicht-belegte Formen rekonstruieren ließen. Mit diesen Gesetzen arbeiten Sprachwissenschaftler*innen bis heute. Neben den Regelmäßigkeiten gibt es aber auch viele Unregelmäßigkeiten, die sich u. a. durch Sprachkontakt und die Frequenz der Wörter im Sprachgebrauch erklären lassen (vgl. Kapitel 2.2.4).

Romanistik

Bald weitete sich das Interesse der historisch-vergleichenden Sprachwissenschaft auch auf die lebenden Sprachen aus: Unter anderem entstand die Romanistik. Als ihr Begründer gilt der Deutsche **Friedrich Diez (1794–1876)**, der ab 1830 eine Professur für mittelalterliche und moderne Sprachen und Literaturen in Bonn innehatte. Er war also gleichzeitig Professor für Sprach- und Literaturwissenschaft. Da sich diese beiden Disziplinen theoretisch und methodisch sehr weit auseinanderentwickelt haben, spezialisieren sich Student*innen und Nachwuchswissenschaftler*innen heute oft schon sehr früh auf eine von beiden, und die Professuren sind klar getrennt. Übrig geblieben ist aus dieser Zeit, dass an den meisten Universitäten im deutschsprachigen Raum die beiden Disziplinen an Instituten für Romanistik vereint sind. Dies hat auch praktische Gründe, denn Lehramtsstudiengänge kombinieren meist beide Disziplinen in Bezug auf eine Sprache.

Diez interessierte sich in literaturwissenschaftlicher Perspektive insbesondere für die okzitanische Troubadourlyrik (zum Okzitanischen vgl. Kapitel 1.2.1 und 5.5.1). Im Bereich der Sprachwissenschaft bestand seine Leistung darin, die Bopp'sche Methodik auf die romanischen Sprachen zu übertragen. Er schrieb zunächst eine *Grammatik der romanischen Sprachen* (1836–38), dann ein *Etymologisches Wörterbuch der romanischen Sprachen* (1853). Dabei erforschte er auch die 'Mutter' der romanischen Sprachen, das Vulgärlatein (vgl. Kapitel 5.2). Viele Fragen des historisch-vergleichenden Paradigmas leiten bis heute die romanistische Forschung (siehe Kasten).

Fragestellungen der historisch-vergleichenden Romanistik

- „Woher stammen die romanischen Sprachen?“
- „Warum hat sich das Lateinische in so viele sich so stark unterscheidende Sprachen aufgespaltet?“
- „Worauf beruht die Verwandtschaft zwischen Latein und romanischen Sprachen?“
- „Wie erklärt man den Übergang vom Lateinischen zum Romanischen?“
- „Welche Rolle spielt der Kontakt zu anderen Sprachen bei der Ausbildung der romanischen Sprachen?“
- „Was ist der eigentliche Motor des Sprachwandels?“

(Fragen aus Pirazzini 2013: 11)

Nationalphilologie

Während deutsche Sprachwissenschaftler aus der Außenperspektive die romanischen Sprachen betrachteten, fokussierte man in den einzelnen romanischsprachigen Ländern v. a. die eigene(n) Sprache(n). In Frankreich war das das Französische und in gewissem Maße auch das Okzitanische. Man spricht daher von *Nationalphilologie.* Im Zentrum standen dabei die schriftlichen Überlieferungen der älteren Sprachstufen, d. h. das Altfranzösische und Altokzitanische. Sprachwissenschaft war also keine Disziplin um ihrer selbst Willen, sondern eine Hilfswissenschaft für die Literaturwissenschaft – die den praktischen Zweck hatte, mittelalterliche Texte zu verstehen.

Der erste Lehrstuhl für „Langues et littératures françaises au Moyen Âge“ wurde 1853 am *Collège de France* geschaffen. Sein Inhaber war **Michel Bréal (1832–1915)**, der u. a. bei Bopp in Berlin studiert hatte. Mit dem *Essai de Sémantique* (1897) gilt er als Begründer der Semantik (vgl. Kapitel 9). Er war ebenfalls an der EPHE tätig. Sein Kollege dort war **Gaston Paris (1839–1903)**. Dieser hatte u. a. bei Diez in Bonn studiert und dessen Grammatik der romanischen Sprachen ins Französische übersetzt. Daneben hatte er auch an der *École des Chartes* studiert und promoviert. Er wurde 1868 „répétiteur de philologie française“ an der eben gegründeten EPHE, 1872 übernahm er den Lehrstuhl seines Vaters am *Collège de France* und 1896 wurde er Mitglied der *Académie Française*, deren Aufgabe es (seit 1634) ist, über die französische Sprache zu wachen. Er war übrigens der einzige Sprachwissenschaftler, der *jemals* Mitglied der *Académie Française* wurde – weswegen diese Institution auch in der Sprachwissenschaft so umstritten ist.

Dialektologie

Unter den ersten Professoren für Sprachwissenschaft in Deutschland waren auch die Brüder Jakob und Wilhelm Grimm: **Jakob Grimm (1785–1863)** wurde 1830 Professor in Göttingen, **Wilhelm Grimm (1786–1859)** erhielt dort 1835 eine außerordentliche Professur. Die beiden sammelten nicht nur Märchen, sondern begannen auch gemeinsam die Arbeit am monumentalen *Deutschen Wörterbuch* (auch *Der Grimm* genannt), das erst nach 123 Jahren Arbeit fertig gestellt wurde. Dieses berücksichtigt umfassend die Dialekte. Zudem stellte Jakob Grimm 1822 das erste Lautgesetz (s. o.) für die germanischen Sprachen auf: die sog. *Erste Lautverschiebung* oder engl. *Grimm's Law* bzw. fr. *loi de Grimm*.

Einige Jahrzehnte später entstand fast zeitgleich in Deutschland und Frankreich die Sprachgeographie. Einer ihrer Pioniere war der deutsche Bibliothekar **Georg Wenker (1852–1911)**. Ab 1875 überlegte er sich Sätze, die er per Post an Lehrer*innen verschickte, damit diese sie in die jeweilige Ortsmundart übersetzten. 1878 entstand daraus eine erste Publikation: der *Sprach-Atlas der Rheinprovinz nördlich der Mosel sowie des Kreises Siegen*. 1880 nahm Wenker ein größeres – das bis heute weltweit größte – Atlasprojekt in die Hand: den *Sprachatlas des Deutschen Reichs* (auch *Wenkeratlas* genannt). Dafür ließ er 40 Sätze (heute *Wenkersätze* genannt) von 40 000 Lehrer*innen im deutschsprachigen Raum übersetzen. Daraus entstanden von 1888 bis 1923 handgezeichnete Karten, die 1927–1956 publiziert werden. Die digitale Version dieses Wenkeratlasses findet sich unter regionalsprache.de.

Währenddessen entstanden auch die ersten französischen Sprachatlanten: Der Schweizer **Jules Gilliéron (1854–1926)**, der u. a. an der EPHE in Paris studiert hatte und dort ab 1883 auch unterrichtete, publizierte nur drei Jahre nach Wenker den *Petit atlas phonétique du Valais roman* (1881). Anschließend nahm er ein umfassendes Projekt in Angriff: den *Atlas Linguistique de la France* (ALF). Nach einer Feldforschungsphase von 1897 bis 1901 wird dieser zwischen 1902 und 1910 publiziert. Der Atlas beinhaltet nicht nur das Französische – das zu diesem Zeitpunkt noch gar nicht in ganz Frankreich gesprochen wurde (vgl. Kapitel 1.2.1 und 5.5) –, sondern auch die nordfranzösischen Dialekte, das Okzitanische, das Frankoprovenzalische und das Katalanische, und dies über die Grenzen Frankreichs hinaus (Schweiz, Italien, Belgien, anglo-normannische Inseln). Die nicht-romanischen Sprachen (Bretonisch, Baskisch, Elsässisch etc.) wie auch die Sprachen von Migrant*innen bleiben dagegen unberücksichtigt. Auch Paris bildet auf den Karten nur einen weißen Fleck, da man sich zu der Zeit lediglich für die regionale Variation auf dem Land interessierte.

Als Explorator setzte Gilliéron den französischen Kaufmann **Edmond Edmont (1849–1926)** ein. Dieser gab seinen Beruf auf, um mit Zug, Auto und Fahrrad sowie zu Fuß 639 Untersuchungspunkte zu besuchen und dort 735 Informant*innen persönlich zu befragen. Die Aufgabe war: 1 400 Übersetzungen vom Französischen in die Ortsmundart. Mit der Dialektologie beginnt also die Erhebung mündlicher Sprachdaten. In der Regel repräsentierte dabei eine einzige Person einen Ort. Wer waren die Informant*innen der Sprachatlanten? Die Soziolinguistik hat sie im Nachhinein als **NORMs** bezeichnet, d. h. „nonmobile, older, rural males" (Chambers/Trudgill [1980] 2004: 29). Heute kann man den ALF unter http://lig-tdcge.imag.fr/cartodialect5/#/ im Internet konsultieren.

Auch die Sprachgeographie knüpft an die Metapher SPRACHEN SIND LEBEWESEN an, denn Lebewesen lassen sich in geographischen Räumen lokalisieren. Entsprechend spricht man auch heute noch von *Sprach-* und *Dialektgrenzen*. Auch hier muss man sich immer wieder bewusst machen, dass es sich nur um Metaphern handelt: Sprachen sind nicht an Räume gebunden, sondern werden von Sprecher*innen gesprochen, die sich frei im Raum bewegen. Lediglich offizielle Sprachen sind an politische Nationen oder Regionen gebunden (vgl. Kapitel 1.2.1). Gleichzeitig hat diese Modellierung neue Aspekte sichtbar gemacht. So besagt die **Wellentheorie**, die erstmals 1868 von **Hugo Schuchardt (1842–1927)** formuliert wurde, dass sich Ähnlichkeiten von Sprachen nicht nur durch Verwandtschaft erklären, sondern auch durch Kontakt. Die Metapher der Welle soll dabei veranschaulichen, dass sich Innovationen kreisförmig im Raum ausbreiten, wie wenn man einen Stein in einen Teich wirft.

Phonetik

Wissenschaftlicher Fortschritt wird häufig durch technischen Fortschritt angestoßen. Eine für die Sprachwissenschaft grundlegende Erfindung war der **Phonograph** (bzw. sein Vorgänger der Phonautograph). Der US-Amerikaner Thomas Edison (1847–1931), der auch als Erfinder der Glühbirne gilt, reichte am 24. Dezember 1877 seine Patentanmeldung für eine Maschine ein, die Schall aufnehmen und wieder abspielen konnte. Dies geschah mit Hilfe von Walzen. Zehn Jahre später wurden Grammophon und Schallplatte erfunden. Mit diesen Instrumenten konnte man erstmals Sprache dauerhaft konservieren und für Analysezwecke immer wieder anhören.

Ein weiterer Motor der Wissenschaft ist ihre Anwendungspraxis (vgl. Kapitel 2.1.1). In den Naturwissenschaften ist das oft die Industrie, in der Sprachwissenschaft der Schulunterricht. Für die französische Sprachwissenschaft ergab sich ein großer Sprung, als im 19. Jahrhundert die modernen Fremdsprachen in die Schulen einzogen. Schnell zeigte sich, dass die in den klassischen Sprachen übliche *Grammatik-Übersetzungsmethode* keine befriedigenden Ergebnisse brachte. Wer lebende Sprachen sprechen möchte, muss diese anders lernen. Mit seiner Streitschrift „Der Sprachunterricht muss umkehren!" (1882) leitete der deutsche Anglistik-Professor Wilhelm Viëtor (1850–1918) die sogenannte *Reformbewegung* ein.

In deren Rahmen entstand auch das *Internationale Phonetische Alphabet* (IPA). Dieses ist einfacher zu lernen als die bereits existierenden Lautschriften, da es auf dem lateinischen Alphabet basiert und zudem für alle Sprachen einsetzbar ist. Entwickelt wurde es von einer Gruppe von Lehrern und Wissenschaftlern um den französischen Englischlehrer **Paul Passy (1859–1940)**. Diese hatten sich 1886 im Verein *Dhi Fonètik Tîcerz' Asóciécon* bzw. *The Phonetic Teachers Association* zusammengeschlossen, der seit 1897 *L'Association phonétique internationale* hieß. Das IPA wird seitdem regelmäßig reformiert (zum letzten Mal 2020) und ist bis heute ein wichtiges Werkzeug für den Fremdsprachenunterricht. 1894 wurde Passy *Directeur d'études* für „Phonétique générale et comparée" an der EPHE (s. o.).

Der erste Professor für Phonetik (vgl. Kapitel 6.1) war aber bereits der Priester **Jean-Pierre Rousselot (1846–1924)**, genannt Abbé Rousselot. Dieser war seit 1889 am *Institut Catholique de Paris* tätig und hatte dort das weltweit erste Labor für Experimentalphonetik aufgebaut. Als Schüler von Gaston Paris und Jules Gilliéron (s. o.) richtete er 1897 ein weiteres Labor am Lehrstuhl von Bréal (s. o.) am *Collège de France* ein. 1923 erhielt er dort schließlich selbst einen Lehrstuhl. In diesen Labors untersuchte Rousselot nicht nur die Dialekte Frankreichs, sondern auch mit zahlreichen internationalen Gästen die Sprachen der Welt (z. B. Maya, Guaraní).

2.2.4 Das 20. und 21. Jahrhundert

Im 20. Jahrhundert nahm die Zahl der Sprachwissenschaftler*innen zu und damit auch ihre Spezialisierung. Manche betrachteten nun Sprache oder eines ihrer Teilsysteme (z. B. Phonologie oder Syntax; vgl. Kapitel 6 und 8) isoliert. Dies geschah zunächst im Paradigma des Strukturalismus, dann der Generativen Grammatik. Gleichzeitig weitete sich der Blick von der geographischen Variation auf andere Dimensionen, insbesondere die soziale und die stilistische Variation. Die Variations- und Varietätenlinguistik (s. u.) wurde eine Zeit lang als 'quer' zur 'internen' Systemlinguistik angesehen, d. h. man untersuchte Phonologie, Syntax, Semantik etc. entweder ohne Variation oder man wählte bewusst den Fokus auf der Variation. In den vergangenen Jahrzehnten hat das kognitive Paradigma vorgemacht, dass sich Systeme auch ganzheitlich in ihrer Dynamik betrachten lassen.

Strukturalismus

Während im 20. Jahrhundert die Naturwissenschaften Substanzen in immer kleinere Bestandteile zerlegen (vgl. die Atommodelle in Kapitel 2.1.1), lenkt auch die Sprachwissenschaft ihren Blick zunehmend auf die innere Zusammensetzung des **Systems Sprache** zu einem bestimmten Zeitpunkt. Die federführende Subdisziplin im Strukturalismus war die Phonologie, die nach den kleinsten lautlichen Einheiten sucht (vgl. Kapitel 6.2). Häufig wird diese Perspektive als radikaler Bruch präsentiert oder gar als eigentlicher Beginn der modernen Sprachwissenschaft. Sieht man sich die wissenschaftsgeschichtliche Entwicklung jedoch genauer an, so stellt man fest, dass die Übergänge zwischen der Sprachwissenschaft des 19. Jahrhunderts und dem Strukturalismus fließend waren – sowohl was die Personen als auch was die Ideen betrifft.

Als Hauptwerk des europäischen Strukturalismus gilt der *Cours de Linguistique Générale* des Schweizers Ferdinand de Saussure. Dabei handelt es sich um die 1916 postum publizierten Vorlesungsmitschriften seiner Schüler.

Ferdinand de Saussure (1857–1913)
Ferdinand de Saussure wird 1857 in eine Genfer Intellektuellenfamilie geboren. Sein Vater ist Insektenforscher, sein Großvater Chemiker und Botaniker. Zum Studieren geht er nach Leipzig, Berlin und Paris. Er ist u. a. Schüler von Bréal und besonders inspiriert von Whitney. In Leipzig schreibt er seine Doktorarbeit zum Sanskrit. Anschließend unterrichtet er zunächst an der EPHE in Paris, 1891 erhält er dann einen Ruf auf eine Professur für indogermanische Sprachwissenschaft an der Universität Genf.

Abb. 2.8: Ferdinand de Saussure.

Saussure unterscheidet systematisch verschiedene Perspektiven auf die Sprache: u. a. *Synchronie* (das Sprachsystem zu einem ganz bestimmten Zeitpunkt) vs. *Diachronie* (Sprachwandel), *langue* (Sprache) vs. *parole* (Sprechen) (vgl. dazu auch Kapitel 3.1.1). Als Gegenstand der strukturalistischen Sprachwissenschaft gilt dabei die synchrone Betrachtung der *langue*.

À vous !
Zeichnen Sie einen geistigen ‘Stammbaum’ der Sprachwissenschaft vom 19. bis zum Beginn des 20. Jahrhunderts! Welcher der erwähnten Sprachwissenschaftler hat bei wem studiert? Wer fühlte sich durch wen besonders inspiriert? Welche Sprachwissenschaftler waren Kollegen, wer hat an wessen Lehrstuhl gearbeitet?

Generative Grammatik

Der Übergang vom Strukturalismus zur Generativen Grammatik wird häufig als **Paradigmenwechsel** in der Sprachwissenschaft bezeichnet. Begründer und Hauptvertreter der Generativen Grammatik ist der US-Amerikaner **Noam Chomsky (*1928)**. Er publizierte 1957 das Werk *Syntactic Structures*, und bis heute noch dominieren in diesem Rahmen Arbeiten zur Syntax (vgl. dazu Kapitel 8.2.1). Wie ihr Name bereits andeutet, versucht die Generative Grammatik alle Regeln zu finden, die man braucht, um – wie mit einem Computerprogramm – alle möglichen Sätze einer Sprache zu *generieren*. In seinem *Minimalist Programm* (1995) postuliert Chomsky, dass **Prinzipien** und **Parameter** universell und angeboren sind und die Parameterwerte beim Spracherwerb gesetzt werden. Man nennt dies die ***Nativismus-Hypothese***. Der Nachweis eines entsprechenden Sprachgens steht allerdings bis heute aus.

Methodisch hat dieses Paradigma in seinen Anfängen mit **Introspektion** gearbeitet, d. h. auf Basis der Intuitionen der Sprachwissenschaftler*innen selbst in Bezug auf ihre L1. Die nächste Etappe war die systematische Befragung von Sprecher*innen zur Akzeptabilität konstruierter Sätze (**Akzeptabilitätstests**). Zusätzlich arbeitet die Generative Grammatik heute auch mit Korpora. Korpora können allerdings nur einen Ausschnitt dessen dokumentieren, was man sagen bzw. schreiben kann, aber keine Auskunft darüber geben, was inakzeptabel ist.

Variations- und Varietätenlinguistik

Die Konzentration auf das Sprachsystem in der strukturalistischen und generativen Linguistik führte dazu, dass Variation und Wandel in andere Paradigmen 'ausgelagert' und unabhängig davon untersucht wurden. In den USA bildete sich parallel zur Generativen Grammatik von Noam Chomsky (s. o.) die Variationslinguistik von **William Labov (*1927)** aus. In der deutschsprachigen Romanistik entstand die Varietätenlinguistik als 'Nebenprodukt' des Strukturalismus: Der Rumäne **Eugenio Coseriu (1921–2002)** suchte Systeme an den Schnittstellen der Variationsachsen: Er ging davon aus, dass das, was an einem bestimmten Ort in einer bestimmten sozialen Schicht in einem bestimmten Stil gesprochen wird, homogen ist. Auf dieser Basis entwickelten die deutschen Romanisten **Peter Koch (1951–2014)** und **Wulf Oesterreicher (1942–2015)** ab 1985 die Varietätenlinguistik. In Frankreich wurden beide Ansätze rezipiert (vgl. Gadet 2007).

Bei der Labov'schen **Variationslinguistik** handelt es sich im Wesentlichen um quantitative Soziophonetik. In seinen umfangreichen empirischen Studien misst Labov beispielsweise akustisch die Qualität verschiedener Vokale und korreliert diese mit nicht-sprachlichen Charakteristika der Sprecher*innen (z. B. Alter, Geschlecht). So fand er beispielsweise schon in seiner berühmten Masterarbeit heraus, dass die Bewohner der Insel Martha's Vineyard, die stärker an ihrer Heimat hängen, ihre Vokale deutlich anders artikulieren als die übrigen, die sich den Touristen vom Festland anpassen (vgl. Labov 1972). Auf Basis seiner Studien konnte er zahlreiche Hypothesen aufstellen, die in Folge immer wieder empirisch erhärtet und z. T. auch modifiziert wurden. Eine bekannte Hypothese lautet: „Frauen führen den Sprachwandel an." (vgl. dazu auch Kapitel 3.4.3). Labov konzentriert sich auf die **soziale** und **stilistische** Variation, die seiner Theorie zufolge zusammenhängen: Merkmale, die bei Sprecher*innen aus sozial niedrigeren Schichten öfter auftauchen, finden sich auch häufiger in der Spontansprache als beim Vorlesen.

Die von Koch/Oesterreicher (1985 und 1990/^{2}2011) vorgeschlagene **Varietätenlinguistik** geht dagegen von theoretischen Überlegungen aus und illustriert diese lediglich an bereits bekannten sprachlichen Beispielen. Sie berücksichtigt gleich vier Varietätendimensionen: *Diatopik* (Raum), *Diastratik* (soziales Milieu), *Diaphasik* (Stil) und *Nähe/Distanz* (Situation; vgl. Kapitel 1.1.1). Hier ist allerdings nicht ganz klar, ob sich diese Dimensionen wie bei Labov über Korrelationen mit nicht-sprachlichen Merkmalen definieren (diastratisch niedrig ist, was Sprecher*innen aus niedrigen sozialen Schichten sprechen) oder durch die Wahrnehmung der Hörer*innen (diastratisch niedrig ist, was als sozial niedrig wahrgenommen wird).

Nachdem sich diese beiden Paradigmen lange ignoriert haben, kann man mittlerweile eine Annäherung beobachten. Krefeld/Pustka (2010) schlagen in ihrer **Perzeptiven Varietätenlinguistik** vor, aus (meta-)sprachlichen Produktions- und Wahrnehmungsdaten – die man empirisch erheben kann – (meta-)sprachliche Repräsentationen (Vorstellungen) in den Köpfen der Sprecher*innen abzuleiten (vgl. Kapitel 3.4.4). Unabhängig davon hat sich im anglo-amerikanischen Raum die ***Cognitive Sociolinguistics*** (Kristiansen/Dirven 2008) und der ***Third Wave Variationism*** (Eckert 2012) herausgebildet. Auch diese Ansätze gehen über Korrelationen von sprachlichen und nicht-sprachlichen Daten hinaus und zielen darauf ab, die Repräsentationen der Sprecher*innen zu modellieren. All diese neuen Ansätze verstehen sich als Teil der Kognitiven Linguistik.

Kognitive Linguistik

Dieses weitere Paradigma, die Kognitive Linguistik, stammt ebenfalls aus den USA. Sie ist in unmittelbarer Abgrenzung zur Generativen Grammatik entstanden: Ihre Begründer **Eleanor Rosch (*1938)** und **George Lakoff (*1941)** hatten an der Ostküste studiert (u. a. bei Chomsky) und haben dann an der Westküste ihre neue Theorie entwickelt. Federführend war dieses Mal die Semantik (vgl. Kapitel 9). Die Kognitive Linguistik unterscheidet sich von der Generativen Linguistik durch einige grundlegende **Hypothesen**. So geht sie insbesondere davon aus, dass es kein angeborenes spezielles Sprachgen gibt, sondern sich die Sprachsysteme in den Köpfen der Menschen aus ihren allgemeinen kognitiven Fähigkeiten (Wahrnehmung, Erinnerung etc.) und ihrer Erfahrung in der Welt ergeben. Im Zentrum des Interesses steht daher der Sprachgebrauch (*usage-based linguistics*).

Durch Fortschritte in Gehirnforschung und Computertechnik hat es zwischenzeitlich eine Wende zur quantitativen Forschung gegeben: Auf der einen Seite wissen wir heute, dass das menschliche **Gehirn** über enorme Speicher- und Verarbeitungskapazitäten verfügt. Auf der anderen Seite können wir mittlerweile große Datenmengen erforschen. Daher sucht man heute nicht mehr ein möglichst ökonomisches Modell der menschlichen Sprache, sondern ein möglichst plausibles. Durch die Empirie lassen sich immer mehr lexikalische 'Ausnahmen' von grammatischen und phonologischen Regelmäßigkeiten dokumentieren, auf die Sprachwissenschaftler bereits seit dem 19. Jahrhundert intuitiv hingewiesen hatten. So stellte beispielsweise die **Theorie der Lexikalischen Diffusion** (Schuchardt 1885, Wang 1969, Labov 1981) die Hypothese auf, dass häufig verwendete Wörter bestimmte Sprachwandelprozesse anführen (mehr dazu in Kapitel 3.3.2).

Lesetipps

KORNMEIER, Martin [2008] ([8]2018): *Wissenschaftlich schreiben leicht gemacht für Bachelor, Master und Dissertation*, Bern etc.: Haupt.
KORNMESSER, Stephan / BÜTTEMEYER, Wilhelm (2020): *Wissenschaftstheorie: Eine Einführung*, Stuttgart: J.B. Metzler.
SCHNEIDER, Wolf [1982] ([27]2001): *Deutsch für Profis. Wege zu gutem Stil*, München: Goldmann.
WERDER, Lutz von (1995): *Grundkurs des wissenschaftlichen Lesens*, Berlin/Milow: Schibri.

Hörtipp

In ihrem Podcast « Parler comme jamais » räumen die Sprachwissenschaftlerinnen Maria Candea und Laélia Véron mit medialen Mythen über die französische Sprache auf: https://www.binge.audio/podcast/parler-comme-jamais.

3 Sprachdynamik

Panta rhei 'alles fließt' – dies stellte schon der antike Philosoph Heraklit fest. Und ganz konkret formulierte er: „Man kann nicht zweimal in denselben Fluss steigen" (zit. nach Diels/Kranz ^{4}1922: 96). Auch Sprache ändert sich ununterbrochen. Ständig sagt jemand etwas Neues! Der stetige Wandel der Sprache war auch Ferdinand de Saussure bewusst, der Heraklits Flussmetapher wieder aufgriff: « le fleuve de la langue coule sans interruption » (CLG: 193). Saussure zeigte, dass es zwei mögliche Perspektiven auf Sprache gibt: Entweder folgt man ihrer Evolution (*diachrone* Perspektive) oder man erstellt eine Momentaufnahme (*synchrone* Perspektive) und analysiert, wie zu diesem einen Zeitpunkt das sprachliche System funktioniert. Wenn man einen solchen 'Schnappschuss' in der Hand hält, wirkt Sprache '(be)greifbarer'. In Wirklichkeit hält aber natürlich die Zeit nicht an.

In Saussures *Cours de Linguistique Générale* (CLG) findet sich dazu die Illustration links in Abb. 3.1. Da wir es heute in Europa gewohnt sind, zeitliche Abläufe von links nach rechts darzustellen, findet sich rechts davon eine um 90° gedrehte Version der Graphik. In beiden Versionen zeigt die C/D-Achse den Sprachwandel an und die A/B-Achse das System zu einem bestimmten Zeitpunkt.

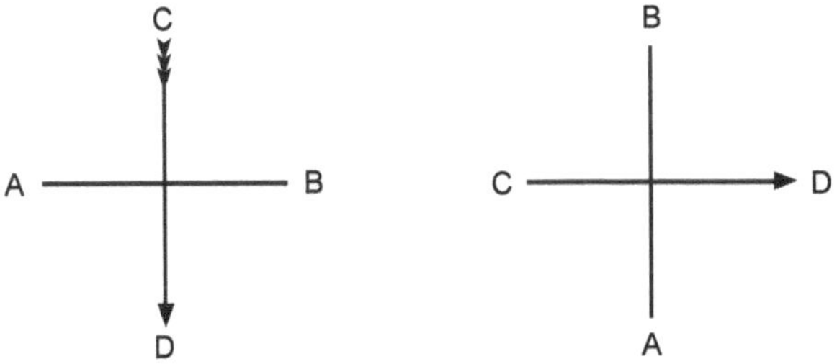

Abb. 3.1: Achsen der Synchronie und Diachronie (CLG: 115).

Die vorliegende Einführung in die französische Sprachwissenschaft verbindet beide Perspektiven: Sie betrachtet sprachliche Systeme in ihrer Dynamik, also unter Berücksichtigung von Variation und Wandel. Dabei isoliert sie Sprache nicht, sondern stellt sie in **Zusammenhang mit der nicht-sprachlichen Welt**. Auf diese Weise können wir Sprache nämlich nicht nur beschreiben, sondern auch **erklären**. Da Sprache – wie die Menschen, die sie sprechen, selbst – gleichermaßen ein natürliches Phänomen und ein kulturelles Artefakt ist, suchen wir die Erklärungsfaktoren sowohl in der **Natur** (menschlicher Körper, Emotionen, Kognition) als auch in der **Kultur** (der Menschen, aber auch der von ihnen geschaffenen Dinge). Der Sprachwissenschaftler Rudi Keller bezeichnet in seinem Buch *Sprachwandel* ([1990] ^{4}2014) Sprache als ein 'Phänomen der dritten Art' – weder Natur noch Kultur –, vergleichbar mit der Volkswirtschaft. Wir klären daher in Kapitel 3.1 zunächst, was Sprache ist, sehen uns in Kapitel

3.2 die Funktionen des Sprechens an, wenden uns daraufhin in Kapitel 3.3 dem Sprachwandel zu und betrachten schließlich in Kapitel 3.4 Variation und Varietäten zu einem bestimmten Zeitpunkt.

3.1 Was ist Sprache?

Obwohl wir alle jeden Tag sprechen, ist es gar nicht so einfach, klar zu definieren, was Sprache überhaupt ist. Alles, was wir sagen, ist einmalig: Zwar ist die Kombination der Wörter oft nicht neu (z. B. « Bonjour ! Ça va ? »), aber die Schallwellen sind immer ein bisschen anders geformt. Dennoch verstehen wir uns (meistens zumindest). Wie weit können wir also abstrahieren und ab wann verlieren wir dabei Wesentliches aus den Augen? Wir werden uns zwei unterschiedliche Definitionen von Sprache genauer ansehen: Sprache als Zeichensystem (Kapitel 3.1.1) und Sprache als Ergebnis des Sprechens (Kapitel 3.1.2).

3.1.1 Sprache als Zeichensystem

Das sprachliche System zu einem bestimmten Zeitpunkt ist Gegenstand von Grammatiken – und dies schon seit der Antike (vgl. Kapitel 2.2.1). In der Universitätsdisziplin Sprachwissenschaft kommen das strukturalistische und das generative Paradigma wieder auf diese Perspektive zurück.

Das sprachliche Zeichen

Saussure definiert Sprache als **Zeichensystem**, d. h. als System von Oppositionen: « Dans la langue, il n'y a que des différences. » (CLG: 166; im Original kursiviert) Damit knüpft er an Aristoteles' Systembegriff an: „Das Ganze ist mehr als die Summe seiner Teile" (vgl. Kapitel 2.1.1). Wie lässt sich in diesem Ganzen nun das einzelne Teil definieren? Das **sprachliche Zeichen** besteht nach Saussures Definition aus zwei Elementen: dem *signifiant* ('Zeichenausdruck') und dem *signifié* ('Zeicheninhalt'). Stellen Sie sich vor, wie das Wort *Baum* klingt, ohne dass Sie es aussprechen! Genau das ist der *signifiant* (auch « image acoustique » genannt). Stellen Sie sich nun einen Baum vor! Das ist der *signifié* (auch « concept »). Im *Cours de Linguistique Générale* ist dies am Beispiel des lateinischen Worts *arbor* 'Baum' illustriert (vgl. Abb. 3.2). Das sprachliche Zeichen ist im Gehirn der einzelnen Sprecher*innen lokalisiert. Die Schallwellen und der Referent (also im konkreten Beispiel der reale Baum, um den es geht) gehören dagegen nicht dazu (zu einer Erweiterung des Modells vgl. Kapitel 9.1.1). Es handelt sich also um Vorstellungen. In der Sprachwissenschaft nennt man diese ***Repräsentationen*** (vgl. bereits Kapitel 2.2.4).

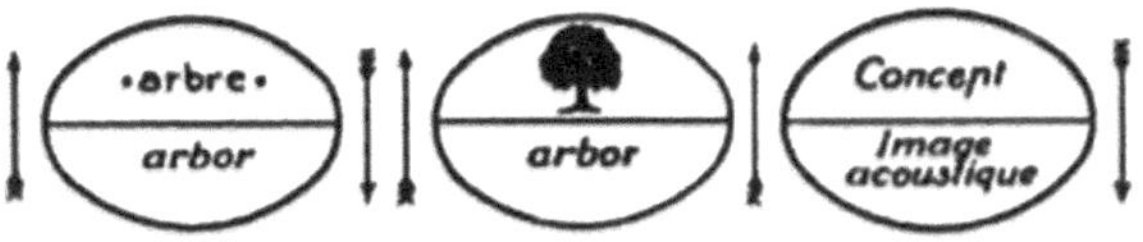

Abb. 3.2: Das sprachliche Zeichen nach Saussure (CLG: 99).

Laut Saussure hängen *signifiant* und *signifié* so eng zusammen wie die zwei Seiten eines Blatts Papier. Das eine existiert nicht ohne das andere. Beide bilden gemeinsam das sprachliche Zeichen. Dennoch ist die Verbindung zwischen beiden **arbiträr**, also willkürlich. Das deutsche Wort *Baum* hat keinerlei Ähnlichkeit mit einem Baum – französisch *arbre* ebenso wenig. Saussure gibt damit eine klare Antwort auf die schon in Platons *Kratylos* gestellte Frage nach der Natürlichkeit oder Konventionalität des sprachlichen Zeichens (vgl. Kapitel 2.2.1).

Arbitrarität

Im Gegensatz zu den arbiträren sprachlichen Zeichen sind Kausalzusammenhänge wie der zwischen Feuer und Rauch **natürlich**. Ohne dass das Feuer eine Kommunikationsabsicht hätte, können Menschen (und andere Lebewesen auch) mit ihrem Weltwissen schlussfolgern: „Wo Rauch ist, da ist auch Feuer". In der Typologie von Peirce (1903) nennt man diesen Typ von Zeichen einen **Index** (vgl. Tab. 3.1). Ein weiterer Zeichentyp, der nicht arbiträr ist, ist das **Ikon**. Das kennen Sie gut vom Smartphone: Dort können Sie u. a. *icons* von Objekten (🎁📱🛁) eintippen. Hier hat der Sender allerdings immer eine Kommunikationsabsicht. Für den Empfänger sind diese Zeichen leicht zu entschlüsseln, da sie den Referenten in der nicht-sprachlichen Welt, auf die sie sich beziehen (vgl. Kapitel 9.1.1), optisch ähneln – man nennt sie daher ***motiviert***. Für die Interpretation brauchen Sie neben Ihrem Weltwissen dieses Mal allerdings auch ein gewisses Wissen über die Techniken der Abbildung. Auch wenn es Ihnen vielleicht banal vorkommen mag, stellen Fotos für Menschen aus Kulturen, in denen keine Fotos existieren, ein Rätsel dar. Bei **arbiträren Symbolen** schließlich – wie dem sprachlichen Zeichen nach Saussure (s. o.) – muss man dagegen das Zeichensystem kennen, um etwas zu verstehen. Wer nicht weiß, was französisch *arbre* bedeutet, kommt dem Klang nach nicht darauf.

	Index	**Ikon**	**Symbol**
Zusammenhang Zeichen-Bezeichnetes	Natürlich: Kausalität	Motiviertheit: Ähnlichkeit	Arbitrarität, aber Konvention
Sender: Kommunikationsabsicht	nein	ja	ja
Empfänger: Voraussetzung für Interpretation	Weltwissen	Wissen über Welt & Techniken der Abbildung	Kenntnis des Zeichensystems
Beispiel	Rauch für Feuer	Piktogramme (z. T. Verkehrsschilder), Onomatopoetika (Lautmalerei)	größtenteils Sprache, Morsezeichen, z. T. Verkehrsschilder

Tab. 3.1: Typen von Zeichen nach Peirce (1903).

À vous !

Verkehrsschilder sind zum Teil Ikone und zum Teil Symbole. Welche der folgenden entsprechen welchem Zeichentyp?

Ein Fall, den die Sprachwissenschaft immer wieder diskutiert, sind die sogenannten **Onomatopoetika**, also Lautmalereien, wie dt. *kikeriki* oder fr. *cocorico.* Diese weichen vom Prinzip der Arbitrarität ab, weil sie nicht vollkommen willkürlich sind, sondern auf lautlicher Ähnlichkeit basieren. Dennoch unterscheiden sie sich von Sprache zu Sprache. Aufgrund ihrer Sonderstellung gelten sie als marginal im Sprachsystem. Dasselbe gilt für die **Interjektionen**, z. B. dt. *igitt!* oder fr. *beurk !*. Auch die Lautsymbolik widerspricht dem Prinzip der Arbitrarität. Werbetexter*innen machen sich diese zu Nutze, wenn sie Produktnamen erfinden: Nicht zufällig klingen *Crunchy*-Getreideflocken knackig durch die Plosive und *Maoam*-Kaubonbons weich durch die Nasale (zur Phonetik vgl. Kapitel 6.1).

À vous !

Wie bellt der Hund, wie muht die Kuh, wie blökt das Schaf, wie quaken Frosch und Ente und wie schreit der Esel auf Deutsch, Englisch, Französisch und Spanisch? Recherchieren Sie im Internet und erstellen Sie eine vergleichende Tabelle! Suchen Sie anschließend nach Videos oder Tonaufnahmen, die zeigen, welche Laute diese Tiere wirklich von sich geben! Für wie ikonisch bzw. wie konventionell schätzen Sie die Onomatopoetika in Ihrer Tabelle ein?

Das Prinzip der Arbitrarität illustriert folgender Auszug aus der Kurzgeschichte „Ein Tisch ist ein Tisch" des Schweizer Schriftstellers Peter Bichsel (*1935).

„Ein Tisch ist ein Tisch"

[...] „Immer derselbe Tisch", sagte der Mann, „dieselben Stühle, das Bett, das Bild. Und dem Tisch sage ich Tisch, dem Bild sage ich Bild, das Bett heißt Bett, und den Stuhl nennt man Stuhl. Warum denn eigentlich?" Die Franzosen sagen dem Bett „li", dem Tisch „tabl", nennen das Bild „tablo" und den Stuhl „schäs", und sie verstehen sich. Und die Chinesen verstehen sich auch. „Weshalb heißt das Bett nicht Bild", sagte der Mann und lächelte, dann lachte er, lachte, bis die Nachbarn an die Wand klopften und „Ruhe" riefen.

„Jetzt ändert es sich", rief er, und er sagte von nun an dem Bett „Bild".

„Ich bin müde, ich will ins Bild", sagte er, und morgends blieb er oft lange im Bild liegen und überlegte, wie er nun dem Stuhl sagen wolle, und er nannte den Stuhl „Wecker". [...] Dem Bett sagte er Bild. Dem Tisch sagte er Teppich. Dem Stuhl sagte er Wecker. Der Zeitung sagte er Bett. Dem Spiegel sagte er Stuhl. Dem Wecker sagte er Fotoalbum. Dem Schrank sagte er Zeitung. Dem Teppich sagte er Schrank. Dem Bild sagte er Tisch. Und dem Fotoalbum sagte er Spiegel.

Also:

Am Morgen blieb der alte Mann lange im Bild liegen, um neun läutete das Fotoalbum, der Mann stand auf und stellte sich auf den Schrank, damit er nicht an die Füße fror, dann nahm er seine Kleider aus der Zeitung, zog sich an, schaute in den Stuhl an der Wand, setzte sich dann auf den Wecker an den Teppich, und blätterte den Spiegel durch, bis er den Tisch seiner Mutter fand. [...]

Aber eine lustige Geschichte ist das nicht. Sie hat traurig angefangen und hört traurig auf. Der alte Mann im grauen Mantel konnte die Leute nicht mehr verstehen, das war nicht so schlimm.

Viel schlimmer war, sie konnten ihn nicht mehr verstehen. Und deshalb sagte er nichts mehr.

Er schwieg, sprach nur noch mit sich selbst, grüßte nicht einmal mehr.

(Bichsel 1969: 21–30)

Die Geschichte führt vor, dass sprachliche Kommunikation nur dann funktioniert, wenn die Kommunizierenden über dasselbe Zeichensystem verfügen. Der Zusammenhang zwischen *signifiant* und *signifié* ist also nicht nur arbiträr, sondern auch **konventionell**. Das bedeutet, dass eine Sprachgemeinschaft die Konvention teilt, dass ein Tisch *Tisch* heißt. Aus diesem Grund ist Sprache laut Saussure ein soziales System arbiträrer Zeichen zum Kommunizieren.

langue und *parole*

Das soziale System der *langue* ('Sprache') unterscheidet Saussure von der natürlichen Sprachfähigkeit, die er *faculté du langage* nennt, und dem individuellen Sprechen, der *parole*. Ausgangspunkt seiner Überlegungen ist der Sprechakt zwischen mindestens zwei Personen (vgl. Abb. 3.3).

Abb. 3.3: Der Kreislauf des Sprechens nach Saussure (CLG: 27).

Wir sehen in Abb. 3.3 einen **Kreislauf**: Ein Sender produziert gesprochene Sprache. Voraussetzung dafür ist ein Sprachsystem im Gehirn. Diese gesprochene Sprache gelangt über das Gehör in das Gehirn eines Empfängers. Mit dem dort angesiedelten Sprachsystem kann dieser verstehen, was der Sender ihm mitteilen wollte. Kommunikation basiert also auf der Schnittmenge der Sprachsysteme von Sender und Empfänger. Die Rollen können auch wechseln: Der Empfänger wird zum Sender und umgekehrt. Nicht nur im Moment der Kommunikation, auch langfristig haben wir es mit einem Kreislauf zu tun: Kinder erwerben das Sprachsystem u. a. über das Zuhören, und das Sprechen beeinflusst wiederum das Sprachsystem. Im CLG steht dazu:

> (...) c'est en entendant les autres que nous apprenons notre langue maternelle ; elle n'arrive à se déposer dans notre cerveau qu'à la suite d'innombrables expériences. Enfin, c'est la parole qui fait évoluer la langue : ce sont les impressions reçues en entendant les autres qui modifient nos habitudes linguistiques. Il y a donc interdépendance de la langue et de la parole ; celle-là est à la fois l'instrument et le produit de celle-ci. (CLG: 37)

Man kann also nicht sagen, was primär ist: die Sprache oder das Sprechen. Wir haben hier ein Henne-Ei-Problem: „Was war zuerst da: die Henne oder das Ei?". Die Antwort ist: Beide gehören zusammen, Sprechen und Sprache wie Henne und Ei.

Gegenstand der Wissenschaft sind laut Saussure sowohl *faculté du langage, langue* als auch *parole*. Die sogenannte *linguistique* im engeren Sinne konzentriere sich dabei auf die *langue*. In Frankreich heißt die Universitätsdisziplin heute daher nicht *linguistique*, sondern *sciences du langage* und ist damit bewusst weiter gefasst.

competence und *performance*

Die Generative Grammatik hat die Saussureschen Begriffe modifiziert: Hier liegt die **Kompetenz** (engl. *competence*) der **Performanz** (engl. *performance*) zu Grunde. Allerdings ist die Kompetenz weder im realen Individuum noch in der Sprachgemeinschaft angesiedelt, sondern in einem sogenannten **idealen Sprecher-Hörer**:

> Linguistic theory is concerned primarily with an ideal speaker-listener, in a completely homogeneous speech-community, who knows its language perfectly and is unaffected by such grammatically irrelevant conditions as memory limitations, distractions, shifts of attention and interest, and errors (random or characteristic) in applying his knowledge of the language in actual performance. (Chomsky 1965: 3)

Die Generative Grammatik interessiert sich also nur mehr für die Kompetenz.

In späteren Schriften führt Noam Chomsky (vgl. Kapitel 2.2.4) das Begriffspaar *I-language* vs. *E-language* ein: Mit *I-language* (*internal language*) knüpft er an den Kompetenzbegriff an, mit *E-language* (*external language*) an den Performanzbegriff (vgl. Chomsky 1986: 22). Von einem 'idealen' Sprecher-Hörer ist hier nicht mehr die Rede. Gegenstand der Sprachwissenschaft für Chomsky bleibt dabei die *I-language*.

Sprachökonomie

Betrachtet man Sprachsysteme isoliert von externen Faktoren wie Natur und Kultur, dann kann man Erklärungen nur aus dem System selbst ableiten. Der Franzose André Martinet (1908–1999) hat dafür die Konzepte der **Ökonomie** und **Harmonie** der Systeme geprägt (vgl. Martinet 1955): Er ging davon aus, dass sich Sprachen mit dem **Ziel** wandeln, ihre Phonemsysteme (vgl. Kapitel 6.2.1) möglichst symmetrisch zu strukturieren. So lassen sich beispielsweise /p/:/t/:/k/ und /b/:/d/:/g/ in den Dimensionen der Zungenlage und Stimmbeteiligung arrangieren. Dagegen passt /h/ zu keinem anderen Laut; es ist im System isoliert. Dies liefert eine Erklärung dafür, warum das /h/ des Lateinischen in der Sprachgeschichte verstummt ist und im heutigen Französisch nicht mehr existiert.

Wenn man sich im Bereich des Wortschatzes fragt, warum heute 'viel' auf französisch *beaucoup* heißt und sich nicht lateinisch multu(m) erhalten hat, lässt sich ganz ähnlich argumentieren: Durch Lautwandelprozesse sei das altfranzösische (afr.) *moult* [mu] 'viel' homophon geworden mit *mou* 'weich', *mou* 'Lunge', *moue* 'Schmollmund' und *moût* 'Most'. Da Homophonie zu Missverständnissen führe, habe das System ein neues Wort 'gebraucht'. Das Kognitive Paradigma stellt diese strukturalistische Hypothese des **Homonymenkonflikts** in Frage: Ein Adjektiv für 'viel' und ein Substantiv für 'Most' tauchen nicht in derselben Position im Satz auf. Zudem kann man sich kaum eine Kommunikationssituation vorstellen, in der beide Bedeutungen verwechselt werden könnten. Schließlich bezweifelt die Kognitive Semantik, dass Wandel ein Ziel haben kann. Sie erklärt solche Innovationen nicht aus der Perspektive des Systems, sondern aus der des Wandels: *beaucoup* heißt ursprünglich 'schöner Schlag' und war eine expressive Innovation für 'viel' – so wie heute dt. *ein Haufen (Fragen, Probleme etc.)* oder fr. *un tas de*. Dieser Ausdruck hat sich in der Sprachgemeinschaft verbreitet und zum Normalwort für 'viel' konventionalisiert. Das Aussterben von *moult* sei dabei nur eine Randerscheinung (vgl. Koch/Oesterreicher 1996). Auf diese Etappen des Sprachwandels – Innovation, Diffusion und Konventionalisierung – gehen wir in Kapitel 3.3 noch genauer ein.

3.1.2 Sprache als Ergebnis des Sprechens

Wenn sich Eigenschaften komplexer Systeme nicht aus den Eigenschaften ihrer Elemente ableiten lassen, sondern in deren Interaktion 'auftauchen', dann spricht man von *Emergenz*. Bybee [2001] (^{2}2010) erklärt dies sehr anschaulich am Beispiel von Termitenhügeln: Termitenhügel sind durch ein weitverzweigtes Netz an Gängen und Luftschächten sehr gut belüftet. Diese hocheffiziente 'Klimaanlage' wurde aber nicht von studierten Ingenieuren in vielen Team-Meetings bewusst entwickelt, sondern hat sich *en passant* 'ergeben'. Die einzelne Termite hat weder die Kompetenz noch die Absicht, eine 'Klimaanlage' zu bauen. Sie vermischt ihren Speichel mit Erde und Sand und bildet daraus kleine Kügelchen. Mit diesen folgt sie wohlriechenden Geruchsstoffen, die andere ausstoßen. Solange es gut riecht, läuft sie weiter. Verschwindet der gute Geruch, lässt sie ihr Kügelchen liegen. Am Anfang sieht das noch ziemlich chaotisch aus, aber mit der Zeit entsteht dadurch kollektiv ein Bau mit raffiniertem Belüftungssystem.

Auf die Sprache übertragen bedeutet das: Im Normalfall überlegen sich nicht Menschen, wie die Regeln einer Sprache lauten sollen. Ausnahmen gibt es natürlich, wie die Plansprache Esperanto oder Rechtschreibreformen. Aber niemand hat das Ziel, Homonymenkonflikte zu lösen oder Phonemsysteme symmetrischer zu gestalten (vgl. Kapitel 3.1.1). Wenn Menschen Sprache nutzen, dann wollen sie mit möglichst wenig Aufwand ihre kommunikativen Ziele erreichen: sich informieren, angeben, jemanden warnen oder einfach Smalltalk machen. Ganz unbeabsichtigt ändert sich dabei ständig die Sprache. Die Kognitive Linguistik geht dabei davon aus, dass Sprachwandel nicht vom System selbst, sondern von außen angestoßen wird:

> If we apply emergence to language, the substance and use interact to create structure. The substance in question includes both phonetics and semantics. (Bybee 2001: 4)

Drei Faktoren können also erklären, warum Sprache so ist, wie sie ist: Das Sprechen (engl. *langugage use*), die Phonetik und die Semantik. Um den ersten Punkt besser zu verstehen, sehen wir uns in Kapitel 3.2 zunächst die Funktionen des Sprechens an.

3.2 Funktionen des Sprechens

Wir kommen nun zu Modellen der Kommunikation, die unterschiedliche Ausschnitte der Realität darstellen und damit den Fokus auf unterschiedliche Funktionen des Sprechens legen.

3.2.1 Technische Kommunikation

Vielen sprachwissenschaftlichen Argumentationen liegt – oft nicht explizit und vielleicht sogar unbewusst – das nachrichtentechnische Kommunikationsmodell von WEAVER/SHANNON (1949) zu Grunde (vgl. Abb. 3.4): Ein **Sender** wandelt eine **Botschaft** in ein Signal um und übermittelt es an einen **Empfänger**, der dieses wieder entschlüsselt. Dabei sind Störungen möglich. Dieses Modell hat sich u. a. als fruchtbar erwiesen, um die Phonetik in drei Subdisziplinen zu unterteilen: Die artikulatorische Phonetik ist beim Sender angesiedelt, die akustische Phonetik beim Signal und die perzeptive Phonetik beim Empfänger (vgl. dazu auch Kapitel 6.1).

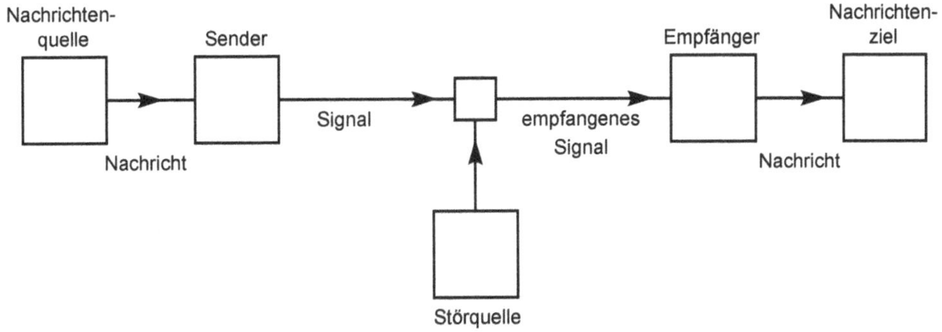

Abb. 3.4: Das nachrichtentechnische Kommunikationsmodell von SHANNON/WEAVER (1949: 5).

3.2.2 Sprachliche Kommunikation

Der Psychologe Karl Bühler (1879–1963) greift das Organon-Modell aus Platons *Kratylos* (vgl. Kapitel 2.2.1) wieder auf. Dieser sah das sprachliche Zeichen („Z" in Abb. 3.5) als ein 'Werkzeug' an, mit dem „der eine" „dem anderen" etwas über „die Dinge" sagen könne – entsprechend dem oben beschriebenen technischen Modell. BÜHLER [1934] (1982) unterstreicht nun, dass dies nicht die einzige Funktion der Sprache sei. Zur **Darstellung** von Gegenständen und Sachverhalten kommt bei ihm noch der **Ausdruck** des Senders und der **Appell** an den Empfänger hinzu. Im Gegensatz zum Saussureschen Zeichenmodell, das sich auf die Darstellungsfunktion der Sprache beschränkt (vgl. Kapitel 3.1.1), kommen hier also Funktionen hinzu, die sich auf die miteinander kommunizierenden Menschen beziehen. Dies entspricht auch der Etymologie des Begriffs *Kommunikation*: lat. *commūnicātiō* setzt sich zusammen aus *con* 'gemeinsam' und *mūnus* 'Aufgabe'. Die Idee ist, dass alle drei Funktionen gemeinsam präsent sind, wenn wir sprechen. Dabei kann manchmal die eine, manchmal die andere in den Vordergrund rücken (vgl. dazu auch die nächste Übung).

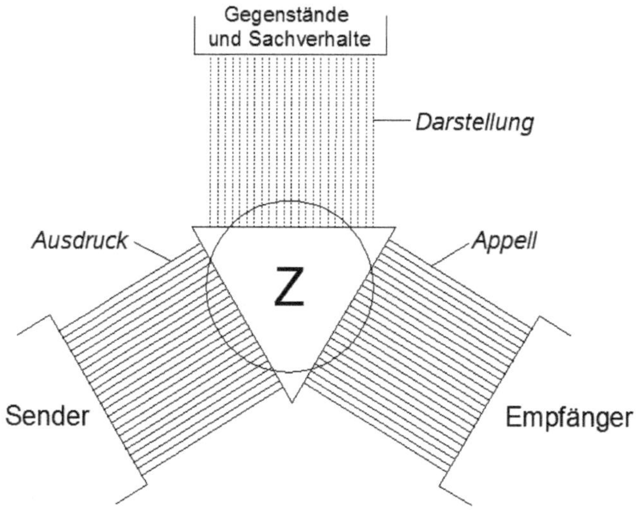

Abb. 3.5: Das Organon-Modell des sprachlichen Zeichens von Bühler [1934] 1982: 28.

Das Faktoren- und Funktionen-Modell von Roman Jakobson (1896–1982) baut auf dem Modell von Bühler (1934) auf; dazu kommen drei neue Funktionen. In Abb. 3.6 sind die Faktoren in Großbuchstaben abgedruckt und die dazu gehörigen Funktionen kursiviert. Die Grundidee ist wieder: „Der SENDER macht dem EMPFÄNGER eine MITTEILUNG." (Jakobson 1960: 88). Dafür braucht er einen gemeinsamen KODE, den er in einer bestimmten KONTAKT-Situation oder über ein bestimmtes KONTAKT-Medium verwendet, um auf etwas im KONTEXT zu verweisen.

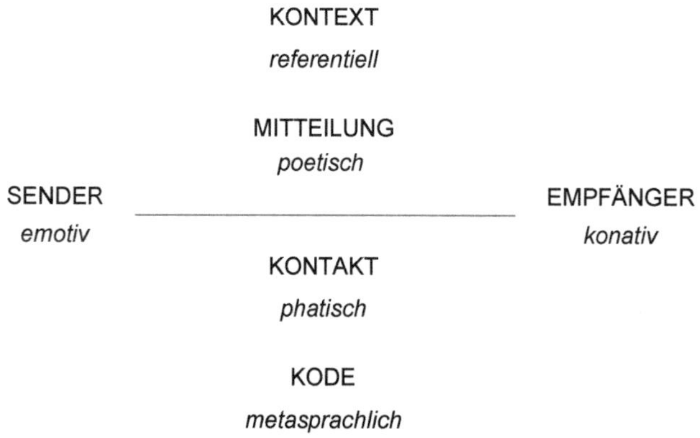

Abb. 3.6: Faktoren- und Funktionen-Modell nach Jakobson (1960: 71ff.).

Die beim Sender angesiedelte emotive Funktion entspricht dabei der Ausdrucksfunktion von Bühler (1934), die konative Funktion der Appellfunktion und die referentielle Funktion der Darstellungsfunktion. Neu sind die metasprachliche Funktion, die poetische Funktion und die phatische Funktion. Die **metasprachliche Funktion** begegnet uns in der Sprachwissenschaft sehr oft. In „*Baum* ist ein Substantiv." meinen wir mit *Baum* nicht die Pflanze, sondern das Wort, das auf diese verweist. Hier sprechen wir mit Sprache über Sprache. Um das zu signalisieren, schreiben wir das Wort kursiv. Die **poetische Funktion** ist für die Literaturwissenschaft besonders relevant: Wenn Sie das Gedicht « Mignonne, allons voir si la rose » (1545) lesen, dann übermittelt ihnen der Dichter Pierre de Ronsard kein botanisches Wissen über Rosen. Er hat das Gedicht vielmehr um seiner selbst willen geschrieben. Die **phatische Funktion** der Sprache schließlich ist in unserem Alltag omnipräsent: Warum unterhalten wir uns vor dem Aufzug mit der Nachbarin über das Wetter? Der Informationswert ist gleich null. Wir wissen beide, dass es gerade neblig und kalt ist. Beim Smalltalk sprechen wir, um zu sprechen. Denn wir empfinden es als unangenehm, schweigend nebeneinander zu stehen. Wirklich zu sagen haben wir uns aber nichts. Auch die sogenannten Kontaktsignale wie fr. *hum* (vgl. Kapitel 1.1.1) am Telefon gehören dazu. Sie signalisieren „Ich bin noch in der Leitung und höre Dir weiterhin zu.". Wie bei Bühler (1934) sind bei einer sprachlichen Mitteilung alle Sprachfunktionen gleichzeitig vorhanden, jedoch wieder unterschiedlich stark.

3.2.3 Natürliche Kommunikation

Die nächsten beiden Modelle stammen nicht aus der Sprachwissenschaft, sondern aus der Psychologie. Sie lenken unsere Aufmerksamkeit auf die Gemeinsamkeiten zwischen Menschen und Tieren und die Bedeutung der nicht-sprachlichen Kommunikation. Das erste Modell stammt von einem dreiköpfigen Team, das im kalifornischen Palo Alto arbeitete: dem aus Österreich stammenden Philologen, Kommunikationswissenschaftler und Psychotherapeuten Paul Watzlawik (1921–2007), der kanadischen Psychologin Janet Beavin (*1940) und dem US-amerikanischen Psychiater und Psychotherapeuten Don Jackson (1920–1968). Aus ihrem Buch *Menschliche Kommunikation* stammt das berühmte Zitat „*Man kann nicht* nicht *kommunizieren.*" (Watzlawick/Beavin/Jackson 1969: 53; Kursivierung im Original). Was bedeutet das? Wenn jemand im Zug sitzt und mit Kopfhörern aus dem Fenster schaut und nichts *sagt*, dann *kommuniziert* er oder sie dennoch: „Lass mich in Ruhe! Ich will jetzt keinen Smalltalk." Vielleicht sendet die Person auch gar nicht absichtlich diese Mitteilung aus – aber andere interpretieren ihr Verhalten so.

Diese aktive Rolle des Empfängers bei der Perzeption demonstrieren die Autor*innen anhand der Kommunikation mit Haustieren:

> Wenn ich (...) den Kühlschrank öffne und meine Katze herbeikommt, sich an meine Beine schmiegt und miaut, so bedeutet das nicht: 'Ich will Milch!' (wie es ein Mensch ausdrücken würde), sondern appelliert an eine ganz bestimmte Beziehungsform zwischen ihr und mir,

nämlich: ‘Sei meine Mutter!’, da dieses Verhalten nur zwischen Jungtieren und ihren Eltern, aber nicht zwischen erwachsenen Tieren vorkommt. (WATZLAWICK/BEAVIN/JACKSON 1969: 72–73)

Eine wichtige Neuerung bei WATZLAWICK/BEAVIN/JACKSON (1969) ist die Idee, dass jede Kommunikation einen **Inhalts-** und einen **Beziehungsaspekt** hat. Während für die Beziehungsebene nicht-sprachliche Kommunikation (Mimik, Gestik etc.) eine wichtige Rolle spielt, lässt sich mit Sprache besser auf der Inhaltsebene kommunizieren. Die Kommunikation auf der Beziehungsebene ist das, was in der Geschichte der Menschheit (Phylogenese) und im Leben jedes einzelnen Menschen (Ontogenese) primär ist. Sie bildet als eine Art Metakommunikation den Rahmen dafür, wie die Kommunikation auf der Inhaltsebene zu interpretieren ist.

3.2.4 Menschliche Kommunikation

Der deutsche Psychologe **Friedemann Schulz von Thun (*1944)** kombiniert nun das Organon-Modell von BÜHLER (1934) mit der Unterscheidung von Inhalts- und Beziehungsaspekt durch WATZLAWICK/BEAVIN/JACKSON (1969). Er entwickelt auf dieser Basis das **‘Nachrichten-’ oder ‘Kommunikationsquadrat’**, auch plastisch **‘Vier-Ohren-Modell’** genannt (vgl. Abb. 3.7). Die Beziehungsebene ist hier eine von vier Seiten der (sprachlichen) Äußerung. Eine weitere Neuerung dieses Modells ist, dass Sender und Empfänger als gleichberechtigt dargestellt werden – ganz im wörtlichen Sinne der *Kommunikation* als ‘gemeinsamer Aufgabe’ und nicht als Einbahnstraße wie im technischen Modell (s. o.). Außerdem stellt das Modell Kommunikation auf vier Kanälen parallel dar: Der Sender spricht mit vier ‘Schnäbeln’, der Empfänger hört mit vier Ohren. Dabei kann der Sender auf einem Kanal lauter sprechen als auf anderen und der Empfänger auf einem genauer hinhören. Insofern ‘decodiert’ der Empfänger nicht *die* Nachricht, die der Sender ‘codiert’ hatte. In der psychologischen Praxis sind ja gerade die Fälle relevant, in denen es zu Missverständnissen kommt.

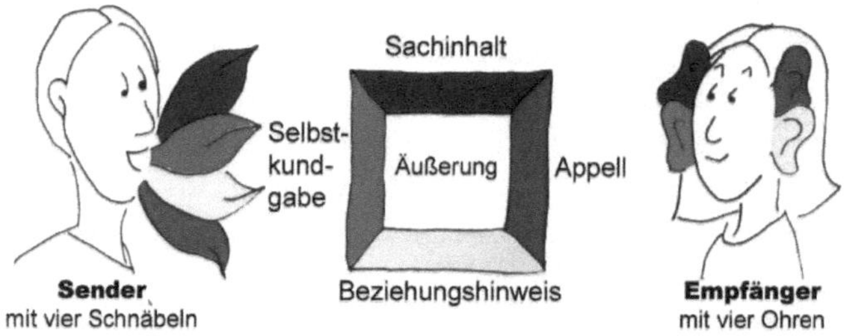

Abb. 3.7: Kommunikationsquadrat von Schulz von THUN (1981/[48]2010: 14).

À vous !
Welche Botschaften sendet der Sprecher im Cartoon mit seinen vier Schnäbeln aus (Selbstkundgabe, Sachinhalt, Appell, Beziehungshinweis), was interpretiert die Hörerin?

SCHULZ VON THUN [1981] ([48]2010: 25)

3.3 Wandel

Wieso ändert sich Sprache überhaupt? Wenn man nur an die Funktion der Informationsübertragung denkt, dann macht das eigentlich keinen Sinn: „language, as an instrument of communication, would work best if it did not change at all." (LABOV 2001: 5) Dieses scheinbare Paradox lässt sich mit Blick auf Kapitel 3.2 leicht auflösen: Sprache hat eben nicht nur die Funktion der Informationsübertragung, sondern noch viele andere. Insofern ist der ständige Wandel von Sprache, wie zu Beginn des Kapitels bereits angesprochen, auch nicht verwunderlich. Alles wandelt sich ständig in der Welt: nicht nur Sprache, sondern auch Mode, Technik etc. Der Ablauf ist dabei durchaus vergleichbar: Es beginnt mit einer Innovation. Diese verbreitet sich dann immer mehr (Diffusion), bis sie schließlich normal wird (Konventionalisierung). Danach kann ein Wort auch in die Wörterbücher einer Sprache aufgenommen werden (vgl. Kapitel 3.3.2). Dies ist aber kein notwendiger Schritt im Sprachwandel; viele Sprachen verfügen ja gar nicht über Wörterbücher. Wir werden in diesem Kapitel sehen, was neue Schuhe und neue Wörter gemeinsam haben, aber auch, welche Besonderheiten den Sprachwandel auszeichnen. Kapitel 3.3.1 stellt die Innovationen in den Bereichen der Phonetik und Semantik vor, Kapitel 3.3.2 die Diffusion durch den Sprachgebrauch.

3.3.1 Innovation

Am offensichtlichsten sind sprachliche Innovationen, wenn sie mit nicht-sprachlichen Innovationen einhergehen, d. h. mit Erfindungen oder auch Entdeckungen. In diesen Fällen ist das **gesamte sprachliche Zeichen** neu: Form und Inhalt. Für **Entdeckungen** liefert die Kolonialzeit eine Vielzahl von Beispielen: Für die Natur und Kulturen der (für die Europäer) 'Neuen' Welt (bzw. die kulturelle Verwendung natürlicher Güter) entlehnte v. a. das Spanische Wörter aus den indigenen Sprachen. Diese gelangten im Anschluss meist über das Französische ins Deutsche: z. B. sp. *maíz, tabaco* (aus dem Taíno in der Karibik) > fr. *maïs, tabac* > dt. *Mais, Tabak.* Für kognitive Konzepte, die bei der Kolonisierung in den Köpfen der Europäer neu entstanden, schufen die europäischen Sprachen eigene neue Wörter mit Hilfe der Wortbildung (vgl. Kapitel 7.2): z. B. das Kompositum fr. *peau-rouge* 'Rothaut' für die dort angetroffene Bevölkerung. Auch menschliche **Erfindungen** bekommen durch Wortbildung oder Entlehnung eine Bezeichnung: z. B. die Derivation fr. *portable* 'Handy' (wörtlich 'tragbar') oder fr. *smartphone* von engl. *smartphone.*

Sprachliche Innovationen allein auf Ebene der **Form** ergeben sich durch die **Ökonomie des Sprechens**. Wir wollen uns mit möglichst wenig artikulatorischem Aufwand verständlich machen:

> L'évolution linguistique peut être conçue comme régie par l'antinomie permanente des besoins communicatifs et expressifs de l'homme et de sa tendance à réduire au minimum son activité mentale et physique. (Martinet 1955: 94)

Martinet (1955) knüpft hier an das „principle of least effort" von Zipf [1949] (1965) an. Dies kann man sehr gut im Lautwandel vom Lateinischen zu den romanischen Sprachen beobachten. So wird beispielsweise aus lat. vita(m) italienisch *vita*, spanisch *vida* [β̞ið̞a] und französisch *vie* [vi]. Sowohl die Konsonanten als auch die Vokale haben sich hier 'geschwächt': [t] > [d] > [ð̞] > ∅ und [a] > [ə] > ∅.[1] Der Vergleich zeigt, dass sich das Französische am meisten vom Lateinischen wegentwickelt hat (was sich möglicherweise auch durch den Sprachkontakt mit den germanischen Sprachen erklären lässt; vgl. Kapitel 5.3.2) und das Italienische ihm am nächsten geblieben ist. Neben diesen lautlichen Schwächungsprozessen existieren auch lautliche Stärkungsprozesse (« principe d'emphase » bei Martinet 1955: 96).

Auf Ebene des **Inhalts** entstehen Innovationen insbesondere durch **Expressivität** und **Euphemisierung**, also durch pragmatische Stärkung und Schwächung. Für das Konzept sterben sind beispielsweise dt. *abkratzen* bzw. fr. *crever* expressive Ausdrücke und dt. *von uns gehen* oder *entschlafen* bzw. fr. *s'éteindre* (wörtl. 'ausbrennen') oder *expirer* (wörtl. 'ausatmen') Euphemismen. Diese Prozesse des Bedeutungswandels erklären viele Unterschiede zwischen dem Wortschatz der romanischen Sprachen und dem Lateinischen. So stammen beispielsweise fr. *travail*, sp. *trabajo* und pt. *trabalho* ganz offensichtlich nicht von klat. labore(m) 'Arbeit' ab, wie dies bei it. *lavoro* der Fall ist. Die drei sich stark ähnelnden Wörter gehen vielmehr auf vulgärlateinisch (vlat.) *tripaliu(m)* zurück (wört. 'drei' + 'Pfahl') – und dieses Wort bezeichnet ein dreipfähliges Folterinstrument! Die Römer übertrieben also gerne beim Sprechen – so wie wir auch

1 ∅ ist das mathematische Symbol für die leere Menge. Es bedeutet in der Phonologie, dass ein Laut vollkommen wegfällt (*Elision*; vgl. Kapitel 6.2.2).

– und bezeichneten Arbeit als Folter. Dieser expressive Effekt hat sich aber mit der Zeit abgenutzt, und heute bedeutet fr. *travail* einfach nur mehr 'Arbeit'.

À vous !
Recherchieren Sie im Wörterbuch *Petit Robert* nach weiteren euphemistischen und expressiven Ausdrücken für 'sterben'. Warum gibt es so viele davon? Die Datenbank ist über die meisten Universitätsbibliotheken online verfügbar. Alternativ können Sie im Internet den *Trésor de la Langue Française Informatisé* (TLF*i*) verwenden.

3.3.2 Diffusion

Von den zahlreichen sprachlichen Innovationen, die Sprecher*innen Tag für Tag produzieren, setzten sich am Ende nur wenige in der Sprache durch. Bei Modetrends und technischem Fortschritt ist das nicht anders. Überall stellen sich zwei zentrale Fragen: Wer traut sich am ehesten, etwas Neues auszuprobieren? Und: Wem macht die Mehrheit etwas nach?

Der amerikanische Soziologe Everett M. Rogers hat dies 1962 in seiner Diffusionstheorie in Form einer **S-Kurve** modelliert (vgl. Abb. 3.8). Ihm zufolge probieren zunächst wenige **Risikobereite** etwas Neues aus. Wenn dann auch die sogenannten **Meinungsführer** (engl. *opinion leaders*) mitmachen, kann bald eine kritische Masse erreicht werden, so dass sich der Trend dann in der gesamten Gemeinschaft verbreitet. Wenn eine gewisse Sättigung eingetreten ist, kann es wiederum dauern, bis auch die letzten **Nachzügler** dabei sind. Das linke Diagramm in Abb. 3.8 zeigt, wann im Zeitverlauf wie viele und welche Menschen eine Innovation annehmen (*Adopter*); das rechte Diagramm, wie viele sie schon angenommen haben (*Diffusion*).

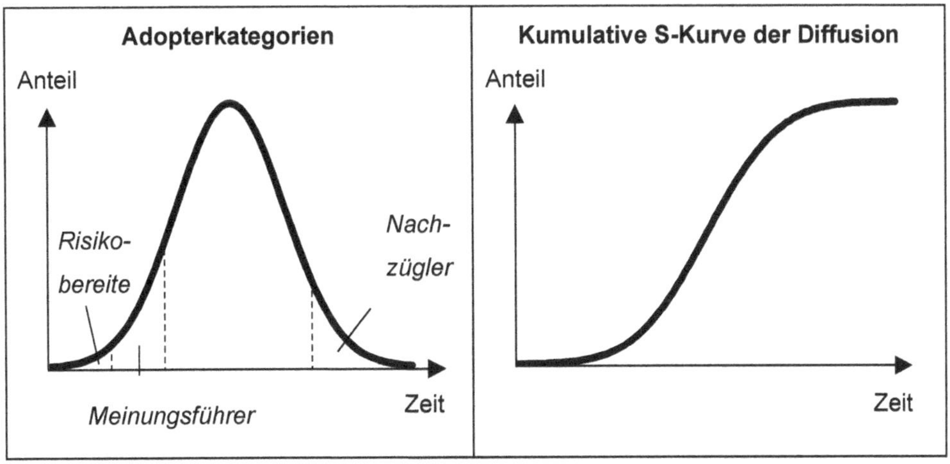

Abb. 3.8: Diagramme zur Diffusion von Innovationen (aus: Pustka 2021a: 80).

Ein sehr gut untersuchtes Beispiel zur Diffusion von Innovationen aus dem Bereich der Mode ist das Revival der *Hush Puppies*-Schuhe. Die 1958 begründete Marke war für den Basset-Hund als Maskottchen und ihre klobigen Lederschuhe bekannt, verlor aber bis Anfang der 1990er Jahre immer mehr an Beliebtheit. Plötzlich kamen die Schuhe wieder in Mode. Wie kam es dazu? Zunächst entdeckten ein paar Jugendliche die damals 'uncoolen' Schuhe für sich – gerade, weil sie 'uncool' waren und sie niemand mehr trug. Auf diese Weise wurden Besitzer von *Second Hand*-Shops im hippen Stadtteil Soho in Manhattan auf sie aufmerksam, und schließlich promoteten sie auch namenhafte Designer*innen wie Anna Sui auf ihren *Haute Couture*-Modenschauen. Auf diese Weise wurde die Schuhmarke wieder 'in' – ein Retro-Trend war geboren: Von ca. 30 000 verkauften Paaren im Jahr 1994 schnellten die Verkaufszahlen 1996 auf 430 000 jährlich hoch und vervielfachten sich noch in den kommenden Jahren (vgl. Gladwell 2000).

Im Bereich der Sprachwissenschaft untersuchten die britischen Soziolinguist*innen James und Lesley Milroy im Rahmen ihrer ***social network theory*** (1985) die Rolle der sozialen Bindungen der unterschiedlichen Akteure: Für Sprachwandel sind *weak ties* 'lockere Bindungen' zwischen Sprecher*innen von Bedeutung; *strong ties* 'starke Bindungen' dagegen gehen mit sozialem Druck einher, sich konform zu den existierenden Normen zu verhalten und führen daher zu Stabilität (vgl. Abb. 3.9). Daher tendieren Dialekte in kleinen Dörfern, in denen jeder jeden kennt, zu Konservativität. Regionale und soziale Mobilität führt dagegen zu Veränderung, da Sprecher*innen mit anderen sprachlichen Systemen in Kontakt kommen. Es ist also kein Wunder, dass gerade der *melting pot* Paris als Motor des Sprachwandels gilt! In der Regel wirken *weak ties* und *strong ties* zusammen; eine Innovation kommt über Sprecher*innen in eine Sprachgemeinschaft, die nur durch *weak ties* mit dieser verbunden sind (z. B. junge Erwachsene, die in Paris studieren); für ihre Verbreitung (wenn eine solche überhaupt stattfindet) sind dann die *strong ties* wichtig: Erst wenn gut vernetzte Ortsansässige die Innovation übernehmen, hat sie eine Chance auf Erfolg.

Sprachliche Innovationen verbreiten sich aber nicht nur durch die Gemeinschaft – analog zu Modetrends –, sondern auch durch das Lexikon. Was heißt das? Der **Theorie der Lexikalischen Diffusion** (Wang 1969, Labov 1981) zufolge setzen sich manche Sprachwandelprozesse aus unterschiedlichen Gründen schneller in häufigen oder in seltenen Wörtern durch. Bei reduktiven Lautwandelprozessen ist es beispielsweise so, dass sich die Wörter bei jedem Gebrauch 'abnutzen'. Damit laufen diese Prozesse bei unbetonten grammatischen Wörtern, die sehr häufig im Sprachgebrauch vorkommen, schneller ab. Ein Beispiel dafür liefern die französischen Dubletten *non* 'nein' und *ne* 'nicht' (beide von lat. non 'nein, nicht') sowie *homme* 'Mann' und *on* 'man' (von lat. homine(m) bzw. homo 'Mann'). Das betonte *non* 'nein' und das Substantiv *homme* 'Mann' erinnern in Lautung und Schreibung noch mehr an die lateinischen Etyma, wohingegen

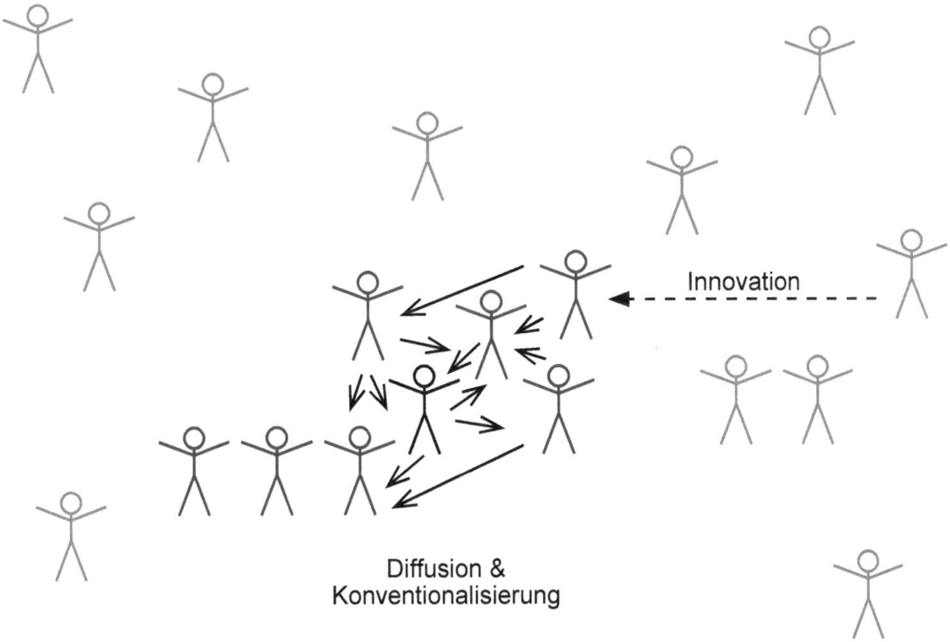

Abb. 3.9: Die Diffusion von Innovationen durch soziale Netze (nach Milroy/Milroy 1985 und Pustka 2007: 16).[2]

sich das Personalpronomen *on* ‘man’ und die Negationspartikel *ne* ‘nicht’ weiter davon wegentwickelt haben. Neben der Diffusion der veränderten Form hat hier eine Veränderung des Inhalts stattgefunden. Dies nennt man – in wirtschaftlicher Metaphorik – auch *Inflation*. Dazu kommen wir im nächsten Kapitel genauer. Besonders resistent gegenüber Sprachwandelprozessen sind dagegen häufig gebrauchte Formen von Hilfsverben. Die Formen des Verbs *être* können so unregelmäßig sein (*je suis, il est, ils sont* etc.), da sie direkt aus dem Gehirn abgerufen und nicht wie die selteneren Verbformen im Moment des Sprechens gebildet werden.

Wie kommen neue Wörter ins Wörterbuch?

Nachdem sich Neologismen in der Sprachgemeinschaft verbreitet haben, kann der letzte Schritt die Aufnahme ins Wörterbuch sein – muss es aber nicht. So hat der *Petit Robert* im Jahr 2021 ca. 100 neue Wörter aufgenommen. Wirklich neu waren davon aber nur die Wörter der COVID-19-Pandemie: u. a. *covid* (2020) und *déconfinement* (Erstbeleg 1968; selten vor 2020). Andere Wörter waren z. T. schon mehrere Jahrzehnte in Gebrauch, bis sie den Eingang ins Wörterbuch

2 Die dunkelgrauen Personen sind mit der schwarzen Person in der Mitte stark verbunden, die hellgrauen nur locker.

geschafft haben: aus dem Bereich Internet und Homeoffice – durch die Pandemie schlagartig stärker verbreitet – u. a. *cloud* (Erstbeleg 2009) und *télétravailler* (1982), aus der Gastronomie u. a. *halloumi* (1966) und *IPA* (*India pale ale*) (1990), aus dem Freizeitbereich u. a. *animé* (1999) und *mangaka* (1986) (https://www.lerobert.com/mots-nouveaux-petit-robert.html). Diese ca. 100 Wörter waren aber nicht die einzigen Neologismen, die 2021 in der Frankophonie zu hören und zu lesen waren. Sie sind nur eine kleine Auswahl aus ca. 3 300 dokumentierten neuen Wörtern. Die Wörterbuchmacher haben die Qual der Wahl, denn sie wollen auch nicht, dass die Wörterbücher immer voller werden. Das Problem ist: Es fällt ihnen sehr schwer, einmal eingetragene Wörter wieder zu streichen. So findet sich beispielsweise *minitel* (1980) immer noch im *Petit Robert*, obwohl diese Minicomputer zum Videotextlesen bereits 2011 vom Markt genommen wurden. In Texten aus dieser Zeit existiert das Wort aber natürlich immer noch. Die Auswahl der Wörter erfolgt nicht rein objektiv, z. B. nach Frequenzkriterien, sondern ist immer auch eine sprachpolitische Entscheidung. So hat beispielsweise der *Petit Robert* das Wort *féminicide* schon 2015 aufgenommen, der *Petit Larousse* dagegen erst 2021. Welche gravierenden Auswirkungen solche Entscheidungen auf das Denken der Menschen haben können, sehen wir noch in Kapitel 9. In jedem Fall ist es falsch zu sagen: « Ce mot n'existe pas, il n'est pas dans le dictionnaire. »

En savoir plus :
Podcast *Parler comme jamais* #06 « Votre dictionnaire est-il de droite ? »
https://www.binge.audio/podcast/parler-comme-jamais/votre-dictionnaire-est-il-de-droite.

3.3.3 Inflation

Der deutsche Sprachwissenschaftler Rudi Keller bezeichnet in seinem Buch *Sprachwandel* die Sprache als ein „Phänomen der dritten Art" (Keller [4]2014: 85) – wie die Volkswirtschaft. Damit meint er, dass es sich weder um ein Naturphänomen handelt, auf das der Mensch keinerlei Einfluss hat, noch um ein von Menschen geschaffenes kulturelles Artefakt. Es liegt vielmehr der Fall vor, dass die Absichten der Menschen zu einem unbeabsichtigten kollektiven Ergebnis führen:

> Wir kommunizieren so, wie wir eben kommunizieren; Wichtiges, Belangloses, schriftlich, mündlich, Privates, Öffentliches etc. An die Sprache selbst denken wir dabei im allgemeinen so wenig, wie wir beim Einkaufen an die Inflation denken. Durch eben dieses tägliche millionenfache Benutzen unserer Sprache verändern wir sie ständig; oder vorsichtiger gesagt: erzeugen wir eine permanente Veränderung unserer Sprache. In der Regel beabsichtigen wir dies nicht. Es ist den meisten von uns gleichgültig. Die meisten Veränderungen bemerken wir gar nicht. Einige finden wir ärgerlich oder unschön, andere halten wir für wünschenswert;

> aber eine bestimmte Veränderung können wir im allgemeinen weder gezielt verhindern noch gezielt hervorbringen. (Keller [4]2014: 30)

Menschen sprechen also, um diverse kommunikative Ziele zu erreichen: um Informationen zu übermitteln, um mit Smalltalk die Stille zu brechen etc. (vgl. Kapitel 3.2). Dabei sprechen sie häufig expressiv oder euphemistisch (vgl. Kapitel 3.3.1). Dieser pragmatische 'Mehrwert' kann sich mit der Zeit abnutzen, da die Hörer*innen die alltagsrhetorischen 'Tricks' der Sprecher*innen bald 'durchschauen'. Wer häufig *tripaliu(m)* 'Folter' für 'Arbeit' hört, versteht bald automatisch, dass es sich nur um 'Arbeit' handelt. Diesen 'Wertverlust' bezeichnet Keller ([4]2014) in der Ökonomie-Metaphorik als *Inflation*.

Eine solche Inflation kann im Bereich des Lexikons und im Bereich der Grammatik stattfinden. Man spricht dann von ***Lexikalisierung*** und ***Grammatikalisierung***. Ein Beispiel für Lexikalisierung haben wir mit fr. *travail* 'Arbeit' < vlat. *tripaliu(m)* 'Folter' bereits in Kapitel 3.3.1 kennengelernt. Hier hat sich eine neue Bedeutung konventionalisiert. Was ist im Gegensatz dazu nun Grammatikalisierung? Der französische Sprachwissenschaftler Antoine Meillet hat diesen Begriff 1912 wie folgt definiert: « le passage d'un mot autonome au rôle d'élément grammatical » (Meillet 1912: 131). Bei der Grammatikalisierung wird also aus einem Lexem – mit einer semantischen Bedeutung – ein Grammem – mit einer grammatischen Funktion (vgl. auch Kapitel 7.1.2). Dies ist beispielsweise der Fall beim Wandel von lat. HOMO 'Mann' zum Personalpronomen fr. *on* 'man' (vgl. Kapitel 3.3.2).

Ein weiteres Beispiel für Grammatikalisierung liefert das romanische Futur. Dieses Tempus ist grundsätzlich sehr anfällig für Sprachwandel, da man für die Zukunft nicht garantieren kann. Jeder kennt diese Situation aus dem Alltag: Wird man zum Essen gerufen, während man in die Arbeit am Computer vertieft ist, dann antwortet man nicht „Ich werde kommen!", sondern „Ich koooomme!" – auch wenn man noch gar nicht aufgestanden ist, sondern noch eine Mail zu Ende tippt. Warum tut man das? Das Präsens ist ein viel überzeugenderes Tempus, da man für die Gegenwart viel besser garantieren kann als für die Zukunft. Betrachtet man die Futurformen der romanischen Sprachen im Vergleich (vgl. Tab. 3.2), dann sieht man auf den ersten Blick, dass etwa fr. *(je) chanterai* nicht das klassisch lateinische CANTABO fortsetzt. Gleichzeitig ähnelt die französische Form der spanischen und italienischen.

Klassisches Latein	Vulgärlatein	Französisch	Spanisch	Italienisch
CANTABO	*cantare habeo* 'zu singen habe ich'	*chanter ai* > *chanterai*	*cantar he* > *cantaré*	*cantare *ao* > *cantarò* > *canterò*

Tab. 3.2: Futurformen im Lateinischen und den romanischen Sprachen.

In einem solchen Fall liegt es nahe, den Ursprung des Wandels im Vulgärlatein (vgl. Kapitel 5.2) zu vermuten. Und in der Tat hat die Forschung gezeigt, dass all diese neuen Formen auf vlat. *cantare habeo* zurückgehen, also 'zu singen habe ich'. Das konkrete Verb HABERE 'haben, halten' im Präsens überzeugt mehr als die Futurendung -BO. Dieser Effekt nutzt sich aber mit der Zeit ab: Aus 'haben' wird auf der Inhaltsseite das Futur. Dieses semantische *bleaching* 'Ausbleichen' geht auf der Formseite mit Reduktionsprozessen einher: Aus der selbständigen Verbform *ai* 'ich habe' wird das gebundene Morphem *-ai* (1. Person Singular Futur). Heutige Sprecher*innen des Französischen kommen nicht mehr darauf, dass dieses denselben Ursprung hat wie die gleichlautende Verbform *(j')ai.* Diese Entwicklung von einer analytisch zusammengesetzten Wortgruppe zu einem synthetischen Einzelwort ist typisch für Grammatikalisierungsprozesse (zu analytischer vs. synthetischer Morphologie vgl. auch Kapitel 7.4.1).

Da heute das synthetische Futur des Französischen keinerlei expressiven Mehrwert mehr hat, ist es nicht verwunderlich, dass sich eine neue expressive Periphrase zum Ausdruck der Zukunft herausgebildet hat: fr. *je vais chanter* mit dem Hilfsverb *aller* 'gehen' (vgl. auch sp. *voy a cantar*). Auf Verben des Gehens – wie auch der Absicht – geht in vielen Sprachen der Welt das Futur zurück (vgl. DETGES 2001). Die Theorie der Grammatikalisierung liefert damit eine überzeugendere Erklärung als die Hypothese des Homonymenkonflikts (vgl. Kapitel 3.1.1). Diese hatte als problematisch angesehen, dass dieselbe Aussprache von <b> und <v> in der 3. Person Singular dazu führt, dass Futur- und Perfektform homonym sind: CANTĀBIT und CANTĀVIT (vgl. MÜLLER-LANCÉ [2006] [3]2020: 203). Hierbei muss man sich fragen, wieso die Kommunikation denn überhaupt einige Zeit trotz der angeblichen 'Verwechslungsgefahr' funktioniert hat (vgl. auch das Beispiel fr. *beaucoup* statt afr. *moult* in Kapitel 3.1.1).

3.4 Variation und Varietäten

Das biblische Gleichnis des Turmbaus zu Babel stellt die Sprachverschiedenheit als 'Strafe Gottes' dar (vgl. Kapitel 2.2.1). In diesem Sinne müsste es Ziel der Menschen sein, sich auf eine 'Weltsprache' wie Esperanto oder *Global English* zu einigen. Dennoch gibt es auf der Welt aktuell ca. 7 000 verschiedene Sprachen (vgl. *Ethnologue*: www.ethnologue.com), und obwohl ständig Sprachen und Varietäten aussterben, entstehen auch immer wieder neue. Man denke nur an die romanischen Sprachen, die sich aus dem Lateinischen herausgebildet haben. Genauso wie der ständige Wandel lassen sich auch die Sprachenvielfalt sowie die Variation innerhalb von Sprachen mit den unterschiedlichen Funktionen von Sprache und Sprechen erklären.

Bereits Saussure sprach von zwei entgegengesetzten Kräften, die auf Sprache einwirken: Während die *force d'intercourse* (vgl. engl. *intercourse* 'Verkehr') auf Verständigung abziele und daher zur Vereinheitlichung führe, sei der *esprit de clocher* (d. h. die 'Kirchturmmentalität') der Grund dafür, anders zu sprechen als im Nachbardorf (vgl. CLG: 281 ff.). Zu den in Kapitel 3.2 vorgestellten Funktionen des Sprechens, die den Sprachwandel erklären, kommt also noch eine ganz wichtige Funktion von Sprachen und Varietäten: der Ausdruck von (Gruppen-)Identitäten und die Abgrenzung von anderen.

Am prägnantesten ist sicher die Variation im Raum: In unterschiedlichen Regionen spricht man unterschiedliche Sprachen und Dialekte (bzw. *Idiome*, wenn man diese Einordnung offenlassen möchte). Wie wir diese beiden Begriffe voneinander abgrenzen können, sehen wir zunächst in Kapitel 3.4.1, bevor wir uns dann in Kapitel 3.4.2 den Dialekten und *français régionaux*, in Kapitel 3.4.3 der sozialen und stilistischen Variation und in Kapitel 3.4.4 dem Varietätenbegriff aus theoretischer Perspektive zuwenden.

3.4.1 Sprache vs. Dialekt

Wie grenzt man einen Dialekt von einer Sprache ab? Oder ganz konkret: Warum sind Baskisch und Okzitanisch Sprachen, das in der Bretagne gesprochene *gallo* aber nicht?

Abstand

Das offensichtlichste Kriterium zur Unterscheidung von Sprache und Dialekt ist sicher der sprachliche Abstand. Vergleicht man den folgenden Ausschnitt aus *Astérix* auf Französisch und auf Baskisch, dann leuchtet sofort ein, dass es sich beim Baskischen um eine eigene Sprache handelt und nicht etwa um einen Dialekt des Französischen:[3]

> **Asterix auf Französisch:**
> Nous sommes en 50 avant Jésus-Christ. Toute la Gaule est occupée par les Romains… Toute ? Non ! Un village peuplé d'irréductibles Gaulois résiste encore et toujours à l'envahisseur. Et la vie n'est pas facile pour les garnisons de légionnaires romains des camps retranchés de Babaorum, Aquarium, Laudanum et Petitbonum…
>
> **Asterix auf Baskisch:**
> K.a. 50. urtean gaude. Erromatarrek Galia osoa armaz hartuta daukate… Osoa? Ez! Galiar menderaezin batzuek burua makurtu gabe eusten diete oraindik ere indarrez sartu nahi dutenei. Eta bizimodua ez da batere erosoa Babaorum, Aquarium, Laudanum eta Petibonum kanpamendu txikietan dauden soldadu-taldeetako legionario erromatarrentzat…

Der deutsche Germanist Heinz Kloss (1904–1987) spricht in diesem Fall von einer *Abstandssprache*:

> Manche Idiome werden als 'Sprachen' bezeichnet, weil sie von jeder anderen Sprache in ihrer Substanz, ihrem 'Sprachkörper', so verschieden sind, daß sie auch dann als Sprache bezeichnet werden würden, wenn es in ihnen keine einzige gedruckte Zeile gäbe. (Kloss [1952] ^{2}1978: 24)

---

3 Die Ausschnitte stammen von der Website „Asterix around the world. The many languages of Asterix": www.asterix-obelix.nl.

Das Baskische nennt er als prototypischen Fall. Klarer könnte die Lage nicht sein: Das Baskische ist mit keiner anderen Sprache Europas verwandt. Es handelt sich nicht um eine romanische und nicht einmal um eine indogermanische Sprache (vgl. Stammbaumtheorie in Kapitel 2.2.3). Das *gallo* dagegen ist dem Französischen ganz offensichtlich ähnlicher:

Asterix auf *gallo*:
Je sons en 50 d'avant JC. N'y a pas un endret en Gaùle qe les romens n'ont pas empouillë... Pas yun? Sia! Un villaije eyou eq restent des indersabes de gaùloès, qi s'erpiqhent tant qe pus su les romens ersourdis. E la n'est pas esë pour les tropeleys de leijionéres romens de veqhi ramassës dan lous pllessis forts de babaorum, aquarium, laùdanum e petitbonum...

Aber auch das Okzitanische ist Kloss ([2]1978) zufolge eine Abstandsprache (des Französischen):

Asterix auf Okzitanisch:
Sèm en 50 abans Jèsus-Crist. La Gàllia es occupada pels Romans... Tota? Non! Un vilatjòt al Nòrd, poblet per Galleses irreductibiles, resistís encara e sempre a l'envisador. An pas bona e aisida la vida los legionaris dels campements fortificats de Babaorum, Aquarium, Laudanum e Petitbonum!

Ab wann ist der Abstand also groß genug, um von einer eigenen Sprache zu sprechen? Ein anerkanntes Messinstrument, das quantitativ bestimmt, ab wann eine Sprache vorliegt, gibt es nicht und kann es auch nicht geben, wie wir später noch sehen werden. Intuitiv kann man aber feststellen, dass der Abstand vom Okzitanischen zum Katalanischen geringer ist als zum Französischen:

Asterix auf Katalanisch:
Ens trobem a la Gàl·lia de l'any 50, abans de Jesucrist. Tot el país està ocupat pels romans...Tot? No! Un poblet habitat per gals irreductibles resisteix encara i sempre contra els invasors. I la vida no es pas fàcil per a les guarnicions de legionaris romans desl camps atrinxerats de Pastelalrum, Aquarium, Laudanum i Homenetum...

Aus diesem Grund bezeichnet man die beiden Idiome als *Brückensprachen* in der *Romania continua* – die sich von Italien bis Portugal erstreckt (als der *Romania discontinua* angehörig gelten dagegen Französisch und Rumänisch, was man bis zu einem gewissen Grad mit dem germanischen und slawischen Sprachkontakt erklären kann; vgl. Kapitel 5.3.2).

Warum es sich dennoch um *Sprachen* handelt, sehen wir im Folgenden am Beispiel des germanischen Sprachraums. Lesen Sie sich die folgenden Asterix-Ausschnitte auf Schwyzerdütsch, Wienerisch, Plattdeutsch und Niederländisch durch:

Asterix auf Schwyzerdütsch:
Mir schriibe ds Jahr 50 v. Chr. Ganz Gallie isch vo die Römer bsetzt... Ds ganze? Nenei! Es näscht, wo luuter gallischi Schteckgringe huuse, git sech nid uf u schtachlet gäg d Eroberer.

U ds Läbe isch für di römische Legionäre nid liecht i ihrne Bsatzigslager vo Babaorum, Aquarium, Loudanum u Chliibonum...

Asterix auf Wienerisch:
Mia schreim es fuffzgajoa vuan Dschiesas. De Röma hom se gaunz Gallien eignaad. Gaunz Gallien? Schmeggs! A klaane uatschofd volla unbeigsoma Schduaschedln wüü se des so ne gfoen lossn und gibd denan Röman kaan dog laung a rua. Drum is ned leichd fia de Legionea, wos rundumadum in de Loga von Babaorum, Aquarium, Laudanum und Kleinbonum eanan Dienst duan...

Asterix auf Plattdeutsch:
Wi schrievt dat Johr 50 v. Chr. Heel Gallien is in Röömsche Hand... Heel Gallien? Nee! Dor gifft dat een Dörp vull mit opsternaatsche Mannslüüd un Froons, de sik wehrt un sik vun de Butenlanners nich ünnerkriegen laat. Un dat Leven is nich jüst licht för de Röömschen Legionäre, de ehrn Deenst doot achter de Palisaden vun Babaorum, Aquarium, Laudanum un Lüttbonum...

Asterix auf Niederländisch:
Zo'n 2000 jaar geleden was heel gallië (zo heette Frankrijk toen) bezet door soldaten van de romeinse veldheer Julius Caesar. Héél Gallië? Nee, een klein dorp bleef dapper weerstand bieden aan de overheersers en maakte het leven van de Romeinen in de omringende legerplaatsen bepaald niet gemakkelijk...

À vous !
Welchen Text verstehen Sie, welchen nicht? Gehören alle vier Texte zu derselben Sprache oder zu unterschiedlichen Sprachen? Warum?

Verständlichkeit

Neben dem objektiven sprachlichen Abstand betrachten wir nun also auch das Kriterium der subjektiven **Verständlichkeit**. Diese entspricht manchmal dem Abstand, muss es aber nicht. Zudem kann es Unterschiede zwischen der phonisch und der graphisch realisierten Sprache geben. Vielleicht erkennen Sie den Asterix-Ausschnitt auf Schwyzerdütsch gut wieder, verstehen aber nichts, wenn sich zwei Schweizer*innen unterhalten. Ganz entscheidend für die Verständlichkeit ist die Phonetik: Auch ein sehr ähnlicher Text kann völlig unverständlich sein, wenn er in einem ganz anderen Akzent vorgelesen wird. Auch in Bezug auf die unterschiedlichen sprachlichen Ebenen stellt sich also die Frage, wie man sprachlichen Abstand messen kann: Ist beispielsweise jedes abweichende Wort genauso wichtig wie jeder Laut oder jede grammatische Regel? Dazu kommt die Frage, ob man den Abstand zwischen Sprach*systemen* messen oder ob die Frequenz der sprachlichen Phänomene im Sprach*gebrauch* ausschlaggebend sein sollte.

Solche Messungen einer Vielzahl von Merkmalen auf verschiedenen sprachlichen Ebenen führt die sog. *Dialektometrie* durch (vgl. Abb. 3.10). Auf der Website http://dialektkarten.ch/dmviewer/alf/index.fr.html sind 1 681 Einzelkarten des *Atlas Linguistique de la France* (ALF) mit seinen über 100 Jahre alten Daten (vgl. Kapitel 2.2.3) eingelesen. Die sehr ansprechenden farbigen Karten visualisieren nun die Abstände zwischen den Untersuchungspunkten: Die Farbe rot symbolisiert geringen Abstand, und je größer der Abstand wird, desto kälter werden die Farben. Das interessante an den Online-Karten ist nun, dass man selbst den Ort bestimmen kann, von dem aus Ähnlichkeiten gemessen werden. So ergibt sich von Droué im Südwesten von Paris aus (Abb. 3.10a) das bekannte Bild der Zweiteilung Frankreichs in *oïl* und *oc*-Gebiet mit dem *croissant* genannten Übergangsgebiet in der Mitte (vgl. Abb. 3.12).[4] Betrachtet man die französische Sprachlandschaft dagegen von La Ciotat bei Marseille aus (Abb. 3.10b), dann stellt der *Sud-Est* einen eigenen Raum dar – was den Akzent-Repräsentationen der heutigen Sprecher*innen im Französischen entspricht (vgl. Kapitel 10.1.1). Eine Antwort auf die Frage nach den Sprach- und Dialektgrenzen kann also auch die Dialektometrie nicht geben. Sie kann die Diskussion allerdings durch Visualisierungen unterstützen.

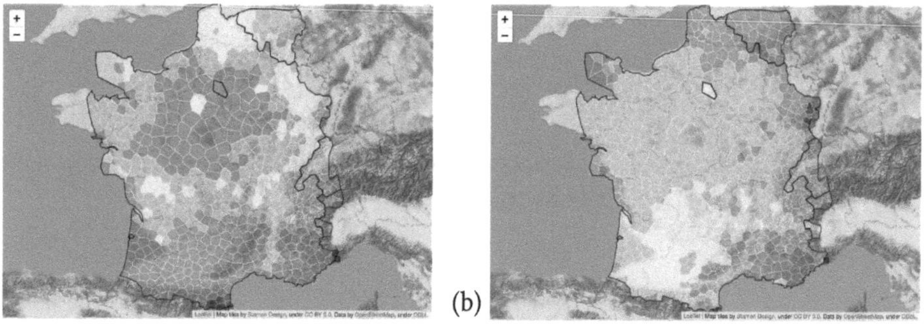

(a) (b)

Abb. 3.10: ALF-Ähnlichkeitskarten mit den Referenzen Droué und La Ciotat.

Für die Verständlichkeit spielen aber auch kulturelle Faktoren eine Rolle: So bemühen sich oft Sprecher*innen aus kleineren Ländern mehr, die Sprache des Nachbarlandes zu verstehen als Sprecher*innen größerer Länder. Portugies*innen verstehen beispielsweise in der Regel gut Spanisch, aber Spanier*innen nicht so gut europäisches Portugiesisch. Ein Grund dafür ist auch die Rechtschreibung: Während die konservative portugiesische Rechtschreibung Portugies*innen hilft, Spanisch zu verstehen, ist die innovative Aussprache des europäischen Portugiesisch für Spanier*innen oft undurchsichtig. Trotz möglicher gegenseitiger Verständlichkeit betrachten wir aber Spanisch und Portugiesisch als zwei verschiedene Sprachen. Dasselbe gilt für Deutsch und

4 Zu den *oïl*-Dialekten und zum Okzitanischen vgl. Kapitel 1.2.1, 3.4.2 und 5.4.3.

Niederländisch – auch wenn norddeutsche Sprecher*innen oft sehr gut Niederländisch verstehen.

Vom reinen sprachlichen Abstand her betrachtet ist das Plattdeutsche dem Niederländischen sogar ähnlicher als dem Wienerischen oder dem Schwyzerdütsch. Dennoch sehen Wiener Student*innen Plattdeutsch in der Regel als einen Dialekt des Deutschen an – obwohl sie es nicht verstehen. Warum? Weil Niederländisch in einem anderen Land gesprochen wird und die Kinder dort in der Schule als Schriftsprache Niederländisch lernen und nicht Deutsch. Auch Romane, Zeitungen und Gebrauchsanweisungen sind auf Niederländisch geschrieben. Zu Abstand und Verständlichkeit kommen also weitere Faktoren hinzu, die wir uns im Folgenden noch näher ansehen werden: Ausbau, Norm und Sprachbewusstsein.

Ausbau

Bereits der russisch-amerikanische Sprachwissenschaftler Max Weinreich (1894–1969) wies darauf hin, dass rein sprachliche Kriterien nicht ausreichen, um Sprachen von Dialekten zu unterscheiden: „Eine Sprache ist ein Dialekt mit einer Armee und einer Marine." Gemeint ist: Dazu kommen soziale und politische Kriterien. Diese finden sich im Begriff des *Ausbaus* (und der *Überdachung*; s. u.) von Kloss (^{2}1978) wieder:

> Die Bezeichnung 'Ausbausprachen' könnte umschrieben werden als 'Sprachen, die als solche gelten aufgrund ihres Ausbaus, ihres 'Ausgebautseins' zu Werkzeugen für qualifizierte Anwendungszwecke und -bereiche'. Sprachen, die in diese Kategorie gehören, sind als solche anerkannt, weil sie aus- oder umgestaltet wurden, damit sie als standardisierte Werkzeuge literarischer Betätigung dienen könnten. (Kloss [1952] ^{2}1978: 25)

Für die Frage, ob es sich bei einem Idiom um eine Ausbausprache handelt, ist für Kloss (^{2}1978) weniger relevant, ob Belletristik vorliegt. Entscheidend ist für ihn die sogenannte 'Sachprosa': Zeitungen, Sachbücher etc. Demnach lässt sich der minimale Ausbaugrad, ab dem man von einer *Ausbausprache* sprechen kann, durch die folgenden drei Kriterien definieren:

- Unterrichtsfach und -sprache in den ersten Schulklassen (inkl. Schulbücher),
- regelmäßiger und häufiger Gebrauch in sogenannten 'Zusprachetexten': Radio und Fernsehen, Predigten etc.,
- Existenz mindestens einer nicht-literarischen Zeitschrift.

Ein besonders hoher Ausbaugrad ist erreicht, wenn in einer Sprache naturwissenschaftliche Fächer an der Universität unterrichtet werden und es dazugehörige Lehrbücher gibt. Dies ist aber in ganz vielen Sprachgemeinschaften der Welt (z. T. auch in Deutschland) nicht der Fall, da das Englische diese Funktion immer mehr übernimmt.

Den Prozess des Ausbaus im Bereich der Sachprosa visualisiert das Modell in Abb. 3.11. Der Ausbau erfolgt in Richtung des Pfeils von der Alltags- oder Jedermannsprosa zur naturwissenschaftlichen Forscherprosa. Unter *Jedermannsprosa* versteht Kloss (^{2}1978) dabei einfache Texte, die man mit Volksschulbildung verstehen kann,

Zweckprosa mit Abitur und *Forscherprosa* mit Studium. Thematisch sieht er Sprache, Literatur, Geschichte und Natur der unmittelbaren Umwelt als basal an. Auf der nächsten Stufe stehen die Geisteswissenschaften, an der Spitze die Naturwissenschaften. Dieses Kontinuum erinnert an die Nähe- vs. Distanzkommunikation von Koch/Oesterreicher (1990/²2011) (vgl. Kapitel 1.1.1).

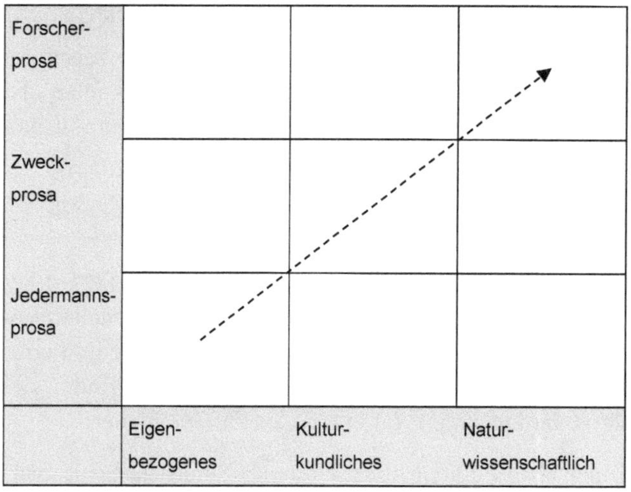

Abb. 3.11: Ausbauphasen nach Kloss (²1978: 48).

Während der Faktor *Ausbau* also dabei hilft, in der *Romania continua* Sprachen von Dialekten abzugrenzen, ist sein universeller Wert als eher gering einzustufen, denn die meisten Sprachen der Welt sind nicht ausgebaut. Allein in Kanada zählt der *Ethnologue* 97 Sprachen! Ausgebaut sind davon nur Englisch und Französisch (sowie Herkunftssprachen wie z. B. Chinesisch und Spanisch).

Überdachung

Neben *Abstand*, *Verständlichkeit* und *Ausbau* hilft bei der Abgrenzung von Sprache und Dialekt auch das ebenfalls von Kloss (²1978) angeführte Kriterium der *Überdachung*: Ein Dialekt (oder auch eine Sprache) kann einer Hochsprache untergeordnet sein, die ihn (oder sie) 'überdacht'. Entsprechend ist das *gallo* ein Dialekt des Französischen (vgl. Kapitel 1.2.1). Die offizielle Staatssprache ist das Französische. Dies ist auch die Sprache, die in der Schule gelernt wird – und zwar in einer normierten Form (vgl. Kapitel 10.3).

Sprachbewusstsein

In den vergangenen Jahrzehnten ist ein fünfter Faktor immer mehr in den Fokus der Sprachwissenschaft gerückt (den Kloss ²1978 noch ablehnte): das *Sprachbewusstsein*.

Dieser Faktor wurde bereits 1903 vom Schweizer Sprachwissenschaftler Louis Gauchat (1866–1942) angeführt:

> Ein unrichtiges Verfahren ist es ferner, wenn man zuerst eine Definition aufstellt und erst nachher sucht, ob so ein Ding vorhanden sei. Das hat man aber tatsächlich mit den Dialekten getan. Man hat gesagt, ein Dialekt müsse charakteristische Merkmale enthalten, die sonst nirgends vorkommen, er müsse von den Nachbardialekten durch ein an ganz bestimmten Orten durchgehendes Zusammenfallen mehrerer (wenigstens zweier) Lautgrenzen deutlich geschieden sein. Innerhalb des Dialekts müsse eine ungetrübte lautliche Einheit herrschen. Da dies nicht vorkomme, gebe es keine Dialekte. [...] Trotzdem besitzen alle Angehörigen eines Dialekts etwas Gemeinschaftliches, an dem man sie erkennt, das in ihnen, wenn sie in der Fremde zusammentreffen, ein freudiges Heimatgefühl weckt. (Gauchat 1903: 96)

Es geht also darum: Haben die Sprecher*innen das Gefühl, dass bestimmte Idiome zu ein und demselben Dialekt gehören? Man kann hier weitergehen und die Frage auch auf Sprachen ausdehnen: Wirken zwei Idiome auf die Sprecher*innen wie Dialekte derselben Sprache oder wie unterschiedliche Sprachen? Da diese Fragen in der L1 besser zu beantworten sind, haben wir die Übung oben zum Plattdeutschen und Niederländischen durchgeführt. Ihre Intuition als Sprecher*innen ist wichtig! Das bedeutet aber nicht, dass Sprachwissenschaftler*innen die Einteilung in Sprachen und Dialekte so vornehmen dürfen, wie sie das persönlich gut finden. Sie müssen vielmehr – wie Psycholog*innen und Soziolog*innen – das Bewusstsein der Sprecher*innen systematisch empirisch erforschen. Dazu kommen wir in Kapitel 3.4.4 im Rahmen der Kognitiven Varietätenlinguistik noch genauer.

An dieser Stelle soll das Beispiel des sogenannten *Frankoprovenzalischen* zur Illustration genügen. Die Sprecher*innen im Osten Frankreichs und in der *Suisse romande* sprachen lange im Bewusstsein, *patois* zu sprechen, d. h. von der Hochsprache abweichende Ortsmundarten – ein negativ besetzter Begriff, den man daher in der Sprachwissenschaft vermeidet. Im Jahr 1873 entdeckte dann der italienische Dialektologe Graziadio-Isaia Ascoli (1829–1907), dass die romanischen Idiome in diesem Gebiet sowohl einen gewissen Abstand zu den *oïl*-Dialekten als auch zum Okzitanischen haben (das damals noch als *provençal* bezeichnet wurde). Aus diesem Grund führte er den Begriff fr. *franco-provençal* ein. Zu diesem Zeitpunkt hatten die Sprecher*innen dieser Idiome allerdings nicht das Bewusstsein, eine gemeinsame Sprache zu sprechen. Der Begriff *Frankoprovenzalisch* ist in der sprachwissenschaftlichen Forschung zwar verbreitet, hat sich aber in der Sprachgemeinschaft selbst nie durchgesetzt. Als sich in den 1970er Jahren eine Identitätsbewegung herausbildete, entstand der Begriff fr. *arpitan* (der denselben indogermanischen Ursprung wie dt. *Alpen* hat). Heute sind die entsprechenden Idiome vom Aussterben bedroht.

Die Diskussion zeigt, dass nicht ein einziges Kriterium eine klare Abgrenzung von Sprache und Dialekt ermöglicht. Es spielen vielmehr mehrere Faktoren zusammen und auch damit ist keine klare Definition möglich, selbst wenn es – kognitiv gesprochen – sicherlich prototypische Sprachen und Dialekte gibt. Tab. 3.3 gibt einen Überblick über die fünf besprochenen Kriterien und die Probleme, die diese mit sich bringen. Auch wenn man diese Kriterien miteinander kombiniert, bleibt die Frage nach der Gewichtung jedes einzelnen von ihnen offen.

Kriterium	Probleme und offene Fragen
Abstand	Widerspruch zum Sprachbewusstsein (vgl. Wienerisch vs. Niederländisch); Probleme bei Kontinua (*Romania continua* mit Brückensprachen); Gewichtung der einzelnen Merkmale
Verständlichkeit	Asymmetrien (z. B. Spanisch vs. Portugiesisch), z. T. sprachlich, z. T. kulturell bedingt
Ausbau (Distanzsprache)	Seltenheit unter den Sprachen der Welt
Überdachung (Norm, offizieller Status etc.)	Seltenheit unter den Sprachen der Welt
Sprachbewusstsein	Ist dann alles Soziologie?
Kombination	Gewichtung der einzelnen Kriterien?

Tab. 3.3: Kriterien zur Abgrenzung von Sprache und Dialekt.

3.4.2 Dialekte und *français régionaux*

Nach dem *Atlas Linguistique de la France* (1902–1910; vgl. Kapitel 2.2.3) wurde es still um die französischen Dialekte. In den 1980er Jahren dokumentierten die *Atlas Linguistique de la France par Régions* zwar noch im Detail die Dialekte des Französischen, Okzitanischen und Frankoprovenzalischen, da aber deren Sprachentod immer näher rückte (viel schneller als im deutschsprachigen Raum), schwand das Interesse der Sprachwissenschaft daran. Mehr oder weniger 'vergessen' wurde dabei die Tatsache, dass das Französische, das nun immer mehr Menschen sprachen, nicht überall gleich war. Im Kontakt mit Dialekten und Minderheitensprachen waren nämlich neue Varietäten entstanden: die *français régionaux*. Diese sind seit den 2000er Jahren immer mehr in den Fokus der Forschung gerückt (vgl. dazu u. a. Kapitel 10.1).

Primäre, sekundäre und tertiäre Dialekte

Bereits 1980 unterschied der rumänische Romanist Eugenio Coseriu (vgl. Kapitel 2.2.4) primäre, sekundäre und tertiäre Dialekte. Diese Unterscheidung ist historisch begründet. In der Romania sind **primäre Dialekte** heute als Dialekte eingestufte Idiome, die direkt aus dem Lateinischen stammen. Im Falle des Französischen sind das die sogenannten *oïl*-Dialekte: Pikardisch (fr. *picard*), Normannisch (fr. *normand*), *gallo* etc. (vgl. Kapitel 1.2.1 und Abb. 3.12). Warum heißen diese *oïl*-Dialekte? *Oïl* ist das nordgalloromanische Wort für 'ja'. Es unterscheidet exemplarisch den Sprachraum Nordfrankreichs und Belgiens (ohne die Gebiete der Regionalsprachen wie Bretonisch und Elsässisch) vom traditionell okzitanischen Sprachraum im Süden. Dort sagte man für 'ja' nämlich *oc* – daher die Sprachbezeichnung fr. *occitan.* Im Osten Frankreichs und in der *Suisse romande* sprach man schließlich Dialekte, die dem Frankoprovenzalischen zugeordnet wurden (vgl. Kapitel 3.4.1). Heute ist das Französische in ganz Frankreich und der Frankophonie verbreitet (vgl. Kapitel 1.2.1). Die *oïl*-Dialekte, das Okzitanische, das Frankoprovenzalische und die übrigen Regionalsprachen werden nur mehr von wenigen Menschen auf dem Land gesprochen (vgl. Kapitel 5.5.3).

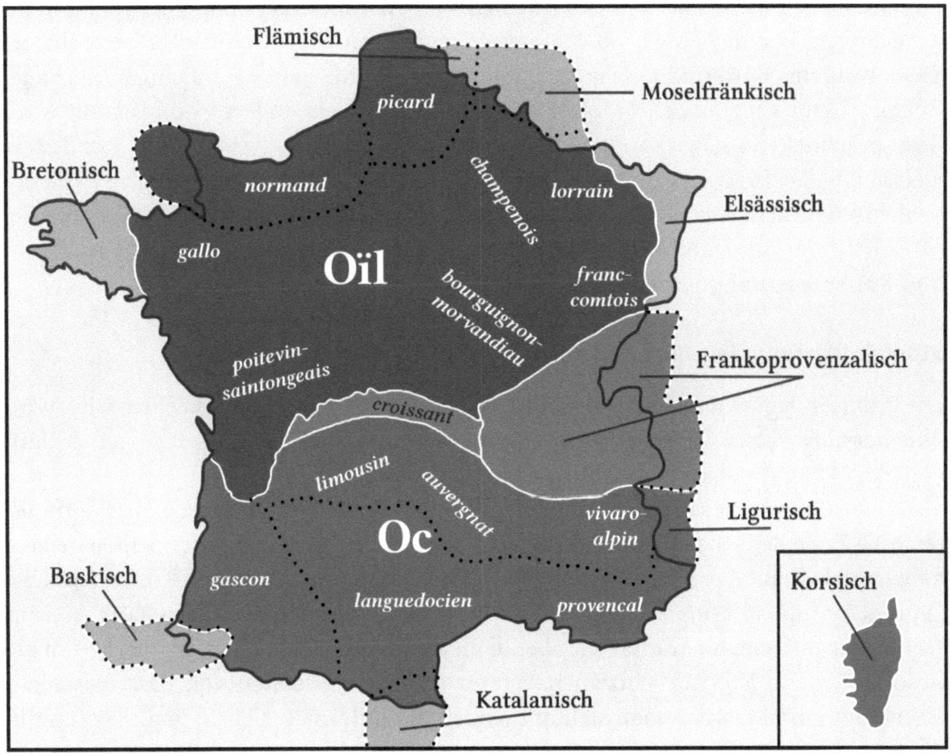

Abb. 3.12: Regionalsprachen und primäre Dialekte Frankreichs (ohne DROM UND COM).

Im Gegensatz zu den primären Dialekten der romanisierten Gebiete haben sich **sekundäre Dialekte** bei der territorialen Expansion einer Sprachgemeinschaft herausgebildet. Dies ist beim Französischen v. a. bei der Kolonisierung geschehen. Ein Beispiel für einen sekundären Dialekt ist also das *québécois* (vgl. dazu auch Kapitel 10.1.2). **Tertiäre Dialekte** nach Coseriu 1980 sind schließlich durch den Kontakt mit einem primären *oïl*-Dialekt oder einer Regionalsprache entstanden, z. B. das Regionalfranzösische der Normandie im Kontakt mit dem Normannischen oder das Südfranzösische mit dem Okzitanischen (vgl. Kapitel 10.1.1). Nur die primären Dialekte sind Dialekte im engen Sinne. Sekundäre und tertiäre Dialekte bezeichnet man eher als *français régionaux.*

Von der Statik zur Mobilität

Der Raum ist komplexer als er auf den ersten Blick wirkt. Die Sprecher*innen bewegen sich nämlich nicht (nur) im naturgegebenen (objektiven) Raum, sondern auch im von ihnen subjektiv genutzten und empfundenen sozialen Raum (zum Konzept des 'gelebten Kommunikationsraums' vgl. u. a. Krefeld 2004). So sind es beispielsweise vom Bahnhof in Orléans zur Gare d'Austerlitz in Paris (117 Kilometer Luftlinie) nur 1 Stunde und 17 Minuten mit dem Zug. Vom nur 51 Kilometer entfernten Schloss Rambouillet braucht man mit öffentlichen Verkehrsmitteln genauso lange zur Gare d'Austerlitz. Für die Frage, ob Menschen täglich an den Arbeitsplatz pendeln, ist diese zeitliche Entfernung sehr viel relevanter als die rein räumliche Entfernung. Entsprechend sind manche Mobilitätsströme größer als andere – und damit auch ihre sprachlichen Auswirkungen. Zudem unterscheiden sich systematisch – und zwar weltweit – die Sprachsituationen auf dem Land und in der Stadt (ein Raum, der von der Dialektologie zunächst ausgeklammert wurde, vgl. Kapitel 2.2.3). Beide sind durch die **Mobilität** der Sprecher*innen wiederum miteinander verbunden: durch Landflucht und Rurbanisierung.

Standardisierung, *levelling* und Koineisierung

Die *français régionaux* sind weiträumiger als die traditionellen Dialekte. Dies wird üblicherweise durch Varietätenkontakt und -'mischung' in zwei Dimensionen erklärt: (vertikale) Standardisierung und (horizontales) *levelling*.

Die tertiären Dialekte basieren auf dem Schriftfranzösischen, das u. a. in Südfrankreich ab Ende des 19. Jahrhunderts okzitanischsprachige Kinder in der Schule gelernt haben (vgl. Kapitel 5.5.3). Während die Aussprache stark von der Kontaktsprache geprägt wurde (*accent méridional*; vgl. Kapitel 10.1.1), ist die Grammatik bis auf wenige Ausnahmen in Frankreich überall gleich. Beim Lexikon gibt es zwar regionale Besonderheiten, aber die einzelnen Wörter kommen so selten vor, dass dies nicht unbedingt auffällt, wenn man sich mit jemandem unterhält. Neben dem Ursprung in der Schriftsprache wird heute auch die Rezeption der Massenmedien immer wieder als standardisierende Kraft genannt, auch wenn ein Einfluss bislang nicht nachgewiesen werden konnte.

Wichtiger ist sicherlich der persönliche Kontakt mit Sprecher*innen anderer Varietäten. Diesen gegenseitigen Ausgleich auf horizontaler Ebene nennt man *levelling*. So hat etwa Boughton (2005) gezeigt, dass Sprecher*innen aus Nancy und Rennes in Perzeptionstests nicht auseinandergehalten werden können – obwohl die beiden Städte über 600 Kilometer auseinanderliegen. Nancy befindet sich in Lothringen, Rennes in der Bretagne. Jansen (in Vorbereitung) demonstriert, dass auch die Unterscheidung der Akzente von Marseille und Toulouse den meisten Hörer*innen schwerfällt. Selbst Sprecher*innen der umliegenden ländlichen Regionen sind schwer zu identifizieren. Das *levelling* scheint sich also nicht mehr auf junge gebildete Städter*innen zu beschränken. Dagegen sind die Französinnen und Franzosen absolut treffsicher, was den Unterschied zwischen Nord- und Südfranzösisch betrifft (vgl. Pustka 2007).

Varietätenkontakt ist also keineswegs eine Randerscheinung, sondern für das Französische essenziell. Die Sprache selbst stammt nämlich gar nicht direkt vom Lateinischen ab wie etwa das Normannische oder Pikardische, sondern geht selbst auf einen 'Misch'-Dialekt zurück: Im Mittelalter kamen Menschen aus ganz Frankreich in der Île-de-France zusammen (mehr dazu in Kapitel 5.4.3). Man spricht in diesem Zusammenhang von *Koineisierung*. Bis heute gilt der *melting pot* Paris als Innovationszentrum (vgl. Kapitel 3.3.2).

Von der Eindimensionalität zur Mehrdimensionalität

Die traditionelle Sprachgeographie geht von einer 1:1-Korrelation von Raum und Dialekt bzw. Sprache aus: Wer in Clécy im Departement Calvados wohnt, spricht *per definitionem* Normannisch. Doch bereits zur Entstehungszeit des *Atlas Linguistique de la France* (ALF) beobachtete Gauchat, dass die Menschen auch im selben Dorf unterschiedlich sprechen: « L'unité du patois de Charmey [...] est nulle. » (Gauchat 1905: 222) Zur Dimension des Raums kommen zahlreiche weitere Dimensionen der Variation hinzu: Alter, Geschlecht, soziales Milieu, Situation, Stil etc. Entsprechend berücksichtigt das korpusphonologische Forschungsprogramm *Phonologie du Français Contemporain* (PFC) pro Untersuchungspunkt gleich 12 Sprecher*innen: Männer und Frauen dreier unterschiedlicher Generationen, wenn möglich aus unterschiedlichen sozialen Milieus (vgl. Durand/Laks/Lyche 2002).

Vom Ausdruck zur Konstruktion von Identität

Dazu kommt, dass sich nicht jeder Bewohner eines Ortes gleichermaßen mit diesem verbunden fühlt – und dies wirkt sich auch auf die Sprache aus. Ausgehend von Labovs Studie zu Martha's Vineyard (vgl. Kapitel 2.2.4) zeigt Courdès-Murphy (2018), dass *Marseillais* mit geringerer **Ortsloyalität** auch einen schwächeren Akzent haben. Das heißt, dass regionale Identität weder durch den Ort oder die Orte, an dem/denen man geboren und aufgewachsen ist, vollkommen determiniert ist noch durch die Herkunft der Eltern. Jede*r Sprecher*in hat hier ein Wörtchen mitzureden! Sprache drückt also nicht (nur) eine bereits bestehende Identität aus, sondern konstruiert diese auch mit (vgl. Pustka 2015). Entsprechend des gesellschaftlichen Trends zur Individualisierung widmet sich die Sprachwissenschaft daher in letzter Zeit auch wieder zunehmend den **Idiolekten**, d. h. dem Sprachsystem einer Person zu einem bestimmten Zeitpunkt (vgl. Bloch 1948).

3.4.3 Soziale und stilistische Variation

Kovariationen

Der Aspekt der Konstruktion von Identitäten und Situationen ist in der Labovschen Variationslinguistik schon länger bekannt. Sie untersucht Korrelationen zwischen soziodemographischen Variablen (z. B. Alter, Geschlecht) und sprachlichen Variablen (z. B. Negation, *liaison*), sogenannte *Kovariationen.* Dabei ergibt sich nie eine 1:1-Abbildung, wie sie die traditionellen Sprachatlanten suggeriert hatten. Das Ergebnis quantitativer Studien sind stets Prozentsätze. Ein Beispiel dafür liefert die Studie des britischen Sprachwissenschaftlers Aidan Coveney (2002) zur Negation ohne *ne* (vgl. Kapitel 8.3.1). Tab. 3.4 zeigt, dass die Teilnehmer*innen seiner Untersuchung aus der 'Arbeiterschicht' nur in 9,2 % der Fälle die Variante mit *ne* realisieren, Teilnehmer*innen aus höheren sozialen Schichten dagegen deutlich häufiger. Inwiefern man auf Basis eines eindimensionalen (britischen) Gesellschaftsmodells ('oben'-'unten') valide Ergebnisse für Frankreich erhält, ist unklar. Die Anwendung komplexerer soziologischer Modelle, die u. a. auch eine traditionelle vs. explorative Lebensorientierung berücksichtigen, bleibt bis heute ein Desiderat. Unabhängig davon zeigt dieses Beispiel, dass wir es bei unterschiedlichen sozialen Gruppen nicht mit Prozentsätzen von 0 % und 100 % zu tun haben, sondern mit sehr feinen Abstufungen.

Soziale Schicht	*ne*-Realisierungsrate
upper-class ('Oberschicht')	19,3 %
intermediate class ('Mittelschicht')	16,4 %
working-class ('Arbeiterschicht')	9,2 %

Tab. 3.4: Die *ne*-Realisierungsrate in Abhängigkeit von der sozialen Schicht (Daten von 1980; Coveney 2002: 86).

Nicht jeder 'Arbeiter' hat also (immer und ununterbrochen) einen 'Arbeiterakzent', und nicht jede Grundschullehrerin spricht ausnahmslos normkonform. Die Variation der *ne*-Realisierung in Abhängigkeit von der Situation hat Meisner (2016) untersucht (vgl. dazu auch Kapitel 8.2.1): Die französischen und Schweizer Student*innen ihres Korpus realisieren in Situationen der kommunikativen Nähe nur in 5 % der Negationen das *ne* – in Prüfungssituationen sind es dagegen 35 % (vgl. Meisner 2016: 155). Soziale und situationelle Variation funktionieren also beide kontinuierlich.

Zusammenhänge zwischen Dimensionen der Variation

Schon seit den Pionierstudien von Labov (1972) ist bekannt, dass soziale und situationell-stilistische Variation eng zusammenhängen: Es sind dieselben Varianten, die in beiden Dimensionen 'hoch' und 'niedrig' wirken. Dies ist insofern bemerkenswert, als dass es sich bei der sozialen Variation – genauso wie bei der regionalen Variation – um eine *variation according to user* handelt und bei der situationell-stilistischen um eine *variation according to use* (vgl. HALLIDAY/MCINTOSH/STREVENS 1964) bzw. nach neuerer Terminologie *inter-speaker variation* vs. *intra-speaker variation.* Auch wenn sich die anglo-amerikanische Variationslinguistik vollkommen unabhängig von der romanistischen Varietätenlinguistik im deutschsprachigen Raum herausgebildet hat, so kann man diese vertikale Dimension doch sehr gut mit dem Nähe-Distanz-Kontinuum (KOCH/OESTERREICHER 1990; vgl. Kapitel 1.1.1) in Verbindung setzen.

Defizit- und Differenzthese

Die vertikale Dimension der Variation entspricht einer normativen Bewertung ('hoch' ist 'gut', 'niedrig' ist 'schlecht') und ist damit von schulischer Relevanz. Entsprechend formulierte bereits BERNSTEIN (1964) die sogenannte **Defizitthese**: Kinder aus nicht-akademischen Elternhäusern haben ihm zufolge einen mangelhaften Zugang zum *elaborated code*, also zur Schriftsprache und formellen Sprachstilen. Diese Hypothese führte zum didaktischen Ansatz der kompensatorischen Förderung. Aufgrund der Kritik an der Hypothese als mittelschichtzentriert entwickelte sich in Folge die **Differenzthese**, die die Kompetenzen lediglich als unterschiedlich charakterisiert. Letztere wiederum sieht sich dem Vorwurf ausgesetzt, sie beabsichtige (ohne Chance auf Erfolg) gesellschaftliche Werte und Normen zu ändern anstatt den Schüler*innen unter den gegebenen Rahmenbedingungen zu helfen (vgl. MASSOT/ROWLETT 2013). In Frankreich spricht man in diesem Zusammenhang bis heute von einem « handicap socio-culturel » (vgl. die kritische Diskussion dazu in GUERIN 2015).

Offenes und verdecktes Prestige

Im Zusammenhang mit der Differenzthese steht die Unterscheidung von **offenem** und **verdecktem Prestige** durch TRUDGILL (1972) (engl. *overt* bzw. *covert prestige*): Während Mütter sich typischerweise an der offiziellen Norm (mit offenem Prestige) orientieren, damit ihre Kinder in der Schule besser zurechtkommen, versuchen insbesondere männliche Jugendliche oft, Normen zu brechen (vgl. auch Kapitel 10.2.2 zur Jugendsprache). Damit folgen sie aber auch einer Norm: der Anti-Norm mit verdecktem Prestige. Innerhalb einer Sprachgemeinschaft konstruieren unterschiedliche Gruppen also unterschiedliche Identitäten und grenzen sich dadurch voneinander ab.

Change in progress

Im Gegensatz zu KOCH/OESTERREICHER (1990) stellt LABOV (1966) eine Verbindung zwischen Variation und Wandel her: Aus der generationellen Variation lässt sich Sprachwandel extrapolieren (*change in apparent time*). Letztlich könnte es sich aber natürlich auch um stabile Unterschiede zwischen den Generationen handeln. Um Sprachwandel sicher festzustellen, braucht man Langzeitstudien, bei denen man die Sprache derselben Sprecher*innen zu verschiedenen Zeitpunkten vergleicht (*change in* *real time*). Labov unterscheidet dabei *change from below* ('unbewusst') und *change from above* ('bewusst'). Der häufigste Wandeltyp ist der 'Wandel von unten'. Beim 'Wandel von oben' ist auffällig, dass hier v. a. Frauen *leaders of change* sind. Dies lässt sich damit erklären, dass sich Frauen oft mehr für die Erziehung verantwortlich fühlen und ihren Kindern ein Vorbild sein wollen, um ihnen möglichst gute Chancen auf Erfolg in der Schule und im späteren Leben zu bieten.

3.4.4 Varietäten als kognitive Repräsentationen

Wenn Variation so komplex ist, dass nur Korrelationen zwischen verschiedenen sprachlichen und nicht-sprachlichen Faktoren gemessen werden können, dann stellt sich die Frage: Existieren Varietäten wie das Südfranzösische, das *français populaire* oder die Jugendsprache überhaupt? Im Zuge der Kognitiven Linguistik haben sich in den vergangenen Jahrzehnten unabhängig voneinander mehrere Ansätze herausgebildet, die den bis dahin eher intuitiven Varietätenbegriff theoretisch fundierten und methodisch operationalisierbar gemacht haben. Während die ***Cognitive Sociolinguistics*** (Kristiansen/Dirven 2008) und der ***Third Wave Variationism*** (Eckert 2012) der Labovschen Variationslinguistik ein theoretisches Fundament geben, baut die **Perzeptive Varietätenlinguistik** (Krefeld/Pustka 2010) die romanistische Varietätenlinguistik methodisch aus (vgl. bereits Kapitel 2.2.4). Die Ergebnisse sind oft ganz ähnlich.

Zunächst einmal werden Varietäten als kognitive Konstruktionen in den Köpfen der Sprecher*innen begriffen:

> We hypothesize that linguistic varieties are abstract models of speech and thus have the status of social constructs. This means that they constitute particular social representations (...), which the French sociolinguistic tradition calls 'représentations linguistiques' (...), and are thus part of the speaker's 'imaginaire linguistique' (...). (Hambye/Simon 2004: 399 ff.)

Die Struktur dieser Kategorien ist prototypenhaft. Das bedeutet, dass nicht alle Vertreter einer Kategorie als genau gleich angesehen werden, sondern manche als 'typischere' und manche als 'untypischere' Exemplare:

> Lectal categories, in short, constitute prototype categories. If lectal varieties constitute prototype categories, some realizations will be more 'typical' or 'central' or 'better examples' of a given variety than others. (Kristiansen 2008: 59)

Das Prototypen-Konzept stammt eigentlich aus der Semantik, wo beispielsweise ein Spatz als ein typischerer Vogel angesehen wird als ein Pinguin (vgl. Kapitel 9.2.2). Außerdem sind die Kategorien nicht klar voneinander abgegrenzt, sondern fließend. So lässt sich fassen, dass beispielsweise eine Schülerin aus dem südfranzösischen *département* Aveyron einen weniger starken Akzent hat als ihr Großvater, und sich ihr Akzent dem *accent parisien* annähert, wenn sie zum Studieren nach Paris geht. Das beinhaltet zum Beispiel, dass sie weniger Schwas am Wortende realisiert (vgl. auch Kapitel 6.2.2).

Diese Prototypen-Struktur in Bezug auf sprachliche und nicht-sprachliche Merkmale lässt sich wie folgt modellieren (vgl. Abb. 3.13):

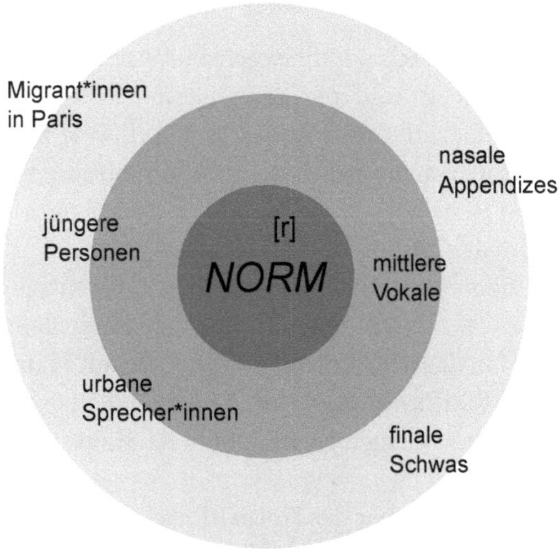

Abb. 3.13: Prototypen-Struktur des *accent aveyronnais* (in Anlehnung an Pustka 2007: 241).

Im Zentrum der prototypenhaften Struktur der Varietäten in den Repräsentationen der Sprecher*innen steht der **NORM** (‘non mobile older rural male’; Chambers/Trudgill [1980] 2004: 33), und die Merkmale, an denen man den Akzent deutlich erkennen kann, die ***Schibboleths***. Dieser Begriff stammt eigentlich aus der Bibel (*Buch der Richter* 12, 5–6). Als untrügliches Merkmal für die Herkunft galt die Aussprache des Wortes *Schibboleth* (hebräisch ‘Ähre’): Wer [ʃ] statt [s] realisierte, war als Ephraimit erkannt – und wurde getötet (vgl. Glück/Rödel [5]2016: 589). Die Schibboleths des Südfranzösischen sind das ‘gerollte’ /r/ (das allerdings nur noch von den Ältesten realisiert wird), die Realisierung des Schwas in der Wortmitte und am Wortende (z. B. in *Roquefort*, *Toulouse*) sowie die nasalen Appendizes der Nasalvokale (z. B. in *bien* [bjɛŋ] statt [bjɛ̃]; vgl. Kapitel 10.1.1).

Lesetipps

Gadet, Françoise [2003] (2007): *La variation sociale en français*, Paris: Ophrys.

Keller, Rudi [1990] ([4]2014): *Sprachwandel*, Tübingen: UTB.

Labov, William (1994–2010): *Principles of Linguistic Change*, Band 1: *Internal Factors*, Band 2: *Social Factors*, Band 3: *Cognitive and Cultural Factors*, Malden/Oxford/West Sussex: Wiley-Blackwell.

4 Sprachkontakt

Ist es nicht ein Traum, zweisprachig aufzuwachsen? Am besten englisch-französisch, dann kann man sich mühelos und perfekt weltweit verständigen und spart sich sogar das Fremdsprachenlernen. Schauen Sie sich um! Wie viele Menschen um sie herum sind zwei- oder sogar mehrsprachig? Es sind mehr als Sie denken! In meinen Einführungsvorlesungen stelle ich seit vielen Jahren die Frage: „Wer von Ihnen hat vor dem 10. Geburtstag mehr als eine Sprache fließend gesprochen?". Es sind meist 30–40 % der Student*innen. In einem Seminar saßen zwei Russlanddeutsche nebeneinander, die sich seit Jahren kannten – und nicht wussten, dass sie beide auch Russisch sprachen. Denn nicht jede Sprache hat dasselbe Prestige: Bilinguale mit Französisch oder Englisch werden beneidet, bei Herkunftssprachen wie Türkisch, Russisch oder Arabisch folgt oft reflexartig Sorge um eine vermeintliche 'doppelte Halbsprachigkeit' (vgl. Kapitel 4.1.3).

Fakt ist: Mehrsprachigkeit ist eher der Normalfall als die Ausnahme – und war dies schon immer. Allerdings muss man sich auch vom Mythos eines 'perfekten Bilinguismus' verabschieden, bei dem ein Mensch quasi zwei monolinguale Sprachkompetenzen in einem Gehirn vereinigen würde. Da sich Sprachsysteme aus dem Sprachgebrauch heraus entwickeln (vgl. Kapitel 3.1.2), wirkt sich die ganz persönliche Erfahrung in einer Sprache auf die Kompetenz aus: Spielt ein Kind immer mit der deutschen Mutter Hockey und geht mit dem französischen Großvater zum Rugby, dann wäre es nicht verwunderlich, wenn sich der Wortschatz in den beiden Bereichen entsprechend asymmetrisch ausprägt. Da Mehrsprachigkeit fast nie komplett ausgeglichen ist, führt sie zu Sprachwandel.

Um diese Zusammenhänge zu verstehen, beginnen wir in Kapitel 4.1 mit dem Sprachkontakt auf der Ebene des Individuums: *Bilinguismus*. Dieser Fachterminus ist ein gelehrtes Kompositum aus lateinischen Morphemen (vgl. Kapitel 7.1.2): *bi-* bedeutet 'zwei' und *lingua* 'Sprache'. Rein etymologisch betrachtet heißt auch *Diglossie* 'Zweisprachigkeit'. Dieses Wort stammt aus dem Griechischen. Die Sprachwissenschaft nutzt dieses Begriffspaar, um zwischen individueller und gesellschaftlicher Zwei- und Mehrsprachigkeit zu unterscheiden: Der Bilinguismus wird von der Psycholinguistik untersucht, die Diglossie von der Sprachsoziologie (vgl. Kapitel 4.2). Im Anschluss beschäftigen wir uns mit 'Sprachmischungen', die sich im Sprachkontakt ergeben: Interferenzen/Transfers, Entlehnungen und *Code-Switching* (Kapitel 4.3). Zum Abschluss geht es um den Extremfall der 'Mischsprachen' wie Pidgins und Kreols (Kapitel 4.4), die uns noch einmal verdeutlichen, worum es bei Sprachkontakt geht.

4.1 Individuum: Bilinguismus

Was heißt *Bilinguismus*? Muss man dafür perfekt beide Sprachen sprechen und schreiben können? Der Schweizer Sprachwissenschaftler François Grosjean (*1946) sagt: nein!

> Les idées reçues doivent être connues : le bilinguisme serait rare, être bilingue signifierait une maîtrise parfaite et équilibrée des deux langues, en plus parlées sans accent, le bilingue acquerrait des langues dans sa jeune enfance, le bilinguisme affecterait négativement le développement cognitif des enfants. Encore une fois, tout cela est faux. (Grosjean 2015: 117)

Er schlägt dementsprechend eine sehr weite Definition von *Bilinguismus* vor:

> [...] le bilinguisme est l'utilisation régulière de deux ou plusieurs langues ou dialectes dans la vie de tous les jours. (Grosjean 2015: 16)

Andere Definitionen sind dagegen sehr viel enger und beschränken den Begriff auf den natürlichen simultanen Erwerb zweier Sprachen im Kleinkindalter, d. h. vor dem Eintritt in den Kindergarten im Alter von drei Jahren (vgl. Müller et al. [3]2011). Besonders streng ist die Definition von Bloomfield (1933: 56). Er fordert eine „native-like control of two languages".

In jedem Fall sind beim Spracherwerb folgende Faktoren zu unterscheiden:

- natürlicher Sprach*erwerb* vs. gesteuertes Fremdsprachen*lernen,*
- simultan ('gleichzeitig') vs. sukzessiv ('nacheinander'),
- vor bzw. nach der 'kritischen Phase' (Lenneberg 1967).

Der Begriff der ***kritischen Phase*** meint dabei die Zeitspanne, in der man besonders gut Sprachen erwerben kann. Allerdings ist sich die Forschung nicht einig, wann genau diese Phase anzusetzen ist – zumal sich Aussprache, Wortschatz und Grammatik auch nicht gleich entwickeln. Während der Begriff der *native language* die Existenz einer 'angeborenen' Sprache suggeriert, gehen manche Forscher*innen davon aus, dass man bis zur Pubertät eine Sprache als *Erstsprache* (L1) erwerben kann. Das alltagssprachliche Wort *Muttersprache* vermeidet man in der Sprachwissenschaft, da die Sprache der Mutter nicht mit der L1 übereinstimmen muss. Bilinguale Sprecher*innen haben zwei Erstsprachen (2L1).

4.1.1 Konstellationen

In Ratgebern für Eltern, die ihre Kinder zweisprachig erziehen möchten, wird bis heute das **Prinzip « une personne, une langue »** (Ronjat 1913: 4) empfohlen. Es geht auf den Schweizer Sprachwissenschaftler Jules Ronjat (1864–1925) zurück, der seinen Sohn Louis zusammen mit seiner deutschsprachigen Frau zweisprachig deutsch/französisch erzogen und darüber ein Buch geschrieben hat. Er folgte dabei folgendem Tipp seines französischen Kollegen Maurice Grammont (1866–1946):

> Il n'y a rien à lui apprendre ou lui enseigner. Il suffit que lorsqu'on a quelque chose à lui dire on le lui dise dans l'une des langues qu'on veut qu'il sache. Mais voici le point important : *que chaque langue soit représentée par une personne différente*. Que vous, par exemple, vous lui parliez toujours français, sa mère allemand. *N'invertissez jamais les rôles*. De cette façon, quand il commencera à parler, il parlera deux langues sans s'en douter et sans avoir fait aucun effort special pour les apprendre. (Brief Grammont, zit. in Ronjat 1913: 3; Hervorhebungen im Original)

Eine weitere mögliche Konstellation ist, dass die Eltern unter sich und mit dem Kind bzw. den Kindern eine Sprache zu Hause sprechen und in der Umgebung eine andere Sprache gesprochen wird. Lernt das Kind die Umgebungssprache bereits in der Krippe, möglicherweise gleich nach dem Mutterschutz mit zwei Monaten oder zumindest nach einer Elternzeit von einem Jahr, dann kann man immer noch von *simultanem Spracherwerb* sprechen, da Kinder erst mit ca. einem Jahr zu sprechen beginnen (auch wenn sie natürlich vorher schon viel verstehen). Kommt es aber erst mit drei Jahren im Kindergarten in Kontakt mit einer weiteren Sprache, verläuft der Spracherwerb sukzessiv. Natürlich können auch ältere Geschwister die Umgebungssprache mit nach Hause bringen. Diese Konstellation **'Familiensprache vs. Umgebungssprache'** liegt oft bei Familien mit Migrationshintergrund vor.

Beide Konstellationen können auch in **Kombination** auftreten, wenn die Eltern jeweils eine andere Sprache sprechen als die Umgebungssprache, und durch Umzug kann sich die Umgebungssprache auch ändern. Manchmal ist die Umgebungssprache auch nicht die Sprache der Schule. So kann ein chinesisches Kind in Deutschland beispielsweise ein *Lycée français* besuchen. Dazu kommt, dass auch die Eltern oft mehr oder weniger mehrsprachig sind. Ein wichtiger Faktor ist die **Familiensprache**: Spricht ein deutsch-französisches Paar in Deutschland beispielsweise untereinander Deutsch, Französisch oder Englisch oder spricht jeder in seiner bzw. ihrer Sprache? In dieser Konstellation kann es natürlich auch dazu kommen, dass die Eltern selbst die Sprachen 'mischen' (*Code-Switching*; vgl. Kapitel 4.3.1). Daneben können selbstverständlich auch Umgebungen mehrsprachig sein (vgl. Kapitel 4.2).

À vous !
Welche zwei- oder mehrsprachigen Menschen kennen Sie? Befragen Sie drei von ihnen nach ihrer Spracherwerbsbiographie: Welche Sprache haben sie wann, wo und mit wem erworben oder gelernt? In welcher Sprache sprechen sie in welchen Situationen und über welche Themen lieber? Warum?

4.1.2 Sprachdominanz

Unterschiedliche Spracherwerbsverläufe können zu unterschiedlichen Sprachkompetenzen führen: Die meisten Bilingualen haben eine stärkere und eine schwächere

Sprache (was sich im Laufe des Lebens auch immer wieder ändern kann); nur selten ist Bilinguismus mehr oder weniger ausgeglichen. Sprachdominanz lässt sich u. a. anhand der folgenden Kriterien messen (für weitere Kriterien und genauere Erklärungen vgl. Müller et al. 2011):

- MLU (*mean length of utterance*): durchschnittliche Äußerungslänge,
- *Upper Bound*: längste Äußerung einer Aufnahme,
- Lexikongröße.

Das folgende Diagramm zeigt die Anzahl der Substantive im Zeitverlauf bei einem deutsch-französischen Mädchen, deren dominante Sprache das Deutsche ist:

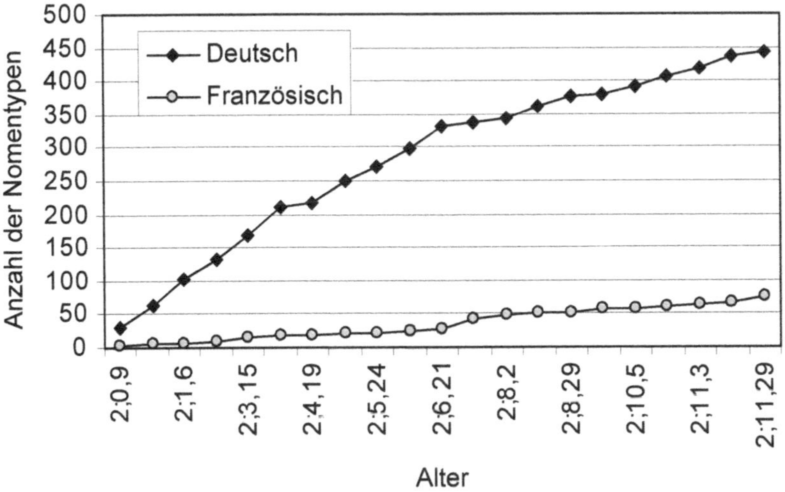

Abb. 4.1: Anzahl der Substantive im Zeitverlauf (aus: Müller et al. 2011: 82).

Von der bevorzugten Sprache mit Geschwistern oder der Traumsprache lässt sich dagegen nicht auf Sprachdominanz schließen.

Wichtig ist, dass Sprachdominanz nicht statisch, sondern dynamisch ist. So kann beispielsweise ein deutsch-französisches Kind, das in Deutschland aufwächst, zunächst dominant französisch sein, wenn die französische Mutter es erzieht, der deutsche Vater nur wenig mit ihm interagiert und es nicht in die Krippe geht. Mit dem Eintritt in den deutschen Kindergarten kann das Deutsche dann an Gewicht gewinnen und beim Besuch einer deutschsprachigen Schule das Französische sogar 'überholen'. Wenn die Person zum Studium nach Frankreich geht und möglicherweise auch dort wohnen bleibt, kann das Französische erneut dominant werden.

4.1.3 'Doppelte Halbsprachigkeit'

Auch wenn eine vollkommene Balanciertheit der zwei Sprachen bei Bilingualen extrem selten ist, so sollte die übliche Sprachdominanz nicht glauben lassen, Bilinguale würden ‘keine Sprache richtig sprechen’. Dieser immer wieder durch die Medien geisternde Mythos der ‘doppelten Halbsprachigkeit’ hat keinerlei sprachwissenschaftliches Fundament. Das stellen neun deutsche Professor*innen für Sprachwissenschaft in der folgenden Stellungnahme klar:

Die sogenannte ‘Doppelte Halbsprachigkeit’: eine sprachwissenschaftliche Stellungnahme (2010)

In der öffentlichen Diskussion, gerade auch in bildungspolitischen Kontexten, findet man in letzter Zeit häufig die Aussage, Kinder, die mit zwei Sprachen aufwüchsen, entwickelten oft eine ‘doppelte Halbsprachigkeit’, d. h. sie könnten keine der beiden Sprachen ‘richtig’ sprechen.
Für eine solche Annahme gibt es keine sachliche Grundlage: Die sogenannte ‘doppelte Halbsprachigkeit’ ist ein populärer Mythos, der auf einer Fehleinschätzung von Sprache und sprachlicher Vielfalt beruht. Er gibt eher die soziale Bewertung – genauer: Abwertung – eines bestimmten Sprachgebrauchs wieder als sprachliche oder grammatische Fakten.
Aus der sprachwissenschaftlichen Forschung wissen wir:

- Das Aufwachsen mit zwei oder auch mehr Sprachen stellt kein Problem für Kinder dar. Mehrsprachigkeit von Kindesbeinen an ist der Normalfall in menschlichen Gesellschaften: Die Mehrheit der Menschen ist heute mehrsprachig. Ein Aufwachsen mit nur einer Sprache ist die Ausnahme, nicht die Norm.
- Mehrsprachige Kinder verhalten sich nicht wie ‘doppelt einsprachige’ Kinder. Sie haben ein besonderes Sprachprofil, bei dem die beiden Sprachen unterschiedliche Spezialisierungen haben können – etwa eine Sprache für den informellen und familiären Bereich, eine für den stärker formellen öffentlichen Bereich. [...]
- Sprache tritt in vielen Varianten[1] auf (z. B. informelle Umgangssprache, Jugendsprachen, Dialekte, Sprechen in formellen Kontexten, Schriftsprache). Wir alle beherrschen nicht nur eine Variante, sondern besitzen ein sprachliches Repertoire, aus dem wir je nach Situation gezielt auswählen (z. B. Umgangssprache oder SMS mit Freunden, formelleres Sprechen in einer Behörde, Schriftsprache in einem förmlichen Brief). Der Sprachgebrauch unterscheidet sich auch nach sozialen Schichten, d. h. in unterschiedlichen sozialen Schichten können sich auch unterschiedliche sprachliche Varianten entwickeln.
- Grammatische Eigenheiten von Dialekten und anderen sprachlichen Varianten werden in der öffentlichen Wahrnehmung oft als ‘Fehler’ missverstanden.

---

1 In der in diesem Buch verwendeten Terminologie würde man an dieser Stelle nicht *Varianten* sagen, sondern *Varietäten* (vgl. Kapitel 3.4).

Dies ist besonders dann der Fall, wenn eine Variante typisch für Sprecher niedrigerer sozialer Schichten ist. Das Standarddeutsche (das sogenannte 'Hochdeutsch') ist aber nur eine von vielen Varianten des Deutschen. Es besitzt zwar ein besonderes soziales Prestige, ist jedoch nicht grammatisch 'besser' als andere Varianten. [...]

- Die Kompetenz in der Standardsprache soll nach wie vor ein schulisches Ziel bleiben. Dies zwingt aber keineswegs, gegen neue urbane Dialekte und Jugendsprachen vorzugehen, die so reich und bunt sind wie andere deutsche Dialekte auch. In vielen Gegenden Deutschland [sic!], in denen der Dialektgebrauch noch stark ausgeprägt ist, kann man mit dieser Situation gut leben. [...]
- Die Sprache der Schule, die auf dem Standarddeutschen aufbaut, ist besonders nah am Sprachgebrauch der Mittelschicht. Kinder aus anderen sozialen Schichten, und zwar einsprachige ebenso wie mehrsprachige Kinder, schneiden daher z. B. im 'Deutsch-' Test regelmäßig schlechter ab: Sie sind mit dem Standarddeutschen der Mittelschicht weniger vertraut. Zu ihren sprachlichen Kompetenzen gehören jedoch auch Kompetenzen in anderen Varianten als dem Standarddeutschen (und ebenso z. B. im Standardtürkischen). Dies bedeutet daher nicht, dass diese Kinder 'halbsprachig' sind oder 'keine Sprache richtig' sprechen können. Es bedeutet, dass ihre Kompetenzen in der Standardsprache der Schule noch gefördert werden müssen. Eine solche Förderung kann aber nur dann erfolgreich sein, wenn wir die sprachlichen Kompetenzen von Kindern objektiv würdigen und uns nicht den Blick durch Fehleinschätzungen wie der der 'doppelten Halbsprachigkeit' verstellen lassen.

(www.uni-potsdam.de/fileadmin/projects/svm/PDFs/Pressemitteilung_Doppelte_Halbsprachigkeit.pdf)

Vielleicht kann man die Vorstellung von einer 'doppelten Halbsprachigkeit' folgendermaßen erklären: Wird die zweite Sprache erst im Kindergarten oder später erworben, ähneln laut Müller et al. 2011 manche ihrer Charakteristika einer Fremdsprache. Für Grosjean 2015 dagegen kann man auch mit einer Fremdsprache bilingual werden, wenn man diese regelmäßig im Alltag gebraucht. Trotz dieser Divergenzen sind sich die Forscher*innen zumindest über eines einig: Erstspracherwerb funktioniert ganz anders als Fremdsprachenlernen. Diesen Punkt vertiefen wir im folgenden Abschnitt.

4.1.4 L1-Erwerb vs. Fremdsprachenlernen

Während Kinder ihre Erstsprache (L1) mühelos und schnell erwerben und dann fehlerfrei sprechen, ist das Lernen von Fremdsprachen mühsam und auch nach langer Zeit immer noch fehlerhaft. Nur ca. 5 % der Menschen haben das Ausnahmetalent, eine

Fremdsprache auch noch nach der Pubertät fast perfekt zu lernen. Man spricht hier von einer ***quasi-nativen Kompetenz***. Alle anderen sprechen eine *interlanguage* (Selinker 1972). Diese ist insbesondere durch Interferenzen bzw. negativen Transfer aus der L1 geprägt (vgl. dazu auch Kapitel 4.3.2).

Wie kann man diesen enormen Unterschied zwischen dem Erwerb der Erstsprache(n) und dem Lernen von Fremdsprachen erklären? Die Hypothese der '**kritischen Phase**' stützt sich in erster Linie auf neurologische Argumente: Die Plastizität des Gehirns nimmt mit dem Alter ab. Die neuronalen Verknüpfungen verfestigen sich, und wir lernen spätere Sprachen nur mehr durch den 'Filter' unserer Erstsprache(n). Daneben ist die **Quantität und Qualität des Inputs** beim Erstspracherwerb natürlich ganz anders als beim Fremdsprachenlernen: Während ein Baby oder Kleinkind den ganzen Tag die volle Aufmerksamkeit einer oder sogar mehrerer Bezugspersonen genießt, sitzen Schüler*innen in Klassen von 25 bis 35 und haben in der Regel nur drei bis vier Stunden Fremdsprachenunterricht pro Woche.

Grosjean (2015: 88) rechnet vor: Ein einsprachiges Kind ist zwischen ein und sechs Jahren seiner Erstsprache ca. 9 000 Stunden ausgesetzt. Für einen mehrsprachigen Spracherwerb sind pro Sprache mindestens 2 200 Stunden Input nötig. Ein Sprachkurs von drei Stunden pro Woche führt allerdings pro Jahr nur zu 108 Stunden! Das reicht bei Weitem nicht. Er unterstreicht zudem, dass es nicht genügt, einem Kind Filme und Lieder in einer anderen Sprache vorzuspielen. Entscheidend ist der persönliche Bezug und die Interaktion: Sprecher*innen der Sprache müssen mit ihnen spielen und dabei sprechen oder ihnen vorlesen.

In dieser persönlichen Interaktion passt sich das sogenannte ***kind-gerichtete Sprechen*** (engl. *child directed speech*) optimal an die Kompetenz und die Bedürfnisse des Kindes an. Dagegen ist es mit Hilfe eines Schulbuchs und v. a. im Frontalunterricht viel schwerer, die Diversität der Schüler*innen zu berücksichtigen. Ein dritter unterscheidender Faktor sollte nicht übersehen werden: Fremdsprachen werden genau in dem Alter in der Schule gelernt, in dem sich der Körper und die Identität besonders stark entwickeln. Nicht jeder hat in der **Pubertät** Spaß daran, mit einer Fremdsprache in eine andere Rolle zu schlüpfen. Viele empfinden das als peinlich. Dies gilt besonders für männliche Jugendliche, deren Stimme sich mit dem Stimmbruch ändert. Kindern vor der Pubertät fällt es viel leichter, sich auf eine andere Sprache einzulassen. Besonders gilt dies für die Aussprache. Allerdings hat das Lernen ab der Pubertät und im Erwachsenenalter auch einen Vorteil: Aufgrund der Reifung des Gehirns ist explizite Instruktion erfolgreicher.

4.2 Gesellschaft: Diglossie

Nicht nur Individuen, auch Gesellschaften können mehrsprachig sein. Ein besonderer Fall ist die *Diglossie*, die Komplementarität von zwei Sprachen in einer Sprachgemeinschaft. Dieser Begriff wurde durch Psycharis (1885) eingeführt, um die damalige

Sprachsituation in Griechenland zu charakterisieren. Bekannt wurde er durch Ferguson (1959), der ihn wie folgt definiert:

> DIGLOSSIA is a relatively stable language situation in which, in addition to the primary dialects of the language [...], there is a very divergent, highly codified (often grammatically more complex) superposed variety, the vehicle of a large and respected body of written literature, either of an earlier period or in another speech community, which is learned largely by formal education and is used for most written and formal spoken purposes but is not used by any section of the community for ordinary conversation. (Ferguson 1959: 435)

Eine Diglossie im klassischen Sinne beinhaltet also zwei Varietäten einer Sprache, die ein verschieden hohes Prestige haben: die *low variety* und die *high variety.* Diese beiden lassen sich durch drei Kriterien unterschieden: die Reihenfolge des Spracherwerbs, die Situationen, in denen sie verwendet werden, und die Komplexität ihrer Struktur (vgl. Tab. 4.1).

	low variety **(L)**	***high variety*** **(H)**
Spracherwerb	Familie	Schule
Situationen	Nähe	Distanz
Struktur	einfach	komplex

Tab. 4.1: Unterscheidungskriterien von *low* und *high variety* (nach Ferguson 1959).

Ob die Struktur der *L variety* wirklich einfacher ist als die der *H variety* oder einfach nur anders, ist umstritten (vgl. Defizit- vs. Differenzthese in Kapitel 3.3.2). Außerdem wurde der Anwendungsbereich des *Diglossie*-Begriffs im Anschluss von Varietäten auf Sprachen ausgeweitet (z. B. Diglossie zwischen Kreolsprachen und ihren Lexikongebern oder zwischen Okzitanisch und Französisch).

Auch wenn Ferguson (1959) nicht die Begriffe *Nähe* und *Distanz* verwendet, so lässt sich sein Konzept hervorragend mit dem Modell von Koch/Oesterreicher [1990] (^{2}2011) verbinden (vgl. Koch 1997): Die L-Idiome spricht man in Situationen der kommunikativen Nähe, die H-Idiome in Situationen der kommunikativen Distanz (vgl. Tab. 4.2).

Ferguson (1959) illustriert sein Konzept anhand von vier Sprachsituationen: (gelehrtes) Katharevousa vs. (gesprochenes) Dimotiki in Griechenland, Hocharabisch vs. nationale Varietäten in den arabischsprachigen Ländern, Standarddeutsch und Schwyzerdütsch in der Schweiz sowie Französisch und Kreol auf Haiti.

	Idiom	
Kommunikationssituation	L	H
Poesie	–	+
Leitartikel in der Zeitung	–	+
Persönlicher Brief	–	+
Predigt	–	+
Parlamentsrede	–	+
Vorlesung	–	+
Nachrichtensendung	–	+
Volksliteratur	+	–
Bildunterschrift eines politischen Cartoons	+	–
Radio-Soap	+	–
Anweisungen an Bedienstete, Arbeiter und Angestellte	+	–
Gespräch unter Freunden, Kollegen und in der Familie	+	–

Tab. 4.2: Typische Kommunikationssituationen von L- und H-Idiomen (nach Ferguson 1959).

Der Schriftsteller Raymond Queneau (vgl. Kapitel 1.1.3) sieht eine solche Situation auch in Frankreich:

> [...] qu'il existe actuellement deux langues, celle qui continue à être enseignée (plus ou moins mal) dans les écoles et à être défendue (plutôt mal que bien) par des organismes officiels, tels que l'Académie Française, et la langue parlée, je ne dis même pas la langue populaire. [...] Personne ne nie qu'il existe actuellement des différences entre le français écrit et le français parlé, certains disent même un abîme. [...] Le bilinguisme est donc nécessaire en France. (Queneau [1955] 1965: 66–68)

Mehrere Jahrzehnte später bekräftigt die Korpuslinguistik den Eindruck zweier französischer Sprachen: Blanche-Benveniste/Jeanjean (1987) vom *Groupe aixois de recherches en syntaxe* (GARS) stellen metaphorisch eine « langue de tous les jours » einer « langue du dimanche » gegenüber und Blanche-Benveniste (1990) spricht explizit von zwei unterschiedlichen grammatischen Systemen. Anschließend überträgt der deutsche Romanist Koch (1997) den *Diglossie*-Begriff auf die Situation in Frankreich (was bis heute diskutiert wird; Massot/Rowlett 2013). Er begründet dies mit zahlreichen v. a. grammatischen Unterschieden zwischen gesprochenem und geschriebenem Französisch: *ça* vs. *cela*, *on* 'nous' vs. *nous*, Negation ohne vs. mit *ne*, Absenz vs. Präsenz des *passé simple* etc. (vgl. Kapitel 1.1.1). Kramer (2010) hebt schließlich hervor, dass diese enormen

Unterschiede zwischen *H* und *L variety* das Französische als Fremdsprache besonders schwierig machen, insbesondere im Vergleich zum Spanischen und Italienischen.

Eine besonders komplexe sprachliche Situation mit mehr als zwei Sprachen liegt auf Mauritius vor. Der folgende Kasten gibt einen kleinen Einblick in diesen faszinierenden Fall.

Mauritius

„Neben einer der berühmtesten Briefmarken der Welt, 170 Kilometern Sandstrand und wunderschönen Korallenriffen bietet Mauritius eine äußerst faszinierende Situation des Kultur- und Sprachkontakts: Nach der Entdeckung der unbewohnten Insel durch die Araber und Portugiesen wurde sie zunächst von den Niederländern besetzt, anschließend von den Franzosen kolonisiert, dann von den Engländern in Besitz genommen und schließlich 1968 unabhängig. Die Mehrheit der Bevölkerung stammt jedoch nicht von europäischen Kolonisten ab, sondern von aus Afrika und Madagaskar deportierten Sklaven sowie von Arbeitsmigranten aus Indien. Heute leben hier auf kleinstem Raum Hindus, Moslems und Christen friedlich zusammen. Alle Mauriciens sind zumindest dreisprachig: Das französisch-basierte Kreol ist die allgemein verwendete Verkehrssprache, und in der Schule lernen die Kinder von der ersten Klasse an die beiden ehemaligen Kolonialsprachen Englisch und Französisch. Daneben spricht man dort auch zahlreiche Herkunftssprachen, etwa das aus Indien stammende Bhojpuri." (Pustka 2020: 120)

Abb. 4.2: Bushaltestelle auf Mauritius mit dreisprachiger Käse-Werbung (© Pustka 2012).

4.3 Sprechen: 'Sprachmischungen'

Wenn mehrere Sprachen in einem Kopf koexistieren, ist es nicht verwunderlich, dass diese sich auch mischen. Verschiedene Sprachen können einfach nebeneinander in derselben Äußerung auftauchen, z. B. « Vite, vite, le HASE est WEG! » (Kielhöfer/Jonekeit 2006: 73). Dies nennt man ***Code-Switching*** (vgl. Kapitel 4.3.1). Manchmal beeinflusst aber auch eine Sprache die andere. Wenn man in seine L1 Wörter aus anderen Sprachen aufnimmt (z. B. chin. *Wok* oder jap. *Sushi*), spricht man von **Entlehnungen** (vgl. Kapitel 4.3.2). Wenn man umgekehrt die L1 in einer später erworbenen oder erlernten Sprache bemerkt, handelt es sich um **Interferenzen** oder **negativen Transfer** (vgl. Kapitel 4.3.3). Wir führen im Folgenden zunächst diese Grundbegriffe der Sprachkontaktforschung ein und illustrieren sie an aktuellen und historischen Beispielen. Im Anschluss setzen wir sie mit den Begriffen ***Substrat***, ***Superstrat*** und ***Adstrat*** in Bezug, die in der Sprachgeschichte üblicher sind (vgl. Kapitel 4.3.4).

4.3.1 *Code-Switching*

Mehrsprachige Sprecher*innen wechseln nicht beliebig die Sprache. Dies hängt von sprachlichen und nicht-sprachlichen Faktoren ab. Die Forschung listet insbesondere die folgenden Ursachen und Funktionen des *Code-Switchings* auf (vgl. Gumperz 1982, Grosjean 1982, Appel/Muysken 1987):

- **Anpassung** der Sprache an den Gesprächspartner,
- **Zitieren** in der Originalsprache,
- **lexikalische Lücke**: Ausweichen auf die andere Sprache, da ein Wort unbekannt oder gerade nicht abrufbar ist,
- ***Triggering***: unbeabsichtigter Wechsel durch einen vorhergehenden Ausdruck in der anderen Sprache,
- **Insistieren:** Wiederholen in der anderen Sprache zur Klarstellung und/oder Hervorhebung,
- **Ausdruck einer bilingualen Identität.**

À vous !
Wie kann man die *Code-Switchings* in den folgenden Beispielen erklären?

(1) Oliver zur Mutter: Comment on dit en allemand 'J'ai mal au doigt'?
Mutter: MEIN FINGER TUT WEH!
Oliver: WAS ... eh ... quoi ?
(Kielhöfer/Jonekeit 2006: 42)

(2) Erwachsene: was – was willst du denn da holen?
Amélie: etwas

Erwachsene: etwas / ah! / ich warte auf dich, ja

Amélie: jaja (geht aus dem Zimmer)

Erwachsene: okay

Amélie: JE DOIS CHERCHER QUELQUE CHOSE (spricht mit französischsprachiger Mutter außerhalb des Zimmers)

(Müller et al. 2015: 15)

(3) Alors, j'ai dit à FRAU HERMANN: „DIANA ÄRGERT MICH!" (Jens, 4 Jahre)

(Kielhöfer/Jonekeit 2006: 31)

Sprecher*innen, die in zweisprachigen Umgebungen leben, nutzen *Code-Switching* auch zur semantischen Präzision. So hat Heiszenberger (2019) in der *école maternelle* des *Lycée français de Vienne* dokumentiert, dass die Kinder dort die Begriffe fr. *école maternelle* und *navette* 'Shuttelbus' (hier zwischen Hauptsitz der Schule und Kindergarten) systematisch von dt. *Kindergarten* (anderes Bildungssystem) und *Bus* (des öffentlichen Nahverkehrs) unterscheiden:

(4) Mädchen, 5 Jahre: Ich nehme auch die NAVETTE.

(Heiszenberger 2019: 69)

(5) Mädchen, 6 Jahre: Parce que, parce que après je devais aller, aller à l'école maternelle et plus au KINDERGARTEN parce que j'étais une grande fille, j'étais plus une petite fille.

(Heiszenberger 2019: 78)

Entsprechend lässt sich auch zwischen der deutschsprachigen *Oma* und der französischsprachigen *mamie* unterscheiden. Manche Konzepte existieren dagegen nur in einer der beiden Kulturen. So ist fr. *doudou* nicht irgendein Kuscheltier, sondern das Lieblingskuscheltier, das man überallhin mitnimmt und das man insbesondere für den Mittagsschlaf braucht: 7 von 12 untersuchten bilingualen Kindern in Heiszenberger 2019 verwenden fr. *doudou* in deutschen Äußerungen. Das zeigt, dass mehrsprachige Menschen nicht nur mehr*sprachig* sind, sondern auch mehr*kulturell*. Zudem kann der *Mix* noch einmal eine eigenständige dritte Kultur darstellen – und manchmal auch zu einer Sprache werden (vgl. Kapitel 4.4).

Auffällig ist, dass *Code-Switchings* besonders häufig – im Erwachsenenalter sogar fast ausschließlich – auftreten, wenn *beide* Gesprächspartner zweisprachig sind. Dann können Bilinguale im sogenannten **bilingualen Modus** kommunizieren (vgl. Grosjean 2015). Dieser bildet einen der beiden Pole eines Kontinuums, an dessen anderem Ende der monolinguale Modus steht. Wo sich Bilinguale im Gespräch mit anderen Bilingualen auf dem Kontinuum situieren, ist individuell sehr unterschiedlich: Während Schüler*innen französischer Auslandsschulen oft die Gewohnheit haben, sich mit vielen *Code-Switchings* zu unterhalten, ist dies bei Mehrsprachigen, die keine gemeinsame mehrsprachige Umwelt haben, oft gar nicht der Fall.

4.3.2 Entlehnung

Warum kommt es überhaupt zu Entlehnungen? Dafür gibt es im Wesentlichen zwei Gründe: Bei sogenannten 'Bedürfnislehnwörtern' ist es schlichte Notwendigkeit, bei sogenannten 'Luxuslehnwörtern' das Prestige der Kontaktsprache. Im Falle von **'Bedürfnislehnwörtern'** brauchen die Sprecher*innen ein neues Wort für ein neues Konzept, das sie aus anderen Sprachgemeinschaften übernehmen. So haben die Europäer etwa neue Natur- und Kulturprodukte bei der Kolonisierung, aber auch durch Handelsbeziehungen entdeckt. Aus dem kolonisierten Amerika haben die Spanier beispielswese Kulturpflanzen wie Mais und Tabak mitgebracht – und mit ihnen auch die entsprechenden Wörter aus den indigenen Sprachen (vgl. Kapitel 3.3.1). Diese wurden dann ins Französische und darüber auch ins Deutsche entlehnt. Wörter für Produkte wie Kaffee und Tee dagegen haben sich mit dem weltweiten Export dieser Waren verbreitet: Fr. *café* und dt. *Kaffee* gehen auf das Arabische zurück, fr. *thé* und dt. *Tee* haben ihren Ursprung im Chinesischen. Entlehnt werden daneben auch in anderen Sprachen neu gebildete Wörter für vom Menschen geschaffene wissenschaftliche Konzepte und technische Neuerungen, z. B. fr. *hasard* 'Zufall' aus arab. *zahr* 'Würfel' (ebenfalls über das Spanische) oder fr. *smartphone* aus dem Englischen.

Daneben entlehnen Sprecher*innen aber auch Wörter für Konzepte, die bereits vorhanden sind und für die sie bereits Wörter haben. In diesen Fällen spricht man von **'Luxuslehnwörtern'**. Beispiele aus dem aktuellen Französisch sind etwa *on y go !* für *on y va !* (vgl. engl. *to go* 'gehen') oder *Yes !* als Ausruf des Triumphes. Ganz überflüssig sind solche Entlehnungen allerdings nicht. Auch wenn Sie auf der Darstellungsebene keinen Mehrwert liefern, so tun sie dies doch auf der Ausdrucksebene: Sie transportieren Internationalität, Jugendlichkeit und Coolness.

Kontaktsprachen des Französischen

Eine Übersicht über die wichtigsten Kontaktsprachen des Französischen liefert Tab. 4.3. Exemplarisch finden sich hier Lehnwörter aus den Jahrhunderten, in denen aus der jeweiligen Sprache besonders viele Entlehnungen ins Französische stattgefunden haben. Es handelt sich dabei um die unmittelbaren Nachbarsprachen Frankreichs, die Weltsprache Englisch sowie das Kulturadstrat Latein. Zu den letzten beiden Fällen kommen wir im Folgenden noch genauer.

Sprache	Anzahl der Einträge im *Petit Robert* (2020)	Beispiele
Okzitanisch	486	z. B. Küche, 14. Jh.: *truffe, escargot*
Italienisch	1193	z. B. Bankwesen, 15. Jh.: *banque, crédit*
Niederländisch	265	z. B. Bier, 15. Jh.: *bière, houblon* 'Hopfen'
Spanisch	472	z. B. Kolonialwaren, 16. Jh.: *maïs, tabac*
Latein	13351	z. B. Unterricht, 15./16. Jh.: *éducation, expliquer*
Deutsch	611	z. B. Mineralogie, 18. Jh.: *zinc, quartz*
Englisch	3338	z. B. Sport, 19./20. Jh.: *sport, match, football*
Arabisch	461	z. B. Jugendsprache, 20. Jh.: *kiffer, seum, wesh*[2]

Tab. 4.3: Kontaktsprachen des Französischen mit Beispielen für Lehnwörter aus besonders entlehnungsintensiven Jahrhunderten.

Im Laufe der französischen Sprachgeschichte schwankt die Bedeutung dieser Kontaktsprachen sehr stark. Abb. 4.3 zeigt, dass zwar heute die meisten Wörter aus dem Englischen entlehnt werden, dies aber erst seit dem 18. Jahrhundert der Fall ist. Davor war das Italienische die wichtigste Gebersprache des Französischen. Dadurch entwickelte sich im 16. Jahrhundert sogar eine Italophobie – ganz ähnlich der Anglophobie des 20. Jahrhunderts.

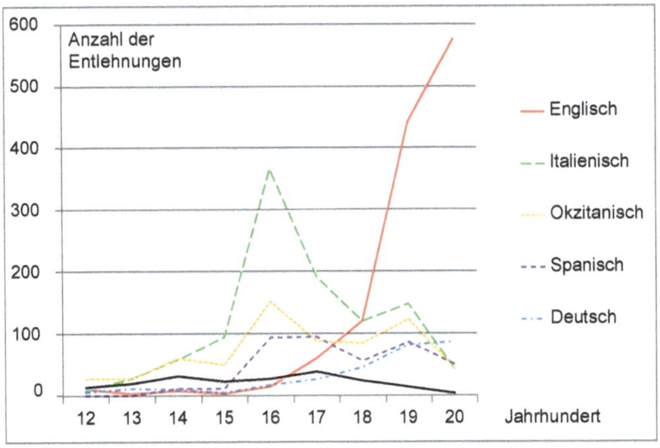

Abb. 4.3: Anzahl der Entlehnungen pro Kontaktsprache vom 12. bis 20. Jahrhundert (Zahlen aus Stefenelli 1981: 164).

2 *Kiffer* 'aimer bien', *avoir le seum* : 'éprouver du ressentiment' (*Petit Robert*), *wesh* (vgl. Kapitel 10.2.2).

À vous !
Aus welchen Sprachen stammen die folgenden Wörter? *abricot, bébé, cantine, jardin, schizophrénie, spéculos, téléthon.* Raten Sie zunächst und schauen Sie dann im *Petit Robert* nach!

Weltsprache Englisch

Aktuell entlehnt das Französische die meisten Wörter aus dem Englischen. Der *Petit Robert* (2020) enthält insgesamt 3 138 Anglizismen, davon 1 730 seit dem Jahr 1900. Allein zwischen 2000 und 2020 sind 92 neue Wörter in das Wörterbuch aufgenommen worden – im Alltag sind es natürlich noch mehr (vgl. Kapitel 3.3.2). Unter den neuesten Wörtern finden sich u. a. die Folgenden: *big data* (2011), *bitcoin* (2010), *blog* (2002), *darknet* (2003), *e-learning* (2000), *mooc* (2012), *podcast* (2004), *webinaire* (2001) und *wiki* (2003). Das Internet ist also eine sehr ergiebige Quelldomäne, die das Französische genauso wie das Deutsche beeinflusst. Solche Wörter, die in verschiedenen Sprachen sehr ähnlich sind, nennt man **Internationalismen**. Gehen sie auf denselben Ursprung zurück, handelt es sich um den Spezialfall der **Kognaten** (vgl. lat. *cognatus* 'mitgeboren, verwandt'). Solche Anglizismen finden sich natürlich auch in anderen Bereichen, z. B. *covid* (2020), *coworking* (2008) und *cupcake* (2007).

Diese massive Entlehnung von Wörtern aus dem Englischen hat im 20. Jahrhundert zur Angst vor einer 'Überfremdung' des Französischen geführt. Dies hat insbesondere der französische Literaturprofessor René Etiemble (1909–2002) in seinem Buch *Parlez-vous franglais?* (1964) kritisiert. Ein Jahrzehnt später trat die ***Loi Bas-Lauriol* (1975)** in Kraft. Diese schreibt vor, dass in Frankreich u. a. Werbung grundsätzlich auf Französisch formuliert sein muss (vgl. Kapitel 1.2.2):

> Dans la désignation, l'offre, la présentation, la publicité écrite ou parlée, le mode d'emploi ou d'utilisation, l'étendue et les conditions de garantie d'un bien ou d'un service, ainsi que dans les factures et quittances, l'emploi de la langue française est obligatoire. Le recours à tout terme étranger ou à toute expression étrangère est prohibé lorsqu'il existe une expression ou un terme approuvés dans les conditions prévues par le décret n° 72-19 du 7 janvier 1972 relatif à l'enrichissement de la langue française. Le texte français peut se compléter d'une ou plusieurs traductions en langue étrangère. (LOI n° 75-1349 du 31 décembre 1975 relative à l'emploi de la langue française, Art. 1er.)

Im Jahr 1994 wurde dieses Gesetz dann durch die sogenannte ***Loi Toubon*** weitergeführt. Dazu waren bereits 1986 Quotenregelungen gekommen: Zur Hauptsendezeit müssen Radiosender zu mindestens 40 % französischsprachige Musik spielen (***Loi Léotard***).

Gut 20 Jahre später kommt es dann zum Bruch. Die französische Kulturministerin Fleur Pellerin (*1973) – selbst koreanischer Abstammung und deutsch-französisch aufgewachsen – stellt in einer Rede zur *Semaine de la langue française et de la Francophonie* den Purismus in Frage:

> Cette année, c'est la capacité de notre langue française à accueillir des mots nouveaux ou étrangers qui est à l'honneur de la Semaine de la langue française et de la Francophonie. (...) Une langue ne se construit pas en dehors des liens que nouent leurs locuteurs. Les échanges économiques, culturels, scientifiques, touristiques ont une grande influence sur notre langue, qui s'est toujours enrichie d'apports divers issus du grec, de l'italien, de l'arabe, de l'espagnol, de l'allemand ou de l'anglais. Comme l'esprit humain, une langue est toujours en mouvement : le développement des réseaux numériques et la place considérable prise par les technologies qui leur sont liées ont conduit à installer dans notre lexique un grand nombre de termes nouveaux. (Fleur Pellerin; 11.03.2015)[3]

Die französischen Nachrichtenmagazine *L'Obs* und *L'Express* titelten einvernehmlich: « La France n'a plus peur des mots étrangers » (11.03.2015).

Heute ist die Anglophobie in Québec – vermutlich auch aufgrund seiner Lage inmitten des englischsprachigen Nordamerikas – deutlicher zu spüren als in Frankreich: Hier steht nicht nur *arrêt* auf den Stoppschildern (vgl. Kapitel 1.2.2), sondern man sagt auch *courriel* statt *(e-)mail* oder *mél* – bzw. sollte es sprachpolitischen Bestrebungen zufolge sagen. Daneben finden sich im Québec-Französischen aber auch viele versteckte Anglizismen wie *crème glacée* statt *glace* oder *melon d'eau* statt *pastèque.* Hierbei handelt es sich um sogenannte **Lehnübersetzungen** (fr. *calque*) aus engl. *ice cream* und *water melon* (mehr zum *français québécois* in Kapitel 10.1.2).

Bei aller Diskussion um den englischen Einfluss auf das Französische sollte man nicht vergessen, dass umgekehrt das Französische einen enormen Einfluss auf das Englische ausgeübt hat. 1066 eroberten die Normannen England. Etwa 300 Jahre lang sprach die herrschende Oberschicht Anglonormannisch, ein altfranzösisches Idiom. Dieses Superstrat hinterließ dort eine große Anzahl an Wörtern. Dabei handelte es sich oft um 'Luxuslehnwörter' (s. o.). So besitzt etwa das Englische im Gegensatz zum Deutschen und Französischen nicht ein, sondern zwei Wörter für SCHAF: *mutton* und *sheep. Sheep* ist ein germanisches Wort, so wie deutsch *Schaf. Mutton* geht auf das französische *mouton* zurück. Im Englischen hat die Entlehnung zu einer Opposition zwischen *sheep* 'Schaf' vs. *mutton* 'Schafsfleisch' geführt (vgl. CLG: 160). Wirklich notwendig war das nicht, wie das Deutsche und Französische zeigen. Zur Kommunikation reicht ein Wort aus. *Mutton* ist nur ein Beispiel unter vielen. Schätzungen zufolge hat der aktuelle englische Wortschatz ca. 100 000 Wörter französischer Herkunft (vgl. CRYSTAL 2019: 136)!

Dies bedeutet, dass die Chancen hochstehen, dass ein Anglizismus des Französischen ursprünglich aus dem Französischen kommt. Ein bekanntes Beispiel für ein solches **Rückwanderwort** ist fr. *tennis.* Das Wort wurde 1880 aus dem Englischen entlehnt,

---

3 https://www.culture.gouv.fr/Presse/Archives-Presse/Archives-Discours-2012-2018/Annee-2015/Discours-de-Fleur-Pellerin-ministre-de-la-Culture-et-de-la-Communication-prononce-lors-du-lancement-de-la-Semaine-de-la-langue-francaise-et-de-la.

gemeinsam mit diversen anderen Wörtern aus dem Bereich des Sports (z. B. *hockey*, *badminton*). Das englische Wort *tennis* stammt aber wiederum aus dem Französischen: 1400 wurde es als *tenetz* entlehnt; das war damals die 2. Person Plural des Verbs *tenir*. Die Aufforderung 'Halten Sie!' rief die aufschlagende Seite typischerweise beim *jeu de paume*. Dieses Spiel, das wörtlich 'Spiel mit der Handfläche' heißt, war ein Vorläufer des modernen Tennis. Heute erinnert daran noch das gleichnamige Kunstmuseum im *Jardin des Tuileries*, dem Park des Louvre in Paris.

Schließlich gibt es im Französischen auch einige Wörter, die englisch wirken – aber gar nicht englisch sind: sogenannte ***faux anglicismes*** wie *footing* (engl. *jogging*), *baby-foot* (engl. *table football*) oder *camping car* (engl. *recreational vehicle*). Das 'Luxus'-Lehnmorphem *-ing* ist sogar so beliebt, dass es regelmäßig zu Innovationen führt. So hat beispielsweise die Frauenzeitschrift *Elle* 2018 das *souping* erfunden. Gemeint ist: eine Diät aus selbstgemachten entschlackenden Gemüsesuppen. Die Wortschöpfung führte zu einem Shitstorm per Twitter: Dann könne man ja gleich auch *salading* oder *tartifleting* sagen…

4.3.3 Interferenz bzw. negativer Transfer

Die Übertragung von Strukturen, Wörtern und Bedeutungen von der L1 in eine L2, L3 etc. oder eine Fremdsprache nennt man traditionell *Interferenz*. In der neueren Forschung setzt sich der Begriff ***negativer Transfer*** immer mehr durch. Dieser impliziert den Gegenbegriff eines ***positiven Transfers***. Welche Art des Transfers stattfindet, hängt von der Ausgangs- und der Zielsprache ab: Ähneln sich die Strukturen, können die Lernenden von ihrer L1 profitieren, unterscheiden sich die Strukturen, ergeben sich Fehler. Systematische Interferenzen auf Ebene der Aussprache (z. B. „Isch liebe disch!") können als ein *Akzent* wahrgenommen werden, auf Ebene der Grammatik spricht man von *Fehlern* (z. B. „Ich habe fertig!").

Genauso wie *Code-Switchings* treten auch Interferenzen nur bei intensivem Sprachkontakt auf: Man muss die andere Sprache ja bereits mehr oder weniger fließend sprechen können, um darin überhaupt Fehler zu produzieren. Dies ist bei Entlehnungen nicht notwendig: Wir verwenden Wörter wie *Wok* oder *Sushi*, ohne auch nur ein bisschen Chinesisch oder Japanisch zu sprechen. Wie die Beispiele zeigen, erfolgen Interferenzen v. a. im Bereich der Sprachstruktur: in Phonologie und Morphosyntax. Dagegen betreffen Entlehnungen v. a. das Lexikon: „words first, grammar later (if at all)" (Thomason 2001: 64).

Tab. 4.4 fasst die wesentlichen Charakteristika dieser beiden Typen des Sprachkontakts zusammen:

	Interferenz	**Entlehnung**
Richtung	L1 → L2	L2 → L1
Grad des Kultur- und Sprachkontakts	hoch	niedrig
Sprachliche Ebenen	v. a. Phonologie & Grammatik	v. a. Lexikon

Tab. 4.4: Interferenz vs. Entlehnung (vgl. THOMASON 2001).

4.3.4 Substrat, Superstrat und Adstrat

Es ist wichtig, die Begriffe der modernen Sprachkontaktforschung – *Code-Switching* (Kapitel 4.3.1), *Entlehnung* (Kapitel 4.3.2) und *Interferenz* (Kapitel 4.3.3) – mit den Begriffen der historischen Sprachwissenschaft in Zusammenhang zu setzen. Im Rückblick nennt man die Völker und Sprachen, die vorher auf einem Territorium angesiedelt waren und erobert wurden, das *Substrat* (wörtl. 'Daruntergestreutes'). Völker und Sprachen von Eroberern nennt man im Gegensatz dazu das *Superstrat* (wörtl. 'Darübergestreutes'). Beide Begriffe beziehen sich auf ein *Stratum*, d. h. die weiterlebende Sprache, die im Fokus der Betrachtung steht (vgl. Abb. 4.4). Grundsätzlich verwendet man die Begriffe *Substrat(sprache)* und *Superstrat(sprache)* nur für tote Sprachen. Für benachbarte Kontaktsprachen ohne Dominanzbeziehung gibt es den Begriff *Adstrat*. In unserem Fall ist das Stratum das Kontinuum vom Vulgärlatein zum Neufranzösischen, das Substrat u. a. das Keltische, das Superstrat u. a. das Fränkische und eines der vielen Adstrate das Englische.

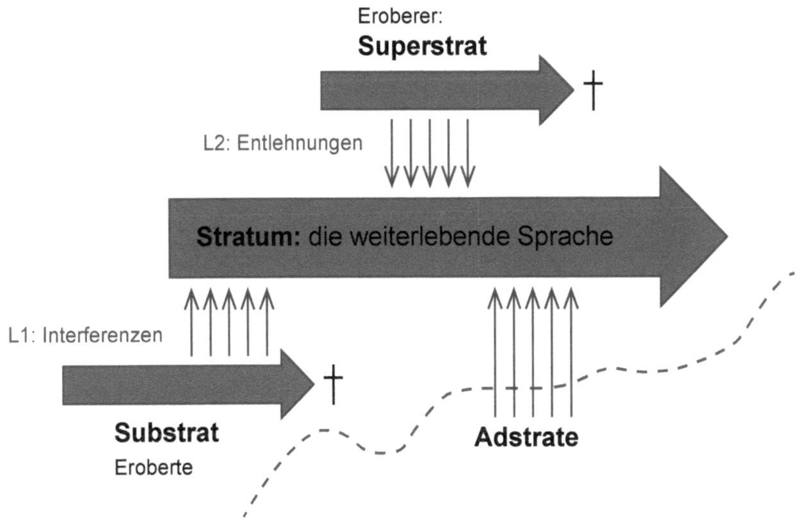

Abb. 4.4: Historischer Sprachkontakt: *Substrat*, *Superstrat* und *Adstrat*.

Diese Kontaktsprachen haben unterschiedliche Einflüsse im Französischen hinterlassen bzw. beeinflussen es immer noch: L1-Sprecher*innen des Keltischen haben Latein mit keltischen Interferenzen gesprochen. Aus dem fränkischen Superstrat (vgl. Kapitel 5.3.2) hat die galloromanisch sprechende Bevölkerungsmehrheit später Wörter entlehnt, genauso wie aus den Adstraten.

Eine weitere sehr wichtige Kontaktsprache des Französischen ist Latein. Latein? Aber ist das nicht die Sprache, aus der das Französische entstanden ist? Ja, natürlich auch. Aber während sich aus dem gesprochenen Vulgärlatein das Galloromanische und schließlich das Französische entwickelt hat, blieb das geschriebene Latein gleichzeitig eine wichtige Kultursprache in Europa. An der Sorbonne wurde noch bis ins 18. Jahrhundert auf Latein unterrichtet! Diese doppelte Beziehung zwischen dem Französischen und dem Latein spiegelt sich in sogenannten **Dubletten** wider: zwei verschiedene französische Wörter, die auf dasselbe lateinische Wort zurückgehen. Ein Beispiel dafür sind fr. *chose* 'Sache' und fr. *cause* 'Ursache': Beide stammen vom Etymon klat. CAUSAM 'Ursache' ab. Dieses Wort hat sich in der 2 000 Jahre langen Sprachgeschichte formal und inhaltlich zu fr. *chose* weiterentwickelt. Man spricht in diesem Fall von einem **Erbwort**. Fr. *cause* ist klat. CAUSAM in beider Hinsicht viel ähnlicher. Das liegt daran, dass dieses **Lehnwort** im 12. Jahrhundert aus dem Kulturadstrat Latein ins Französische entlehnt wurde. Das *mot savant*, im konkreten Fall ein Latinismus, hat also eine Art 'Zeitreise' gemacht und den Laut- und Bedeutungswandel mehr als zur Hälfte 'übersprungen' (vgl. Abb. 4.5).

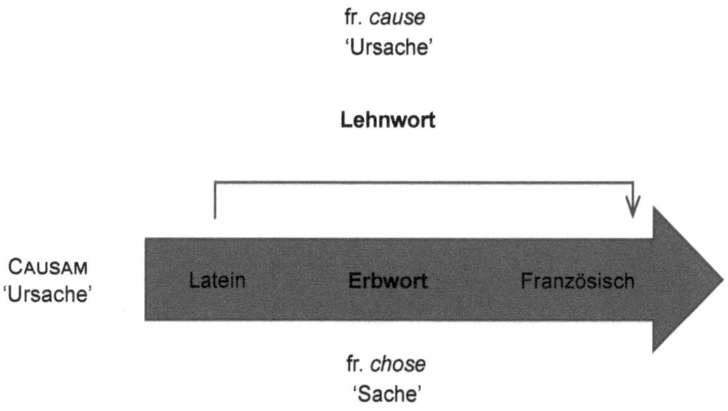

Abb. 4.5: Vom Latein zum Französischen: Erbwort vs. Lehnwort.

Tab. 4.5 liefert Beispiele für Dubletten, nicht nur im Französischen, sondern auch in anderen romanischen Sprachen (Spanisch, Italienisch).

Etymon	Erbwort	Lehnwort
klat. CAUSAM 'Ursache'	fr. *chose*/sp. *cosa* /it. *cosa* 'Sache'	fr. *cause*/sp. *causa*/it. *causa* 'Ursache'
klat. FABRICAM 'Werkstatt'	fr. *forge*/sp. *forja* 'Schmiede'	fr. *fabrique*/sp. *fábrica* 'Fabrik'
klat. FRIGIDUM 'kalt'	fr. *froid*/sp. *frío*/it. *freddo* 'kalt'	fr. *frigide*/sp. *frígido*/it. *frigido* 'frigide'

Tab. 4.5: Dubletten in den romanischen Sprachen.

4.4 Sprache: 'Mischsprachen'

Sprachkontakt ist omnipräsent: „Es gibt keine ungemischte Sprache", schrieb schon Hugo SCHUCHARDT (1884: 5). Einen ersten Einblick in die zahlreichen Einflüsse anderer Sprachen auf das Französische hat bereits Kapitel 4.3 gegeben; in Kapitel 5.3 werden wir das noch aus historischer Perspektive vertiefen. Natürlich gibt es Sprachen, die mehr oder weniger durch Sprachkontakt geprägt sind. Am unteren Ende der Skala liegen die Dialekte, am oberen Ende Pidgins, Kreols und weitere 'Mischsprachen'. Diese sind nicht nur durch Sprachkontakt beeinflusst, sondern dadurch überhaupt erst entstanden. Da dies in den vergangenen 500 Jahren auch schriftlich dokumentiert wurde (in ganz wenigen Fällen wie beim Hawaii-Kreol auch durch Tonaufnahmen), liefert der Extremfall der Kreolgenese die außergewöhnliche Gelegenheit, eine 'Sprachgeburt' zu rekonstruieren. Aus diesem Grund hat die Sprachwissenschaft ein massives Interesse an den Kreolsprachen, auch wenn sie von vergleichsweise wenig Menschen gesprochen werden.

Sowohl Pidgins als auch Kreols werden typischerweise 'unter Palmen' gesprochen, also in Gebieten um den Äquator, die das Hauptziel der Kolonisierung waren (vgl. Abb. 4.6).

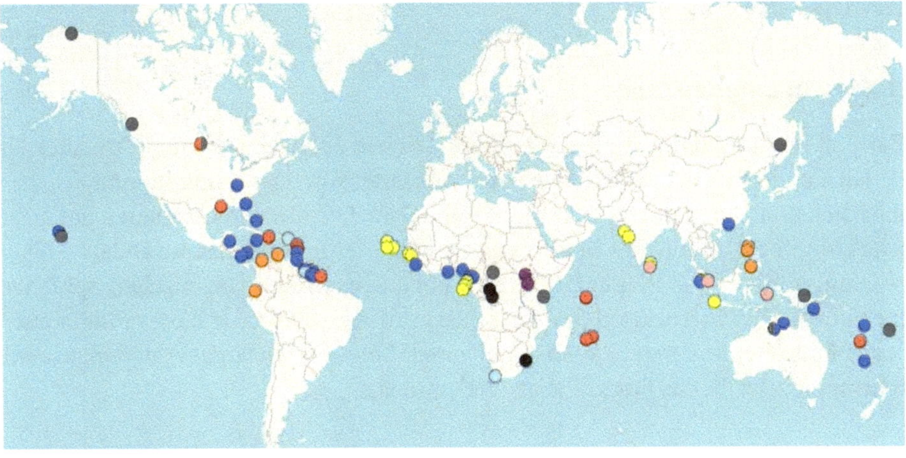

Abb. 4.6: Die 76 Pidgins und Kreols des APiCS (rot = französisch-basiert).

Der wesentliche Unterschied zwischen diesen beiden Typen von Idiomen ist: **Pidgins** sind 'Behelfssprachen' in der Kommunikation von Sprecher*innen, die unterschiedliche Erstsprachen (L1) haben. **Kreols** dagegen sind Erstsprachen. Einer Theorie zufolge sind Kreols sogar Pidgins, die zu Erstsprachen geworden sind. Sie sollen sich herausgebildet haben, als die Erwachsenen untereinander Pidgin gesprochen haben – typischerweise Sklaven diverser afrikanischer Erstsprachen auf Zuckerrohrplantagen. Ihre Nachkommen hatten dies als einzigen Input. Interessanterweise ist das sprachliche System, das daraus emergiert ist, aber deutlich komplexer als das der Pidgins. Dem amerikanischen Sprachwissenschaftler Dereck Bickerton (1926–2018) zufolge tritt in einem solchen Fall eines relativ armen Inputs das angeborene **Bioprogramm** zu Tage. Dies erkläre, warum sich die Kreolsprachen der Welt so ähneln (z. B. bei den TMA-Markern; s. u.) – egal ob sie englisch- oder französisch-basiert sind, im 17. oder im 20. Jahrhundert oder auf Hawaii oder Haiti entstanden sind.

Der *Atlas of Pidgin and Creole Language Structures* APiCS (apics-online.info) listet insgesamt 76 Pidgins und Kreols weltweit auf. Neun davon sind französisch-basiert; allerdings ist die Liste bei Weitem nicht vollständig. Während es heute keine französisch-basierten Pidgins mehr gibt, werden aktuell in folgenden Gebieten **französisch-basierte Kreolsprachen** gesprochen (vom Aussterben bedrohte Kreols in Klammern):

- Karibik: (Louisiana), Haiti, Saint Barthélemy, Guadeloupe, Dominica, Martinique, Saint Lucia, (Granada), (Trinidad), (Tobago), Guyana,
- Indischer Ozean: La Réunion, Mauritius, Rodrigues, Seychellen,
- Pazifik: (Neukaledonien).

Die mit Abstand meisten Sprecher*innen eines französisch basierten Kreols leben auf **Haiti**. Die ca. 11 Mio. Einwohner sprechen fast alle Kreol als L1, knapp die Hälfte auch Französisch. Die seit 1804 unabhängige Republik hat als offizielle Sprachen sowohl Französisch als auch Kreol. Die Grundschule findet auf Kreol statt; danach wird zum Französischen gewechselt.

4.4.1 Pidgin: *Lingua Franca*

Ein Beispiel für ein Pidgin ist die sogenannte ***Lingua Franca***, die vom Mittelalter bis ins 19. Jahrhundert rund um das Mittelmeer verbreitet war. Der Name stammt aus dem Italienischen und bedeutet wörtlich 'fränkische Sprache'. Mit den Germanen hat diese Sprache aber wenig zu tun; der Begriff war zwischenzeitlich auf diverse andere Völker ausgedehnt worden. Das Pidgin basierte nämlich sowohl auf romanischen Sprachen als auch auf Arabisch, Türkisch und Griechisch. Alternativ wurde dieses Pidgin auch *Sabir* genannt. Heute versteht man unter einer *Lingua Franca* ganz allgemein eine Verkehrssprache, z. B. das Englische als Weltsprache.

Vereinzelte Belege für die *Lingua Franca* des Mittelalters finden sich in literarischen Texten. Ein berühmtes Beispiel dafür ist der folgende Ausschnitt aus Molières *Bourgeois gentilhomme.*

À vous !

Im Theaterstück *Le Bourgeois gentilhomme* (1670) von Molière (1622–1673) spricht der Mufti während der 'Türkischen Zeremonie' im Sabir:

„Se ti saber
Ti responder
Se non saber
Tazir, tazir"

Versuchen Sie, diesen Abschnitt zu übersetzen und auf die romanischen Sprachen zurückzuführen, die Sie kennen!

Abb. 4.7: Titelblatt der Edition von 1682.

Dieser Ausschnitt in *Lingua Franca* zeigt, dass Pidgins von ihrer Grammatik her sehr rudimentär sind. Dies unterscheidet sie ganz wesentlich von Kreolsprachen (vgl. Kapitel 4.4.2).

4.4.2 Kreol: Guadeloupe-Kreol

Beginnen wir mit einem Beispiel:

À vous !
Wenn man auf Guadeloupe-Kreol jemanden fragen möchte, ob er oder sie Kreol spricht, dann hört sich das so an: *Es ou ka palé kréyòl?* Welche Wörter erkennen Sie wieder, welche nicht? Was erfahren Sie allein schon in diesem kurzen Satz über die Aussprache und die Grammatik von Kreolsprachen?

Tab. 4.6 listet die fünf Wörter dieses Satzes auf und gibt zu jedem Informationen zur Herkunft sowie zur aktuellen Bedeutung bzw. Funktion.

Guadeloupe-Kreol	**Herkunft**	**Bedeutung/Funktion (+ Erläuterungen)**
kr. *es*	< fr. *est-ce que*	Frage-Marker
kr. *ou*	< fr. *vous* 'Sie'/'Ihr'	'du'
kr. *ka*	(unklar)	Progressivform (vgl. engl. *to be X-ing*) zum Ausdruck der Gewohnheit
kr. *palé*	< fr. *parler*; /r/ 2x elidiert	'sprechen'; unveränderliches Verb (keine Endungen), stattdessen TMA-Marker wie *ka*
kr. *kréyòl*	< fr. *créole*; <k> statt <c>; <y> [j] zwischen Vokalen, kein stummes <e> am Ende	'Kreolsprache'; wörtl. 'vor Ort geboren'

Tab. 4.6: *Es ou ka palé kréyòl?* Herkunft und Bedeutung/Funktion der Wörter.

Dieses Beispiel zeigt uns schon einmal Folgendes: Der Wortschatz des Guadeloupe-Kreols stammt zum großen Teil (ca. 80 %) aus dem Französischen. Daher spricht man auch von einem *créole à base lexicale française*. Die Wörter sind zum Teil Erbwörter und zum Teil Neubildungen. Daneben finden sich auch Einflüsse anderer Kontaktsprachen, z. B. kr. *giromon* 'Kürbis' (statt fr. *citrouille* oder *potiron*) aus dem in Brasilien gesprochenen Tupi. Ob dieses Wort direkt ins Kreol entlehnt wurde oder zunächst ins Antillenfranzösische (fr. *giraumon*) ist nicht entscheidbar.

Im Gegensatz zum Französischen hat das Guadeloupe-Kreol keine etymologische, sondern eine phonetische Rechtschreibung. Graphie und Phonie sind sich sehr ähnlich. An Formen wie <palé> sieht man daher sehr gut, dass im Gegensatz zu fr. *parler* [paʁle] kein [ʁ] ausgesprochen wird. Dieser Laut wurde aber nicht etwa im Kreol elidiert, sondern schon im Französischen der Kolonialzeit nicht ausgesprochen. In manchen Fällen wurde [ʁ] zwischenzeitlich durch *spelling pronunciation* wieder eingeführt (z. B. in der ersten Silbe von *parler*), in anderen nicht (z. B. am Ende von *parler*). Wenn man die heutige Aussprache des Kreols mit der heutigen Aussprache des Pariser Französischen vergleicht, sieht man neben diesem noch viele andere Unterschiede. Ganz ähnlich ist dagegen die Aussprache des Regionalfranzösischen vor Ort. So gilt die Nicht-Realisierung des [ʁ] sogar als **Schibboleth** (vgl. Kapitel 3.4.4) des Antillenfranzösischen: An diesem Merkmal erkennt man, dass jemand von den Antillen kommt. Das Merkmal ist so berühmt, dass es seinen Weg in die Asterix-Comics geschafft hat. Dort spricht der Pirat Baba mit Apostrophs an Stelle von <r>: « LA ME' EST COUVE'TE DE 'OMAINS ! » (*Astérix chez les Bretons*, S. 5).

Komplett anders als im Französischen ist dagegen die Grammatik des Guadeloupe-Kreols. Am Beispiel *Es ou ka palé kréyòl?* sieht man etwa, dass die Verben nicht konjugiert werden. An Stelle von Endungen zeigen vielmehr vorangestellte kleine Wörter u. a. Tempus, Modus und Aspekt an: die sogenannten TMA-Marker (wobei *T* für *Tempus*, *M* für *Modus* und *A* für *Aspekt* steht), z. B. *ka*. So entspricht kr. *ou ka palé* beispielsweise fr. *tu parles*. Vergleicht man die phonischen Formen miteinander, ist der Unterschied allerdings nicht mehr so groß: kr. [ukapale] vs. fr. [typaʁl]. Denn auch das gesprochene Französisch besitzt fast keine Endungen: Die Verbformen in *je parle*, *tu parles*, *il/elle/on parle* und *ils/elles parlent* werden jeweils [paʁl] ausgesprochen (vgl. Kapitel 1.1.1). Die Person wird durch das vorangestellte Personalpronomen ausgedrückt – wie im Kreol. Im Gegensatz zum Französischen drückt das Kreol aber immer den Aspekt mit aus: kr. *ka* signalisiert den progressiven Aspekt, d. h. die Tatsache, dass eine Handlung schon und immer noch stattfindet oder eine Gewohnheit darstellt. Das Französische nimmt diese Unterscheidung nur in der Vergangenheit systematisch vor, mit Imperfekt vs. *passé simple* bzw. *passé composé*.

Nach diesen ersten einführenden Erläuterungen zum Sprachsystem des Guadeloupe-Kreols liefert der folgende Kasten ein Beispiel. Eine Hausfrau aus Guadeloupe mit Kreol als L1 erklärt darin ihr Kochrezept für den ortstypischen Curry-Eintopf *Colombo*. Es folgt bewusst keine wörtliche Übersetzung, sondern eine französische Version des Rezepts derselben Sprecherin. Sie können sich beide Rezepte unter www.meta.narr.de/9783823384625/Zusatzmaterial.zip anhören!

🎧 *Colombo*-Rezept auf Kreol (Hausfrau, *1956, L1 Kreol)

Bon, kolonbo a poul-la. An ka sézonné poul-la, an ka ASSAI/[4], an ka LA NETTOYER poul an mwen dabò, nétwayé, byen, tiré po-la anlè a'y, an ka sézonné évé onlo sitwon, onlo lay, an ka lésé byen maséré, si ou vlé on kolonbo, pou kolonbo a'w pé ni tou ÉPICES-la adan'y, an ka sézonné'y LE SOIR, an ka sézonné poul an mwen byen LE SOIR. ET LE LENDEMAIN MATIN, an ka fè kolonbo an mwen. Mé ja byen ASSAISONNER èvè onlo lay, onlo sitwon, onlo ten, onlo PERSIL, zongnon. Épi ou ka mété'y anlè difé-la. É lè an mété'y anlè difé-la, an ka mété ponmdètè adan, an ka mété on zongnon antyè adan, an ka mété on gwo paké founiti, an ka mété é ten, pèsi, siv, an ka maré'y èvè on, èvè on, on fil, an ka mété'y o milyé a poul-la, o milyé a kannari-la, an ka kouvè'y. É lè an byen kouvè'y, i jété tout dlo a'y, an vwè'y ja ka séché, an ka mété kolonbo, masalé-la adan. É lè an mèt masalé-la adan, an ka pwan on vè dlo, an ka woumété'y adan ankò, an ka lésé'y kuit. É lè an vwè'y byen kuit, an ka, vomyé mwen ajouté dlo, PETIT À PETIT, olyè mwen en plen'y dlo, paskè lè an ké plen'y dlo, i pé ké ni pon gou. MAIS PETIT À PETIT, ou ka mété'y, lè ou gadé tout bon gou la ka rèsté é i ka impékab. É apwé lè'w vwè an fin fè'y an vwè'y byen kuit, avan an mété'y a tè, an ka mété lay, an ka mété sitwon, an ka déléyé lay-la, sitwon-la, èvè tibwen luil, an ka déléyé'y byen, èvè an ka vidé'y anlè a'y, é

4 GROSSBUCHSTABEN markieren *Code-Switchings* ins Französische, Schrägstriche Abbrüche.

lè an vidé'y an vwè'y byen épé, an k'ay étenn difé-la, an ka lésé'y, é lè an vwè'y byen kuit a pwézan, ou gouté'y, ou ké manjé dwèt a'w.

Colombo-Rezept auf Französisch

Le colombo de poulet. Il y a, chacun fait leur colombo de poulet. Bon, quand je fais mon colombo, j'assaisonne mon poulet d'abord. Je nettoie le poulet, je l'assaisonne avec beaucoup de citron, beaucoup d'ail. Donc quand c'est bien assaisonné, je mets la cocotte sur [su] le feu, je mets le poulet, je mets des pommes de terre, je mets du thym et du persil, du cive, tous les épices, je mets sur [su] le feu. À petit [ti] feu, je mets pas de l'eau, à petit [ti] feu, je fais, parce que le poulet, il y a de l'eau dedans, il faut que le poulet jette l'eau d'abord. Et après je couvre. Et quand c'est bien, l'eau est bien terminée, je mets de la, de la, de la massalé dedans. La massalé, j'achète la massalé de une, une dame euh, Madame M/, Moun/, Mounsamy. C'est très bon, le massalé, c'est piment/, piquant, c'est piquante, c'est très bon. Et je mets sur [su] le feu, je fais à petit feu, à petit feu, et quand je me, c'est bien épaisse, je mets de l'ail et du citron, un, un petit [ti] morceau de piment, et puis c'est bon.

(Korpus Pustka; Transkriptionen aus Pustka 2009: 51–52; vgl. auch Pustka 2007; PFC-Code 97aec1)

4.4.3 *Mixed language*: Michif

Weder ein Pidgin noch ein Kreol, sondern eine der seltenen *mixed languages* ist das Michif in Nordamerika. Diese Sprache ist vermutlich im frühen 19. Jahrhundert im Kontakt indigener Frauen und französischsprechender Männer in Wintersiedlungen zur Bison-Jagd entstanden. Ergebnis war die Volksgruppe der *Métis* sowie eine Sprache, deren Verben aus dem Cree und deren Substantive aus dem Französischen stammen. Das Verbreitungsgebiet des Michif erstreckt sich vom Zentrum Kanadas (Manitoba, Saskatchewan, davor auch Alberta) bis zum angrenzenden Norden der USA (North Dakota, Montana). Die Sprache steht kurz vor dem Aussterben; 2013 gab es weniger als 100 Sprecher*innen (vgl. Bakker 2013). Einen Eindruck dieser ganz besonderen Sprache liefert das folgende Beispiel aus dem APiCS mit englischer Übersetzung.

Aaa, yee, mihcheeti-wak, lii vyeu pii lii vyey eekwa. Noo awiyek lii zhenn. Apishiis lii zhenn, deu u trwaa ota ayaa-wak piikishkwee-wak ayi.. aan Michif. But lii vyeu kahkiyaaw.. kahkiyaaw keekach aan Michif.

'O yes, there are many, the old men and the old women as well. Nobody among the young people. Young people a little bit, two or three here speak Michif. But all... all of the old people, all, almost all speak Michif.'

(Bakker 2013)

Auch wenn es sich bei Pidgins, Kreols und *mixed languages* um Extremfälle handelt, so führen sie uns doch sehr deutlich vor Augen, was im Sprach- und Varietätenkontakt alles möglich ist. Sie öffnen uns die Augen für das, was stets auch um uns herum passiert. Denn Sprachkontakt ist keine Ausnahme, sondern findet statt, sobald zwei Menschen miteinander sprechen. Da jeder ein eigenes Leben hinter sich hat, steckt in jedem Gehirn ein anderes Sprachsystem. Diese Systeme treten beim Sprechen miteinander in Kontakt.

Lesetipps

Gadet, Françoise / Ludwig, Ralph (2014): *Le français au contact d'autres langues*, Paris: Ophrys.
Grosjean, François (2015): *Parler plusieurs langues. Le monde des bilingues*, Paris: Albin Michel.
Stein, Peter [1984] (2017): *Kreolisch und Französisch*, Berlin/Boston: De Gruyter.

YouTube-Tipp

Sehen Sie sich den Comedy-Clip des französischen YouTubers Cyprien Lov zum Thema « Apprendre les langues étrangères » an: https://www.youtube.com/watch?v=oXwNwVMsRi0.

5 Sprachgeschichte und -politik

Warum heißt das Französische eigentlich *Französisch*? Um diese Frage zu beantworten, muss man sehr weit in die Sprachgeschichte zurückgehen. Das Wort *français* – damals noch <françois> geschrieben – ist zum ersten Mal im Jahr 1080 belegt. Viel früher gab es auch noch kaum schriftliche Zeugnisse. *Français* leitet sich ab von *France*. Dieses Wort geht wiederum auf das spätlateinische *Francia* zurück, was so viel bedeutete wie 'Land der Franken'. Doch wer waren diese Franken? Haben sie etwas mit dem heutigen Oberfranken, Mittelfranken und Unterfranken zu tun? Ja. Die Franken waren ein germanischer Stamm, der erstmals im 3. Jahrhundert erwähnt wird. Sie siedelten zunächst in einem Gebiet, das heute einen Teil von Deutschland, der Niederlande, Belgien und Nordfrankreich umfasst (zwischen Tournai, Metz und Fulda) – das also sehr viel größer war als die heutige Region Franken. Von dort aus eroberten sie im 5. Jahrhundert das Gebiet des heutigen Frankreichs und gaben ihm seinen Namen (dazu mehr in Kapitel 5.3.2). Die Geschichte des Französischen beginnt aber schon davor: (mindestens) mit dem Latein und den Römern.

5.1 Von Rom zum Römischen Reich

Französisch ist eine romanische Sprache. Was bedeutet das? Es ist eine der vielen Sprachen (wie auch Spanisch, Italienisch, Portugiesisch und Rumänisch), die auf das gesprochene Latein zurückgehen. Dieses widerum entstand in Rom und verbreitete sich von dort aus in ganz Europa und darüber hinaus.

5.1.1 Gründung Roms

„Sieben-fünf-drei, Rom kroch aus dem Ei", lautet eine beliebte Eselsbrücke aus dem Geschichtsunterricht. Genau genommen wird die Gründung Roms auf den 21. April 753 v. Chr. datiert – zumindest der Legende nach. **Rom** soll von **Romulus** gegründet worden sein, einem Sohn des Gottes Mars. Gemeinsam mit seinem Zwillingsbruder Remus soll er von einer Wölfin gesäugt und dann von einem Hirten aufgezogen worden sein. Beide wollten gemeinsam eine Stadt gründen. Als es darum ging, nach wem diese benannt werden sollte, kam es zum Streit. Das Orakel wählte Romulus aus, der prompt mit der Errichtung der Stadtmauer begann. Um sich über ihn lustig zu machen, sprang Remus darüber. Daraufhin erschlug Romulus seinen Bruder.

In Wirklichkeit ist Rom natürlich nicht aus dem Nichts entstanden. In der Zeit um 750 v. Chr. war das Gebiet um Rom u. a. vom indoeuropäischen Volksstamm der Italiker besiedelt, die dem heutigen Italien seinen Namen gaben, sowie von den nicht-indoeuropäischen Etruskern. Diese waren schon im 2. Jahrtausend v. Chr.

in diese Gegend gekommen. Die Weltstadt Rom ist höchstwahrscheinlich wie die meisten anderen Städte auch aus mehreren Dörfern entstanden, die langsam zusammenwuchsen. Vom Namen der Stadt *Rom* (lat. ROMA) ist der Name des Volks der ***Römer*** abgeleitet (lat. (POPULUS) ROMANUS), vom Namen der *Latiner* (lat. LATINII) – einer Untergruppe der Italiker – der Name ihrer Sprache, des ***Lateins*** (lat. (LINGUA) LATINA). Auch heute noch heißt die Gegend von Rom *Latium* bzw. auf Italienisch *Lazio* – wie der Fußballclub *Lazio Rom*. Entsprechend unterscheidet man auch die politische und kulturelle **Romanisierung** von der sprachlichen **Latinisierung**.

Von der Stadt Rom aus begann die Expansion des Römischen Reichs. Das erste Volk, das Rom unterwarf, waren 388 v. Chr. die benachbarten Latiner. Es folgten die **Punischen Kriege**: Die Römer gewannen drei Angriffskriege gegen die Phönizier und eroberten erst Sizilien, Sardinien und Korsika (264–241 v. Chr.), dann die Iberische Halbinsel (218–197 v. Chr.) und schließlich Karthago und Gebiete des heutigen Tunesiens, Algeriens und Libyens (149–146 v. Chr.). Vom Mittelmeer aus eroberten sie dann auch das Gebiet des heutigen Frankreichs.

5.1.2 Romanisierung Galliens

À vous !

Waren Sie schon einmal in Nord- und Südfrankreich? Welche Unterschiede haben Sie in der Architektur und bei den kulinarischen Spezialitäten festgestellt? Wo isst man *crèpes* mit Butter, wo *ratatouille* mit Olivenöl? Recherchieren Sie im Internet, wo in Frankreich die Butter-Olivenöl-Grenze verläuft! Was könnte das mit der Romanisierung Galliens zu tun haben?

Das Territorium des heutigen Frankreichs eroberten die Römer in zwei großen Etappen: 154–118 v. Chr. die GALLIA NARBONENSIS in Südfrankreich – zwischen Marseille, Toulouse und Genf. Die *Provence* erinnert daran, dass es sich um eine römische Provinz handelte, der Ortsname *Narbonne* an die NARBONENSIS. Dort isst man bis heute 'mediterran' – wie auch an der italienischen und katalanischen Mittelmeerküste: viel Gemüse, Fisch und Olivenöl. Ein Jahrhundert später erobertete Julius Cäsar im **Gallischen Krieg** (58–51/50 v. Chr.) das übrige Gebiet bis ins heutige Belgien. Die Romanisierung war dort viel weniger intensiv.

Der Gallische Krieg ist sehr ausführlich in Cäsars Werk *De Bello Gallico* beschrieben, das Sie vielleicht aus dem Lateinunterricht kennen. Der Gallische Krieg ist zwar nach den Galliern benannt, allerdings bewohnte neben ihnen noch ein weiteres keltisches Volk das Gebiet, nämlich die Belger; dazu kamen im Südwesten (Aquitanien) die Basken. CÄSAR beginnt sein Werk mit den folgenden Worten dazu:

Gallia est omnis divisa in partes tres, quarum unam incolunt **Belgae**, aliam **Aquitani**, tertiam qui ipsorum lingua Celtae, nostra **Galli** appellantur. (Caesar 2014: 4; Hervorhebung E.P.)[1]

Die Karte in Abb. 5.1 zeigt, wo diese drei Verbreitungsgebiete lagen und wie viele verschiedene Stämme dort lebten. Unter Kaiser Augustus entstand dann die Aufteilung in die drei römischen Provinzen: Gallia Aquitania, Gallia Lugdunensis (benannt nach Lugdunum, heute *Lyon*) und Gallia Belgica.

Abb. 5.1: Die Dreiteilung Galliens nach Cäsars *De Bello Gallico*.

1 'Das Gesamtgebiet Galliens zerfällt in drei Teile: in dem einen leben die Belger, in einem zweiten die Aquitaner und im dritten die Völker, die in der Landessprache Kelten heißen, bei uns jedoch Gallier.' (Caesar 2014: 5)

Dass die GALLIA NARBONENSIS früher und intensiver romanisiert und latinisiert wurde als das übrige Gallien, hat Auswirkungen bis heute. In der Römerzeit unterschied man zwischen der GALLIA TOGATA, dem 'Toga tragenden Gallien' und der GALLIA BRACCATA, dem 'Hosen tragenden Gallien'. Dabei ist das Kleidungsstück der Toga Symbol für die Assimilation an die römische Kultur. Dies ist auch im Asterix-Comic *Le combat des chefs* karikiert (vgl. Abb. 5.2).

Abb. 5.2: GALLIA TOGATA und BRACCATA im Asterix-Comic *Le combat des chefs*. S. 7.

Heute bemerkt man den Unterschied noch ganz deutlich, wenn man durch Frankreich reist. Im Süden stehen Aquädukte wie der *Pont du Gard*, das Amphitheater von Arles und das Römische Theater in Orange. Mit Butter, Bier und grauen Dächern ähnelt der Norden Frankreichs Deutschland viel mehr als Südfrankreich. Die unterschiedlich intensive Romanisierung (und Germanisierung) ist also bis heute spürbar.

5.1.3 Römisches Reich und Romania

Seine maximale Ausdehnung erlangte das Römische Reich im Jahr 117 n. Chr., am Ende der Regierungszeit Trajans (53–117 n. Chr.): Es erstreckte sich von der Iberischen Halbinsel bis in das Gebiet des heutigen Syriens. Im Norden reichte es bis ins heutige Großbritannien, im Süden bis auf den afrikanischen Kontinent (vgl. Abb. 5.3). Nach Norden trennte der Limes entlang des Rheins und der Donau das Römische Reich von der *Germania Magna* ab.

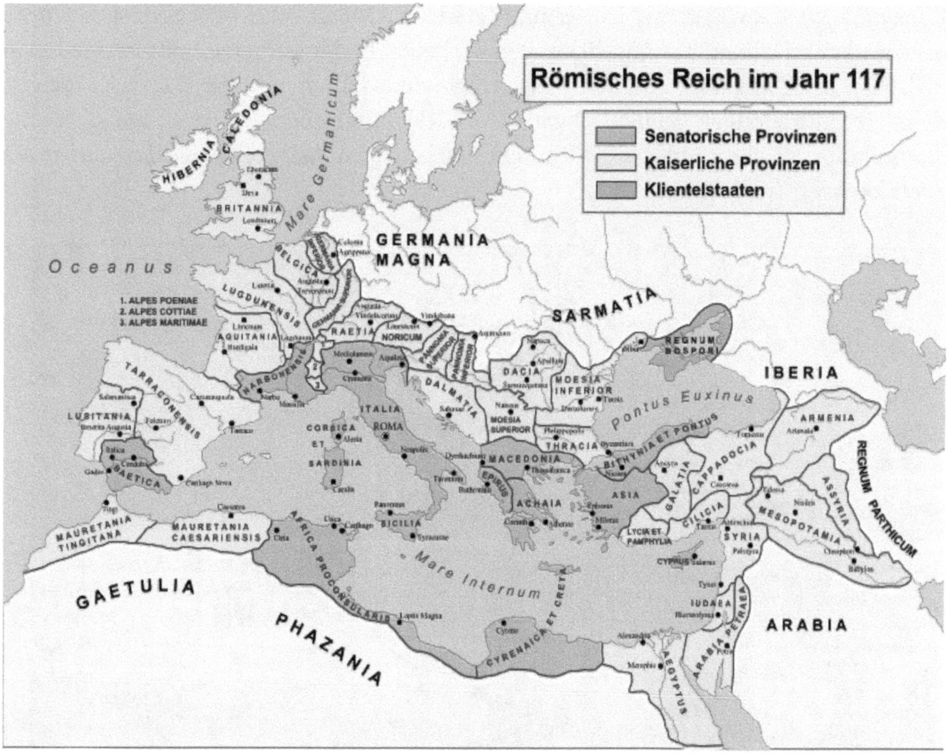

Abb. 5.3 Maximale Ausdehnung des Römischen Reichs 117 n. Chr.

Im Jahr 395 wurde das Römische Reich in das Weströmische Reich und das Oströmische Reich geteilt. Danach begann die germanische Eroberung des Territoriums des heutigen Frankreichs (vgl. Kapitel 5.3.2). Römisch blieb nur mehr das *domaine de Soissons* im nördlichen Drittel Frankreichs – benannt nach der Stadt Soissons ca. 100 Kilometer nordöstlich von Paris –, das bis nach Angers und Orléans reichte. Der letzte römische Herrscher war Syagrius (ca. 430–486/87). Er unterlag in der Schlacht bei Soissons dem fränkischen König Chlodwig I. (fr. *Clovis Ier*) und wurde daraufhin hingerichtet.

À vous !
Welche romanischen Sprachen kennen Sie? Damit sind alle Sprachen gemeint, die vom Vulgärlatein abstammen.

Die Gebiete des Römischen Reichs, in denen man heute romanische Sprachen spricht, nennt man die ***Romania***: Die **Alte Romania** in Europa erstreckt sich von Portugal bis Rumänien (vgl. Abb. 5.4). Dazu kommt die **Neue Romania** in Amerika, Afrika und Asien (vgl. Kapitel 1.2.1). Die Gebiete, in denen die Römer und das Latein verdrängt wurden, nennt man die ***Romania Submersa***. Dazu gehören u. a. Süddeutschland und Österreich, England sowie der Norden Marokkos und Algeriens.

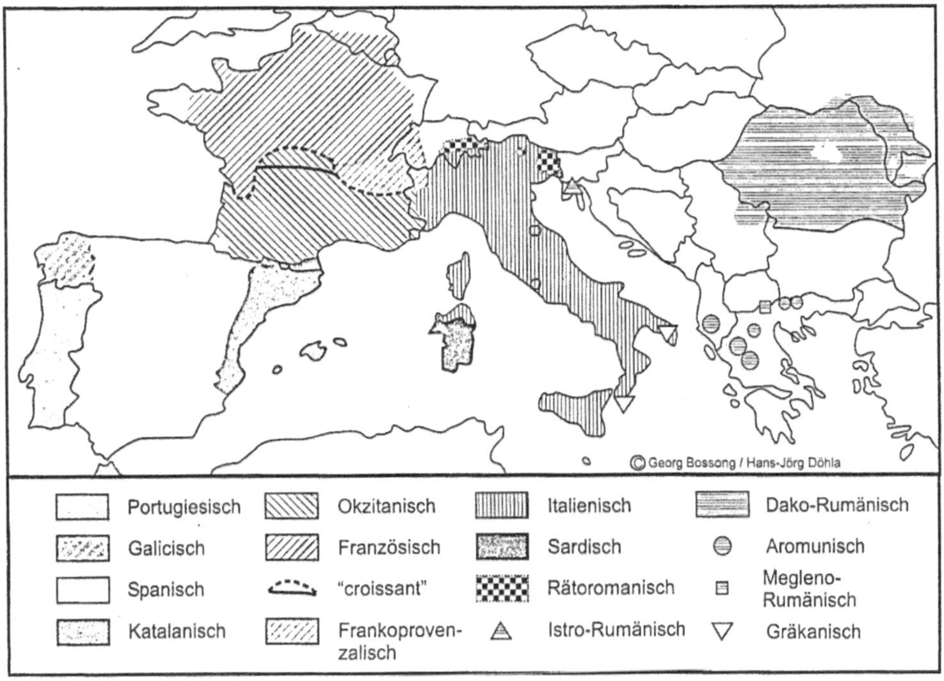

Abb. 5.4: Die romanischen Sprachen in Europa (aus: Bossong 2008: 322).

5.2 Das Vulgärlatein

Nachdem wir gesehen haben, wie sich die römische Kultur in ganz Europa verbreitet hat, wenden wir uns nun der Sprache zu. Welches Latein brachten die Römer in die Provinzen ihres Reiches mit? Und wie entwickelten sich daraus die romanischen Sprachen?

5.2.1 Definition

Die romanischen Sprachen gehen nicht auf das klassische Latein zurück, in dem Cäsar *De Bello Gallico* geschrieben hat und das man heute in der Schule lernt. Grundlage ist vielmehr das sogenannte ***Vulgärlatein***. Warum *Vulgärlatein*? Handelt es sich dabei um vulgäres Latein? Ein bisschen schon, aber nicht nur. Es existieren im Wesentlichen zwei Definitionen des *Vulgärlateins*. Zum einen bezeichnet der Begriff die rekonstruierte Grundlage der romanischen Sprachen, zum anderen das gesprochene

(d. h. nähesprachliche) Latein. Insofern war es auch ein bisschen vulgär – auch wenn *vulgär* hier eigentlich 'zum Volk gehörig' meint (*sermo vulgaris* 'Sprache des Volkes').

5.2.2 Quellen

Eine der wichtigsten Quellen des Vulgärlateins sind die **Graffiti von Pompeji**. Pompeji liegt ca. 25 Kilometer vom heutigen Neapel entfernt. Die Stadt hatte ca. 8800 bis 10000 Einwohner, als 79 n. Chr. der benachbarte Vesuv ausbrach und Straßen, Gebäude, Mosaike, Skelette und sogar verkohltes Brot und Obst konservierte. Im 18. Jahrhundert wurde die verschüttete Stadt wiederentdeckt und ist heute ein Touristenmagnet. Für die romanische Sprachwissenschaft ist sie ein Glücksfall. Denn auf den Häuserwänden finden sich die berühmten Graffiti – die bis heute erhalten sind. Dazu gehören insbesondere Werbeslogans wie *Viator Pompeis pane gustas* 'Reisender, probiere das Brot von Pompeii' (vgl. Abb. 5.5). Dieses Beispiel liefert einen Beleg dafür, dass das Akkusativ-*m* fehlte. Im klassischen Latein wäre *panem* die richtige Form. Pompeji ist aber auch für erotische Mosaike und Werbung für Prostitution bekannt – insofern ist die Bezeichnung als *Vulgärlatein* gar nicht so falsch: Nähesprache ist zwar nicht immer vulgär, aber sie kann es eben auch sein.

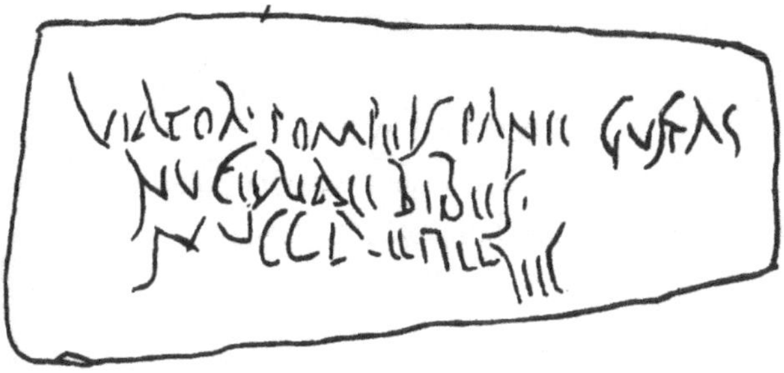

Abb. 5.5: Graffiti „Viator Pompeis pane gustas" (1. Zeile; Hunink 2011: 107).

Eine andere Quelle des Vulgärlateins sind die ***Appendix Probi*** aus dem 3./4. Jahrhundert v. Chr. Dabei handelt es sich um die Liste eines Schulmeisters mit 227 typischen Fehlern. So zeigt etwa „*auris* non *oricla*", dass die damaligen Sprecher*innen die expressive Koseform *auricula* 'Öhrchen' für 'Ohr' sagten. Morphologisch betrachtet handelt es sich um einen Diminutiv, d. h. eine Verkleinerungsform. Phonologisch fällt hier die Monophthongierung auf: <o> statt <au> (dazu später mehr). Selbst wenn man diesen Beleg nicht hätte, könnte man das vulgärlateinische *auricula* aus den heutigen Formen der romanischen Sprachen rekonstruieren: fr. *oreille*, it. *orecchio*, port. *orelha*, rum. *ureche* und sp. *oreja*. Diese Quelle zeigt wieder einmal: Manche Fehler von heute sind die Norm von morgen!

5.2.3 Struktur

Das Vulgärlatein unterscheidet sich in Phonologie, Lexikon und Grammatik schon sehr deutlich vom klassischen Latein. Wenn Sie neben Französisch noch Spanisch, Italienisch oder eine andere romanische Sprache sprechen, werden Sie sehen, wie viele Gemeinsamkeiten hier angelegt waren!

Phonologie

- **Elision des [h]:** z. B. klat. HABERE 'haben' vs. vlat. *avere* > pt. *haver* [a-], sp. *haber* [a-], fr. *avoir*, it. *avere*, rum. *avea*;
- **Monophthongierungen:** z. B. klat. AU in AURUM 'Gold' vs. [o] > sp. *oro*, fr. *or*, it. *oro*;
- **Quantitätenkollaps:** keine phonologische Opposition zwischen kurzen und langen Vokalen wie klat. *pōpulus* 'Pappel' vs. *pŏpulus* 'Volk', sondern Qualitätsunterschiede zwischen halb-offenen und halb-geschlossenen Vokalen (z. B. /e/ vs. /ɛ/; vgl. Kapitel 6.2.1).

Lexikon

Tabelle 5.1 listet eine Reihe weiterer expressiver Innovationen des Vulgärlateins neben *oricla* 'Öhrchen' (s. o.) auf.

Semantisches Konzept	Klassisches Latein	Vulgärlatein	Romanische Sprachen
ARBEIT	LABOR	*tripalium* 'dreipfähliges Folterinstrument'	sp. *trabajo*, fr. *travail*, pt. *trabalho*
BIENE	APIS	*apicula* 'Bienchen'	sp. *abeja*, pt. *abelha*, fr. *abeille*
PFERD	EQUUS	*caballus* 'kastriertes Arbeitspferd'	sp. *caballo*, pt. *cavalho*, fr. *cheval*, it. *cavallo*, rum. *cal*
WISSEN	SCIRE	*sapĕre* 'schmecken, riechen'	sp./pt. *saber*, fr. *savoir*, it. *sapere*

Tab. 5.1: Expressive lexikalische Innovationen des Vulgärlateins.

Grammatik

Auch im Bereich der Grammatik bestehen wesentliche Unterschiede zwischen dem klassischen Latein und den romanischen Sprachen. Wie wir in Kapitel 7.4.1 noch genauer sehen werden, zeichnet sich das Latein durch eine sogenannte synthetische

Morphologie mit vielen Endungen aus. Das Französische arbeitet stattdessen eher mit Präpositionen und Hilfsverben. Wir betrachten hier exemplarisch zwei Beispiele: eines aus dem Nominalbereich und eines aus dem Verbalbereich. Die Substantive werden im Latein dekliniert. So drückt beispielsweise der Genitiv Besitz aus, z. B. klat. VILLA PATRIS 'Vaters Villa'. Im Französischen sagt man dagegen *la villa du père* mit der Präposition *de*. Bei den Verben haben wir bereits in Kapitel 3.3.3 gesehen, wie die synthetische Futurform klat. CANTABO durch die analytische Form vlat. *cantare habeo* 'zu singen habe ich' ersetzt wurde; diese wurde durch Grammatikalisierung dann wieder synthetisch (*chanterai*). In Kapitel 7.3.3 werden wir noch sehen, was aus dem lateinischen Neutrum geworden ist.

5.3 Sprachkontakte in Gallien

Das Vulgärlatein erklärt, warum sich die romanischen Sprachen so ähnlich sind. Daneben gibt es natürlich auch viele Unterschiede zwischen ihnen. Einer der Gründe dafür ist im Sprachkontakt zu suchen: insbesondere im keltischen Substrat und im germanischen Superstrat (zu diesen Begriffen vgl. Kapitel 4.3.4). Eine Herausforderung für die sprachwissenschaftliche Rekonstruktion ist, dass Kelten und Germanen auch vorher schon in Kontakt mit den Römern standen. Diese Adstrateinflüsse sind nicht auf das Französische begrenzt, sondern finden sich in mehreren romanischen Sprachen wieder.

5.3.1 Kelten

Der Ursprung der keltischen Kultur liegt in den Alpen. Man unterscheidet die Hallstatt-Kultur im heutigen Österreich (650 bis 475 v. Chr.) und die La-Tène-Kultur in der heutigen Schweiz (ca. 475 bis 50 v. Chr.). Vom 5. bis 3. Jahrhundert v. Chr. breiteten sich die Kelten auf dem Gebiet des heutigen Frankreichs aus. Der Begriff *Substrat* sollte also nicht den falschen Eindruck erwecken, es handle sich um eine ältere Kultur als die der Römer; beide Kulturen ko-existierten zur selben Zeit in Europa und kamen an vielen Orten miteinander in Kontakt.

Adstrat des Lateins

Tabelle 5.2 zeigt, dass manche Wörter aus dem Keltischen nicht nur im Französischen, sondern auch im Spanischen und Italienischen verbreitet sind. Wenn es Belege im Latein für diese Wörter gibt (z. B. CAMISA 'Hemd'), dann handelt es sich eindeutig um Adstratwörter des Lateins. Manchmal rekonstruiert man aber auch ein gemeinsames vulgärlateinisches Etymon (mit Asterisk markiert: z. B. **camminus* 'Weg'). Daneben kann es natürlich auch vorkommen, dass gallische Substratwörter des Französischen zu einem späteren Zeitpunkt in die romanischen Nachbarsprachen entlehnt wurden.

Latein	Spanisch	Französisch	Italienisch
**camminus* 'Weg'	*camino*	*chemin*	*cammino*
CAMISA 'Hemd'	*camisa*	*chemise*	*camicia*
CARRUS 'Wagen'	*carro*	*char*	*carro*
CEREVISIA 'Bier'	*cerveza*	(afr. *cervoise*)	---

Tab. 5.2: Keltische Adstratwörter in den romanischen Sprachen.

Das Wort *cervoise* für 'Bier' (vgl. Tab. 5.2) kennen Sie bestimmt aus den Asterix-Comics. Es bezeichnet eine Art Weizenbier mit Honig. Die deutsche Nonne und Naturkundlerin Hildegard von Bingen (1098–1178) entdeckte im 12. Jahrhundert den Hopfen, der sich im 15. und 16. Jahrhundert immer mehr im Bier durchsetzte. Das heutige französische Wort fr. *bière* (genauso wie it. *birra*) stammt – genauso wie das Wort für Hopfen (fr. *houblon*) aus dem Germanischen (vgl. dt. *Bier*). Es wurde mit dem Hopfenbier aus der Nachbarsprache entlehnt.

Substrat des Französischen

Die Romanisierung und Latinisierung Galliens nach dem Gallischen Krieg (58–51/50 v. Chr.; s. o.) gestaltete sich wie folgt: 10–20 Mio. Gallier standen 0,5 Mio. Römern gegenüber. Da die Gallier aus religiösen Gründen (fast) nicht schrieben, setzte sich Latein schnell als Schriftsprache durch. In der Mündlichkeit war das Gebiet aber noch bis zum 6. Jahrhundert zweisprachig. Das Keltische hat v. a. Spuren im Lexikon hinterlassen.

Viele **Ortsnamen** stammen ganz oder teilweise aus dem Keltischen. Das berühmteste Beispiel ist sicher der Name der französischen Hauptstadt *Paris*: Er stammt von der Volksgruppe der *Parisii* ab – wie Sie aus den Asterix-Comics wissen, hieß die Stadt bei den Römern *Lutetia*. Daneben verstecken sich keltische Morpheme auch in vielen anderen Ortsnamen. So findet sich das Suffix *-acum* 'Besitz' etwa in *Auriliacum* ('Besitz des Aurel'), woraus im Okzitanischen *Aurillac* (in der Auvergne) und im Französischen – mit deutlich mehr Lautwandelprozessen – *Orly* (Flughafen neben Paris) geworden ist. Daneben findet sich das Suffix *-dunon* 'Festung' (das auch in den Wörtern *Oppidum* und dt. *Zaun* enthalten ist) z. B. in *Lugudunum* wieder, dem heutigen *Lyon*.

In der **neufranzösischen Gemeinsprache** lassen sich etwa **50 Wörter** auf das Keltische zurückführen. Diese gehören v. a. Sachbereichen wie der Pflanzen- und Tierwelt an (z. B. fr. *chêne* 'Eiche', *bruyère* 'Heidekraut', *mouton* 'Schaf') sowie der Haus- und Landwirtschaft (z. B. fr. *berceau* 'Kinderwiege', *brasser* 'brauen'). Keltische Substratwörter finden sich typischerweise in Wortschatzgebieten wieder, die die gallische Landkultur abbilden; dagegen prägte das Latein die römische Stadtkultur. Dies lässt sich sehr schön am Beispiel der Wörter für KÄSE demonstrieren: fr. *tome/tomme* stammt vermutlich aus dem Keltischen, fr. *fromage* aus lat. (CĀSEUM) FORMATI-

CUM 'geformter Käse'. Während *fromage* heute den Oberbegriff für alle Käsesorten darstellt, ist die Sorte *tome fraîche* die wichtigste Zutat des legendären *aligot* aus dem Aubrac im französischen Zentralmassiv: Kartoffelbrei mit *crème fraîche*, Knoblauch und Käse. Inwiefern das keltische Substrat auch Spuren in Aussprache und Grammatik hinterlassen hat, ist umstritten.

5.3.2 Germanen

Um 375 n. Chr. kamen die Hunnen aus Asien nach Europa. Dies stieß eine Reihe von z. T. kriegerischen Migrationsbewegungen an, die je nach Perspektive dt. *Völkerwanderung* bzw. fr. *invasions barbares* genannt werden. Bereits die Römer standen mit verschiedenen germanischen Völkern nördlich des Limes in Kultur- und Sprachkontakt. Im 5. Jahrhundert n. Chr. intensivierte sich der Kontakt auf dem Gebiet des heutigen Frankreichs mit den Franken im Norden, den Westgoten im Südwesten (um Toulouse), den Burgundern und Alemannen im Osten (vgl. Abb. 5.6). Die Franken gaben schließlich Frankreich seinen Namen. Bis zum 13. Jahrhundert sprach man noch vom *Royaume des Francs*, danach vom *Royaume de la France*.

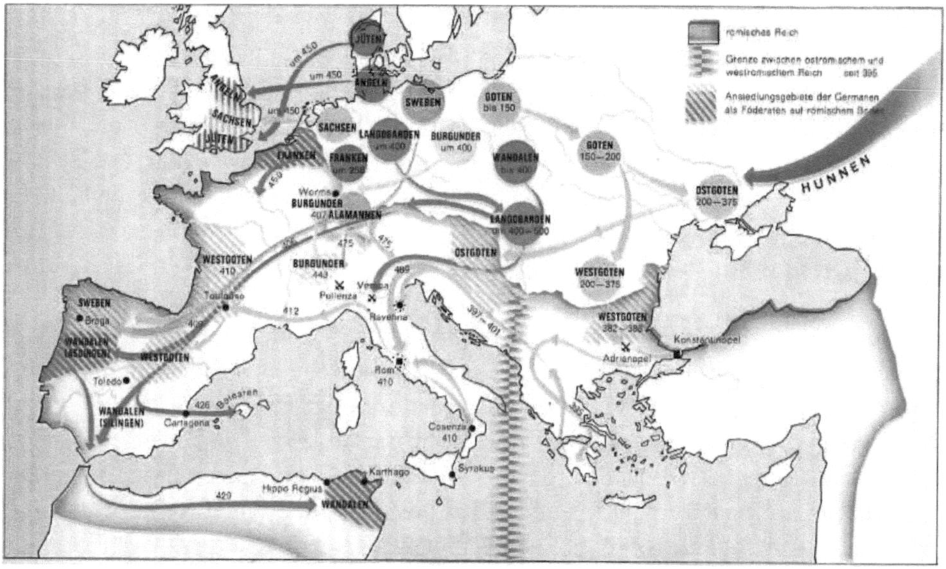

Abb. 5.6: Die Verbreitung der Germanen in Europa (4./5. Jahrhundert).

Germanisches Adstrat des Lateins

Eine Reihe von ursprünglich germanischen Wörtern finden sich in (fast) der gesamten Romania. Es handelt sich hierbei um Adstrateinflüsse auf das Latein. So ist beispielsweise das Wort für WEISS im Französischen *blanc*, im Spanischen *blanco* und im

Italienischen *bianco* (vgl. Abb. 5.7). Alle drei gehen auf das fränkische *blank* zurück – das das lateinische ALBUS abgelöst hat. Letzteres findet sich v. a. noch in der Randromania[2], d. h. in Rumänien und Portugal, wieder. Ein anderes Beispiel ist das germanische Wort *werra* für KRIEG (vgl. dt. *Kriegswirren*). Dieses hat in fast allen romanischen Sprachen klat. BELLUM abgelöst: z. B. fr. *guerre*, sp./it. *guerra*.

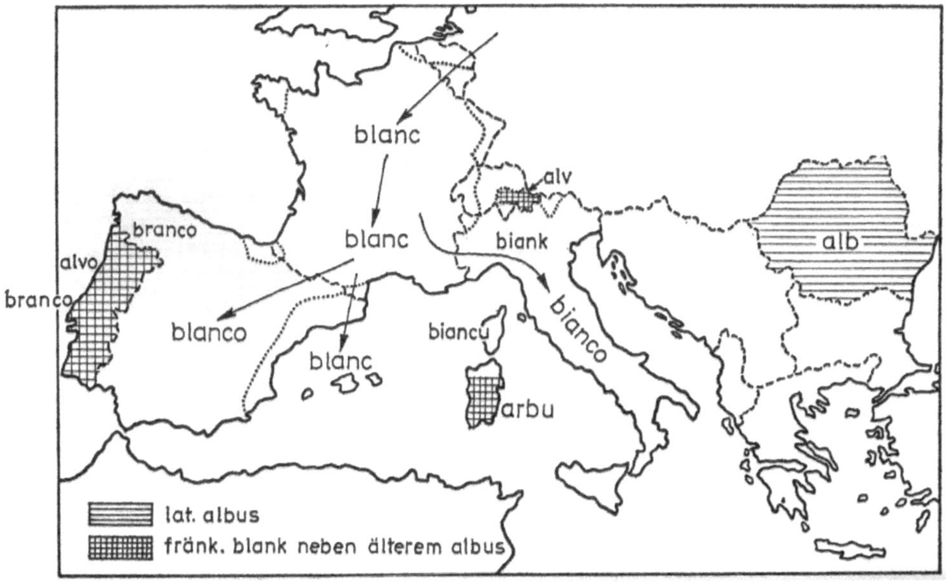

Abb. 5.7: Die Verbreitung von fränkisch *blank* in der Romania (Karte aus ROHLFS 1971: 288).

Fränkisches Superstrat des Französischen

Nach den Eroberungen im 5. Jahrhundert n. Chr. bildeten die Franken ca. 15–25 % der Bevölkerung in den besetzten Gebieten. Bis ins 9. Jahrhundert waren die Franken selbst sowie die gallische Führung zweisprachig. Dennoch spricht man heute in Frankreich keine germanische, sondern eine romanische Sprache. Die germanischen Sprachen dort sind ausgestorben, haben aber als Superstrate im Galloromanischen Spuren hinterlassen. Ca. **200–300 Wörter** der neufranzösischen Gemeinsprache stammen aus dem fränkischen Superstrat. Sie finden sich v. a. in den Sachbereichen Krieg und Kampf (z. B. fr. *éperon* 'Spore' < frk. **sporo*, fr. *heaume* 'Helm' < frk. **helm*), Staats- und Rechtswesen (z. B. fr. *ban* 'Bann' < frk. **ban*, fr. *baron* 'Baron' < frk. **baro*) und Emotionen (z. B. fr. *haïr* < frk. **hatjan* 'hassen', fr. *honte* < frk. **hauni*a* 'Hohn').

Mit dem germanischen Wortschatz ist auch ein **germanischer Laut** ins Galloromanische gelangt: das sogenannte ***h aspiré*** (z. B. in *la honte*). Heute ist es im Französischen

2 Der Begriff *Randromania* bezieht sich ausschließlich auf die Alte Romania in Europa.

stumm – genauso wie das *h muet* (z. B. in *l'homme*) – aber es verhält sich wie ein Konsonant, d. h. es verhindert Liaison und Elision: Es heißt *la honte* wie *la fonte* und nicht **l'honte* wie *l'homme*. Auch in der **Wortbildung** macht sich der Einfluss des Germanischen bemerkbar: Während es in Nordfrankreich relativ häufig den Ortsnamen *Francheville* gibt, bei dem das Adjektiv vor dem Substantiv steht (vgl. dt. *Freistadt* in Österreich), ist die Reihenfolge in Südfrankreich andersrum: *Villefranche* (vgl. sp./it. *Villafranca*).

À vous !
Suchen Sie im *Petit Robert* nach allen Wörtern des Französischen, die aus dem Gallischen und dem Fränkischen stammen! Verwenden Sie dafür die Funktion *Recherche avancée* >> *Étymologie*. Wie viele Wörter sind es jeweils? Erstellen Sie jeweils eine Liste der Wörter, die Sie schon vorher kannten!

5.4 'Geburt' des Französischen

Nachdem wir gesehen haben, wie das Latein auf das Gebiet des heutigen Frankreichs gekommen ist und sich im Sprachkontakt mit gallischem Substrat und germanischem Superstrat zum Galloromanischen weiterentwickelt hat, stellt sich nun die Frage: Ab wann existierte das Französische? Da sich die Sprachsysteme in den Köpfen der einzelnen Sprecher*innen ständig wandeln und selbst keine Lebewesen sind, die geboren werden und sterben, lässt sich diese Frage eigentlich gar nicht beantworten. Man kann lediglich im kollektiven Sprachbewusstsein einen Bruch feststellen: Bis zu einer gewissen Zeit dachten die Menschen auf dem Gebiet des heutigen Frankreichs noch, sie sprächen Latein, und irgendwann dann nicht mehr. Was war passiert?

5.4.1 Konzil von Tours (813 n. Chr.)

Über Jahrhunderte hatte sich das gesprochene Latein immer mehr vom klassischen Latein entfernt. Es lag eine Diglossie-Situation vor (vgl. Kapitel 4.2). Dies führte dazu, dass auch das Schriftlatein immer mehr von der gesprochenen Sprache beeinflusst wurde. Während der **Karolingischen Renaissance** (benannt nach Karl dem Großen, 747–814) entdeckte man das klassische Latein der Antike wieder und 'reinigte' das Schriftlatein von mündlichen Einflüssen. Dies hatte die Konsequenz, dass das Volk die Predigten nicht mehr verstand. Daher wurde im Konzil von Tours (813) beschlossen, Predigten „in rusticam romanam linguam", also in den gesprochenen romanischen Volkssprachen, abzuhalten. Diese beiden sprachpolitischen Entscheidungen führten dazu, dass der Unterschied zwischen Latein und **Romanisch** so deutlich wurde, dass man von nun an von unterschiedlichen Sprachen sprechen kann. Die Nationalsprachen

Französisch, Spanisch, Italienisch etc. gab es aber noch nicht – denn auch die heutigen Nationen existierten noch nicht.

5.4.2 Straßburger Eide (842 n. Chr.)

Der Text, der als **erstes Sprachdenkmal** des Französischen gilt, sind die Straßburger Eide: „Pro Deo amur et pro christian poblo et nostro commun saluament…" Es handelt sich dabei um das Protokoll eines mündlich abgegebenen Schwurs Ludwigs des Deutschen vor dem Heer seines Bruders Karl des Kahlen im Jahr 842. Dieser Text ist aus zwei Gründen auf Französisch: Der Schwur fand auf Französisch – und nicht auf Latein – statt, damit die Soldaten ihn auch verstanden; nur so war er gültig. Und er wurde auf Französisch aufgeschrieben, da das Protokoll die direkte Rede zitieren sollte – der Rest war auf Latein geschrieben. Der historische Kontext war der folgende: Die drei Enkel Karls des Großen befanden sich im Erbfolgestreit. Dabei verbündeten sich Karl der Kahle und Ludwig der Deutsche gegen ihren Bruder Lothar. Aufgezeichnet wurden die Eide von Nithard, einem Cousin der verfeindeten Brüder. Das Original ist verschollen; uns liegt nur eine um die Jahrtausendwende gefertigte Abschrift vor.

Was unterscheidet die Sprache dieser Eidformel so deutlich vom Latein, dass man von einer anderen Sprache sprechen kann? Wir finden hier statt der 6-Kasus-Deklination eine 2-Kasus-Deklination (z. B. *Karlus* – *Karlo*), die neuen Futurformen vom Typ *saluarai* (< *salvare habeo* statt klat. SAVABO; vgl. Kapitel 3.3.3) und auch neuen Wortschatz (z. B. *dreit* < *directum* statt IUS). Da man es zu der Zeit nur gewohnt war, auf Latein zu schreiben, ist es kaum verwunderlich, dass sich die Graphie und auch die Rechtssprache insgesamt noch sehr am Latein orientierten. Man muss davon ausgehen, dass sich die Alltagssprache der Menschen zu diesem Zeitpunkt schon deutlich weiter vom Latein wegentwickelt hatte.

5.4.3 Koineisierung in Paris

Im Mittelalter sprach man auf dem Gebiet des heutigen Frankreichs also nicht mehr Latein, sondern Romanisch. Doch ab wann kann man vom *Französischen* sprechen? Das Französische ist in Paris entstanden. Es stammt jedoch nicht direkt vom Vulgärlatein ab – wie das Normannische, das Pikardische und alle anderen *oïl*-Dialekte (vgl. Kapitel 3.4.2). Es hat sich vielmehr aus der Mischung dieser Dialekte ergeben. Dies nennt man *Koineisierung*.

Grund dafür war die zentrale Stellung der Île-de-France. Aufgrund ihrer verkehrstechnisch günstigen Lage entstanden in und um Paris viele Märkte, die Könige hatten hier ihren Sitz, und mit der Sorbonne entstand 1200 eine der ersten Universitäten Europas (vgl. Kapitel 2.2.1). In diesem *melting pot* kamen Menschen aus unterschiedlichen Regionen mit unterschiedlichen Idiomen zusammen. Dabei bildete sich eine vereinfachte Kontaktvarietät (*Koinê*) heraus, die für alle am besten verständlich war und die die Philologen des 19. Jahrhunderts im Nachhinein als ***Franzisch/francien*** bezeichneten (LODGE 2004). Die ersten Texte in franzischer Scripta (d. h. Schreibtradition) stammen aus dem 13. Jahrhundert – damit sind sie deutlich jünger als die ersten Überlieferungen in den übrigen Skriptae.

5.5 Verbreitung des Französischen in Frankreich und in der Welt

Als das Französische im 13. Jahrhundert in Paris entstand, gab es Frankreich so wie wir es heute kennen noch gar nicht. Die französischen Könige hatten ihren Sitz in Paris und dehnten ihr Reich Stück für Stück aus. Der Roussillon kam erst 1659 dazu, das Elsass 1675 bis 1789 und Korsika 1768. Entsprechend dauerte es auch viele Jahrhunderte, bis sich das Französische auf dem Gebiet des heutigen Frankreichs und in der Frankophonie verbreitete.

5.5.1 *Ordonnance de Villers-Cotterêts* (1539)

Zunächst wurde das Französische als Rechts- und Verwaltungssprache durchgesetzt. Hierfür war die *Ordonnance de Villers-Cotterêts* (1539) entscheidend:

> Et pour ce que telles choses sont souvent advenues sur l'intelligence des mots latins contenus esdits arrests, **nous voulons d'oresnavant que tous arrests**, ensemble toutes autres procédures, soient de nos cours souveraines et autres subalternes et inférieures, soient de registres, enquestes, contrats, commissions, sentences, testaments, et autres quelconques, actes et exploicts de justice, ou qui en dépendent, **soient prononcés, enregistrés et délivrés aux parties en langage maternel françois et non autrement**. (Ordonnance du 25 août 1539 sur le fait de la justice, Hervorhebung E.P.)[3]

In Nordfrankreich stellte dies eine Emanzipation vom Latein dar. In Südfrankreich dagegen hatte man sich schon lange vom Latein emanzipiert und auf Okzitanisch geschrieben. Hier führte das Edikt dazu, dass mit dem Französischen nun in einer Fremdsprache geschrieben wurde.

5.5.2 Französische Revolution

Im Alltag sprachen die Menschen aber noch lange kein Französisch. Dies zeigt die Umfrage des Abbé Grégoire zur Zeit der Französischen Revolution. Da die Revolutionäre eine gemeinsame Sprache für die gemeinsame Nation für notwendig ansahen, um damit die Ideen der Revolution zu kommunizieren, gaben sie bei Grégoire einen Bericht in Auftrag: den *Rapport sur la nécessité et les moyens d'anéantir les patois et d'universaliser l'usage de la langue française* (1794). Nach einer schriftlichen Umfrage kam Grégoire vor der Nationalversammlung zu folgendem Schluss:

---

3 www.legifrance.gouv.fr/loda/article_lc/LEGIARTI000006452019/.

> On peut assurer sans exagération qu'au moins six millions de Français, surtout dans les campagnes, ignorent la langue nationale ; qu'un nombre égal est à peu près incapable de soutenir une conversation suivie ; qu'en dernier résultat, le nombre de ceux qui la parlent n'excède pas trois millions, et probablement le nombre de ceux qui l'écrivent correctement encore moindre. Ainsi, avec trente patois différents, nous sommes encore, pour le langage, à la tour de Babel, tandis que, pour la liberté, nous formons l'avant-garde des nations. (Rede des Abbé Grégoire vor dem Parlament vom 4. Juni 1794)[4]

Von ca. 15 Millionen Einwohnern sprachen damals also nur drei Millionen – d. h. 20 % – fließend Französisch.

À vous !
Suchen Sie den Volltext des *Rapport* des Abbé Grégoire im Internet! Welche 30 *patois* listet er dort auf? Ordnen Sie diese nach Dialekten und Sprachen und notieren Sie die (zum Teil sehr abwertenden) Adjektive, mit denen er sie charakterisiert!

5.5.3 Urbanisierung, Militärdienst, Schulpflicht

Erst Ende des 19. Jahrhunderts verbreitete sich das Französische mehr und mehr in ganz Frankreich. Folgende zwei Faktoren waren dafür entscheidend: Migration und Bildung. Erstens führte die Industrialisierung zur Landflucht und damit zur Mischung der Bevölkerung in den Städten (z. B. die Auvergnats und Bretonen in Paris); dazu kamen durch den Militärdienst Männer aus dem ganzen Land miteinander in Kontakt. Zweitens brachte die allgemeine Schulpflicht (« instruction obligatoire laïque et gratuite », *loi Jules Ferry* von 1882) mit sich, dass breite Bevölkerungsschichten (v. a. schriftliches) Normfranzösisch lernten. Nach dem Zweiten Weltkrieg hörten Eltern auf, die Regionalsprachen an ihre Kinder weiterzugeben (vgl. Abb. 5.8).

4 https://www2.assemblee-nationale.fr/decouvrir-l-assemblee/histoire/grands-discours-parlementaires/l-abbe-gregoire-4-juin-1794.

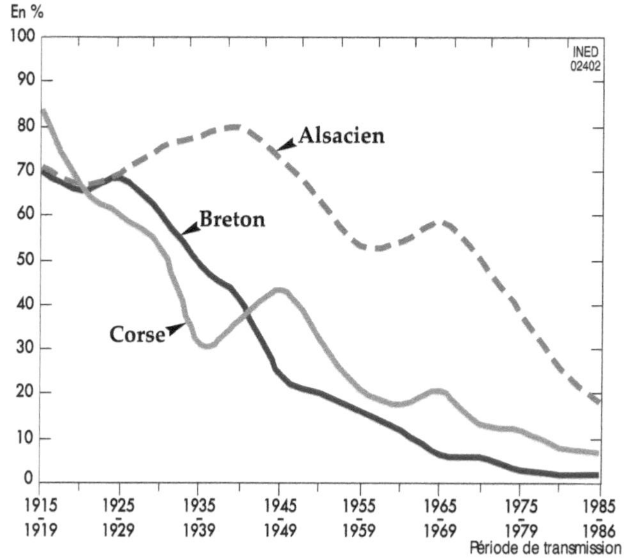

Abb. 5.8: Transmissionsrate der Regionalsprachen.[5]

À vous !

Recherchieren Sie im Internet, wie viele Sprecher*innen des Okzitanischen es heute gibt. Wo finden Sie die höchste, wo die niedrigste Zahl? Welche Hinweise geben Ihre Quellen darauf, warum die Schätzungen so divergieren?

5.5.4 Kolonisierung und Dekolonisierung

Parallel zu Frankreich hat sich das Französische in Europa und in der Welt verbreitet. Ab dem 13. Jahrhundert dehnte sich das Gebiet des Pariser Schriftfranzösisch nicht nur um Paris herum aus, sondern auch nach Belgien und in die Schweiz. In Belgien gelangte es auf das Territorium von *oïl*-Dialekten, in der Schweiz auf das des Frankoprovenzalischen (vgl. Kapitel 1.2.1). Im Kontakt mit diesen Substraten haben sich dort dann ab dem 18. Jahrhundert gesprochene regionalfranzösische Varietäten und eigene Standards herausgebildet. Bereits im 17. Jahrhundert gelangte das gesprochene Französisch im Zuge der Kolonisierung nach Kanada, dann in die Karibik und in den Indischen Ozean, im 19. Jahrhundert in den Maghreb und in die Subsahara. Beim belgischen und Schweizer Französisch handelt es sich also – wie beim Südfranzösischen – um relativ spät ausgebildete tertiäre Dialekte, d. h. Schriftfranzösisch mit Substrateinfluss (vgl. Kapitel 3.4.2). Dagegen ist das *québécois* ein deutlich älterer sekundärer Dialekt,

5 www.ined.fr/fichier/t_publication/65/publi_pdf1_pop_et_soc_francais_376.pdf.

d. h. eine Migrationsvarietät. Aus diesem Grund ist es kaum verwunderlich, dass das *québécois* auf viele Französinnen und Franzosen archaisch wirkt. Die besonders großen Unterschiede zum heutigen Pariser Französisch erklären sicher auch mit, warum die Emanzipationsbewegungen besonders stark sind und in Québec der eigene Standard am intensivsten ausgebildet ist (vgl. Kapitel 10.1.2 und 10.3.2).

Lesetipps

Lodge, Anthony (2004): *A Sociolinguistic History of Parisian French*, Cambridge: CUP.

Noll, Volker / Kiesler, Reinhardt [2005] (2018): *Einführung in die Problematik des Vulgärlateins*, Berlin/Boston: De Gruyter.

Pichoche, Jacqueline / Marchello-Nizia, Christiane [1994] (2003): *Histoire de la langue française*, Paris: Nathan.

Huchon, Mireille (2002): *Histoire de la langue française*, Paris: Librairie Générale Française.

6 Phonetik und Phonologie

Zum einen Ohr rein und zum anderen wieder heraus – Aussprache ist flüchtig und daher schwer zu fassen. Zwar kann man gesprochene Sprache seit 1877 aufnehmen und immer wieder abspielen (vgl. Kapitel 2.2.3); möchte man aber die Aussprache genauer analysieren, ist es nützlich, sie auch vor Augen zu haben. Das einfachste Hilfsmittel, das Sie wahrscheinlich schon aus der Schule kennen, ist die **Lautschrift**: das 1886 erfundene *Internationale Phonetische Alphabet* IPA.

À vous !

Entziffern Sie die folgenden Sätze auf Deutsch und Französisch in Lautschrift:
[fʁanˈtsøːzɪʃ | isdiːˈʃøːnstə | ˈʃpʁaːxə | deːɐˈvɛlt]
[ləfʁɑ̃ˈsɛ | ɛlaplybɛlˈlɑ̃g | dyˈmɔ̃d]

Können Sie diese ‘Geheimschrift’ entziffern? Ganz geheim ist das IPA sicher nicht, denn es basiert im Wesentlichen auf unserem Alphabet. Vielleicht haben Sie die Nasalvokale an der Tilde erkannt und sich hergeleitet, wofür das [ʃ] steht. Vielleicht haben Sie sich auch über das umgedrehte [ʁ] gewundert (in beiden Sprachen) und gar nicht bemerkt, dass man [g] anders schreibt als den Buchstaben <g>. In Kapitel 6.1.2 erhalten Sie einen Überblick über alle Symbole, die Sie zum Lernen, Lehren und Erforschen der französischen Aussprache brauchen. Dem geht eine kurze Einführung in die Phonetik voraus und danach vertiefen wir die wichtigsten Phänomene der französischen Phonologie.

Sie haben sich nicht verlesen. Gleich zwei wissenschaftliche Disziplinen beschäftigen sich mit den lautlichen Aspekten der sprachlichen Kommunikation: Phonetik und Phonologie. Diese Unterscheidung geht auf den Strukturalisten Nikolai Trubetzkoy (1890–1938) zurück: Ihm zufolge erforscht die **Phonetik** mit naturwissenschaftlichen Methoden die *parole*, während die **Phonologie** mit geistes- und sozialwissenschaftlichen Methoden die *langue* untersucht (vgl. Trubetzkoy [1939] [7]1989). Heute lassen sich die Disziplinen nicht immer so klar voneinander trennen. Institutionell ist die Phonologie zwar Teil der Sprachwissenschaft geblieben, während sich die Phonetik autonomisiert hat. Für die Dialektologie, Soziolinguistik, Spracherwerbsforschung und Aussprachedidaktik braucht man aber Phonetik, und auch die Phonologie bedient sich zunehmend phonetischer Methoden, u. a. in der Laborphonologie und in der Korpusphonologie.

6.1 Phonetik

Die Phonetik ist heute eine eigene wissenschaftliche Disziplin. Sie ist an vielen Universitäten an eigenen Instituten angesiedelt, verfügt über eigene Fachzeitschriften und kann als eigener Studiengang studiert werden. In der aktuellen Forschung bedient sie sich insbesondere der Methoden der Informatik und Biologie. Sie widmet sich – häufig in Industriekooperationen – u. a. der maschinellen Sprachverarbeitung und -synthese (z. B. für Navigationsgeräte im Auto); mit kostspieligen Geräten untersucht sie in schallisolierten Labors Details der Artikulation und Perzeption. Für eine umfassende Einführung in diese Disziplin sei auf die Einführungsbücher von Pompino-Marschall [3]2009 und Kleber 2022 verwiesen. Hier beschränken wir uns auf jene Aspekte, die für das Französischstudium unmittelbar relevant sind: ein Kurzüberblick über die Artikulation, Akustik und Perzeption (Kapitel 6.1.1) und das *Internationale Phonetische Alphabet* IPA (Kapitel 6.1.2).

6.1.1 Artikulation, Akustik und Perzeption

Artikulation

Um zu verstehen, wie unbekannte Laute in einer Fremdsprache gebildet werden, ist es sinnvoll, sich die Artikulation bewusst zu machen: In *un bon vin blanc* [ɛ̃bɔ̃vɛ̃blɑ̃] spricht man bekanntermaßen die Vokale 'durch die Nase' aus (gleichzeitig übrigens auch durch den Mund), bei der Liaison in *très* [z]*intéressant* muss der Konsonant [z] 'summen'. Was ist der Unterschied zwischen diesen beiden großen Lautgruppen – Vokalen und Konsonanten? Die artikulatorische Antwort lautet: Während sich bei den **Vokalen** nur der Mund verformt (weit auf bei [a], gerundete Lippen bei [u]), passiert die Luft bei den **Konsonanten** ein Hindernis.

Die **Konsonanten** werden im *Internationalen Phonetischen Alphabet* (IPA) mit Hilfe von drei Parametern klassifiziert:

- **Artikulationsart**: z. B. *Plosiv*, *Frikativ*,
- **Artikulationsort**: z. B. *bilabial*, *palatal*,
- **Stimmbeteiligung**: *stimmhaft* vs. *stimmlos*.

So steht etwa das IPA-Symbol [p] für den stimmlosen bilabialen Plosiv. Tabelle 6.1 gibt einen Überblick über die **Artikulationsarten**, die für das Französische relevant sind:

Artikulationsart	Beschreibung	IPA-Symbole
Plosiv	totaler oraler und nasaler Verschluss und Explosion	[p], [b], [t], [d], [k], [ɡ]
Nasal	totaler oraler Verschluss bei gleichzeitiger Luftentweichung über die Nase	[m], [n], ([ɲ]), [ŋ]
Frikativ	zentrale geräuschverursachende Enge	[f], [v], [s], [z], [ʃ], [ʒ], [ʁ]
Approximant	zentrale nicht-geräuschverursachende Enge	[j], [w], [ɥ]
Lateral (-approximant)	zentraler Verschluss bei seitlicher nicht-geräuschverursachender Enge	[l]

Tab. 6.1: Artikulationsart der französischen Konsonanten (Pustka [2011] ²2016: 51).

Die meisten Laute kennen Sie aus dem Deutschen und/oder Englischen. Erklärungsbedürftig ist allerdings das IPA-Symbol [ɲ] für den palatalen Nasal, der mit einer Art Schmatzgeräusch am harten Gaumen (s. u.) gebildet wird. Man findet ihn zum Beispiel in fr. *agneau*. Allerdings sprechen nicht alle *native speaker* des Französischen *agneau* mit [ɲ] als [aɲo] aus. Man kann auch [anjo] sagen. Insofern sollte dieser Laut Lerner*innen kein Kopfzerbrechen bereiten. Den Laut [ŋ] kennen Sie aus dem Englischen (z. B. in *doing* [ˈduːɪŋ]) und aus französischen (Pseudo-)Anglizismen wie *footing* [futiŋ], wo man ihn ebenfalls <ng> schreibt. [ʃ] entspricht dem deutschen <sch> und dem französischen <ch>, z. B. in dt. *schön* [ʃøːn] und fr. *chat* [ʃa]. [ʒ] kennen Sie wahrscheinlich aus französischen Fremdwörtern im Deutschen wie *Garage* [ɡaˈʁaːʒə] (das man aber auch oft mit eingedeutschtem finalen [ʃ] hört). [w] ist Ihnen aus dem Englischen gut bekannt (es findet sich z. B. in *what* [wɒt]/[wʌt]) und dürfte auch im Französischen keine Probleme bereiten (z. B. in *oui* [wi]). Ziemlich ‘exotisch’ ist dagegen das [ɥ] wie in *huit* [ɥit], *lui* [lɥi] oder *puis* [pɥi]. Wenn Sie lernen oder jemandem beibringen wollen, ein [w] von einem [ɥ] zu unterscheiden, gehen Sie wie folgt vor: Sprechen Sie zunächst ein [u] bzw. ein [y] aus ([u] entspricht dt. <u> und fr. <ou>, [y] dt. <ü> und fr. <u>). Wiederholen Sie es und verkürzen Sie es dabei immer mehr: Aus *luuu-i* [luː.i] und *lüüü-i* [lyː.i] (in zwei Silben) wird dann irgendwann ein schönes französisches *Louis* [lwi] und *lui* [lɥi].

À vous !
Kontrastieren Sie *oui* und *huit*, *Louis* und *lui*! Hören und spüren Sie den Unterschied?

Um zu verstehen, wie sich [ɲ] von [n] oder [w] von [ɥ] ganz genau unterscheidet, muss man sich die **Artikulationsorte** näher ansehen (vgl. Abb. 6.1).

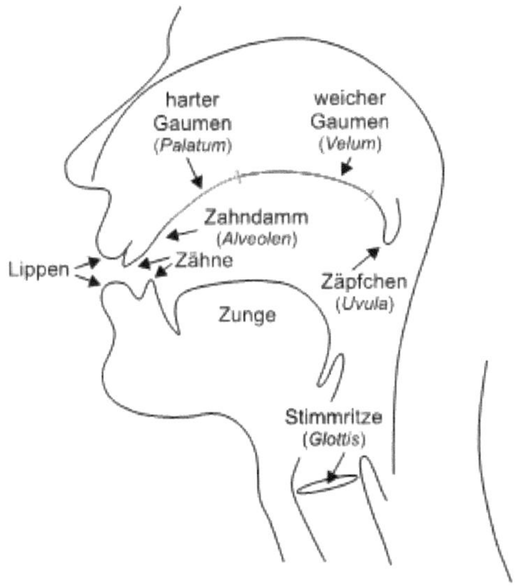

Abb. 6.1: Schematischer Querschnitt des Kopfes mit Artikulationsorten (aus: PUSTKA [2]2016: 48).

Tabelle 6.2 gibt einen Überblick über die Artikulationsorte der französischen Konsonanten. Wir sehen hier, dass das wichtigste Artikulationsorgan die Zunge ist – kein Wunder, dass sie in vielen Sprachen der Welt der Sprache ihren Namen gibt (z. B. fr. *langue*)! Für ein [t] bewegt sie sich nach vorn, für ein [g] nach hinten. Während bei den Konsonanten noch Lippen, Zähne, Gaumen etc. hinzukommen, bildet die Zunge die Vokale (fast) ganz allein – dazu später mehr.

Artikulationsort	Artikulationsorgan	Artikulationsstelle	IPA-Symbol
bilabial	Lippe	Oberlippe	[p], [b], [m]
labio-dental		obere Schneidezähne	[f], [v]
alveolar	Zunge	Zahndamm	[t], [d], [s], [z], [n], [l]
postalveolar		hinter dem Zahndamm	[ʃ], [ʒ]
palatal		harter Gaumen	[ɲ], [j]
velar		weicher Gaumen	[k], [g], [ŋ]
uvular		Zäpfchen	[ʁ]
glottal	Stimmritze		--- (dt. [h])

Tab. 6.2: Artikulationsorte der französischen Konsonanten (PUSTKA [2]2016: 49).

In der Tabelle fehlen die beiden Approximanten [w] und [ɥ], denn diese zeichnen sich durch eine doppelte Artikulation aus: [w] ist *labio-velar*, [ɥ] *labio-palatal*. Das bedeutet, dass [ɥ] weiter vorne ausgesprochen wird – an derselben Stelle wie [j], [i] und [y] (*palatal*) – und [w] weiter hinten – an der Stelle von [ŋ] und [u] (*velar*). Gleichzeitig zeichnen sich beide durch gerundete Lippen aus (daher *labial*) – wie [y] und [u]. Während die Lippenrundung bei den Vokalen ein ganz normaler Parameter ist (s. u.), stellt sie bei den Konsonanten etwas Besonderes dar. Daher stehen [w] und [ɥ] im IPA-Chart (vgl. Kapitel 6.1.2) auch nicht in der normalen Konsonantentabelle, sondern unter „Other symbols".

Haben Sie schon eine erste Ahnung, was der Unterschied zwischen [ʃ] und [ʒ] ist, also einem französisch ausgesprochenen *garage* [gaʁaʒ] und einem [gaʁaʃ] mit deutschem Akzent? Berühren Sie mit den Fingern Ihren Kehlkopf! Sprechen Sie erst [ʃ], dann [ʒ] aus. Spüren Sie den Unterschied? Bei [ʒ] fühlen Sie die Vibration der Stimmlippen. Der Laut ist nämlich stimmhaft. Denselben Unterschied kann man beim Zischen von [s] (wie eine Schlange) und Summen von [z] (wie eine Biene) feststellen – eine klassische Übung in vielen Französischbüchern. Die Stimmlippenschwingung kann man nicht nur ertasten, sondern auch sehen. Dazu braucht man kleine Kameras, die durch die Nase eingeführt werden. Damit lässt sich filmen, wie sich die Stimmlippen anspannen und wie die Luft aus den Lungen sie zum Vibrieren bringt und damit den Stimmton erzeugt – fast wie bei den Saiten einer Geige.

Links
Video „Wie sieht die Stimme aus?" (01.06.2016)
https://www.daserste.de/unterhaltung/quiz-show/hirschhausens-quiz-des-mensc hen/videos/wie-sieht-die-stimme-aus-100.html Animation (2:25)
HNO 010 Stimmbänder (19.04.2011): http://www.youtube.com/watch?v=bU1Bbqb jm14 (0:39)

Diesen Unterschied zwischen **stimmlosen** und **stimmhaften** Lauten gibt es übrigens nur bei den Plosiven und Frikativen. Die Nasale, Approximanten und Liquide (d. h. /l/- und /r/-Laute) sind üblicherweise stimmhaft – genauso wie die Vokale. Eine Übersicht über die **Stimmbeteiligung** der französischen Konsonanten liefert Tab. 6.3:

Stimm-beteiligung	Beschreibung	IPA-Symbole
stimmlos	keine Vibration der Stimmlippen	[p], [t], [k], [f], [s], [ʃ]
stimmhaft	Vibration der Stimm-lippen	[b], [d], [g], [v], [z], [ʒ], [ʁ], [m], [n], [ɲ], [ŋ], [j], [w], [ɥ], [l]

Tab. 6.3: Stimmbeteiligung der französischen Konsonanten (Pustka [2]2016: 51).

À vous !

Welches IPA-Symbol haben die folgenden Laute?

a) stimmhafter alveolarer Plosiv

b) bilabialer Nasal

c) stimmloser postalveolarer Frikativ

d) stimmhafter uvularer Frikativ

e) labio-velarer Approximant

Während für die Klassifikation der französischen Konsonanten also drei Parameter ausreichen, braucht man für die der französischen **Vokale** vier: Zungenhöhe, Zungenlage, Lippenrundung und Stellung des sogenannten 'Gaumensegels', d. h. des weichen Gaumens (vgl. Abb. 6.2).

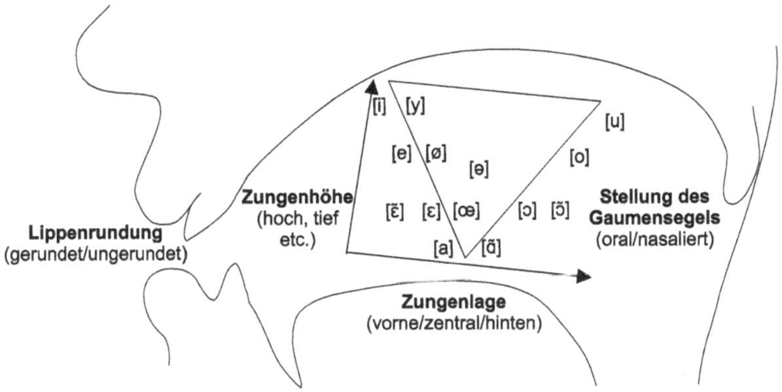

Abb. 6.2: Schematischer Querschnitt des Kopfes mit Parametern der Vokalartikulation (PUSTKA ²2016: 52).

Die französischen Vokale können mit Hilfe dieser vier Parameter wie in Tabelle 6.4 dargestellt klassifiziert werden. Ein [ɛ̃] ist beispielsweise ein halb-offener vorderer ungerundeter nasaler Vokal.

Parameter	Ausprägung	IPA-Symbol
Zungenhöhe/ Kieferöffnung	hoch/geschlossen	[i], [y], [u]
	halb-geschlossen	[e], [ø], [o]
	mittel	[ə]
	halb-offen	[ɛ], [ɛ̃], [œ], [ɔ], [ɔ̃]
	tief/offen	[a], [ɑ̃]

Zungenlage	vorne	[i], [e], [ɛ], [a], [y], [ø], [œ], [ɛ̃]
	zentral	[ə]
	hinten	[u], [o], [ɔ], [ɔ̃], [ɑ̃]
Lippenrundung	ungerundet	[i], [e], [ɛ], [ɛ̃], [a], [ɑ̃]
	gerundet	[y], [ø], [œ], [u], [o], [ɔ], [ɔ̃]
	neutral	[ə]
Stellung des Gaumensegels	oral	[i], [e], [ɛ], [a], [y], [ø], [œ], [u], [o], [ɔ], [ə]
	nasal	[ɛ̃], [ɔ̃], [ɑ̃]

Tab. 6.4: Klassifikationsparameter der französischen Vokale (PUSTKA [2]2016: 54).

À vous !

Beschreiben Sie die folgenden Laute artikulatorisch:

a) [ŋ]
b) [s]
c) [ɥ]
c) [ɔ̃]

Dieses Kapitel zur artikulatorischen Phonetik zeigt: Die Artikulatorik ist das Gebiet der Phonetik, das bis heute für den Fremdsprachenunterricht am wichtigsten ist. Für die sprachwissenschaftliche Analyse der Aussprache steht mittlerweile aber die akustische Phonetik im Mittelpunkt.

Akustik

Die Akustik liefert heute häufig die Basis für (korpus-)phonologische, dialektologische, sozio- und psycholinguistische Analysen. Da man mit kostenlos downloadbaren Programmen wie **PRAAT**[1] heutzutage an jedem Computer Laute sichtbar machen kann, arbeiten Phonetiker*innen und Sprachwissenschaftler*innen heute kaum mehr rein ohrenphonetisch (d. h. nur durch Hören), sondern meist mit visueller Unterstützung – man könnte 'augenphonetisch' sagen. Daneben lassen sich mit Skripten in PRAAT auch größere Datenmengen akustisch ausmessen. Dazu ist aber eine Menge Vorarbeit nötig, und auch die Ergebnisse müssen manuell überprüft werden, da sie relativ fehleranfällig sind. In der Sprachwissenschaft führt man solche Analysen insbesondere in der Dialektologie, der Soziolinguistik und in der Spracherwerbsforschung durch, da es hier auf feine Unterschiede ankommt.

1 www.fon.hum.uva.nl/praat/.

Besonders beliebte Visualisierungen der Aussprache sind sogenannte **Sonagramme** (vgl. Abb. 6.3). Auf der x-Achse ist hier die Zeit, auf der y-Achse die Frequenz abgebildet; der Schwärzungsgrad zeigt an, wie intensiv eine bestimmte Frequenz zu einem bestimmten Zeitpunkt ist. Bei einem Zischen wie [s] sind die hohen Frequenzen dominant (vgl. Abb. 6.3a), bei einem Vokal wie [a] die unteren Frequenzen. Besonders interessant ist der Fall der Plosive. Sehen Sie sich das Sonagramm für den Laut [p] in Abb. 6.3b an: Wie erklären Sie sich, dass zunächst eine lange Lücke zu sehen ist? Um selbst auf die Lösung zu kommen, sprechen Sie am besten selbst ein [p] aus, idealerweise in einem Vokalkontext, z. B. *IPA* [ipa]. Haben Sie eine Idee? Wenn nicht, dann beobachten Sie sich dabei vor dem Spiegel! Sehen Sie die Lücke? In dem Moment, in dem Sie den Mund schließen, kommt keine Luft heraus. In diesem Moment kann auch kein Mikrophon etwas aufnehmen. Deshalb ist hier das Sonagramm weiß.

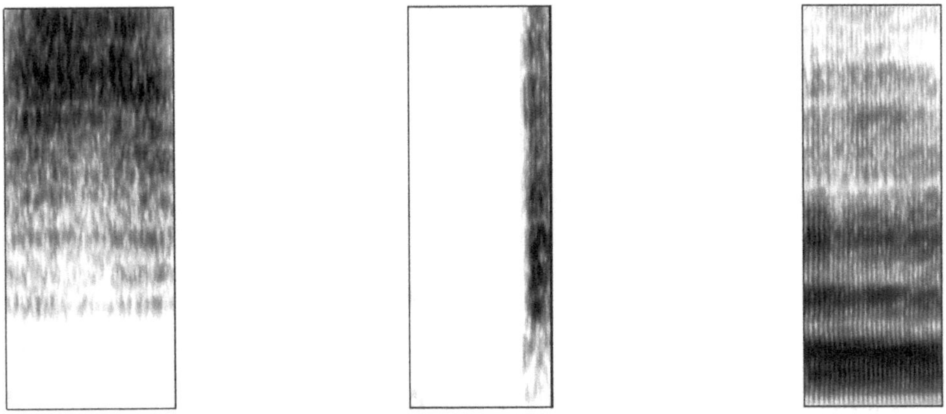

(a) Frikativ [s] (b) Plosiv [p] (c) Vokal [a]

Abb. 6.3: Sonagramme ausgewählter Lautklassen (Pustka [2]2016: 58).

Sehen wir uns nun die Vokale genauer an. In Abb. 6.3c sieht man drei dunklere horizontale Balken. Das sind die so genannten **Formanten**. Bei den unterschiedlichen Vokalen befinden sich diese Formanten auf unterschiedlicher Höhe: Bei [i] liegen der 1. und der 2. Formant (F1 und F2) weit auseinander, bei [u] dagegen relativ eng beieinander. Das erklärt sich damit, dass die Lage der Formanten die Zungenhöhe (F1) und Zungenlage (F2) widerspiegelt. Hohe Vokale wie [i] und [u] haben einen niedrigen F1, tiefe Vokale wie [a] einen hohen F1; vordere Vokale wie [i] haben einen hohen F2, hintere wie [u] einen niedrigen. Tab. 6.5 gibt einen Überblick über die durchschnittlichen Formantenwerte der französischen Oralvokale.

	[i]	[e]	[ɛ]	[a]	[ɔ]	[o]	[u]
F1	250	375	550	750	550	375	250
F2	2500	2200	1800	1700	950	750	750

Tab. 6.5: Formantenwerte der französischen Oralvokale einer Männerstimme in Hertz (Delattre 1965: 49).

Diese Werte visualisiert man üblicherweise auf einem Diagramm, auf dessen y-Achse F1 und auf dessen x-Achse F2 aufgetragen wird; der Nullpunkt ist ausnahmsweise rechts oben angesiedelt (vgl. Abb. 6.4). Bei dieser Darstellung ergibt sich ein ganz ähnliches Dreieck wie bei der Zungenposition (vgl. Abb. 6.2). **Forschungsökonomisch** besteht aber ein wichtiger Unterschied zwischen der artikulatorischen und der akustischen Vorangehensweise: Die Vermessung der Zungenposition ist sehr aufwändig (man muss dazu eine Art lockere Zahnspange für jede*n Sprecher*in herstellen lassen, in die Elektroden eingearbeitet sind, die die Berührungspunkte dokumentieren); dagegen kann man akustische Messungen mit PRAAT durchführen. Exemplarisch können Sie selbst einmal einzelne Vokale einsprechen und mit bloßem Auge die Formantenwerte abmessen! Wenn Sie statistisch signifikante Ergebnisse über eine große Menge Vokale einer repräsentativen Auswahl von Sprecher*innen erhalten möchten, helfen Ihnen Skripten zur automatischen Extraktion der Formantenwerte weiter. Wenn man Sprecher*innen mit unterschiedlichen Stimmhöhen vergleichen möchte (z. B. Frauen und Männer, Kinder und Erwachsene), dann muss man die Werte allerdings noch normalisieren, d. h. man muss diese systematischen Stimmhöhenunterschiede ausgleichen. Abb. 6.4 stellt ein solches mit dem Statistikprogramm *R* erstelltes Diagramm dar (vgl. McCloy 2016). Es bildet die Streuung der einzelnen Vokale um ihre F1/F2-Mittelwerte ab. Die Daten basieren auf sechs Wörtern pro Vokal, die eine 17-jährige Pariserin ausspricht. Wir sehen hier u. a., dass ihre Schwas (/ə/) fast genauso wie /ø/ klingen.

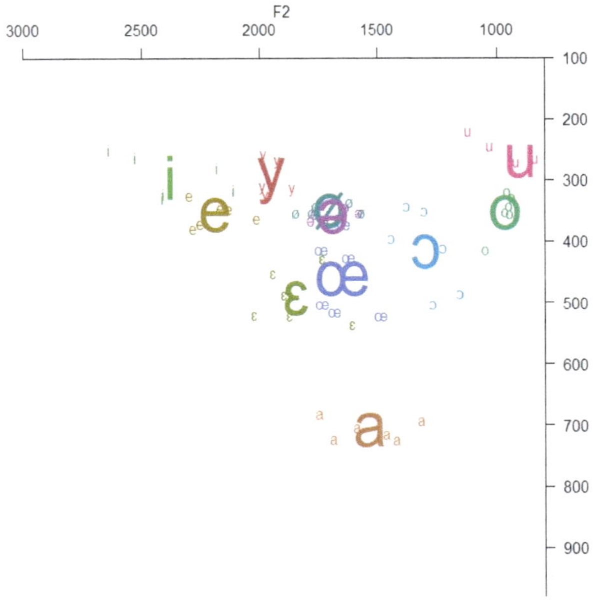

Abb. 6.4: Akustisches Vokaldreieck der französischen Vokale (erstellt von Elisabeth Heiszenberger).

Perzeption

Für die menschliche Sprache relevant ist allerdings nicht, was ein Computer misst, sondern was ein Mensch hört. Dazwischen bestehen systematische Unterschiede. So wird etwa ein schrilles Geräusch – wie das Schreien eines Babys – grundsätzlich als lauter und unangenehmer wahrgenommen als ein dumpfes Brummen. Entsprechend unterscheidet man in der **Psychophysik** zwischen objektiver *Lautstärke* und subjektiver *Lautheit.*

Aber auch Menschen unterschiedlicher Erstsprachen (L1) nehmen Sprachlaute durch einen **'Filter'** wahr, den sie schon als Babys und Kleinkinder erworben haben. So hören L1-Sprecher*innen des Deutschen und des Französischen z. B. /p/ und /b/ – und nicht das gesamte Kontinuum zwischen stimmlosen und stimmhaften Lauten. Interessanterweise liegt die Grenze im Französischen aber an anderer Stelle als im Deutschen. Die deutschen Laute sind beide 'stimmloser': Ein aspiriertes $[p^h]$ steht hier einem entstimmten [b̥] gegenüber. Im Französischen liegt dagegen eine Opposition [p] vs. [b] vor. Das bedeutet, dass deutsche Lerner*innen im Französischen die Aspiration des /p/ unterdrücken müssen. Das lässt sich mit Hilfe eines Blatts Papier oder einer Kerze vor dem Mund veranschaulichen: Das Papier darf sich nicht bewegen bzw. die Flamme darf nicht flackern. Mit Hilfe dieses visuellen Feedbacks können Lerner*innen versuchen, ihre Aussprache immer mehr der Ziellautung anzunähern. Zudem sollten bei einem französischen [b] die Stimmbänder vibrieren. Dies lässt sich mit den Fingern am Kehlkopf überprüfen (s. o.).

Perzeptiv hat dieser Unterschied zwischen Deutsch und Französisch folgende Konsequenzen: Laute in der Mitte des Kontinuums werden von L1-Sprecher*innen beider Sprachen unterschiedlich kategorisiert: Ein [p] oder [b̥] klingt in deutschen Ohren wie ein /b/, im Französischen wie ein /p/. Methodisch lässt sich dies mit Hilfe von Perzeptionstests untersuchen: In **Identifikationstests** fragt man Hörer*innen, was sie hören, in **Diskriminationstests**, ob sie zwei Stimuli demselben Laut oder verschiedenen Lauten zuordnen. Das Ergebnis solcher Studien ist: Während wir bei den Konsonanten klar zwischen stimmhaften und stimmlosen Lauten unterscheiden (**kategoriale Wahrnehmung**), sind wir bei den Vokalen sensibler für die feinen Unterschiede (**kontinuierliche Wahrnehmung**).

6.1.2 Lautschrift und Transkription

Nach dieser Einführung in die Phonetik sehen wir uns das *Internationale Phonetische Alphabet* IPA genauer an. Abb. 6.5 bildet das gesamte IPA-Chart ab, das für alle Sprachen der Welt gedacht ist. Wenn Sie wissen wollen, wie ein IPA-Symbol klingt, gehen Sie auf die Website www.ipachart.com oder http://www.phonetics.ucla.edu/course/chapter1/chapter1.html. Dort können Sie auf die einzelnen Symbole klicken und die entsprechenden Laute anhören.

À vous !

Drucken Sie das IPA-Chart aus dem Internet auf einem DIN A4-Blatt aus. Markieren Sie farbig alle Symbole, die Sie für die Transkription des Französischen benötigen!

Mit Hilfe der Lautschrift können Sie sich – und Ihren künftigen Schüler*innen – die enormen Unterschiede zwischen der französischen Rechtschreibung und der Aussprache **bewusst machen**. Niemand kommt alleine darauf, dass man <eau> als [o] ausspricht! Mit Hilfe der IPA-Symbole werden einem auch Details bewusst, z. B. dass man *oignon* [ɔɲɔ̃] und nicht etwa *[waɲɔ̃] ausspricht. Zudem funktioniert die Transkription als **'visuelle Gedankenstütze'** beim Vokabellernen und ermöglicht es Lerner*innen, neue Wörter selbständig mit Hilfe eines Wörterbuchs zu lernen. Zum Eintrainieren der Lautschrift ist es sinnvoll, mit der Entzifferung der Lautschrift zu beginnen und dann die Transkription immer wieder zu üben. Dabei ist es wichtig, regelmäßig Feedback zu bekommen und dieses bei der nächsten Übung zu berücksichtigen. Dabei handelt es sich um alles andere als eine akademische 'Trockenübung' zum Selbstzweck, sondern um eine Aktivierung, die dazu beiträgt, die richtige Aussprache bewusst zu machen (Kognitivierung) und damit zur Verbesserung der Aussprache beiträgt.

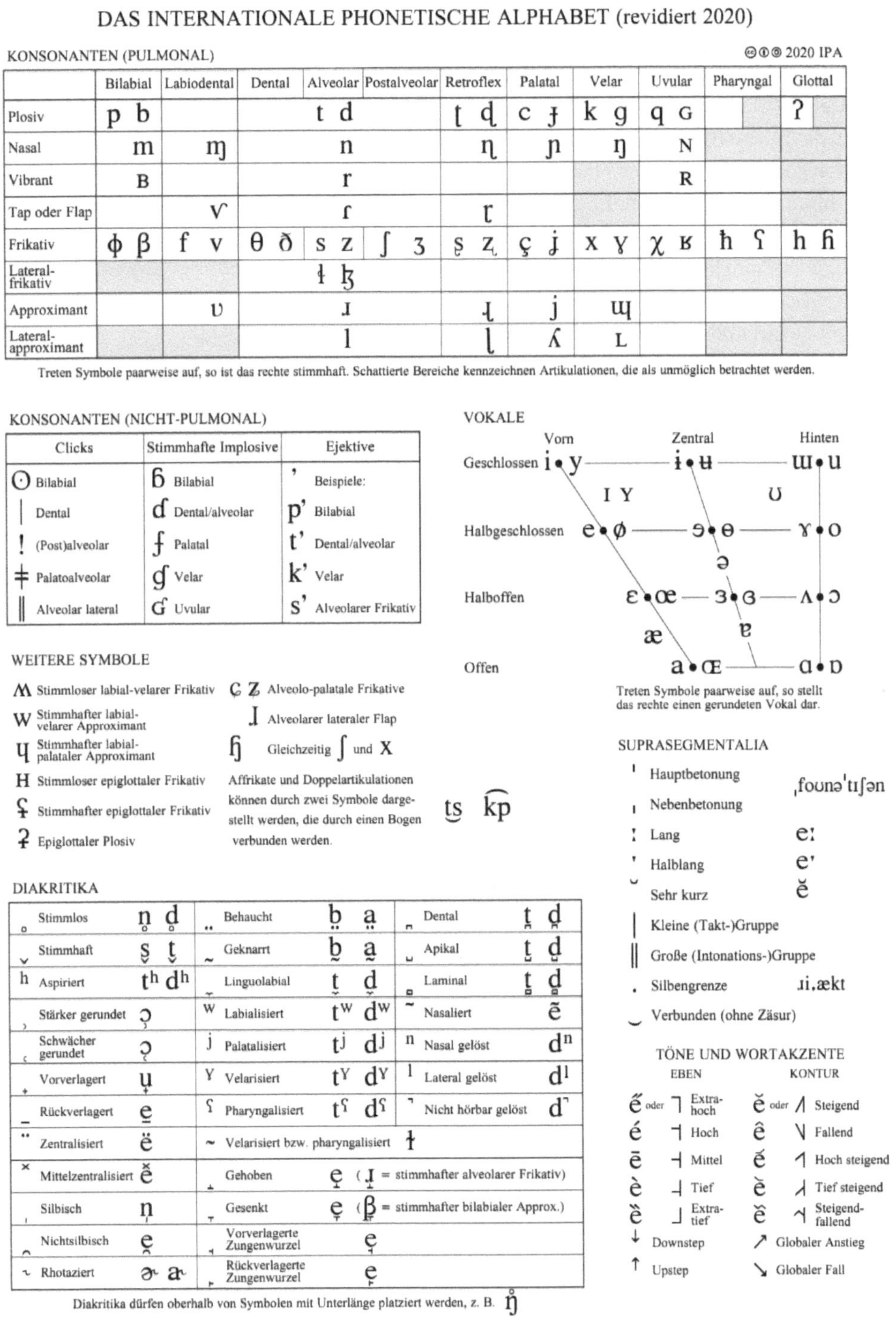

Abb. 6.5: IPA-Chart 2020.

À vous !
Entziffern Sie folgende Transkription:
[puʁkwa | lɛmɑ̃tal | atildetʁu ‖ kɔmɑ̃sɔ̃ | paʁləkɔmɑ̃smɑ̃ ‖ lɛmɑ̃talɑ̃ ɛtɛ̃fʁɔmaʒ | dəlɛdəvaʃ | apatpʁesekɥit | fabʁike | dəpɥiləmiljø | dydiznœvjɛmsjɛkl ‖ ɔ̃lalɔ̃tɑ̃kɔ̃fɔ̃dy | atɔʁ | avɛksɔ̃kuzɛ̃ʒɛʁmɛ̃ | ləgʁɥijɛʁsɥis ‖ oʒuʁdɥi | suvɑ̃dekʁi | kɔmləfʁɔmaʒpʁefeʁe | defʁɑ̃sɛ | ɔ̃lapʁesi | ɑ̃fɛ̃ | asaʒyst(ə)valœʁ | gʁatine | syʁdelazaɲ | ɛ̃tegʁe | anomɛjœʁʁəsɛt | dəkiʃ | asɔsje | aɛ̃gʁɛ̃dəʁɛzɛ̃ | ɑ̃namyzbuʃ | uɑ̃kɔʁ | tʁɔnɑ̃fjɛʁmɑ̃ | syʁɛ̃platodəfʁɔmaʒ ‖ epuʁtɑ̃ | ʁaʁsɔ̃sø | kikɔnɛssɔ̃nistwaʁ | esyʁtu | laʁɛzɔ̃ | puʁlakɛl | iladetʁu ‖ nɔ̃ | letʁudəlɛmɑ̃tal | nəvjɛnpa | dəlap(ə)titsuʁi | pʁezɑ̃t | dɑ̃nodɛsɛ̃animepʁefeʁe ‖ letʁudəlɛmɑ̃tal | sɔ̃dy | aynfɛʁmɑ̃tasjɔ̃ | paʁtikuljɛʁ]

Die **Transkriptionskonventionen**, die Sie in diesem Buch lernen, berücksichtigen nicht alle Feinheiten. So transkribieren wir etwa immer [ʁ], auch wenn dieser Laut in der Umgebung stimmloser Laute üblicherweise entstimmt ist, d. h. er wird wie das deutsche <ch> in *ach* als [χ] ausgesprochen (vgl. IPA-Chart): z. B. in *pourquoi* oder *fromage*. Hier könnte man in einer **engen Transkription** auch [puχkwa] bzw. [fχɔmaʒ] transkribieren oder – um den phonologischen Prozess der Entstimmung zu verdeutlichen – [puʁ̥kwa] und [fʁ̥ɔmaʒ]. Das Diakritikon [̥] zeigt hierbei die Entstimmung an. Daneben wäre auch eine **weitere (phonologische) Transkription** möglich, in der man u. a. /O/ statt [o]/[ɔ] transkribiert, wo dieser Unterschied nicht relevant ist, z. B. in [fʁOmaʒ]. Eine Transkription stellt also immer eine Abstraktion dar; wer es genauer wissen möchte, muss artikulatorische und akustische Messungen sowie Perzeptionstests durchführen.

À vous !
Transkribieren Sie folgenden Text:

Les bébés baleines murmurent auprès de leur mère
Un nouveau mode de communication, inconnu jusqu'à ce jour, vient d'être découvert chez les baleines à bosses. Pour plusieurs raisons, et notamment échapper aux prédateurs, les bèbés 'murmurent' auprès de leurs mères. Leur chant caractéristique et captivant est connu de tous. [Une] revue britannique (…) annonce la découverte d'une nouvelle technique : pour échapper à d'éventuels prédateurs, les baleines à bosse et leurs petits ont développé un langage de 'chuchotement'. (…) « Ces signaux entre la mère et le petit sont plus discrets que ceux des baleines à bosse adultes normales (…) alors que les cris des individus mâles peuvent être entendus à des kilomètres à la ronde, ceux des mères et de leurs petits ne sont audibles qu'a moins de cent mètres.
(*Le Figaro* vom 26.04.2017)

6.2 Phonologie

Die Phonetik stellt eine unverzichtbare Basis für die Phonologie dar. Dabei hat sich die Phonologie in den vergangenen 150 Jahren stark gewandelt. Theoretisch standen im Strukturalismus die Phonemsysteme (Kapitel 6.2.1) im Vordergrund, in späteren Theorien dann die phonologischen Prozesse (Kapitel 6.2.2) und die Prosodie, für die auf Pustka ²2016 verwiesen sei. Methodisch arbeiteten Phonolog*innen zunächst intuitiv (Introspektion zu ihrer eigenen L1), heute häufig korpusphonologisch. Hierbei hat das Forschungsprogramm ***Phonologie du Français Contemporain*** **(PFC)** um die Jahrtausendwende zu einem Paradigmenwechsel geführt: Es untersucht weltweit auf einer großen Datenbasis, wie Sprecher*innen unterschiedlichen Alters, Geschlechts und sozialen Milieus Französisch spontan sprechen und vorlesen. Auf der Homepage https://www.projet-pfc.net finden Sie sehr umfangreiche Materialien zum Anhören, Weiterforschen, Lernen und Lehren.

6.2.1 Phonemsystem

Der Strukturalismus konstruiert sprachliche Systeme (vgl. Kapitel 2.2.4). Dafür ist relevant, in welchen Oppositionen Elemente zueinanderstehen: « dans la langue, il n'y a que des différences » (Saussure [1916] 1995: 166). Diese Oppositionen ermittelt man durch sogenannte **Minimalpaare**. Das sind zwei Wörter, die nur durch einen Lautunterschied Bedeutung unterscheiden, z. B. fr. *pas* [pa] 'Schritt' vs. *bas* [ba] 'tief'. Entsprechend sind /p/ und /b/ **Phoneme** des Französischen.

À vous !
Suchen Sie französische Minimalpaare für /ʃ/ vs. /ʒ/, /ɔ̃/ vs. /ɑ̃/ und /e/ vs. /ɛ/!

Führt der Austausch eines Lautes durch einen anderen nicht zu einer anderen Bedeutung, spricht man von **Allophonen**. Man unterscheidet zwei Typen: Bei einer regionalen, sozialen, situationellen oder stilistischen Variation spricht man von **freien Varianten**, z. B. wird in manchen Dialekten ein 'gerolltes' [r] statt ein [ʁ] realisiert. **Kombinatorische Varianten** unterscheiden sich dagegen je nach Position im Wort oder in der Silbe. So spricht man im Französischen beispielsweise in geschlossener Silbe [ɛ] aus, z. B. in *père* [pɛʁ].[2] In offener Silbe realisieren viele Sprecher*innen (insbesondere in Südfrankreich) immer [e], z. B. in *c'est*, *mais*, *allait* oder *poulet*. Im Standardfranzösischen werden dagegen /e/ und /ɛ/ kontrastiert, z. B. in *ses* [se] vs. *c'est* [sɛ]. Aber auch hier wird immer mehr eine Tendenz zu [e] in offener Silbe beobachtet

2 Offene Silben enden auf Vokal, geschlossene auf Konsonanten.

(vgl. Pfeil in Tab. 6.6). Das Standardfranzösische besitzt damit eine phonologische Opposition /e/ : /ɛ/, die in geschlossenen Silben zu Gunsten von /ɛ/ **neutralisiert** ist.

	[e]	**[ɛ]**
offene Silbe	*ses* [se] *mes* [me] *aller* [ale] etc.	*c'est* [sɛ] *mais* [mɛ] *allait* [alɛ] *poulet* [pulɛ] etc.
geschlossene Silbe	---	*mer*/*mère* [mɛʁ] etc.

Tab. 6.6 Distribution von [e] und [ɛ] im Standardfranzösischen (Pustka [2]2016: 97).

Das Südfranzösische besitzt dagegen eine komplementäre Distribution von [e] und [ɛ] (vgl. Tab. 6.7). Ähnlich verhalten sich im Nord- und Südfranzösischen [ø] und [œ] sowie [o] und [ɔ].

	[e]	**[ɛ]**
offene Silbe	*aller*/*allait* [ale] etc.	---
geschlossene Silbe	---	*mer*/*mère* [mɛʁ] etc.

Tab. 6.7: Komplementäre Distribution von [e] und [ɛ] im Südfranzösischen (Pustka [2]2016: 99).

Nach diesen Grundlagen der strukturalistischen Phonemanalyse wenden wir uns nun den französischen Vokalen und Konsonanten zu.

Vokale

Das Standardfranzösische verfügt über 14 Vokalphoneme. Das ist relativ viel. Der größte Unterschied zum Deutschen sind die Nasalvokale. Abb. 6.6 illustriert, dass sich im Französischen wie in allen Sprachen der Welt eine vordere und eine hintere Reihe von Vokalen gegenüberstehen. Nur bei den vorderen Vokalen stehen gerundete und ungerundete Vokale in Kontrast zueinander.

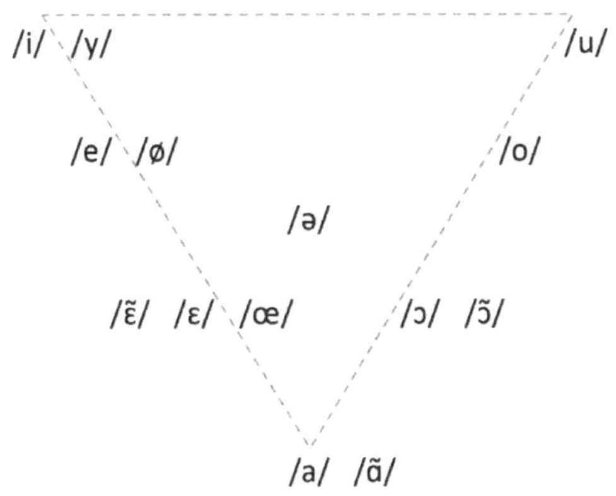

Abb. 6.6: Die französischen Vokalphoneme.

Konsonanten

Im Bereich der Konsonanten verfügt das französische Phonemsystem mit 17 bis 18 Elementen über eine durchschnittliche Größe. Der Status des /ɲ/ ist umstritten, da viele Sprecher*innen stattdessen /nj/ sagen (s. o.). Die Phonemtabelle in Tab. 6.8 sieht dem IPA-Chart sehr ähnlich, unterscheidet sich aber in zwei wesentlichen Punkten von ihm: Auch wenn man artikulatorisch zwischen bilabialen (z. B. [p]) und labio-dentalen (z. B. [f]), velaren (z. B. [k]) und uvularen Lauten (z. B. [ʁ]) unterscheidet, reichen rein phonologisch Merkmale wie 'labial' (mit den Lippen) und 'dorsal' (mit dem Zungenrücken) aus. Außerdem sind hier der Lateralapproximant /l/ und der Frikativ /ʁ/ zur Klasse der Liquide zusammengefasst. /ʁ/ verhält sich nämlich in vielen Fällen phonologisch eher wie ein /l/ als wie ein /f/ oder /z/. So fallen im Französischen beispielsweise am Wortende häufig die Liquide weg, z. B. in *quatre* [katʁ]/[kat] und *table* [tabl]/[tab].

	labial	alveolar	post-alveolar	dorsal
Plosive	/p/ /b/	/t/ /d/		/k/ /g/
Nasale	/m/	/n/		(/ɲ/) /ŋ/
Frikative	/f/ /v/	/s/ /z/	/ʃ/ /ʒ/	
Liquide		/l/		/ʁ/

Tab. 6.8: Die französischen Konsonantenphoneme.

À vous !
Zur Erforschung der französischen Vokale und Konsonanten arbeitet das Forschungsprogramm PFC u. a. mit einer vorgelesenen Wortliste aus 94 Wörtern. Überlegen Sie, was die Phonolog*innen mit den folgenden Wörtern erforschen wollen: *jeune, pâte, épée, paume, pêcheur, baignoire, pécheur, épais, creux, pomme, jeûne, compagne, patte, creuse.*

6.2.2 Phonologische Prozesse

Neben der strukturalistischen Analyse von Phonemsystemen beschäftigt sich die Phonologie seit mehreren Jahrzehnten schwerpunktmäßig mit phonologischen Prozessen. Diese neueren phonologischen Ansätze suchen nicht mehr nach einem stabilen und homogenen 'System', sondern nach dynamischen Modellen für Variation und Wandel. Dazu nehmen sie eine Kombination von zu Grunde liegenden **lexikalischen Repräsentationen** (Input) und **phonologischen Prozessen** an. Aus diesen beiden ergeben sich die tatsächlich beobachtbaren **Realisierungen** (Output). So kann man beispielsweise aus einer Repräsentation *quatre* /katʁə/ (mit einer phonologischen Form, die der Graphie sehr nahe ist) die Realisierung [kat] ableiten. Die beiden bekanntesten Phänomene der französischen Phonologie, die als solche Prozesse beschrieben und erklärt werden, sind die Liaison und das Schwa.

Liaison

Unter der *Liaison* versteht man die Aussprache eines finalen Konsonanten vor einem mit Vokal beginnenden Folgewort. So hört man etwa ein [t] in *petit̲ ami*, nicht aber im Wort *petit* vor Pause oder in *petit copain*. Wichtig ist dabei, dass dieses [t] am Beginn der ersten Silbe des Folgeworts ausgesprochen wird: /pəti{t}/ + /ami/ ⟶ [pə.ti.ta.mi] (die Punkte zeigen die Silbengrenzen an, die geschweiften Klammern das instabile Segment). Eine solche Aussprache in möglichst einfachen Silben über die Wortgrenzen hinweg nennt man ***enchaînement consonantique***. Dieses Phänomen existiert auch unabhängig von der Liaison, z. B. in *petite amie* [pə.ti.ta.mi]. In der femininen Form spricht man das [t] am Ende von *petite* ja immer aus, z. B. in *petite copine* – bei *petite amie* kommt also kein neuer Laut dazu, sondern das [t] wird lediglich an das Folgewort angehängt. Umgekehrt gibt es auch den Fall der Liaison ohne *enchaînement*, der insbesondere in öffentlichen Reden von Politiker*innen beobachtet wurde: z. B. in *j'avais un rêve* [ʒa.vɛz̲.ɛ̃.ʁɛv] statt [ʒa.vɛ.z̲ɛ̃.ʁɛv].

Der relevanteste Punkt für den Fremdsprachenunterricht ist die Unterscheidung in **obligatorische**, **fakultative** und **verbotene Liaisons**.

À vous !
Welche der folgenden Liaisons ist obligatorisch, welche fakultativ, welche falsch? a) *mon* [n]*ami*, b) *elle est* [t]*arrivée*, c) *quatre* [z]*amis*, d) *premier* [ʁ]*étage*, e) *en ville et* [t]*à la champagne*, f) *trop* [p]*abstrait*, g) *accent* [t]*aigu*, h) *sang* [k]*impur*, i) *neuf* [v]*ans*, j) *neuf* [v]*années*, k) *chez* [z]*une amie*, l) *chez* [z]*elle*, m) *Champs* [z]*Élysées*, n) *pâtes* [z]*italiennes*.

In den Beispielen finden sich alle sieben **Liaisonkonsonanten**: Die drei häufigsten sind [z] (ca. 50 %) sowie [n] und [t] (gemeinsam auch ca. 50 %). Die übrigen vier Liaisonkonsonanten treten gemeinsam nur in ca. 1 % der Fälle auf. [k] findet sich ausschließlich nach *long* (z. B. *long* [k]*été*) und in *sang* [k]*impur* in der *Marseillaise*; er wird immer ungebräuchlicher. Die Liaison auf [p] realisiert überhaupt nur eine Minderheit der *native speaker*, und zwar nach *trop* und *beaucoup* (z. B. *trop abstrait*, *beaucoup aimé*). Kompliziert ist die Lage bei [v]: Dieser Liaisonkonsonant findet sich ausschließlich nach *neuf* – allerdings nur in den frequentesten Konstruktionen: *neuf* [v]*ans* und *neuf* [v]*heures*. In anderen Kontexten vor Vokal wird dagegen ein *enchaînement* auf [f] realisiert (z. B. *neuf* [f]*euros*). Interessant ist auch, dass sich in manchen festen Konstruktionen obligatorische Liaisons finden, die im selben morphosyntaktischen Kontext normalerweise verboten oder zumindest sehr selten sind. So spricht man beispielsweise *accent aigu* stets als [aksɑ̃tɛgy] aus, obwohl grundsätzlich die Liaison nach Substantiven im Singular verboten ist. Während die Liaison in *Champs* [z]*Élysées* und *Mesdames* [z]*et Messieurs* obligatorisch ist, hört man sie ansonsten nach Substantiven im Plural nur selten (z. B. in *pâtes* [z]*italiennes*).

Neuere Forschungen haben zudem gezeigt, dass manche traditionell als obligatorisch unterrichtete Liaisons auch von *native speakern* nicht immer realisiert werden. So findet man in Korpora zwar eine 100%ige Realisierungrate nach *chez* vor Personalpronomen (*chez elle*); dagegen wird die Liaison vor einer Nominalphrase (z. B. *chez une amie*) nur zu 80 % realisiert. Zudem haben sich die fakultativen Liaisons (z. B. nach mehrsilbigen Adverben wie *toujours*) größtenteils als sehr selten herausgestellt. Sie werden in erster Linie beim lauten Vorlesen oder in der öffentlichen Rede eingesetzt, um ein hohes Stilniveau zu markieren. Tab. 6.9 liefert eine Übersicht über die obligatorischen Liaisonkontexte auf Basis der Ergebnisse der aktuellen Forschung.

Domäne	Kontext	Beispiele
Nominalgruppe	Determinante +	*les* [z]*amis, un* [n]*ami*
	Adjektiv +	*petit* [t]*ami, deux* [z]*amis*
Verbalgruppe	klitisches Pronomen[3] + Verb	*vous* [z]*avez, il y en* [n]*a*
	Verb + klitisches Pronomen	*allez*-[z]*y, dit*-[t]*il*
Präpositional-gruppe	einsilbige Präposition +	*en* [n]*avril*
Adverbial-gruppe	einsilbiges Adverb +	*très* [z]*aimable, tout* [t]*aimable*
Komposita und feste Konstruktionen	*Mesdames* [z]*et Messieurs, accent* [t]*aigu, Moyen* [n]*Âge, premier* [ʁ]*étage, de temps* [z]*à autre, tout* [t]*à coup, tout* [t]*à fait, c'est*-[t]*à-dire, comment* [t]*allez-vous, de moins* [z]*en moins, de plus* [z]*en plus, de temps* [z]*en temps* etc.	

Tab. 6.9: Kontexte der obligatorischen Liaison (Pustka ²2016: 161).

Bei den **fakultativen Liaisons** ist *c'est* + der häufigste Kontext. Hier wird dem Stand der Forschung zufolge die Liaison in etwa der Hälfte der Fälle realisiert und in etwa der Hälfte der Fälle nicht (z. B. *c'est un ami* [sɛ(t)ɛ̃nami]). Der wichtigste Kontext der **verbotenen Liaison** ist nach *et* 'und'. Nach diesem Wort darf eine Liaison auf keinen Fall erfolgen. Andere aus normativer Perspektive 'verbotene' Liaisons machen auch *native speaker* gelegentlich (z. B. vor *h aspiré*).

Einen Sonderfall stellen die **epenthetischen Liaisons** dar. Darunter versteht man, dass ein Liaisonkonsonant eingefügt wird, obwohl in der Graphie gar kein Konsonant vorhanden ist, z. B. in *quatre* [z]*amis* oder im Lied « Malbrough s'en va-**t**-en guerre ». Diese Liaisons kann man damit erklären, dass das [z] bei der Liaison den Plural markiert (z. B. in *les* [z]*amis*) und [t] die 3. Person der Verben (z. B. in *il est* [t]*allé*). Der Liaisonkonsonant wird also analog auf Kontexte übertragen, in denen er etymologisch und orthographisch gar nicht vorhanden ist. Manche Sprachwissenschaftler*innen interpretieren dies so, dass der Liaison-Konsonant nicht – wie es die Graphie suggeriert – kognitiv am Ende des ersten Wortes abgespeichert ist (z. B. *les* /le{z}/), sondern am Anfang des zweiten Wortes (z. B. *amis* /zami/). So spricht man dann *quatre amis* [katzami] analog zu *deux amis* [døzami] und *trois amis* [tʁwazami] aus.

Evidenzen hierfür liefert die **Kindersprache**. Kinder analysieren die Wortgrenzen nämlich vor dem Schuleintritt (zunächst) noch anders: z. B. nicht *un arbre* /ɛ̃{n}/ + /aʁbʁə/, sondern /ɛ̃/ + /naʁbʁə/. Entsprechend hört man bei Kindern häufig *les arbres* *[lenaʁbʁ] statt [lezaʁbʁ]. In einem Fall ist diese falsche Liaison aus der Kindersprache auch in die Allgemeinsprache eingegangen: *nounours* 'Teddybär' geht auf das Wort

3 Unter einem *Klitikon* versteht man ein unbetontes Wort, das sich an ein betontes Nachbarwort 'anlehnt'.

ours ‘Bär’ zurück, an das in der Kindersprache das Liaison-/n/ des unbestimmten Artikels *un* agglutiniert (d. h. ‘angehängt’) wird. Der Beginn der Silbe [nuʁs] wird dann noch – wie häufig in der Kindersprache (z. B. *papa, tonton, caca*) – redupliziert (d. h. verdoppelt).

Schwa

Genauso wie bei der Liaison wird auch beim Schwa ein Laut manchmal realisiert und manchmal nicht, z. B. *petit* [pəti] oder [pti]. Dieser Laut entspricht in der **Graphie** meistens einem <e>; daher bezeichnet man das Phänomen auch als ***e muet***. In manchen Fällen werden auch andere Buchstaben als Schwa realisiert oder elidiert: z. B. das <on> in *Monsieur* und das <ai> in *faisons*. Wie kann man das erklären? In der **Sprachgeschichte** haben sich auch diese Vokale zum Schwa abgeschwächt; bei diesen wenigen häufig gebrauchten Wörtern wurde aber die Rechtschreibung nicht angepasst, da man sich an diese schon gewöhnt hatte.

Während die **Fremdsprachendidaktik** von der Graphie ausgeht, um zu erklären, welches <e> man aussprechen sollte und welches nicht, versucht die **Phonologie** die phonologischen Systeme einzelner Sprecher*innen zu modellieren. Bei *native speakern* interessiert sie sich meist dafür, in welchen Kontexten es sich um einen instabilen (d. h. mal realisierten, mal nicht realisierten) zentralen Vokal handelt – ein Schwa im engeren Sinne. Wenn also beispielsweise ein <e> immer als [ə], [ø] oder [œ] ausgesprochen wird (die Aussprache dieses Elements variiert sehr stark), dann handelt es sich für viele Phonolog*innen nicht um ein Schwa, sondern um einen stabilen Vokal. Dieser wird dann auch als /ø/ oder /œ/ notiert und nicht als /{ə}/, z. B. *écrevisse* /ekʁøvis/ ohne Schwa vs. *petit* /p{ə}ti/ mit Schwa.

Im Standardfranzösischen hängt die (Nicht-)Realisierung des <e> von vier internen **Faktoren** ab: der Wortlänge (einsilbige vs. mehrsilbige Wörter), bei mehrsilbigen Wörtern auch der Position im Wort (erste, mittlere, finale Silbe), der Position in der Akzentgruppe[4] (Anfang, Mitte, Ende) und dem linken Kontext (nach einem oder zwei Konsonanten). Vereinfacht lauten die wichtigsten **Ausspracheregeln** wie folgt:

- **Realisiert** wird das <e> nach zwei Konsonanten (z. B. *écrevisse* [ekʁəvis]) – außer am Wort- und Phrasenende; da ist es variabel (z. B. *quatr(e)* [katʁ(ə)]).
- **Nicht realisiert** wird das <e> nach einem Konsonanten – in der Mitte und am Ende von Wort und Gruppe (z. B. *tell(e)ment* [tɛlmɑ̃], *chanc(e)* [ʃɑ̃s]).
- **Variabel** ist das <e> in Klitika und in der ersten Silbe von Wörtern und Gruppen (z. B. *J(e) pars d(e)main* [ʒəpaʁdəmɛ̃]/[ʃpaʁdmɛ̃]).

4 Das Französische ist dadurch gekennzeichnet, dass es keine Pausen zwischen den Wörtern gibt, sondern die Wörter zusammen in Gruppen ausgesprochen werden. Der Akzent liegt auf der letzten Silbe der Gruppe, die gelängt wird.

À vous !

Unterstreichen Sie im Ausschnitt des PFC-Texts unten alle Schwas, die man ausspricht, und setzen sie alle in Klammern, die man nicht ausspricht. Verwenden Sie Unterstreichung *und* Klammern für variable Schwas.

Le village de Beaulieu est en grand émoi. Le Premier Ministre a en effet décidé de faire étape dans cette commune au cours de sa tournée de la région en fin d'année. Jusqu'ici les seuls titres de gloire de Beaulieu étaient son vin blanc sec, ses chemises en soie, un champion local de course à pied (Louis Garret), quatrième aux jeux olympiques de Berlin en 1936, et plus récemment, son usine de pâtes italiennes. Qu'est-ce qui a donc valu à Beaulieu ce grand honneur? Le hasard, tout bêtement, car le Premier Ministre, lassé des circuits habituels qui tournaient toujours autour des mêmes villes, veut découvrir ce qu'il appelle « la campagne profonde ».

Während die Liaison v. a. mediale und stilistische Variation aufweist, variiert das Schwa sehr stark in Abhängigkeit von der **Region**: Während in Südfrankreich tendenziell mehr Schwas ausgesprochen werden, sind es in Québec sehr viel weniger. Auf der PFC-Website können Sie sich den Text oben von hunderten Sprecher*innen weltweit anhören: https://www.projet-pfc.net.

Lesetipps

Durand, Jacques / Lyche, Chantal (2008): „French liaison in the light of corpus data", in: *Journal of French Language Studies* 18, 33–66.

Hornsby, David (2020): *Norm and Ideology in Spoken French. A Sociolinguistic History of Liaison*, Cham: Palgrave Macmillan.

Kleber, Felicitas (2022): *Phonetik und Phonologie: Eine Einführung*, Tübingen: Narr.

Pustka, Elissa [2010] ([2]2016): *Einführung in die Phonetik und Phonologie des Französischen*, Berlin: Erich Schmidt.

7 Morphologie

Essen Sie gerne *Yogurette*? Die in zartrosa Papier umhüllten Schokoriegel, die mehr aus Erdbeerjoghurtcreme als aus Schokolade bestehen? Diese sollen besonders junge Frauen ansprechen. In den TV-Spots dienen daher schlanke Tennisspielerinnen, Joggerinnen und Tänzerinnen als Testimonials. Vielleicht erinnern sich einige von Ihnen noch an den berühmten Werbeslogan: „Ja die Yogurette, die schmeckt so himmlisch joghurt-leicht." Damit war 2012 Schluss. Bereits seit 2009 kritisierte *Foodwatch*: Mit 571 kcal pro 100 g habe diese Süßigkeit sogar mehr Kalorien als normale Vollmilch-Schokolade (ca. 530 kcal)! Das Attribut *joghurt-leicht* trage entsprechend zur Irreführung der Verbraucher*innen bei. Das Unternehmen Ferrero verzichtete schließlich darauf. Geblieben ist aber das Suffix *-ette* im Markennamen *Yogurette*. Dieser klingt immer noch nach dem Gegenteil einer Kalorienbombe. Wie schafft er das?

Um das zu verstehen, hilft uns die Morphologie weiter: die sprachwissenschaftliche Subdisziplin, die sich mit dem Aufbau der Wörter beschäftigt. Um die Wirkung von *Yogurette* zu verstehen, müssen wir den Namen in seine Bestandteile zerlegen: *Yogur-* (< it. *yogurt*) verweist auf den kalorienarmen *Joghurt*. Das Suffix *-ette* ist dagegen nicht ganz so einfach zu verstehen. Es stammt aus dem Französischen und findet sich dort insbesondere in Kosenamen wie *Juliette* für *Julie* oder *Annette* für *Anne*. Es dient also der Verniedlichung. Eine konkrete Verkleinerung drückt es in *camionette* 'Kleinlastwagen' (< *camion* 'Lastwagen') aus, einen geringeren Anteil in *vinaigrette* (ein Löffel Essig auf zwei Löffel Öl) und eine Verharmlosung in *amourette* 'Liebelei'. Entsprechend wirkt auch *Yogurette* leicht. Selbst ohne den expliziten Werbeslogan wirkt sie durch den Markennamen immer noch kalorienärmer als sie ist. Solche subtilen Manipulationen durch Sprache lassen sich mit Hilfe der Morphologie aufdecken.

7.1 Bausteine der Sprache

Um Morphologie zu verstehen, stellen wir uns Sprache am besten wie Lego vor. Aus der Perspektive der Werbetexter*innen, die neue Markennamen wie *Yogurette* 'erfinden' (und der Sprecher*innen, die dies im Alltag ganz unbewusst auch tun), handelt es sich um eine Art 'Baukasten': Die unterschiedlichen 'Bausteine' lassen sich immer wieder neu zusammensetzen. Die entstandenen 'Bauwerke' zerlegen dann Sprachwissenschafter*innen wieder, um zu verstehen, welche 'Bauprinzipien' dahinterstecken. In diesem Kapitel sehen wir uns erst einmal die Bausteine genauer an, bevor wir im nächsten Kapitel dann zu den möglichen Konstruktionen kommen.

7.1.1 Das Wort

À vous !
Was ist ein Wort? Schreiben Sie die Gedanken auf, die Ihnen in den Sinn kommen! Betrachten Sie anschließend die vier folgenden Beispiele: dt. *radfahren* (in alter deutscher Rechtschreibung), dt. *Auto fahren*, fr. *machine à laver* 'Waschmaschine' und fr. *lave-vaisselle* 'Spülmaschine'. Um wie viele Wörter handelt es sich jeweils? Auf welchen Kriterien basiert Ihre Intuition? Welche davon scheinen Ihnen für eine wissenschaftliche Definition geeignet und wie würden Sie diese gewichten?

Definitionskriterien

Die oben genannten Beispiele zeigen uns, dass Wörter zwar intuitiv identifizierbar sind, aber eine sprachwissenschaftliche Definition nicht ganz so einfach ist. Die **Rechtschreibung** ist dazu nur bedingt geeignet. Bekanntermaßen ist sie gegenüber der Lautsprache auch nur sekundär (vgl. Kapitel 1.1.1). Außerdem kann sie sich durch Rechtschreibreformen ändern: Bis 1996 schrieb man <radfahren>, aber <Auto fahren>, danach auch <Rad fahren>. War für die Sprecher*innen davor *radfahren* ein Wort, da zusammengeschrieben, bestand für sie *Auto fahren* aber aus zwei Wörtern, aufgrund des Leerzeichens? Oder empfanden sie die beiden parallel gebildeten Ausdrücke als gleich aufgebaut und wurde daher die Rechtschreibung angeglichen?

Auch die **Phonologie** hilft hier nicht weiter, da man bei *Auto fahren* trotz des Leerzeichens keine Pause hört. Im Französischen ist die Phonologie zudem grundsätzlich ein problematisches Kriterium, da man nicht nur einzelne Wörter ohne Pause ausspricht, sondern auch Kombinationen von Wörtern (vgl. Kapitel 6.2.2). So unterscheiden sich beispielsweise *machine à laver* [maʃinalave], *machine à tricoter* [maʃinatʁikɔte] und *machine à rêver* [maʃinaʁɛve] weder graphisch noch prosodisch in ihrer Struktur. In allen drei Fällen finden sich zwei Leerzeichen, die man aber nicht hört.

Semantisch bestehen aber Unterschiede: *machine à laver* ist nicht irgendeine Maschine, mit der man irgendwie waschen kann, sondern eine 'Waschmaschine' (d. h. ein ca. $1m^2$ großer Kasten, in den man Wäsche und Waschpulver gibt und der diese in seiner Metalltrommel mit Wasser und Strom von allein wäscht). Wenn Sie auf der Titelseite des Schlümpfe-Bands 37 (2019) von einer *machine à rêver* lesen, setzen Sie dagegen ganz neu zusammen, dass es sich um eine 'Maschine' handeln muss, die Träume herstellt. Insofern ist *machine à laver* ein einziges Wort – auch wenn es zwei Leerzeichen enthält –, das auch als solches im Wörterbuch steht. Dagegen besteht *machine à rêver* aus drei Wörtern. Während das semantische Kriterium der Gesamtbedeutung bei *machine à laver* vs. *machine à rêver* ziemlich klar ist, gibt es auch schwierigere Fälle. So ist *machine à tricoter* 'Strickmaschine' zwar ein feststehender Ausdruck in der Kleidungsindustrie, gehört aber sicher nicht zum aktiven und passiven Wortschatz aller L1-Sprecher*innen (die sich die Bedeutung aber gut 'zusammenreimen' können, wenn sie mit dem Wort konfrontiert sind).

Daneben lassen sich auch syntaktische und morphologische Kriterien zur Definition heranziehen. **Syntaktisch** betrachtet ist ein Wort eine minimale freie Form. Das heißt, dass Wörter im Satz voneinander trennbar und austauschbar sind. So lässt sich z. B. *machine à laver* in *On va acheter une machine à laver demain.* durch *télé* austauschen: *On va acheter une télé demain.* Dagegen lässt sich *machine* nicht austauschen: *On va acheter un *appareil à laver demain.* Aus **morphologischer** Sicht ist ein Wort schließlich eine sprachliche Form, die eine Wortart hat (z. B. *éléphant*: Substantiv), in die nichts einfügbar ist (**élégrandphant*) und deren Bestandteile nicht vertauschbar sind (**phantélé*). So findet man z. B. über *Google* freie Verbindungen wie *une machine énorme à produire des sitcoms* oder *une machine énorme à créer des monstres*, aber nicht **une machine énorme à laver*, sondern nur *une machine à laver énorme.*

À vous !
Welche der folgenden französischen Backwaren werden mit einem einzigen Wort bezeichnet, welche mit einer Kombination aus mehreren Wörtern? *baguette aux lardons, pain aux noix, pain au chocolat, chocolatine, pain au raisins, pain d'épices.* Tipp: Nehmen Sie *Google* zur Hilfe und lassen Sie sich entsprechende Fotos und die Anzahl der Hits anzeigen.

Grammatisches und lexikalisches Wort

Nachdem wir gesehen haben, wie man Wörter und Kombinationen von Wörtern in der *syntagmatischen*[1] Dimension voneinander abgrenzt, kommen wir nun zur *paradigmatischen* Dimension: Stellen beispielsweise *grand, grande, grands* und *grandes* ein einziges Wort oder vier Wörter dar? Die Antwort lautet: beides. Es gibt nämlich zwei verschiedene Wortbegriffe. Unter einem *grammatischen Wort* oder einer *Wortform* versteht man – entsprechend den morphologischen und syntaktischen Kriterien oben – jede sprachliche Form, in die nichts eingefügt werden kann und deren Bestandteile nicht vertauschbar sind, die aber als Ganzes in einem Satz verschiebbar ist. Insofern ist sowohl *grand, grande, grands* als auch *grandes* jeweils ein Wort. Dasselbe gilt für *savoir, sais, sache* etc. Diese Wortformen fasst man aber auch jeweils zu einem einzigen **lexikalischen Wort** oder **Lexem** zusammen. Entsprechend haben Substantive und

1 Die *syntagmatische Achse* bezieht sich nach Saussure (CLG 1916: 174–176) auf die zeitliche Abfolge beim Sprechen und Hören bzw. die räumliche Abfolge (in Europa von links nach rechts) beim Schreiben und Lesen. Die *paradigmatische Achse* bezieht sich auf die Austauschbarkeit sprachlicher Einheiten.

Adjektive, die man dekliniert, sowie Verben, die man konjugiert, jeweils mehrere Wortformen. Dagegen haben beispielsweise Präpositionen (z. B. fr. *pour*) stets nur eine Wortform.

Mit diesen beiden Typen von Wörtern beschäftigen sich zwei verschiedene **Subdisziplinen** der Morphologie: Mit den lexikalischen Wörtern die **Wortbildungslehre** (vgl. Kapitel 7.2), mit den grammatischen Wörtern die **Flexionslehre** (vgl. Kapitel 7.3).

Da das alltagssprachliche *Wort* so schwer zu fassen ist, hat die strukturalistische Sprachwissenschaft ganz darauf verzichtet. Als kleinste bedeutungstragende Einheit definiert sie das Morphem, zu dem wir in Kapitel 7.1.2 noch genauer kommen werden. In kognitiver Perspektive dagegen ist es kein Problem mehr, ein Kontinuum zwischen prototypischen Wörtern und Wortgruppen anzunehmen, das zudem historisch einem Lexikalisierungsprozess entspricht: Während sich die Menschen im 17. und 18. Jahrhundert eine *pomme de terre* oder einen *Erdapfel* tatsächlich noch als eine Art exotischen Apfel vorstellten, der unter der Erde wächst, denken wir heute direkt an das uns wohlbekannte Gemüse.

7.1.1 Morphem, Morph, Allomorph

Die Grundeinheiten der strukturalistischen Morphologie sind – in Anlehnung an das Phon, das Phonem und das Allophon der Phonologie (vgl. Kapitel 6.2.1) – das Morph, das Morphem und das Allomorph. Wir sehen uns diese 'Bausteine' im Folgenden genauer an.

Strukturalistische Grundbegriffe

Während das Phonem die kleinste bedeutungs*unterscheidende* Einheit einer Sprache ist, ist das **Morphem** die kleinste bedeutungs*tragende* Einheit. So besteht etwa *grandes* aus drei Morphemen: *grand*, *-e* für das Femininum und *-s* für den Plural. Diese drei morphologischen 'Bausteine' findet man auch in vielen anderen Wörtern wieder: z. B. *grand* in *grandir* und *grand-père*, *-e* in *petite*, und *-s* in *pères*. Wenn Morpheme immer wieder auftauchen (was sie meistens tun), nennt man sie *reihenbildend*. In kleinere bedeutungstragende Einheiten lässt sich *grand* nicht mehr zerlegen: weder *g-*, *-r-*, *gr-*, *gran-* noch *-and* etc. haben eine (semantische) Bedeutung oder (grammatische) Funktion.

Wie das Allophon die Variante eines Phonems ist, so ist das **Allomorph** die Variante eines Morphems. Wie in der Phonologie ist dazu allerdings eine umfassende Analyse nötig. Daher ist man zunächst terminologisch vorsichtig: Wenn wir einen Satz oder ein Wort zerlegen, erhalten wir erst einmal so genannte **Morphe**. Diese sind definiert als minimale lautliche oder graphische Sequenzen mit einer Bedeutung oder grammatischen Funktion, bevor sie als Morphem oder Allomorph analysiert werden. Entsprechend hatten wir in Kapitel 6.2.1 von einem *Phon* gesprochen, bevor klar war, ob es sich um ein Phonem oder ein Allophon handelt.

Von *Allophonen* spricht man, wenn formal ähnliche Phone austauschbar sind, ohne dass sich die Bedeutung unterscheidet. Entsprechend spricht man von *Allomorphen*, wenn formal ähnliche Morphe dieselbe Bedeutung tragen. Unter *formaler Ähnlichkeit* versteht man dabei, dass sie sich graphisch und lautlich ähneln und außerdem derselben Wortart zugeordnet werden. So tragen beispielsweise *vite* und *rapide* zwar beide die Bedeutung 'schnell', ähneln sich aber formal überhaupt nicht. Es handelt sich daher um zwei verschiedene Lexeme. Auch bei *petit* und *-ette* (s. o.) könnte man von derselben Bedeutung 'klein' sprechen; dennoch handelt es sich nicht um Allomorphe, da es sich einmal um ein Adjektiv und einmal ein Suffix handelt.

Stammallomorphie

À vous !
Wie unterscheiden sich regelmäßige von unregelmäßigen Verben im Französischen? Überlegen Sie anhand der Konjugationen von *parler* und *savoir*, welche unterschiedlichen Morpheme und Allomorphe Sie jeweils finden.

Verben lassen sich jeweils in einen Stamm und Endungen zerlegen. Die Endungen sind größtenteils reihenbildend: *-e*, *-es*, *-ons* etc. Regelmäßige Verben haben einen einzigen Stamm: z. B. *parl-* in *parler*. Unregelmäßige Verben können dagegen eine sogenannte **Stammallomorphie** aufweisen: z. B. bei *savoir* im Infinitiv *sav-*, in den Singularformen des Präsens *sai-*, im *subjonctif sach-* etc. Diese weisen graphisch und phonologisch gewisse Ähnlichkeiten untereinander auf: Alle Formen enthalten den Konsonanten <s> /s/, die meisten auch den Vokal <a> /a/. Daher klassifiziert man diese Morphe als Allomorphe eines Morphems, das man mit der häufigen Form {sav-} darstellen kann (vgl. Abb. 7.1).

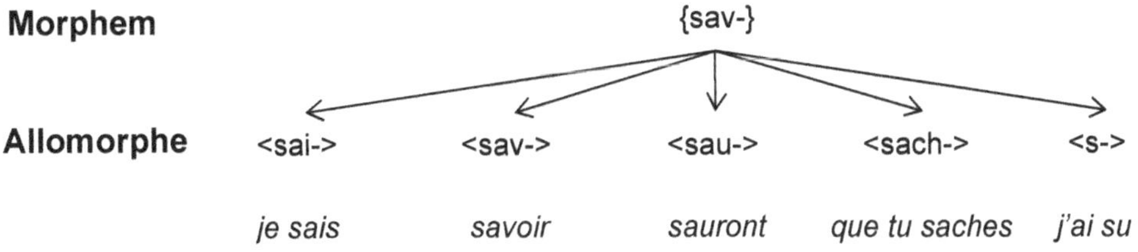

Abb. 7.1: Stammallomorphie des Verbs *savoir*.

Warum gibt es überhaupt diese Unregelmäßigkeiten, die das Fremdsprachenlernen so erschweren? Warum sind nicht einfach alle Verben regelmäßig? In Plansprachen wie dem **Esperanto** ist das tatsächlich so. Auf Esperanto heißt 'wissen' *scii* (< lat. SCĪRE). Person und Numerus werden ausschließlich durch das vorangestellte Pronomen ausgedrückt: *mi scias* 'ich weiß', *vi scias* 'du weißt/ihr wisst', *ni scias* 'wir wissen' etc. Die Endungen drücken nur Tempus und Modus aus, z. B. *mi sciis* 'ich wusste', *mi scios* 'ich werde wissen'. Der Verbstamm bleibt immer gleich.

Natürliche Sprachen haben keine so logischen Systeme, denn sie haben sich im Widerstreit unterschiedlicher Kräfte herausgebildet (vgl. Kapitel 3.4). Das französische Verb *savoir* hat sich aus dem vulgärlateinischen **sapēre* herausgebildet (das regelmäßiger war als das klassisch lateinische SCĪRE). Das /p/ hat sich zu /v/ abgeschwächt, das /e/ zu /ei/ diphthongiert und das finale /e/ ist weggefallen. Dadurch ergab sich zunächst das **altfranzösische** *saveir.* Diese diachronen phonologischen Prozesse waren regelmäßig. Das synchrone morphologische Ergebnis ist dagegen unregelmäßig. Manchmal wurden diese Unregelmäßigkeiten durch sogenannte ***Analogie*** ausgeglichen. So ergab sich im Altfranzösischen erst einmal *je sai, tu ses, il set* – demgegenüber sieht *je sais, tu sais, il sait* schon gleich viel regelmäßiger aus! Das kann nicht nur die Rechtschreibung betreffen, sondern auch die Lautung. Ein Beispiel dafür ist afr. *ils sevent* vs. nfr. *ils savent.*

Typen von Allomorphen

Genauso wie die strukturalistische *Phonologie* zwischen freien und kombinatorischen Varianten eines Phonems unterscheidet, unterscheidet die strukturalistische *Morphologie* zwischen freien und kombinatorischen Varianten eines Morphems. Während in der Phonologie **freie Varianten** sehr häufig sind und insbesondere regionale Identitäten ausdrücken und konstruieren (z. B. das 'gerollte' *r*; vgl. Kapitel 6.2.1), sind diese im Bereich der Morphologie sehr selten. Ein Beispiel ist etwa *pai-/pay-*, die beide vor *-ement* in *paiement* bzw. *payement* 'Bezahlung' auftreten können.

Kombinatorische Varianten können verschiedene Gründe haben: morphologische und phonologische. Ein Beispiel für eine **morphologisch** bedingte kombinatorische Variation stellt die **Stammallomorphie** dar: Je nach Person, Numerus, Tempus, Modus etc. findet sich ein anderes Allomorph, z. B. *sach-* für den *subjonctif.* In anderen Fällen kann die **Phonologie** die Ursache für ein Allomorph sein. Dies ist beispielsweise der Fall bei *in-* und *im-*. Beide drücken das Gegenteil aus: z. B. *intéressant* vs. *inintéressant, possible* vs. *impossible.* Die Variante *im-* mit dem bilabialen Nasal /m/ findet sich dabei nur vor anderen bilabialen Konsonanten, d. h. /p/ und /m/ (z. B. *impensable, immortel*). Er erklärt sich phonologisch mit der regressiven Assimilation des Artikulationsorts: Für die Zunge ist es bequemer, beide Konsonanten an derselben Stelle zu artikulieren. Auch hier gilt also: Phonologische Einfachheit führt zu morphologischer Kompliziertheit.

Typen von Morphemen

Nicht nur bei den Allomorphen, auch bei den Morphemen unterscheidet man verschiedene Typen. Das Vierfelderschema in Tab. 7.1 zeigt, dass es zwei Faktoren gibt, einen formalen (*frei*/*gebunden*) und einen inhaltlichen (*lexikalisch*/*grammatisch*).[2] Freie und gebundene Morpheme sind einfach zu unterscheiden: **Freie** Morpheme bilden allein ein Wort, **gebundene** Morpheme sind immer nur Teil eines Worts (daher der Bindestrich). Bei lexikalischen und grammatischen Morphemen besteht der Unterschied darin, dass sie eine referentielle Bedeutung oder aber eine relationale Funktion haben: **Lexikalische** Morpheme beziehen sich auf Referenten in der außersprachlichen Welt (zur referentiellen Funktion der Sprache vgl. Kapitel 3.2.2 und 9.1.1). **Grammatische** Morpheme drücken dagegen Beziehungen zwischen Morphemen aus. Das *-ons* in *parlons* kann man nur verstehen, wenn man *parlons* mit *parlez* vergleicht: *-ons* steht für die 1. Person Plural, *-ez* für die 2. Person Plural.

		Form	
		frei	**gebunden**
Inhalt	**lexikalisch**	z. B. *chien*	z. B. *ocul-*
	grammatisch	z. B. *le, avec*	z. B. *-s, -ons, -ette*

Tab. 7.1: Typen von Morphemen.

Aus diesen beiden Oppositionen ergeben sich vier Typen (vgl. Tab. 7.1). Das, was uns spontan als erstes in den Sinn kommt, wenn wir an ein Wort denken, sind die **freien lexikalischen Morpheme** (z. B. fr. *chien*). Wenn Wörter keine Bedeutung haben, sondern eine grammatische Funktion, dann spricht man von ***freien grammatischen Morphemen***. Beispiele dafür sind die Präposition *avec* oder der bestimmte Artikel *le*. **Grammatische gebundene Morpheme** kennen Sie aus der Deklination und der Konjugation (z. B. das Plural-*s* von *grands* oder das *-ons* der 1. Person Plural in *parlons*). Es handelt sich hierbei um Flexionsmorpheme (vgl. Kapitel 7.3). Daneben existieren auch Derivationsmorpheme wie das *-ette* von *Yogurette* (dazu mehr in Kapitel 7.2). Es gibt aber auch **lexikalische Morpheme**, die **gebunden** sind. Das ist der Fall der zahlreichen gelehrten Morpheme des Französischen aus dem Lateinischen und Griechischen, wie etwa *ocul-* ‘Auge’ in *oculiste* ‘Augenarzt’.

Lexikalische und grammatische Morpheme unterscheiden sich in einer Reihe von Eigenschaften. So lernen Sie im Fremdsprachenunterricht relativ bald sämtliche grammatischen Morpheme. Vielleicht kennen Sie jetzt schon alle, da es hiervon nämlich nur eine geringe Anzahl gibt, die man in einem kleinen Grammatikheftlein auflisten und schnell lernen kann. Wenn Sie in französischsprachige Länder fahren oder Filme schauen und Bücher lesen, begegnen ihnen diese Morpheme sehr häufig. Ihr Inventar ist seit vielen Jahrhunderten stabil.

2 Diese Unterscheidung hat nichts mit der Unterscheidung zwischen *lexikalischen* und *grammatischen Wörtern* in Kapitel 7.1 zu tun.

Dagegen gibt es sehr viele lexikalische Morpheme: Kein *native speaker* des Französischen kennt alle Wörter, die im Wörterbuch stehen! Zudem kommen ständig neue dazu. Sie haben in diesem Buch bereits sehr viele neue Wörter gelernt (z. B. *Diglossie, Plosiv, Stammallomorphie* etc.) – und es werden noch mehr! Man sagt daher, dass die lexikalischen Morpheme eine offene paradigmatischen Klasse bilden. Im Vergleich zu Präpositionen wie *pour* oder Verbendungen wie *-ons* haben sie aber nur eine geringe Frequenz. Tab. 7.2 liefert einen Überblick über diese Unterschiede.

Eigenschaft	**Morphemtyp**	
	lexikalisch	**grammatisch**
Inhalt	referentielle Bedeutung	relationale Funktion
paradigmatische Klasse	offen	geschlossen
Anzahl	groß	gering
Frequenz	niedrig	hoch
Wandel	ständig	selten

Tab. 7.2: Eigenschaften lexikalischer und grammatischer Morpheme.

Nachdem wir uns genau angesehen haben, welche verschiedenen 'Bausteine' (also Morpheme und Allomorphe) im 'Baukasten' Sprache vorhanden sind, widmen wir uns nun der Frage, wie sich daraus Wörter zusammensetzen.

7.2 Wortbildung

Sprecher*innen brauchen neue Wörter, wenn sie neue Dinge bezeichnen wollen. Dies war im Laufe der Sprachgeschichte besonders häufig im Bereich des Essenswortschatzes der Fall: Durch Entdeckungen, Kolonisierungen und Handelsbeziehungen kamen neue Pflanzen und Speisen nach Europa – für die die Europäer dann auch Wörter brauchten (vgl. Kapitel 4.3.2). Nehmen wir das Beispiel der Wortfelder von Obst und Gemüse. Die Römer kannten u. a. Birnen und Spargel. Die entsprechenden französischen Wörter sind Erbwörter aus dem Lateinischen: fr. *poire* < vlat. *pira*; Plural von PIRUM 'Birne', fr. *asperge* < klat. ASPARAGUS. Importiert wurden Früchte manchmal mit ihrem Namen aus dem Ursprungsland, beispielsweise fr. *ananas* aus dem Tupi-Guaraní *(a)naná* in Brasilien (über das Portugiesische) oder fr. *tomate* aus dem Nahuatl *tomatl* (über das Spanische). Andere exotische Importe bekamen dagegen einen neuen Namen aus dem 'Baukasten' des Französischen: *pomme de terre, courgette* etc. Nach welchen 'Bauplänen' dies geschah, sehen wir uns nun genauer an.

7.2.1 Typen

Sie lernen im Folgenden die wichtigsten Wortbildungstypen kennen: Komposition, Derivation und Wortkürzung.

Komposition

Bei der Komposition werden **zwei Wurzeln** miteinander verbunden. Dazu gibt es die folgenden Möglichkeiten:

- **Nebeneinanderstellen:** z. B. *petits pois, pois chiches* 'Kichererbsen' (< *chiche* 'kärglich'), *citron vert* 'Limette';
- **Verbindung mit Bindestrich**: z. B. *chou-fleur, chou-rave* 'Kohlrabi' (< *chou* 'Kohl', *rave* 'Rübe'), *céléri-rave* 'Knollensellerie';
- **Verbindung mit der Präposition *de*:** z. B. *pomme de terre, noix de coco, noix de cajou* 'Cashew-Kern';
- **Verbindung mit der Präposition *à*:** z. B. *fruit à pain* 'Brotfrucht', *groseille à maquereau* 'Stachelbeere' (< *groseille* 'rote Johannisbeere', *maquereau* 'Makrele');
- **Aneinanderschreibung ohne Leerzeichen:** z. B. *betterave* in *betterave rouge* 'rote Beete' (< *b(l)ette* 'Mangold', *rave* 'Rübe').

In diesen Beispielen werden jeweils zwei volkstümliche Wurzeln zusammengefügt, die außerhalb der Komposita als eigenständige Wörter existieren.

Anders ist der Fall bei den **gelehrten Komposita**, die aus lateinischen oder griechischen Morphen bestehen. Diese sind meist gebunden. Ein französisches Beispielwort aus lateinischem 'Baumaterial' ist *herbivore* 'Pflanzenfresser'. Es besteht aus den folgenden zwei Bestandteilen: *herbi-* geht auf das lateinische HERBA 'Kraut' zurück. Von diesem stammt das französische Erbwort *herbe* ab (zum Begriff des *Erbworts* vgl. Kapitel 4.3.2). Das gebundene Morphem *herbi-* findet sich auch in *herbicide* 'Unkrautvernichtungsmittel'. Das Morphem *-vore* geht auf lat. -VORUS zurück (von VORARE 'verschlingen') und ist u. a. ebenfalls aus *carnivore* 'Fleischfresser' und *frugivore* 'Fruchtfresser' bekannt. Ein *herbivore* ist also wörtlich 'jemand, der Kraut verschlingt'.

Solche sogenannten ***Dubletten*** 'Doppelformen' wie *herbe*/*herbi-* aus einem Erbwort und einem gelehrten gebundenen Morph kommen im Französischen häufig vor (vgl. Tab. 7.3). Historisch ist das gelehrte gebundene Morph häufig Teil eines gelehrten Lehnworts, das als Ganzes entlehnt wurde (z. B. *oculaire* 'Augen-' < lat. OCULARIS) und nicht unbedingt ein produktiver 'Baustein' der französischen Wortbildung (wie *ocul-* in *oculiste* 'Augenarzt'). Im Sprachbewusstsein der Sprecher*innen dürfte es hier aber keinen Unterschied geben zwischen zerlegbaren Wörtern, die als Ganzes aus dem Lateinischen entlehnt wurden und solchen, die erst im Französischen gebildet wurden.

Erbwort		Lehnwort	
Französisches Wort	**Lateinisches Etymon**	**Französisches Wort**	**Gelehrtes gebundenes Morph**
oreille	vlat. **auricula(m)*	*auriculothérapie*	*auriculo-*
bain	BALNEUM	*balnéothérapie*	*balné(o)-*
cœur	COR, CORDIS	*cordiforme*	*cordi-*
langue	LINGUA	*unilingue*	*-lingue*
œil	OCULUS	*oculiste*	*ocul-*

Tab. 7.3: Dubletten aus Erbwort und gelehrtem gebundenen Morph.

Für die Morphologie stellt sich in diesen Fällen die Frage, ob Erbwort (z. B. *œil*) und gelehrtes gebundenes Morph (z. B. *ocul-*) Allomorphe desselben Morphems oder zwei unterschiedliche Morpheme darstellen. Die Forschung gibt auf diese Frage zwei unterschiedliche Antworten. Der eine Standpunkt ist, dass das Französische zwei Wortbildungssysteme hat – ein volkstümliches und ein gelehrtes –, und diese beiden Systeme getrennt behandelt werden sollten. Der andere Standpunkt ist, dass das Französische ein einziges Wortbildungssystem hat und es dementsprechend ein Morphem {œil} mit zwei Allomorphen *œil* und *ocul-* gibt (vgl. Schpak-Dolt [4]2016).

Ein Sonderfall der Komposition ist die **Reduplikation**. Hierbei wird eine Wurzel oder ein Teil davon verdoppelt. Dieses Wortbildungsmuster ist besonders häufig in der Kindersprache, z. B. *(jouer à) cache-cache* 'verstecken (spielen)', *doudou* 'Kuscheltier' oder *nounours* 'Teddy(bär)'. Manche dieser Wörter werden auch in die Erwachsenensprache übernommen, insbesondere die Internationalismen *Mama/maman* und *Papa/papa.*

Ein letzter Spezialfall sind die sogenannten ***mots-valise***, die auch engl. *portemanteau word* bzw. dt. *Port(e)manteauwort* genannt werden. Es handelt sich dabei um bewusst geschaffene Neologismen, bei denen zwei Wörter zu einem neuen verschmelzen. Ein bekanntes französisches Beispiel ist *franglais* (1953) (vgl. Kapitel 4.3.2). Weitere bemerkenswerte Fälle aus den vergangenen Jahrzehnten sind *adulescent* (1984) aus *adulte* und *adolescent* bzw. *adolescence* für die sich immer länger hinziehende Lebensphase der Jugend, *pourriel* (1997) aus *poubelle* und *courriel*, das in Québec den Anglizismus *spam* verhindern soll, sowie *bistronomie* (2005) aus *bistro* und *gastronomie* für kreative Küche auf Basis klassischer Bistro-Kultur.

Derivation

Bei der Derivation wird aus einer Derivationsbasis mit Hilfe von **Affixen** (Präfixen und Suffixen) ein neues Wort abgeleitet. So leitet sich beispielsweise mit Hilfe des Diminutivsuffixes *-ette* (vgl. *Yogurette*) die aus Amerika stammende 'Zucchini' *cour-*

gette aus dem ebenfalls importierten 'Kürbis' *courge* ab, aber auch die heimische *ciboulette* 'Schnittlauch' aus *ciboule* 'Frühlingszwiebel' (auch *cive* oder *oignon de printemps* genannt) und die ebenfalls heimische *noisette* 'Haselnuss' aus *noix* 'Walnuss'. **Präfixe** finden sich eher bei Adjektiven und Verben als bei Substantiven, z. B. *in-/im-* für das Gegenteil in *inintéressant* und *impossible* (vgl. Kapitel 7.1.2) oder *re-* für die Wiederholung in *refaire, reprendre, repenser* etc. Neuerdings findet sich *re-* auch in Kombination mit Substantiven: z. B. in *rebonjour* oder *reconfinement* – zwei Wörter mit sehr vielen Internetbelegen (*rebonjour*: über 600 000 *Google*-Hits, *reconfinement*: über 13 Mio. *Google*-Hits), die aber (noch nicht?) Eingang in die Wörterbücher gefunden haben.

À vous !
Überlegen Sie, wo die Obstbezeichnungen *clémentine* und *mirabelle* herkommen könnten. Recherchieren Sie anschließend im *Petit Robert*!

Ein Sonderfall der Derivation ist die sogenannte **Parasynthese**. Hier finden Präfigierung und Suffigierung gleichzeitig statt. Dies ist beispielsweise der Fall bei *encolure* 'Kragennummer'. Es besteht kein Zweifel, dass dieses Wort auf *col* 'Kragen' zurückgeht. Jedoch existiert weder **encol* noch **colure*. Das Präfix *en-* und das Suffix *-ure* müssen also gleichzeitig dazu gekommen sein. Anders ist der Fall bei *contre-révolutionnaire*. Hier gibt es theoretisch zwei Möglichkeiten: Aus *révolution* kann man *révolutionnaire* ableiten und daraus wiederum *contre-révolutionnaire*. Oder aber man leitet aus *révolution* zunächst *contre-révolution* ab und daraus dann *contre-révolutionnaire*. Wenn man wissen will, welcher Ableitungspfad historisch wahrscheinlicher ist, sieht man im Wörterbuch nach, von wann die Erstbelege der Zwischenschritte stammen. Im vorliegenden Beispiel liegen *révolutionnaire* (1789) und *contre-révolution* (1790) laut *Petit Robert* allerdings so nah beieinander, dass dies offenbleibt.

In einigen Fällen ist es nicht einfach, **Präfigierung** und **Komposition** voneinander abzugrenzen. Wenn man Wörter wie *sous-sol* 'Untergeschoss', *sous-chef* 'stellvertretender' Chef oder *sous-estimer* 'unterschätzen' betrachtet, handelt es sich dann um Kompositionen mit der Präposition *sous* – also einem selbständigen Wort – oder um Präfigierungen mit einem gebundenen Präfix *sous-*? Dieselbe Frage stellt sich für *sur* (z. B. in *surestimer* 'überschätzen') und *entre* (z. B. in *s'entraider* 'sich gegenseitig helfen'). Die Forschung und die Wörterbücher tendieren dazu, hier ein Nebeneinander von Präposition und Präfix anzunehmen.

Einen weiteren Sonderfall der Derivation könnte man glatt übersehen. Denn das neue Wort ist in seiner Form identisch mit dem alten. Daher spricht man hier von ***Nullableitung***. Was sich ändert, ist die Wortart und dementsprechend auch das Verhalten im Satz. Daher nennt man dieses Verfahren der Wortbildung auch ***Konversion***. Im Französischen sind einige Farbadjektive so entstanden: *orange* 'Apfelsine' >

orange 'orange', *marron* 'Kastanie' > *marron* 'braun', *violette* 'Veilchen' > *violet* 'lila' und *rose* 'Rose' > *rose* 'rosa'.

Wortkürzung

Während durch Komposition und Derivation *längere* neue Wörter entstehen, sind gerade im Französischen auch verschiedene Arten der Wort*kürzung* sehr häufig. Im Fremdsprachenunterricht lernt man Wörter wie *prof(esseur)* oder *bac(calauréat)* oft als jugendsprachlich. Ein Blick ins Wörterbuch zeigt allerdings, dass solche **Apokopen** (Kürzungen am Wortende) sehr verbreitet und z. T. schon sehr alt sind. Bei manchen Wörtern (z. B. *vélo, pneu* 'Reifen') ist das Ursprungswort mittlerweile sogar völlig ungebräuchlich. Im *Petit Robert* findet man u. a. (chronologisch bzw. alphabetisch geordnet):

- **mit eigenem Eintrag:** *bac* (1880) < *baccalauréat, vélo* (1890) < *vélocipède, métro* (1891) < *métropolitain, pneu* (1891) < *pneumatique, moto* (1898) < *motocyclette, stylo* (1912) < *stylographe, météo* (1917) < *météorologie*;
- **mit eigenem Eintrag und Markierung fam. (*familier*):** *philo* (1880) < *philosophie, apéro* (1901) < *apéritif, sympa* (1906) < *sympathique, télé* (1952) < *télévision, pub* (1965) < *publicité, écolo* (1975) < *écologiste*;
- **im Eintrag des Ursprungsworts mit Markierung fam.:** *amphi* (1829) < *amphithéâtre* 'Hörsaal', *gym* (1878) < *gymnastique, récré* (1878) < *récréation, dico* (1885) < *dictionnaire, prof* (1890) < *professeur, frigo* 'Kühlschrank' (1915) < *frigorifié, sécu* (1960) < *sécurité sociale, gastro* 'Magen-Darm-Grippe' (1972) < *gastroentérite, ado* (1974) < *adolescent, appart* (1976) < *appartement, clim* (1985) < *climatisation*;
- **im Eintrag des Ursprungsworts mit Markierung fam. ohne Jahreszahl:** *cata* < *catastrophe, d'ac* < *d'accord, dispo* < *disponible, expo* < *exposition, fac* 'Uni' < *faculté, imper* < *imperméable* 'Regenmantel', *mat* < *matin, maths* < *mathématiques, ordi* < *ordinateur, restau/resto* < *restaurant*;
- **nicht im *Petit Robert*:** z. B. *petit déj* < *petit déjeuner, phono* < *phonologie.*

Die **Aphärese** funktioniert spiegelbildlich zur Apokope. Hierbei wird der Beginn des Wortes weggekürzt. Dieser Prozess ist in der französischen Sprachgeschichte ebenfalls belegt, aber deutlich seltener. Beispiele dafür sind *bus* (1881) < *omnibus* (1825) < *voiture omnibus* (vgl. lat. *omnibus* 'für alle') und *car* (1928) < *autocar.*

Im Französischen wiederum häufiger sind Siglen und Akronyme – aus den Anfangsbuchstaben von Komposita oder Wortgruppen gebildete Abkürzungen. Der wesentliche Unterschied zwischen beiden Typen ist: Bei den **Siglen** wird die Abkürzung buchstabiert (z. B. fr. *V.T.T./VTT* [vetete] (1987) < *vélo tout-terrain*), bei den **Akronymen** vorgelesen (z. B. *ENA* [ena] < *École nationale d'administration*, 1945–2021). Besonders interessant ist, dass alle Typen von Abkürzungen wieder die Basis für neue Wortbildungen sein können (z. B. *stylo* > *stylo-bille* 'Kugelschreiber', *bus* > *minibus, V.T.T.* > *vététéiste* 'Mountainbiker*in').

Tabelle 7.4 liefert noch einmal einen Überblick über die Definitionen der einzelnen 'Bausteine', die wir im Laufe dieses Unterkapitels kennengelernt haben.

Begriff	**Definitionen**	**Beispiele**
Affix	Oberbegriff für Präfixe und Suffixe	s.u.
Präfix	gebundenes Morphem vor Stamm bzw. Derivationsbasis	*in-*, *re-*
Suffix	gebundene Morpheme nach Stamm bzw. Derivationsbasis	*-ette*, *-ons*
Stamm	Wortform ohne Flexionsaffixe	*pens-* bei *penser*
Derivationsbasis	Wortform ohne letztes hinzugefügtes Derivationsaffix	*pensable* bei *impensable*, *pens-* bei *pensable*
Wurzel	Wortform ohne sämtliche (Derivations- und Flexions-)Affixe	*pens-* bei *impensables*
Simplex	Wort, dessen Stamm nur aus einer Wurzel besteht	*pour*, *chien*, *rapide*

Tab. 7.4: Grundbegriffe der Morphologie.

Ein wichtiger Fachbegriff der Morphologie fehlt uns bislang noch: ***Simplex***. Darunter versteht man ein Wort, dessen Stamm sich gar nicht morphologisch zerlegen lässt, sondern nur aus einer Wurzel besteht. Simplizia sind daher nicht Gegenstand der Wortbildungslehre, sondern nur der Flexionslehre.

7.2.2 Motiviertheit und Produktivität

Wir haben in diesem Kapitel bislang die Morphologie aus zwei Perspektiven betrachtet: aus der Perspektive der theoretisch möglichen 'Konstruktionspläne' und aus der Perspektive der historisch real stattgefundenen 'Konstruktionsprozesse'. Daneben interessiert sich die Morphologie aber auch dafür, was aktuell stattfindet bzw. stattfinden kann und damit relevant für die Zukunft ist. Dabei dürfen wir nicht vergessen, dass die meisten Sprecher*innen keine Linguist*innen sind. Das, was sie an den existierenden Wortbildungsmustern erkennen, ist nur ein Bruchteil oder auch eine andere Interpretation von dem, was Profis analysieren. Doch genau dieses Sprachbewusstsein der Laien ist relevant dafür, was als 'Baustein' einer Sprache wahrgenommen wird. Nur aus diesen 'Bausteinen' können neue Wörter entstehen. Diese 'Durchschaubarkeit' nennt man in der Sprachwissenschaft *Motiviertheit*, die 'Bautätigkeit' *Produktivität*.

Zur **Motiviertheit** gehören zwei Aspekte: Ein Wort ist motiviert, wenn es in seine Bestandteile zerlegt werden kann (**formale Analysierbarkeit**) und wenn aus den Bedeutungen dieser Bestandteile die Gesamtbedeutung abgeleitet werden kann (**semantische Transparenz**). Dies können wir gut am Beispiel *déstabiliser* 'destabilisieren, aus dem Gleichgewicht bringen' demonstrieren. Diese Wortform ist formal analysierbar, da man sie in regelmäßig wiederkehrende Bestandteile zerlegen kann:

dé- findet sich z. B. auch in *déraciner* 'entwurzeln' und *découper* 'zerschneiden', *stabil-* auch in *stabiliser* und *stabilité*, *-is-* in *catégoriser* und *économiser* sowie das Suffix *-er* im Infinitiv der zahllosen Verben der 1. Gruppe. Das Wort ist zudem semantisch transparent, da sich seine Gesamtbedeutung aus den Bedeutungen seiner Bestandteile ableiten lässt: *dé-* ist ein Präfix für eine Wendung in das Gegenteil, *stabil* bedeutet 'stabil', *-is-* ist ein Infix (gebundenes Morphem innerhalb des Wortes) zur Bildung von Verben der Veränderung und *-er* schließlich ein Suffix zur Bildung von Infinitiven.

Im Laufe der Sprachgeschichte kann diese Motivation aber auch verloren gehen. Diesen Prozess nennt man ***Demotivierung***. Ein französisches Beispiel dafür ist *biscuit* ('Keks'), das seit 1175 belegt ist. Das Wort ist zwar diachron zerlegbar, synchron jedoch nicht mehr. Entsprechend ist seine Bedeutung auch nicht aus *bis-* ('doppelt') und *cuit* ('gebacken') ableitbar – damit würde man eher beim deutschen *Zwieback* landen! Diese Entstehung einer neuen Wurzel aus einem Kompositum oder einem Derivat nennt man ***Lexikalisierung***. Der Übergang zwischen Motiviertheit und Demotiviertheit ist fließend. Die Grade der Lexikalisierung lassen sich am Beispiel *-ette* illustrieren: Während bei dt. *Yogurette* die Verkleinerung noch wirksam ist, genauso wie bei fr. *placette* 'kleiner Platz', dürften die meisten L1-Sprecher*innen des Französischen *lunette* 'Brille' und *bicyclette* 'Fahrrad' als Simplizia wahrnehmen.

Motiviertheit ist die Voraussetzung für **Produktivität**: Dabei ist ein Wortbildungsmuster in einer Zeitspanne dann produktiv, wenn es der Bildung neuer Wörter dient. Dies ist beispielsweise der Fall des französischen Suffixes *-tion*. Die Recherche im Wörterbuch zeigt, dass es noch in den vergangenen Jahrzehnten zur Bildung neuer Wörter gedient hat: z. B. *autonomisation* (1980) < *autonome* oder *sponsorisation* (1986) < *sponsoriser*.

7.3 Flexion

Die Flexionslehre beschäftigt sich mit der Bildung der Formen eines Wortes: z. B. *grand, grande, grands, grandes*; *parle, parles, parle, parlons, parlez, parlent*. Es geht also um Deklination und Konjugation. Je nach Wortart (z. B. Adjektiv, Verb) werden hierbei verschiedene grammatische Kategorien (z. B. Numerus) mit verschiedenen Endungen markiert (z. B. *-s*, *-ent*). Tab. 7.5 gibt einen Überblick über die Wortarten und grammatischen Kategorien, die grundsätzlich von der Deklination und Konjugation betroffen sind. In den folgenden Unterkapiteln betrachten wir dann näher die Deklination und Konjugation im Französischen (Kapitel 7.3.1) sowie die daran beteiligten Wortarten (Kapitel 7.3.2) und grammatischen Kategorien (Kapitel 7.3.3).

	Deklination	Konjugation
Wortarten	Substantiv, Adjektiv, Artikel, Pronomen	Verb
Grammatische Kategorien	• **Genus**: Maskulinum, Femininum, Neutrum etc. • **Numerus**: Singular, Plural etc. • **Kasus**: Nominativ, Genitiv, Dativ, Akkusativ etc.	• **Person**: 1., 2., 3. • **Numerus**: Singular, Plural etc. • **Tempus**: Präsens, Präteritum, Futur etc. • **Modus**: Indikativ, Konjunktiv, *subjonctif*, Konditional, Imperativ etc. • **Aspekt**: perfektiv, imperfektiv • ***Genus verbi* / Diathese**: Aktiv, Passiv etc.

Tab. 7.5: An der Flexion beteiligte Wortarten und grammatische Kategorien.

7.3.1 Deklination und Konjugation

Deklination

Substantive und Adjektive werden im Französischen lediglich nach Numerus und Genus dekliniert (vgl. Tab. 7.6). Die Kategorie Kasus findet sich im Gegensatz zum Deutschen und Lateinischen nur bei den Pronomina (*il/elle*, *lui*, *le*/ *la* etc.). Wenn man den Stamm durch den Platzhalter *X* ersetzt, erhält man das Flexionsschema, das Sie aus der Sprachpraxis kennen: Für das Feminum hängt man im Französischen ein -*e* an, für den Plural ein -*s*.

Numerus	Genus	Adjektiv	Substantiv	Flexionsschema
Singular	Maskulinum	*grand*	*étudiant*	X-
	Femininum	*grande*	*étudiante*	X-*e*
Plural	Maskulinum	*grands*	*étudiants*	X-*s*
	Femininum	*grandes*	*étudiantes*	X-*es*

Tab. 7.6: Deklination der Adjektive und Substantive im Französischen.

Konjugation

Die Konjugation der Verben betrifft im Französischen die folgenden Kategorien: Person (1., 2., 3.), Numerus (Singular/Plural), Tempus (Präsens, Futur etc.), Modus (Indikativ, *subjonctif*, Konditional), Aspekt (nur in der Vergangenheit: *imparfait* vs.

passé simple bzw. *passé composé*) und *Genus verbi*/Diathese (Aktiv/Passiv). Tab. 7.7 bildet die Konjugation der regelmäßigen Verben der 1. Gruppe auf *-er* im Indikativ Präsens ab. Aus diesem regelmäßigen Paradigma lässt sich das Flexionsschema ableiten, das Sie ebenfalls im Französischunterricht gelernt haben.

Numerus	Person	Verb	Flexionsschema
Singular	1	*parle*	X-*e*
	2	*parles*	X-*es*
	3	*parle*	X-*e*
Plural	1	*parlons*	X-*ons*
	2	*parlez*	X-*ez*
	3	*parlent*	X-*ent*

Tab. 7.7: Konjugationsschema der Verben auf *-er*.

Diese Paradigmata und Flexionsschemata beschränken sich auf das graphische Medium. Aufgrund des großen Unterschieds zwischen Graphie und Phonie im Französischen (vgl. Kapitel 1 und 6) lohnt es sich, die Flexionsschemata der beiden Medien zu vergleichen. Tab. 7.8 zeigt, dass in der Phonie nur zwischen Maskulinum und Femininum unterschieden wird – und zwar über die Aussprache des finalen Konsonanten (während in der Graphie ein finaler Vokal markiert wird). Das Plural-*s* ist bekanntermaßen stumm.

Graphie vs. Phonie

Num.	Genus	Graphie		Phonie	
		Deklination	**Flexionsschema**	**Deklination**	**Flexionsschema**
Sg.	Mask.	<grand>	X-	/gʁɑ̃/	X-
	Fem.	<grande>	X-*e*	/gʁɑ̃d/	X-*C*
Pl.	Mask.	<grands>	X-*s*	/gʁɑ̃/	X-
	Fem.	<grandes>	X-*es*	/gʁɑ̃d/	X-*C*

Tab. 7.8: Deklination im graphischen und phonischen Medium.

Bei der Konjugation der regelmäßigen Verben auf *-er* ist der Unterschied zwischen Graphie und Phonie noch frappierender. Da die finalen Konsonanten der Endungen auf *-es* (2. Pers. Sg.) und *-ent* (3. Pers. Pl.) stumm sind, fallen die entsprechenden Formen in der Phonie mit der 1. und 3. Person Singular zusammen. Zudem wird die 1. Person Plural in der konzeptionell gesprochenen Sprache mit *(nous) on* statt mit *nous* gebildet (vgl. Kapitel 1.1.1); dieser folgt dieselbe unmarkierte Verbform. Damit beschränkt sich die Konjugation auf die 2. Person Plural (*vous parlez*) – also die pragmatisch markierte Höflichkeitsform.

Num.	Pers.	Graphie		Phonie	
		Konjugation	Flexions-schema	Konjugation	Flexions-schema
Sg.	1	<parle>	X-*e*	/paʁl/	X-
	2	<parles>	X-*es*	/paʁl/	X-
	3	<parle>	X-*e*	/paʁl/	X-
Pl.	1	<parlons>	X-*ons*	/paʁl/ (*nous on*)	X-
	2	<parlez>	X-*ez*	/paʁle/	X-[e]
	3	<parlent>	X-*ent*	/paʁl/	X-

Tab. 7.9: Konjugation im graphischen und phonischen Medium.

7.3.2 Wortarten

Wörter lassen sich unterschiedlichen Wortarten zuordnen. In der Grundschule lernt man zunächst Bezeichnungen wie *Tunwort* oder *Eigenschaftswort.* Diese schulgrammatische Terminologie stammt aus der Antike. Sie verweist auf die typischen Bedeutungen der betreffenden Wörter. So drückt beispielsweise dt. *schlagen* eine Tätigkeit aus und *schön* eine Eigenschaft. Dies ist aber nur im prototypischen Fall so. Es gibt auch viele Gegenbeispiele. So 'tut' man eigentlich nichts, wenn man *sich* einfach nur irgendwo *befindet.* Die moderne Sprachwissenschaft orientiert sich daher v. a. an morphologischen Kriterien.

Abb. 7.2 zeigt, wie Wortarten und Flexion zusammenhängen. Das wichtigste Unterscheidungskriterium ist, ob eine Wortart überhaupt flektiert werden kann oder nicht. Bei vier Wortarten ist das nämlich nicht der Fall: Präpositionen, Konjunktionen, Adverben und Interjektionen. Bei den flektierbaren Wortarten unterscheidet man zwischen Konjugation (der Verben) und Deklination. Dabei haben die Substantive ein Genus (das man bei Fremdsprachen mitlernen muss), während Adjektive, Artikel und Pronomina Formen für alle Genera haben und entsprechend angeglichen werden müssen (**Kongruenz**), z. B. *une grande femme.* Bei diesen Wortarten unterscheidet man noch zwischen steigerbaren Adjektiven und nicht-steigerbaren Artikeln und Pronomina.

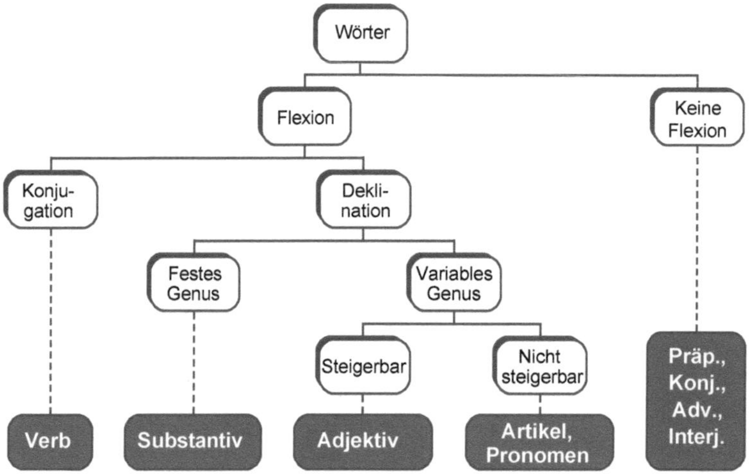

Abb. 7.2: Flektierbarkeit der Wortarten (in Anlehnung an Pomino/Zepp [2]2008: 76).

Die Darstellung in Abb. 7.2 beinhaltet allerdings nicht alle Wortarten. Es fehlen insbesondere die sehr schwer einzuordnenden **Numeralia** (Zahlwörter), die sich z. T. wie Substantive (z. B. *une dizaine de jours*), z. T. wie Adjektive (*dix jours*) und z. T. wie Pronomina (*ils sont dix*) verhalten.

7.3.3 Grammatische Kategorien

Die Flexionsmorpheme drücken eine Vielzahl grammatischer Kategorien aus: Genus, Numerus, Kasus, Tempus, Modus, Aspekt und *Genus verbi* (vgl. Tab. 7.5). Ziel dieses Unterkapitels ist es, diese Kategorien ganz allgemein vorzustellen und anschließend anhand von französischen Beispielen im Sprachvergleich (v. a. mit dem Deutschen und den übrigen romanischen Sprachen) zu veranschaulichen.

Genus

Der sprachwissenschaftliche Fachterminus *Genus* stammt aus dem Lateinischen, wo GENUS 'Art, Gattung, Geschlecht' bedeutet. Trotz seiner Herkunft sollte er jedoch keinesfalls mit *Geschlecht* synonym verwendet werden. Denn alltagssprachlich bezeichnet *Geschlecht* den sogenannten biologischen *Sexus*, d. h. die Existenz von XX- oder XY-Chromosomen bzw. entsprechender äußerer Geschlechtsmerkmale. Dem gegenüber steht der Begriff *Gender*, der auf die selbst empfundene bzw. sozial konstruierte (Geschlechts-)Identität verweist. Das grammatische Genus hängt in prototypischen Fällen zwar damit zusammen (z. B. bei den deutschen Personenbezeichnungen *der Mann* und *die Frau*), aber nicht immer (z. B. dt. *das Mädchen*). Wie kann man untypische Fälle wie *das Mädchen* erklären, die uns selbst vielleicht gar nicht auffallen, aber bei Deutschlernenden regelmäßig für Kopfschütteln sorgen? Das Diminutivsuffix *-chen* geht stets mit dem Neutrum einher. Entsprechend heißt es auch *das Männchen*, obwohl es *der Mann* ist. Aus diesem Grunde sprechen wir in der Sprachwissenschaft immer vom *Genus*, damit ganz klar ist, was gemeint ist. Sagen oder schreiben Sie daher bitte nie *„das weibliche Geschlecht", *„das weibliche Genus" oder *„das feminine Geschlecht"! *Die Idee* hat kein XX-Chromosom, *der Tisch* hat kein XY-Chromosom. In der Sprachwissenschaft sagt man daher das ***feminine*** *Genus* und das ***maskuline*** *Genus*. Dennoch weckt das generische Maskulinum (z. B. *Lehrer* oder *enseignants* für Männer und Frauen) bei Personen mehr die Vorstellung von Männern als von Frauen. Aus diesem Grund setzen sich gerade mehr und mehr gegenderte Formen wie *Lehrer*innen* oder *enseignant·e·s* durch (mehr dazu in Kapitel 9.6).

Wenn man sich die Sprachen der Welt ansieht, dann stellt man fest, dass die Mehrzahl ohne Genusunterscheidungen auskommt. Der *World Atlas of Language Structures Online* (WALS; wals.info/) liefert in seiner Karte zu diesem Thema (vgl. Abb. 7.3) die folgenden Zahlen und Verteilungen: Die meisten dokumentierten Sprachen (145) besitzen gar kein Genus. Dazu gehört beispielsweise das Englische, das nur den Artikel *the* kennt – aber bei den Personalpronomen *he* und *she* unterscheidet. 50 Sprachen kontrastieren wie das Französische zwei Genera, 26 wie das Deutsche drei Genera. Fast genauso oft gibt es aber auch Sprachen, die sogar fünf oder noch mehr Genera haben – bis hin zu 20! Diese findet man v. a. in Subsahara-Afrika.

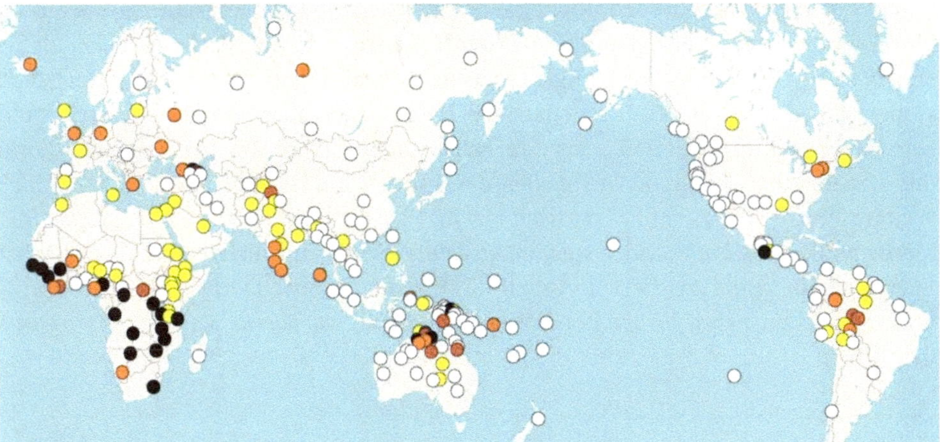

Abb. 7.3: Anzahl der Genera in den Sprachen der Welt (WALS, 30A).

Nach diesem Überblick über die Sprachen der Welt sehen wir uns nun die Romania genauer an. Während das Lateinische Maskulinum, Femininum und Neutrum unterschied (*amicus* 'Freund', *amica* 'Freundin', *oppidum* 'Festung'), gibt es in den romanischen Sprachen nur mehr Maskulinum und Femininum (und in den romanisch basierten Kreolsprachen sogar gar kein Genus). Es stellt sich also die Frage: Wo sind die Neutra hin? Im Wesentlichen sind diese auf zwei Wegen verschwunden. Erstens wurden Neutra in Maskulina reanalysiert. So wurde beispielsweise klat. VINUM zu vlat. *vinos* 'Wein' und daraus dann fr. *le vin*, sp. *el vino* und it. *il vino.* Zweitens wurden Formen des Neutrum Plural auf *-a* zum Femininum Singular reanalysiert. Ein Beispiel dafür haben wir zu Beginn des Kapitels bereits kennengelernt: fr. *poire* geht auf vlat. *pira* zurück – das war ursprünglich der Plural von klat. PIRUM 'Birne'.

Numerus

Der Begriff *Numerus* hat seinen Ursprung in lat. NUMERUS 'Zahl, Anzahl'. So wie das sprachliche Genus nicht mit dem außersprachlichen Geschlecht verwechselt werden darf, darf auch der Numerus nicht mit der *Anzahl* gleichgesetzt werden. Selbst wenn im prototypischen Fall ein Substantiv im **Singular** auf einen Referenten in der Einzahl verweist und ein Substantiv im **Plural** auf einen Referenten in der Mehrzahl, existieren auch Gegenbeispiele: dt. *Obst* meint viele Früchte, fr. *lunettes* eine einzige Brille. Neben Singular und Plural gibt es übrigens auch Sprachen, die einen Dual (für zwei), einen Trial (für drei) oder einen Paukal (für wenige) grammatisch ausdrücken.

Substantive wie dt. *Obst*, die nur im Singular gebraucht werden, nennt man ***Singularetantum.*** Weitere Beispiele sind dt. *Durst* bzw. fr. *soif* und dt. *Chaos* bzw. fr. *chaos.* Unterschiedlich verhalten sich Deutsch und Französisch dagegen im Fall von dt. *Hunger* und fr. *faim.* Während *Hunger* nur im Singular existiert, kann man auf Französisch sagen: *J'ai une de ces faims !* Häufiger kommt das Gegenteil vor: Substantive, die nur im Plural vorkommen, die sogenannten ***Pluraliatantum.*** Französische Beispiele dafür sind *lunettes* 'Brille', *jumelles* 'Fernglas, Opernglas' und *ciseaux* 'Schere'. Alle drei haben gemeinsam, dass sie aus zwei gleichartigen Teilen bestehen: zwei Gläser bei Brille und Fernglas, zwei Klingen bei der Schere. Im Fall von *lunette(s)* kontrastiert sogar der Plural mit dem Singular: Während *les lunettes* 'die Brille' heißt, ist *la lunette* 'die WC-Brille'. Weitere Wörter, die es auf Französisch nur im Plural gibt, sind *les mathématiques* 'die Mathematik (Singular)' und *les gens* 'die Leute'. Während im Deutschen das Wort *Eltern* nur im Plural existiert und man die Einzahl nur per Derivation als *Elternteil* versprachlichen kann, ist im Französischen sowohl *un parent* als auch *les parents* möglich.

À vous !
Das französische Substantiv *ciel* 'Himmel' hat zwei Plurale: *ciels* und *cieux.* Wie ist es dazu gekommen und was ist heute der semantische Unterschied? Machen Sie zunächst ein kurzes Brainstorming und recherchieren Sie dann im Wörterbuch!

Kasus

Die grammatische Kategorie des Kasus kennen Sie wahrscheinlich eher aus dem Lateinunterricht als aus dem Französischunterricht. Dort lernt man Paradigmata wie in Tab. 7.10 auswendig. Auch das Deutsche besitzt Kasus. Wenn Deutsch Ihre Erstsprache ist, machen Sie das intuitiv richtig. Vermutlich fällt es Ihnen sogar schwer, Paradigmata aus dem Kopf aufzusagen, wenn Deutschlernende Sie darum bitten (was diesen wiederum seltsam vorkommt, da sie diese Tabelle ja auswendig lernen mussten). Tab. 7.10 illustriert anhand der Wörter lat. AMĪCUS und dt. *Freund* die sechs Kasus des Lateinischen und die vier Kasus des Deutschen.

Kasus	Latein		Deutsch	
	Numerus		Numerus	
	Singular	Plural	Singular	Plural
Nominativ	AMĪCUS	AMĪCĪ	*der Freund*	*die Freunde*
Genitiv	AMĪCĪ	AMĪCŌRUM	*des Freunds*	*der Freunde*
Dativ	AMĪCŌ	AMĪCĪS	*dem Freund*	*den Freunden*
Akkusativ	AMĪCUM	AMĪCŌS	*den Freund*	*die Freunde*
Vokativ	AMĪCE	AMĪCĪ	---	---
Ablativ	AMĪCŌ	AMĪCĪS	---	---

Tab. 7.10: Deklination der Substantive im Lateinischen und im Deutschen.

Wer Französisch lernt, braucht keine solchen Tabellen auswendig zu lernen. Allerdings wäre es auch nicht ganz richtig zu sagen, dass das Französische gar kein Kasus besitzt. Wie wir in Kapitel 7.3.1 schon gesehen haben, unterscheidet man bei den **Pronomina** nämlich schon zwischen *il*, *lui* und *le* bzw. *elle*, *lui* und *la*. Im Französischen spricht man hier aber nicht von Nominativ, Dativ und Akkusativ, sondern vom *pronom sujet*, *pronom indirect* und *pronom direct*. Entsprechend bezeichnet man auch *à ton amie* in *Qu'est-ce que tu as donné à ton amie ?* als *complément d'object indirect*. *Direkt* ist das Objekt, das direkt nach dem Verb steht (z. B. *un cadeau* in *Je lui ai donné un cadeau.*), *indirekt* wenn zwischen Objekt und Verb noch eine Präposition steht.

Typologisch betrachtet ist es eher der Normalfall, dass der Kasus *nicht* morphologisch markiert wird; gebundene Kasussufffixe wie im Lateinischen und Deutschen sind der Sonderfall. Gleichzeitig ist es aber auch nicht ungewöhnlich, dass Sprachen sehr viele Kasus haben. Das Finnische und Ungarische haben je nach Zählung bis zu 15 bzw. 31 Kasus. Sie drücken direkt am Wort das aus, was wir im Deutschen und Französischen mit Präpositionen versprachlichen. Was beispielsweise der Instrumental (mit welchem Instrument?) und der Komitativ (mit welchem Begleiter?) in diesen Sprachen ausdrücken, erledigen dt. *mit* und fr. *avec*.

Vom Lateinischen zu den romanischen Sprachen wurden die Kasusmarkierungen am Substantiv also abgebaut. Die einzige Ausnahme stellt heute das Rumänische dar. Es besitzt zwei Kasus: Nominativ/Akkusativ vs. Genitiv/Dativ. Ein solches **Zwei-Kasus-System** ist in der Sprachgeschichte auch als Zwischenschritt dokumentiert: Das Altfranzösische und Altokzitanische kontrastieren den sogenannten *casus rectus* für die Subjektfunktion (Nominativ) mit dem *casus obliquus* für die Objektfunktionen.

Tempus

Nachdem wir nun die grammatischen Kategorien des Substantivs besprochen haben (der Numerus ist auch für das Verb relevant), kommen wir mit dem Tempus nun zum Verb. Auch hier ist es wichtig, zwischen grammatischem *Tempus* (**Präsens**, **Präteritum**, **Futur** etc.) und nicht-sprachlicher *Zeit* (Gegenwart, Vergangenheit, Zukunft) zu unterscheiden. Denn man kann insbesondere mit dem Präsens auch sehr gut die Zukunft ausdrücken (z. B. *Wir gehen morgen ins Kino.*). Das Lexem *morgen* ist dafür völlig ausreichend; eine grammatische Markierung ist nicht nötig. Das Präsens ist auch viel überzeugender, denn für die Zukunft kann man nichts garantieren (vgl. Kapitel 3.3.3). Aus diesem Grund drücken viele Sprachen nicht durch eigene Futurformen, sondern durch zusammengesetzte Formen mit Verben im Präsens die Zukunft aus (z. B. fr. *On va en parler.*). Diese können sich dann aber wieder grammatikalisieren, wie wir bereits in Kapitel 3.3.3 gesehen haben: Aus vlat. *cantare habeo* (statt klat. CANTABO) wurde fr. *chanterai*. Diesen Prozess nennt man *Grammatikalisierung*.

Modus

Der Modus ist die grammatische Kategorie, die ausdrückt, für wie sicher der oder die Sprecher*in das Gesagte hält. Im Deutschen unterscheidet man **Indikativ** und **Konjunktiv**, im Französischen gibt es neben dem Indikativ noch *conditionnel* und *subjonctif*. Entsprechend ist es für deutsche Lerner*innen des Französischen sehr schwer zu verstehen, wann man im Französischen den *subjonctif* verwenden muss oder kann, weil es diese Kategorie im Deutschen nicht gibt: nach Verben des Willens und der Wertung (*vouloir*, *regretter* etc.), unpersönlichen Ausdrücken (*il faut que*, *il vaut mieux que*), bestimmten Konjunktionen (*bien que*, *pour que*, *sans que* etc.), nach dem Superlativ etc. Aber auch *native speaker* des Französischen verwenden den *subjonctif* nicht immer, und insbesondere der *subjonctif imparfait* löst bei französischen Schüler*innen Erstaunen aus, wenn sie ihm im Schulunterricht zum ersten Mal begegnen. Dies illustriert der folgende Kasten mit der Transkription eines Ausschnitts aus dem Film *Entre les murs* (2008).

Entre les murs (2008): Der _imparfait du subjonctif_

Enseignant : Est-ce que quelqu'un peut me donner un exemple d'imparfait du subjonctif ? J'y crois pas, Khoumba, mais je t'écoute.

Khoumba : [...] *je fusse.* [...]
Esmeralda : [...] Mais euh ça se dit pas dans la vie. [...]
Une élève : [...] C'est pas pareil que le langage de maintenant. [...] Ça c'était avant. Même ma grand-mère elle parlait pas comme ça. [...]
Une élève : [...] Mais wesh, c'est dans le Moyen-Age ça.
Enseignant : Mais non, c'est pas dans le Moyen-Age. [...]
Une voix : C'est les bourgeois. [...]
Enseignant : [...] Effectivement, je, bon, c'est vrai, tout le monde ne parle pas de cette façon là, et même ils sont assez rares, les gens qui parlent comme ça. Là, je te l'accorde, euh c'est même plutôt, je dirais, des gens euh, des gens snobs qui l'utilisent, l'imparfait du, du subjonctif, plutôt.
(16′43″–19′19″; Transkription: E.P.)

Aspekt

Mindestens ebenso schwer zu verstehen ist für L1-Sprecher*innen des Deutschen sicherlich der Aspekt. Allerdings wird diese grammatische Kategorie im Französischen nur in den Tempora der Vergangenheit systematisch kontrastiert: **Imperfekt** vs. ***passé simple*** bzw. ***passé composé***. Im Präsens greift man auf Lexeme wie dt. *gerade* oder Umschreibungen wie fr. *être en train de faire qqch* zurück. Auf den ersten Blick hört sich die Erklärung einfach an, dass der Perfektiv – wie sein Name sagt – eine abgeschlossene Handlung ausdrückt und der Imperfektiv eine nicht abgeschlossene. In der Sprachpraxis bereitet diese Unterscheidung aber bekanntermaßen vielen Lerner*innen Schwierigkeiten.

Was uns aus deutschsprachiger Perspektive relativ exotisch erscheint, ist in den Sprachen der Welt aber gar nicht so selten. Etwa die Hälfte der im WALS dokumentierten Sprachen drückt den Aspekt grammatisch aus! Dies ist beispielsweise in den französisch-basierten Kreolsprachen der Fall. Im Guadeloupe-Kreol heißt etwa *an ka palé* 'ich spreche gerade' und *an té ka palé* 'ich habe gesprochen'. Tempus, Modus und Aspekt werden hier mit sogenannten **TMA-Markern** ausgedrückt (vgl. Kapitel 4.4.2). Wie das Beispiel zeigt, steht *té* (< fr. *était*) für die Vergangenheit und *ka* (dessen Herkunft unklar ist) für den progressiven Aspekt.

Genus verbi / Diathese

Das sogenannte *Genus verbi* ist Ihnen ganz sicher bekannt, wenn auch vielleicht nicht unter diesem Namen. Gemeint ist damit die Unterscheidung von **Aktiv** und **Passiv**. Viele Student*innen glauben, in wissenschaftlichen Texten müsse man besonders häufig das Passiv verwenden, damit es besonders objektiv klingt. Dies ist aber nicht richtig. Im Gegenteil: Viele internationale Fachzeitschriften verbieten sogar explizit die Verwendung des Passivs. Es verschleiert nämlich die Akteure: In einem Satz wie

Die Interviews wurden im August 2021 geführt. bleibt im Unklaren, wer der Interviewer oder die Interviewerin war. Dabei ist dies eine ganz wichtige Information, denn Sprecher*innen antworten erfahrungsgemäß unterschiedlich, wenn Ihnen ein älterer Professor aus dem eigenen Land oder eine Studentin aus dem Ausland die Fragen stellt.

7.4 Einfache vs. komplexe Sprachen

Nach diesem Überblick über die Grundbegriffe der Morphologie kommen wir im letzten Unterkapitel zu einer aktuellen sprachwissenschaftlichen Diskussion. Es geht um eine Frage, die in der Wissenschaft schon lange diskutiert wird und auch im Alltag präsent ist: Gibt es einfachere und komplexere Sprachen? Denken Sie über diese Frage zunächst einmal selbst nach!

À vous !
Gibt es einfachere und komplexere Sprachen? Warum oder warum nicht?

Wir sehen uns zunächst an, wie diese Frage in der Geschichte der Sprachwissenschaft beantwortet wurde, bevor wir in die aktuelle Diskussion einsteigen.

7.4.1 Wissenschaftsgeschichte

Wir gehen im Folgenden chronologisch vor. Sie werden erfahren, was Wissenschaftler vom Beginn des 19. Jahrhunderts bis zur Mitte des 20. Jahrhunderts zur Frage der Komplexität der Sprachen dachten. Dabei lernen Sie nicht nur ein paar berühmte Persönlichkeiten kennen, sondern auch einige zentrale Begriffe der Sprachtypologie: *flektierende*, *agglutinierende* und *isolierende* sowie *synthetische* und *analytische* Sprachen.

Flektierende, agglutinierende und isolierende Sprachen

Bereits 1808 führte der deutsche Philologe Friedrich von Schlegel (1772–1829) in seinem Werk *Über die Sprache und Weisheit der Indier. Ein Beitrag zur Begründung der Altertumskunde* die Unterscheidung zwischen flektierenden und isolierenden Sprachen ein. Diese Unterscheidung ist ganz einfach: **Flektierende** Sprachen besitzen Flexionsmorphologie, **isolierende** nicht. Als typisches Beispiel für flektierende Sprachen nennt er das Sanskrit, das in dieser Epoche große Aufmerksamkeit genoss (vgl. Kapitel 2.2.3). Aber auch das Deutsche ist eine flektierende Sprache: In Deklination und Konjugation können sich sowohl Stamm als auch Endung ändern, z. B. *das Haus, die Häuser; ich singe, ich sang*. Wie könnte man sich Deutsch als eine isolierende Sprache vorstellen? Dann würde man so etwas sagen wie *„ein Haus – viel Haus“ oder *„ich jetzt singen – ich früher singen“. Die Wörter wären unveränderlich und man würde jeweils mit einem eigenen zusätzlichen Wort die Mehrzahl oder die Vergangenheit ausdrücken. Wie wir in Kapitel 4.4.2 bereits gesehen haben, funktionieren – neben dem Chinesischen – etwa auch die Kreolsprachen so (dazu später mehr).

Weitergeführt hat diese Überlegungen Friedrichs Bruder August Wilhelm von Schlegel (1767–1845) in seinen *Observations sur la langue et la littérature provençales* (1818):

> Les langues qui sont parlées encore aujourd'hui et qui ont été parlées jadis chez les différents peuples de notre globe, se divisent en trois classes : les langues sans aucune structure grammaticale, les langues qui emploient des affixes, et les langues à inflexions. Les langues de la première classe n'ont qu'une seule espèce de mots, incapables de recevoir aucun développement ni aucune modification. (...) Il n'y a dans ces langues ni déclinaisons, ni conjugaisons ni mots dérivés, ni mots composés (...). De telles langues doivent présenter de grands obstacles au développement des acuités intellectuelles (...) pauvreté primitive (...). (Schlegel 1818: 14)

Er ergänzt also eine dritte Kategorie neben den flektierenden und isolierenden Sprachen: die **agglutinierenden Sprachen**. Diese drücken jede grammatische Kategorie mit einem entsprechenden Affix aus (also ein eigenes Affix für die 1. Person und für den Plural und nicht beides in einem wie in fr. *-ons*). Ein Beispiel dafür ist das Türkische. Im Zitat oben präzisiert er außerdem, dass sich isolierende Sprachen dadurch auszeichnen, dass sie weder Flexion noch Wortbildung besitzen.

Neben dieser wichtigen terminologischen Erweiterung zeugt der Text aber auch von einem aus heutiger Sicht inakzeptablen Eurozentrismus und Rassismus: Schlegel assoziiert nämlich die isolierenden Sprachen mit intellektueller Armut. Seine Antwort auf die Leitfrage dieses Unterkapitels war also: Ja, es gibt einfachere und komplexere Sprachen – und diese erklären sich durch einfacheres und komplexeres Denken. Diese Auffassung gilt heute als widerlegt (s. u.).

Analytische und synthetische Sprachen

In derselben Publikation führt Schlegel (1818) eine weitere Unterscheidung ein: Er unterteilt die Gruppe der *flektierenden Sprachen* in *analytische* und *synthetische Sprachen.*

> Les langues à inflexions se subdivisent en deux genres, que j'appellerai les langues synthétiques et les langues analytiques. J'entends par langues analytiques celles qui sont astreintes à l'emploi de l'article devant les substantifs, des pronoms personnels devant les verbes, qui ont recours aux verbes auxiliaires dans la conjugaison, qui suppléent par des prépositions aux désinences des cas qui leur manquent, qui expriment les degrés de comparaison des adjectifs par des adverbes, et ainsi du reste. (Schlegel 1818: 16)

Analytische Sprachen zeichnen sich also durch die Verwendung von Artikeln, Personalpronomen, Hilfsverben und Präpositionen sowie die Bildung der Komparation mit Hilfe von Adverben aus. Beispiele dafür sind die romanischen Sprachen und das Englische. Hier sagt man z. B. fr. *plus intéressant* oder engl. *more interesting* (mit

Adverb) – im Gegensatz zu dt. *interessanter* (mit Suffix). **Synthetische Sprachen** haben dagegen eine ausgeprägtere Flexionsmorphologie. Als typisches Beispiel gilt neben dem Sanskrit das Latein

Eine der großen Fragen der romanischen Sprachwissenschaften ist daher: Wie ist es dazu gekommen, dass sich aus dem synthetischen Latein die analytischen romanischen Sprachen entwickelt haben? Vergleichen wir dazu fr. *j'ai chanté* vs. lat. CANTAVI (beides 'ich habe gesungen'). Das Latein drückt die Vergangenheit mit einem Suffix aus, das Französische dagegen mit einem Hilfsverb. Das Partizip wird im Französischen allerdings sehr wohl mit einem Suffix gebildet: *-é* (im Deutschen gleichzeitig im Stamm sowie mit Suffix und Präfix: *gesungen*). Man kann sich also fragen, ob es immer eine einfache eindeutige Einordnung gibt. Mittlerweile nimmt man eher ein Kontinuum an, wie das folgende Unterkapitel zeigt.

Quantitative Typologie

Heute klassifiziert man die Sprachen der Welt nicht mehr in zwei oder drei diskrete Kategorien, sondern ordnet sie auf einem Kontinuum an (vgl. Abb. 7.4). Federführend in diesem Bereich war der US-amerikanische Sprachwissenschaftler **Joseph Greenberg (1915–2001)**. In seinem Artikel „A quantitative approach to the morphological typology of language" (1960) schlägt er u. a. einen „degree of synthesis" vor: Der Minimalwert 1 zeigt an, dass ein Wort genau einer Bedeutung entspricht; Werte über 3 sind selten. Das Ergebnis entspricht im Groben den frühen Intuitionen. So gilt Englisch weiterhin als analytischer als Sanskrit. Der Vorteil des Kontinuums ist: Man kann darauf auch Zwischenformen abbilden.

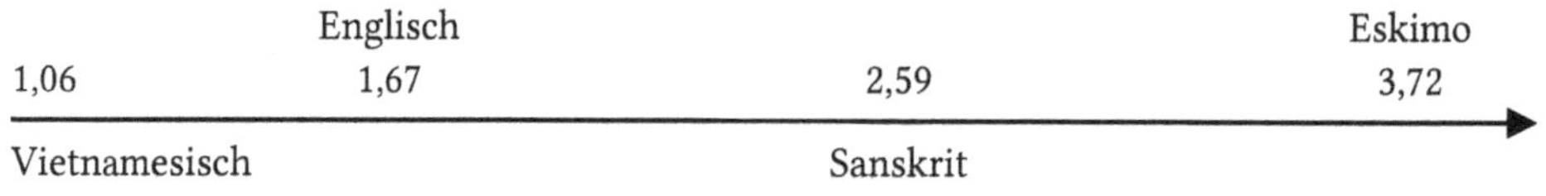

Abb. 7.4: Synthetizität als Kontinuum (nach GREENBERG 1960: 193).

Die quantitative Analyse vieler Sprachen nach einer Vielzahl von Kriterien hat vor allem eines gezeigt: Das eurozentrische Vorurteil, dass die alten Sprachen Latein und Griechisch morphologisch komplexer seien als Sprachen anderer Kulturkreise (s. o.) ist nicht korrekt. Besonders nahe am synthetischen Pol liegen die Eskimo-Sprachen (mit extrem langen Wörtern aus sehr vielen Morphemen). Im nächsten Unterkapitel sehen wir aber, dass sich dieses Vorurteil bis heute hält und sogar an Schulen verbreitet wird – dazu noch, um Eltern davon abzuhalten, ihre Kinder romanische Sprachen wie Französisch lernen zu lassen!

7.4.2 Aktuelle Diskussion

Bei Elternabenden zur Sprachenwahl werben Lateinlehrer*innen häufig damit, dass Lateinlernen das Denken besonders gut schule. Die folgenden Zitate liefern eine kleine

Auswahl üblicher 'Werbeslogans', die z. T. sogar in die Lehrpläne Einzug gefunden haben:

„Latein – ein intellektuelles Training“[3]
„Genauigkeit, Konzentration, logisches Denken fördern“[4]
„Förderung des analytischen und systemhaften Denkens“[5]

Es drängt sich also die Frage auf: Macht Latein schlauer als Physik oder Französisch? Oder um auf die Eingangsfrage zurückzukommen: Ist Latein eine besonders komplexe Sprache, mit der man besonders komplexes Denken trainieren kann? Auf die absurde Idee, dass die alten Römer vielleicht sogar einen höheren IQ gehabt haben könnten als beispielsweise Chinesen – wie es das Zitat von Schlegel oben suggeriert – dürfte heute wohl niemand mehr kommen.

Unabhängig davon, dass eine Fremdsprache einfacher zu erlernen ist, wenn sie unserer L1 ähnlicher ist, gilt in der Sprachwissenschaft schon seit einiger Zeit als *common sense*, dass alle Sprachen absolut gesehen gleich komplex sind (auch wenn sich die Idee 'primitiver' Kulturen noch etwas länger gehalten hat):

> Tatsache ist, daß alle erforschten Kulturen – gleichgültig, wie 'primitiv' sie in kultureller Hinsicht sein mögen – über vollständig entwickelte Sprachen verfügen, die in ihrer Komplexität nicht hinter denen der sogenannten Kulturvölker zurückbleiben. (...) Alle Sprachen verfügen über komplexe Grammatik: Zwar mag in einer Hinsicht relative Einfachheit bestehen (z. B. keine Wortendungen), doch scheint dies ausnahmslos durch relative Komplexität in einer anderen Beziehung (z. B. Wortstellung) wieder aufgewogen zu werden. (Crystal 1998: 6)

Latein, Französisch und Kreol im Vergleich

Dies lässt sich sehr gut am Vergleich des Lateinischen mit den romanischen Sprachen und den Kreolsprachen demonstrieren. Nehmen wir das Beispiel der Verbalphrase. Grammatische Kategorien wie Person, Numerus und Aspekt werden hier vollkommen unterschiedlich ausgedrückt (vgl. Tab. 7.11): Latein beschränkt sich auf Suffixe, das geschriebene Französisch kombiniert Personalpronomina und Suffixe, das gesprochene Französisch hat im Wesentlichen obligatorische Personalpronomina, und das Martinique-Kreol beschränkt sich komplett darauf.

---

3 www.lfs-koeln.de/lfs/schulleben/faecher/latein/vorstellung-des-fachs.html.
4 www.schulefriesgasse.ac.at/ahs/Infos/Präsentation_Elternabend%202.pdf.
5 AHS Oberstufe, www.bmb.gv.at/schulen/unterricht/lp/lp_ahs_oberstufe.html.

Numerus	Person	Latein	Französisch		Martinique-Kreol
			graphisch	phonisch	
Singular	1	CANTŌ	<je chante>	[ʒəʃɑ̃t]	*an ka chanté*
	2	CANTĀS	<tu chantes>	[tyʃɑ̃t]	*ou ka chanté*
	3	CANTAT	<il chante>	[iʃɑ̃t]	*i ka chanté*
Plural	1	CANTĀMUS	<nous chantons>	[nuɔ̃ʃɑ̃t]	*nou ka chanté*
	2	CANTĀTIS	<vous chantez>	[vuʃɑ̃te]	*zòt ka chanté*
	3	CANTANT	<ils chantent>	[iʃɑ̃t]	*yo ka chanté*

Tab. 7.11: Die Konjugation im Latein, Französisch und Martinique-Kreol.

Während Latein also ganz eindeutig eine synthetische Sprache ist und das Martinique-Kreol den isolierenden Sprachen sehr nah kommt (allerdings nur in Bezug auf die Flexion; daneben gibt es sehr wohl Wortbildung), ist das Französische gar nicht so einfach einzuordnen. Wenn man bedenkt, dass die Graphie einen älteren Sprachzustand abbildet (vgl. Kapitel 6.2.2), kommt man zu dem Schluss, dass es sich immer mehr dem analytischen Pol annähert: In der Phonie hat [ʃɑ̃t], [ʃɑ̃t], [ʃɑ̃t] etc. fast keine Konjugation – nur die Höflichkeitsform [ʃɑ̃te] wird unterschieden. Manche Forscher*innen würden sogar so weit gehen, das gesprochene Französisch – wie übrigens auch das Englische – als *Kreol* zu bezeichnen! Dazu später mehr.

Flexionsmorphologie als Alterserscheinung?

Während die Frage nach der Komplexität der Sprachen lange tabuisiert war, ist sie von der Jahrtausendwende an wieder in den Fokus der wissenschaftlichen Diskussion gerückt (vgl. Dahl 2004, Lupyan/Dale 2010, Trudgill 2011). Unterschiedliche Forscher*innen kommen dabei zu demselben Schluss: Flexionsmorphologie ist nichts weiter als eine Alterserscheinung von Sprachen.

Dies begründen sie damit, dass Flexionsmorphologie nur dann in Grammatikalisierungsprozessen aufgebaut werden kann, wenn die Sprachgemeinschaft relativ isoliert ist. Die Sprache muss sich im Wesentlichen durch L1-Erwerb verbreiten. Kinder lernen mühelos jede Sprache – egal wie komplex ihre Flexionsmorphologie ist (vgl. Kapitel 4.1). Bei viel Sprachkontakt spielt dagegen der L2-Erwerb eine bedeutende Rolle. Da Menschen im Erwachsenenalter Sprachen viel schlechter erwerben oder lernen können (vgl. Kapitel 4.1), vereinfachen sie vieles, was nicht wirklich zur Kommunikation nötig ist. Damit wird insbesondere Flexionsmorphologie abgebaut.

Neben diesem psycholinguistischen gibt es noch einen soziolinguistischen Grund: In großen Sprachgemeinschaften sind die sozialen Netzwerke lockerer und damit die sozialen Normen nicht so stark. Wenn man mit einer Person nur ein einziges Mal in seinem Leben spricht, kann es einem relativ egal sein, wie diese über einen denkt. Dann kann man auch die schwer zu lernende Flexionsmorphologie weglassen. Im Notfall geht auch *„ich früher singen" statt *ich sang*. Deshalb spielen (sprachliche) Normen hier keine so große Rolle – Wandel ist einfacher möglich. Kleine Sprachgemeinschaften dagegen verhindern den Abbau von Flexionsmorphologie. Die wenigen Sprecher*innen kennen sich hier alle sehr gut. Diese engen sozialen Netzwerke erzeugen einen hohen Normdruck. 'Fehler' werden weder überhört noch toleriert.

Wenn man an Sprachen wie Englisch, die romanischen Sprachen und die Kreolsprachen auf der einen Seite und Baskisch und Isländisch auf der anderen Seite denkt, ist diese Theorie sehr überzeugend. Dies gilt insbesondere für die Entwicklung vom Lateinischen zu den romanischen Sprachen und den Kreolsprachen. Für isolierende Sprachen außerhalb des europäischen Kulturraums wie das Chinesische und Vietnamesische liefert sie dagegen keine Erklärung.

Romanische Sprachen - Kreolsprachen?

Die romanischen Sprachen haben sich in ihrer Grammatik so weit vom Lateinischen entfernt, dass einige Forscher sie sogar als *Kreolsprachen* bezeichnen. Dafür sprechen v. a. interne Faktoren:

> Or, les changements radicaux qui sont intervenues entre le latin et les langues romanes sont tout à fait compatibles avec une conception selon laquelle certaines particularités morphologiques n'auraient jamais été acquises par la population romanisée. En d'autres termes, le protoroman le plus ancien, parlé par une population encore largement bilingue, aurait été une sorte de semi-créole. (Dardel/Wüest 1993: 62; zit. nach Kramer 1999: 6)

Dagegen sprechen aber externe Faktoren:

> Die Entstehung kreolischer Sprachen ist nicht denkbar ohne eine Stunde Null, das heißt ohne die Entstehung einer ganz neuen Gesellschaft, deren kunterbunt zusammengeworfene Mitglieder aller ihrer Wurzeln beraubt wurden. Eine solche Stunde Null hat es im Romanisierungsprozess nie gegeben: Die Römer achteten sehr wohl darauf, die Sozialstruktur der von ihnen unterworfenen Völkerschaften im wesentlichen intakt zu lassen, und es waren gerade die Oberschichten, die zuerst den *Roman way of life* einschließlich der lateinischen Sprache übernahmen, die sie, wie antike Autoren immer wieder behaupten, oft korrekter gebrauchten als die geborenen Römer. Anders als in den tropischen Sklavensystemen der frühen Neuzeit gab es im *imperium Romanum* keine unüberwindliche Kluft zwischen Herrschern und Beherrschten: Ein ausgeklügeltes Ehe- und Bürgerrecht hielt zumindest die Hoffnung auf eine legale Verbesserung der eigenen Stellung oder doch der der Nachkommen wach (...). (Kramer 1999: 18)

Die Sprachgeschichte der romanischen Sprachen ähnelt damit mehr der spanischen Kolonisierung Amerikas als der französischen Kolonisierung der Karibik. Die Konsequenzen könnten größer nicht sein: Das Spanische Amerikas ist für Spanier*innen heute sehr gut verständlich, wohingegen es sich bei den Kreolsprachen um typologisch vollkommen neue Sprachen handelt.

Kommen wir zum Abschluss also auf die Eingangsfrage zurück. Gibt es einfachere und komplexere Sprachen? Wir können diese Frage nun ganz klar mit „Nein." beantworten: Latein ist nicht komplexer als Französisch und macht bestimmt nicht schlauer – lediglich seine Flexionsmorphologie ist komplexer. Das ist aber kein besonderer Verdienst seiner Sprecher*innen, sondern eine Alterserscheinung.

Lesetipps

Schpak-Dolt, Nikolaus ([4]2016): *Einführung in die französische Morphologie*, Berlin/Boston: De Gruyter.

Kramer, Johannes (1999): „Sind die romanischen Sprachen kreolisiertes Latein?", in: *Zeitschrift für romanische Philologie* 115, 1–19.

Trudgill, Peter (2011): *Sociolinguistic Typology: Social Determinants of Linguistic Complexity*, Oxford: OUP.

8 Syntax

Syntax polarisiert. Für die einen ist sie das Herz der Sprachwissenschaft, für die anderen weltfremd und selbstbezogen. Welchen Sinn macht es, sich komplizierte Formalisierungen für banale Schulbuchsätze zu überlegen wie *Le chat mange la souris.*, wenn man im echten Leben eher hört: *Il fallait avoir le euh... ah zut...ah j'arrive plus à trouver le nom... le brevet, le, le diplôme là, de secouriste, le brevet de secouriste* (Blanche-Benveniste 2000: 18)? Damit Sie sich selbst ein Bild machen können, sehen wir uns im Folgenden zunächst die Grundlagen der traditionellen Grammatik an (Kapitel 8.1). Danach widmen wir uns sprachwissenschaftlichen Syntaxtheorien (Kapitel 8.2), um abschließend einen Blick auf syntaktische Charakteristika des gesprochenen Französisch in drei Bereichen zu werfen: Negation, Subjektpronomina und Fragekonstruktionen (Kapitel 8.3).

8.1 Grundlagen der Grammatik

Syntax ist die Lehre vom Satzbau. Sie beschäftigt sich mit der Frage: Wo stehen die Wörter und Wortgruppen im Satz, in welcher Beziehung stehen sie zueinander und wie entsteht dadurch die Bedeutung von Sätzen? Seit der Antike beschäftigen sich die Menschen damit (vgl. Kapitel 2.2.1). Dabei ging es lange vor allem darum, vorzuschreiben, was – insbesondere in der Schule – als richtig oder falsch gelten sollte. Die Antworten findet man in **präskriptiven Grammatiken**. Daneben gibt es aber auch **deskriptive Grammatiken**, die beschreiben, wie die Sprecher*innen einer Sprache tatsächlich sprechen und schreiben. Die bekannteste präskriptive Grammatik des heutigen Französisch ist *Le Bon Usage* von Maurice Grevisse [1936] ([16]2016). Allerdings ist dieses Buch gar nicht so präskriptiv, wie es sein Titel vermuten lässt, sondern enthält auch viele Informationen über den realen Sprachgebrauch. Die bekannteste deskriptive Grammatik ist die *Grammaire Methodique du Français* von Riegel/Pellat/Rioul [1994] ([8]2021). Diese beiden Grammatiken sind nicht nur für die Sprachpraxis interessant, sondern auch für die Sprachwissenschaft relevant.

8.1.1 Der Satz

À vous !
Was ist ein Satz? Schreiben Sie die Gedanken auf, die Ihnen in den Sinn kommen! Warum ist **souris la mange chat le* kein grammatikalisch korrekter französischer Satz? Betrachten Sie anschließend den folgenden Dialog: – *Un café ? – Non, merci.* Sprechen wir immer in ganzen Sätzen?

Als Sprecher*innen haben wir eigentlich ein gutes Gefühl dafür, was ein Satz ist und was nicht. Es ist trotzdem nicht einfach, eine sprachwissenschaftliche Definition zu finden.

Definitionskriterien

Wahrscheinlich sind Ihnen die folgenden beiden Kriterien als erste in den Sinn gekommen: Ein Satz beginnt mit einem Großbuchstaben und endet mit einem Punkt (oder mit einem Fragezeichen oder Ausrufezeichen). Sie wissen aber auch schon, dass die Schriftsprache für die Sprachwissenschaft zweitrangig ist; primär zählt die gesprochene Sprache (vgl. Kapitel 1.1.1). Zudem gibt es Schriftsysteme ohne Großbuchstaben und Punkte und sehr viele Sprachen, die gar nicht verschriftet sind. Anstatt auf der Ebene der **Graphematik** sollten wir also lieber versuchen, den Satz auf der Ebene der **Phonologie** zu definieren. Kann man sagen, dass ein Satz das ist, was zwischen zwei Pausen gesprochen wird? Wie wir in Kapitel 6.2.2 gesehen haben, werden im Französischen Wörter zu Akzentgruppen zusammengefasst – diese sind allerdings nicht mit Sätzen identisch. Für Sätze dagegen sind bestimmte Intonationsmuster charakteristisch (z. B. fallend beim Aussagesatz). Traditionelle Satzdefinitionen berücksichtigen zudem noch die **Semantik**: Ein Satz drücke einen Gedanken aus. Die folgenden beiden Beispiele zeigen allerdings, dass man Gedanken in ganz unterschiedlich viele Sätze packen kann:

(1) (a) Il fait froid. Or je suis frileux. Je ne viendrai donc pas. Mais vous ne m'en voudrez pas. Je le sais.

(b) Comme il fait froid et que je suis frileux, je sais que vous ne m'en voudrez pas si je ne viens pas.

(Riegel/Pellat/Rioul ^{8}2021: 202–203)

Sprachwissenschaftlich definieren kann man Sätze also nur auf Ebene der **Syntax**: Ein Satz ist eine vollständige und relativ selbständige sprachliche Einheit, die den Konstruktionsregeln der jeweiligen Sprache folgt. **souris la mange chat le* ist aus zwei Gründen kein französischer Satz: Erstens steht im Französischen die Determinante vor dem Substantiv (*le chat, la souris*) – ganz im Gegensatz zu den französisch-basierten Kreolsprachen, wo es umgekehrt ist (*poul-là*; vgl. Kapitel 4.4.2). Zweitens ist die Wortfolge im Normalfall SVO (Subjekt – Verb – Objekt) – im Gegensatz zum Lateinischen, wo man durch die Kasusendungen Subjekt und Objekt eindeutig identifizieren kann und daher keine Verwechslungsgefahr besteht. Lat. *Petrus Paulum amat, Petrus amat Paulum* und *Paulum amat Petrus* bedeuten alle drei '(der) Peter liebt (den) Paul': Die Maskulin-Endung *-us* zeigt den Nominativ an, den Kasus, in dem das Subjekt steht, die Endung *-um* den Akkusativ, in dem das Objekt steht. Im Französischen lässt sich 'Peter liebt Paul' nur durch *Pierre aime Paul* ausdrücken. Vertauscht man die beiden Eigennamen, ändert sich die Bedeutung des Satzes: *Paul aime Pierre* '(der) Paul liebt (den) Peter'.

Uneinig ist sich die Forschung schließlich über ein **morphologisches** Kriterium: Braucht ein vollständiger französischer Satz ein Prädikat, das mindestens aus einem finiten[1] Verb besteht? Diesem Kriterium entsprechend sind *Le chat mange la souris.* und *Mange !* (mit dem Prädikat *mange*) jeweils ein Satz, *manger la souris* oder *La souris !* dagegen nicht. Genauso wie *Un café ?* und *Non, merci.* würden viele Sprachwissenschaftler*innen *La souris !* nur als *Äußerung*, nicht aber als *Satz* bezeichnen. **Äußerungen** sind konkrete kommunikative Ereignisse, die in einen Diskurs- oder Textzusammenhang (Kotext) sowie in eine außersprachliche Situation (Kontext) eingebettet sind. Sie können die Form eines Satzes haben, müssen es aber nicht.

Einfache und komplexe Sätze

Mit Hilfe des **Prädikats** lassen sich auch einfache und komplexe Sätze unterscheiden: Einfache Sätze haben nur ein Prädikat (z. B. *Le chat mange la souris.*), in komplexen Sätzen hat jeder Teilsatz ein Prädikat (z. B. *Comme il fait froid, je ne viens pas.*). Man unterscheidet hierbei zwischen der **Koordination** – einer Satzreihe mit mehreren Hauptsätzen – und der **Subordination** – einem Satzgefüge aus Hauptsatz und Nebensatz bzw. mehreren Nebensätzen. Ein Hauptsatz kann alleinstehen (z. B. *Je ne viens pas.*), ein Nebensatz nicht (z. B. *comme il fait froid*).

Die Nebensätze kann man nach ihrer Form und ihrer Funktion unterteilen. **Formal** unterscheidet man zwischen **Relativsätzen**, die von Relativpronomen eingeleitet werden (z. B. *le chat qui mange la souris*, *la souris que mange le chat*), und **Konjunktionalsätzen**, die mit einer subordinierenden Konjunktion beginnen. Dabei werden **Ergänzungsnebensätze** (fr. *complétives*) mit der semantisch 'leeren' Konjunktion *que* gebildet. Sie können die Funktion eines Subjekts (2a) oder Objekts (2b) haben:

(2) (a) Il est étonnant que M. Martin cultive le jardin.

(b) Mme Martin espère que son mari cultive le jardin.

(Kaiser 2020: 193)

Dagegen werden **Adverbialnebensätze** (fr. *circonstantielles*) durch subordinierende Konjunktionen mit ganz unterschiedlichen **Funktionen** eingeleitet:

- **temporal:** z. B. *quand, après que*;
- **kausal:** z. B. *parce que, étant donné que*;
- **konditional:** z. B. *si*;
- **konzessiv:** z. B. *bien que*;
- **final:** z. B. *pour que, afin que*;
- **modal:** z. B. *dans la mesure où*.

---

1 Unter einem *finiten Verb* versteht man eine Verbform, die in mindestens einer verbalen Kategorie bestimmt ist: Person, Numerus, Tempus etc. (vgl. Kapitel 7.3).

À vous !
Welche koordinierenden Konjunktionen des Französischen kennen Sie?

Satzarten

Die unterschiedlichen Satzzeichen am Satzende – Punkt, Fragezeichen, Ausrufezeichen (s. o.) – kennzeichnen in der Graphie die Satzarten. Ihnen entsprechen auf phonischer Ebene auch unterschiedliche Intonationsmuster. Dazu kommen morphologische und syntaktische Charakteristika wie die Imperativformen oder die Inversion. Die drei wichtigsten Satztypen im Französischen sind nach Riegel/Pellat/Rioul ([8]2021: 661):

- **Deklarativsatz / Aussagesatz**: z. B. *Le chat mange.*
- **Interrogativsatz / Fragesatz**: z. B. *Qu'est-ce qu'il mange ?*
- **Imperativsatz / Aufforderungssatz**: z. B. *Mange !*

Zu den unterschiedlichen Fragekonstruktionen im Französischen kommen wir in Kapitel 8.3.3.

8.1.2 Konstituenten und ihre Funktionen

Die traditionelle Grammatik beinhaltet sowohl Morphologie (z. B. die Konjugation der Verben) als auch Syntax (z. B. die Stellung der Adjektive). Beide hängen eng zusammen. Insbesondere finden sich die morphologisch definierten Wortarten (vgl. Kapitel 7.3.2) typischerweise in bestimmten Phrasen (Nominalphrase, Verbalphrase etc.; s. u.) wieder, die wiederum bestimmte syntaktische Funktionen (Subjekt, Prädikat, Objekt etc.; s. u.) haben.

Phrasen

Syntaktische Funktionen wie Subjekt, Prädikat oder Objekt werden nicht von einzelnen Wörtern, sondern von Konstituenten des Satzes, sogenannten *Phrasen*, erfüllt. Diese kann man durch Tests ermitteln (s. u.). So ist in *Le chat mange la souris.* die Nominalphrase *le chat* das Subjekt und die Nominalphrase *la souris* das Objekt. Diese **Nominalphrasen** bestehen jeweils aus einer Determinante und einem Substantiv, aber auch ein Eigenname allein kann eine Nominalphrase bilden (z. B. *Mathilde*). Das Prädikat seinerseits besteht typischerweise aus einer **Verbalphrase**. Diese kann wiederum aus einem einzigen Wort wie der finiten Verbform *mange* bestehen, aus einer finiten Verbform und einem Objekt (z. B. *mange la souris*) oder aus einem Kopulaverb und einem Prädikativ wie *est linguiste* in *Mathilde est linguiste.* Dabei versteht man unter einem ***Prädikativ*** einen Satzteil, der etwas über das Subjekt oder Objekt aussagt. Beim Subjektprädikativ geschieht dies mit Hilfe von sogenannten ***Kopulaverben*** wie *être* oder *devenir*, z. B. *Mathilde est heureuse, elle devient linguiste.* Hier sind *heureuse* und *linguiste* das Prädikativ und *est heureuse* und *devient linguiste* das Prädikat. Ein Beispiel für ein Objektprädikativ ist *La linguistique rend Mathilde* <u>*heureuse*</u>. Auch hier findet man immer wieder dieselben Verben, z. B. *considérer* oder *trouver*; es handelt sich hierbei allerdings nicht um Kopulaverben.

Syntaktische Funktionen

Kommen wir nun genauer zu den syntaktischen Funktionen. Für die meisten Sprachwissenschaftler*innen ist das wichtigste Satzglied das **Prädikat**: Ein finites Verb ist notwendig und hinreichend, um einen Satz zu bilden wie den Aufforderungssatz *Mange !*. Aussage- und Fragesätze benötigen zusätzlich ein **Subjekt**, z. B. *Le chat mange.*, *Il mange ?*. Je nach Verb kann noch ein **direktes** und/oder **indirektes Objekt** dazu kommen, z. B. in *Le chat mange* <u>*la souris*</u>. *Pierre pense* <u>*à Paul*</u> oder *Mathilde donne* <u>*le cadeau*</u> <u>*à Léo*</u>. Dabei hängt der Satzbau vom Verb ab. Lucien Tesnière (1893–1954) unterschied die sogenannten **Aktanten**, die vom Verb verlangt werden (z. B. *Le chat* und *la souris* bei *manger*), von den im Satz fakultativen **Zirkumstanden** (z. B. <u>*Sous la table*</u>, *le chat mange la souris.*).

Tests

Es gibt eine Reihe von Tests – die bereits aus dem Strukturalismus stammen –, mit denen man die Konstituenten und ihre Funktionen im Satz ermitteln kann. Diese Tests basieren auf der Intuition von L1-Sprecher*innen, die einschätzen sollen, ob ein Satz grammatisch oder ungrammatisch ist, z. B. *Le chat mange la souris.* vs. **souris la mange chat le* (**Grammatikalitätsurteile**). Der **Asterisk** * markiert hier, dass ein Satz **ungrammatisch** ist. In neueren **Akzeptabilitätstests** können die Teilnehmer*innen auch Zwischenstufen ankreuzen. Grundlage sind auch nicht mehr nur 'Schulbuchbeispiele' wie *Le chat mange la souris.*, sondern auch Ausschnitte aus spontansprachlichen Korpora. Wir sehen uns hier nun die drei Tests an, die für das Französische am wichtigsten sind.

Aus der Schule kennen Sie sicherlich den **Substitutionstest** (Ersatzprobe). Sie können insbesondere durch Fragepronomina wie *Wer oder was? Wem?* bzw. *Wen oder was?* nach dem Subjekt, dem Dativobjekt und dem Akkusativobjekt fragen. Im Französischen hilft *Qui mange qui ?* bei *Le chat mange la souris.* nicht weiter, *Qui est-ce* <u>*qui*</u> *mange qui ?* dagegen schon. Wenn man die Nominalphrase dagegen durch ein Personalpronomen ersetzt, sieht man klar, wobei es sich um das Subjekt und wobei um das Objekt handelt: <u>*Il*</u> <u>*la*</u> *mange* (zum Kasus vgl. Kapitel 7.3.3).

Ein weiterer nützlicher Test ist der **Eliminierungstest** (Weglassprobe). Er hilft insbesondere dabei, zwischen **Argumenten des Verbs** (Aktanten) und fakultativen adverbialen Angaben (Zirkumstanten) zu unterscheiden. So kann man den Satz *Mathilde va à Paris.* nicht zu **Mathilde va* verkürzen. Das Verb *aller* braucht als Richtungsverb immer ein Ziel.[2] Im Satz *Mathilde va à Paris.* ist *à Paris* also ein Argument. Dagegen ist *à Paris* in *Mathilde travaille à Paris.* eine fakultative adverbiale Angabe. Hier kann man *à Paris* weglassen.

Besonders gut für das Französische geeignet ist der **Hervorhebungstest**, d. h. die Abspaltung mittels *c'est/ce sont … qui/que.* So zeigt beispielsweise *C'est le chat qui mange la souris.*, dass *le chat* das Subjekt ist oder *C'est la souris que mange le chat.*, dass *la souris* das direkte Objekt ist.

Semantische Rollen

Der Unterschied zwischen dem Aktivsatz *Le chat a mangé la souris.* und dem Passivsatz *La souris a été mangé par le chat.* zeigt, dass in der syntaktischen Subjektfunktion nicht immer nur der bzw. die Handelnde steht. Hier kann sich auch im semantischen Sinne ein 'Opfer' oder 'Objekt' der Handlung wiederfinden. Um Syntax und Semantik nicht durcheinanderzubringen, unterscheidet man in der Sprachwissenschaft zwischen syntaktischen Funktionen (s. o.) und semantischen Rollen (vgl. Tab. 8.1). Der Begriff *Objekt* bleibt auf das syntaktische Objekt beschränkt, semantisch spricht man von einem *Patiens*, wenn jemand von einer Handlung betroffen ist, also etwas 'erleidet'. Eine Übersicht über die wichtigsten semantischen Rollen liefert die folgende Tabelle:

Semantische Rolle	Beschreibung	Beispiel
Agens	Lebewesen, das eine Handlung ausführt	*Mathilde mange une pomme.*
Thema	von Handlung betroffener Gegenstand/Lebewesen	*Mathilde mange une pomme.* *Elle aime Léo.*
Patiens	von Handlung betroffenes Lebewesen, das die Handlung bewusst miterlebt	*Elle embrasse Léo.*
Benefizient	Lebewesen, das von einer durch ein Verb ausgedrückten Handlung profitiert	*Elle donne une pomme à Léo.*
Experiencer	Lebewesen, das Träger eines psychologischen Vorgangs ist	*Mathilde aime Léo.*
Instrument	Gegenstand, mit dem eine Handlung ausgeführt wird	*Cette clé ouvre la porte.*
Locus	Ort, an dem etwas stattfindet	*Elle habite à Paris.*
Ziel	Richtung, in die sich die Handlung bewegt	*Elle va à Paris.*

Tab. 8.1: Semantische Rollen (in Anlehnung an Kaiser 2020: 45).

2 Wird das Verb *aller* auf das Befinden übertragen, gilt das allerdings nicht mehr: z. B. *Ça va ? Tu vas bien ?* Auch *s'en aller* braucht kein Ziel.

8.2 Grammatiktheorien im Vergleich

Auf Basis dieser kurzen Einführung in die Grundbegriffe der Grammatik sehen wir uns nun zwei aktuelle Grammatiktheorien an, die für die Analyse des Französischen häufig verwendet werden: die Generative Grammatik und die Gebrauchsbasierte Grammatik.

8.2.1 Generative Grammatik

Die Generative Grammatik wurde in den 1950er Jahren von Noam Chomsky (*1928) begründet (vgl. Kapitel 2.2.4). Sie geht davon aus, dass eine angeborene **Universalgrammatik (UG)** existiert, deren **Prinzipien und Parameter** alle Sprachen der Welt teilen. Zusätzlich setzen die Sprecher*innen beim Spracherwerb die **Parameter*werte*** ihrer Einzelsprache. Ein solcher Parameter ist beispielsweise der *pro drop-* oder Nullsubjekt-Parameter: Im Spanischen und Italienischen stehen finite Verbformen (wie im Lateinischen) üblicherweise ohne Subjektpronomen (z. B. sp. *come el ratón* ‘er/sie isst die Maus’); dieses wird nur realisiert, wenn es besonders betont werden soll (sp. *él come el ratón*). Im Französischen dagegen muss das Pronomen immer realisiert werden: *Il mange la souris.*, **Mange la souris.*. Da in der Generativen Grammatik ein leeres Pronomen als *pro* bezeichnet wird, nennt man Sprachen wie das Spanische *pro drop*-Sprachen. An diesem Beispiel kann man gut sehen, was mit Prinzipien, Parametern und Parameterwerten gemeint ist: Das universelle Prinzip ist, dass jeder Satz ein Subjekt besitzt; der Nullsubjekt-Parameter hat die Werte ‘Nullsubjekte möglich’ vs. ‘Nullsubjekte nicht möglich’ – diese werden beim Sprachwerwerb je nach Einzelsprache anders gesetzt (vgl. Gabriel/Meisenburg [4]2021: 39–45).

In den vergangenen Jahrzehnten hat sich die Generative Grammatik immer weiter und auch in verschiedene Strömungen auseinanderentwickelt. Wir sehen uns hier genauer die sogenannte ***X-bar*-Theorie** an. Diese setzt bei der Idee der **Konstituenz** an, die schon sehr viel älter ist als die Generative Grammatik: Sätze sind nicht einfach nur Aneinanderreihungen von Wörtern, sondern haben eine hierarchische Struktur (vgl. Kapitel 8.1.2). Wir haben bereits zu Beginn dieses Kapitels gesehen, dass im Satz *Le chat mange la souris.* die Wortgruppen *le chat* und *la souris* mehr zusammengehören als *chat mange* und *mange la*. *Le chat* und *la souris* bilden jeweils eine Nominalphrase (NP). Eine **Nominalphrase** beinhaltet immer ein Substantiv (N); dazu kann ein Spezifikator kommen (z. B. eine Determinante wie der bestimmte Artikel *le*). Die **Verbalphrase** (VP) ihrerseits beinhaltet immer ein Verb (V). Zusätzlich kann sie diverse Argumente enthalten. In unserem Beispiel gehört zur Verbalphrase noch ein direktes Objekt: *la souris*. Man nennt das Substantiv den ***Kopf*** der Nominalphrase und das Verb den *Kopf* der Verbalphrase. Der Kopf ist die einzige Position, die besetzt werden muss; entsprechend kann eine Nominalphrase auch nur aus einem Eigennamen oder eine Verbalphrase nur aus einem Verb bestehen. Die Determinante vor dem Substantiv nennt man ***Spezifikator***. Das Baumdiagramm in Abb. 8.1 illustriert dies vereinfachend[3] am Beispielsatz *Le chat mange la souris.*

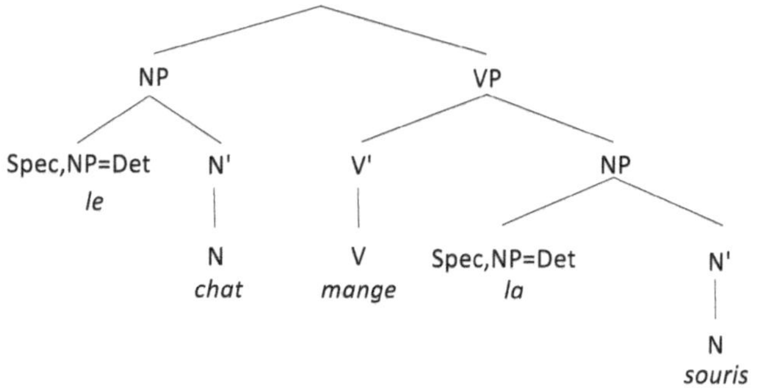

Abb. 8.1: *X-bar*-Baumdiagramm von *Le chat mange la souris.*

Das Baumdiagramm wirft die Frage auf, was es mit dem Strich (in *N'* und *V'*), auf sich hat, der der *X-bar*-Theorie ihren Namen gibt (engl. *bar* 'Strich'). Dazu muss man sich die Unterscheidung zwischen Aktanten und Zirkumstanten von Tesnière in Erinnerung rufen: Köpfe können sowohl **obligatorische Komplemente** haben als auch **fakultative Adjunkte** (vgl. Kapitel 8.1.2). So hat beispielsweise das Verb *manger* in seiner verbreitetsten Lesart ein Komplement, nämlich ein direktes Objekt: Wenn man hört, dass jemand isst, fragt man sich automatisch: „Was isst er oder sie?"[4] In unserem Beispiel lautet die Antwort: *la souris.* Solche Komplemente werden im Baumdiagramm auf derselben Ebene wie der Kopf angesiedelt. Entsprechend findet sich das Komplement *la souris* (NP) in unserem Satz auf derselben Ebene wie das Verb (V). Adjunkte modelliert man dagegen auf den Ebenen darüber, die mit dem Strich gekennzeichnet werden, z. B. *N'* (vgl. Abb. 8.3).

Bevor wir zu den fakultativen Adjunkten kommen, sehen wir uns neben der Verbalphrase zunächst die Nominalphrase an. Denn auch Nominalphrasen können durch Komplemente erweitert werden. Dies lässt sich am Beispiel von *la destruction de la ville* illustrieren (vgl. Gabriel/Meisenburg [4]2021: 219–223). Genauso wie das Verb *détruire* fordert auch das Substantiv *destruction* ein direktes Objekt ein („Wer oder was wird zerstört?"). Entsprechend ist die **Präpositionalphrase** *de la ville* (aus der Präposition *de* und der Nominalphrase *la ville*) das Komplement von *la destruction*; es befindet sich daher im Baumdiagramm in Abb. 8.2 auf derselben Ebene wie das Substantiv (N). Ergänzt man dies dagegen noch um eine fakultative Zeitangabe wie *au XVème siècle*, so ist diese ein Adjunkt. Solche Adjunkte werden im Baumdiagramm auf den höheren Ebenen – neben N' – angesiedelt. Wie Abb. 8.2 illustriert, steht der

3 Für die detaillierte Analyse eines kompletten Satzes sei auf Gabriel/Meisenburg ([4]2021: 225–229) verwiesen.

4 Eine andere Lesart kann sein: '(überhaupt) Nahrung zu sich nehmen', z. B. im Kontext eines Hungerstreiks: *Elle n'a pas mangé depuis six jours.*

Spezifikator im Französischen links vom Kopf. Er ist direkt unter der Ebene der NP situiert.

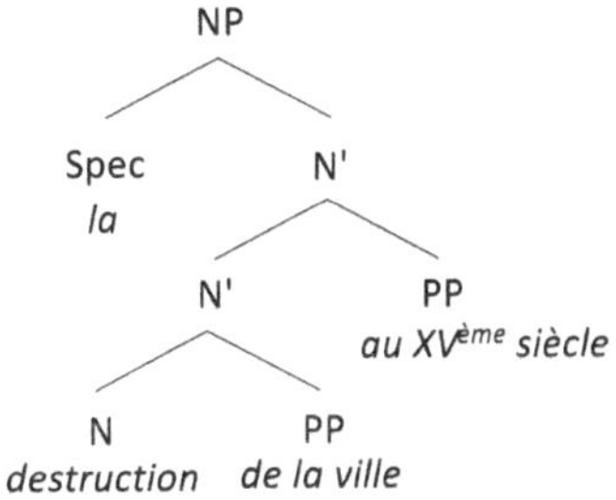

Abb. 8.2: Baumdiagramm für *la destruction de la ville au XVème siècle* (nach Gabriel/Meisenburg [4]2021: 221).

Dieser Unterschied zwischen Komplementen und Adjunkten im *X-bar*-Baumdiagramm lässt sich auch abstrakt darstellen (vgl. Abb. 8.3). Im Französischen können Adjunkte rechts und links vom Substantiv stehen, z. B. in *la nouvelle destruction* und *la destruction inattendue*. Theoretisch kann es beliebig viele geben. Dies nennt man ***Rekursivität***. Nicht rekursiv ist dagegen die Position des Spezifikators. Hiervon kann jede Phrase nur einen haben.

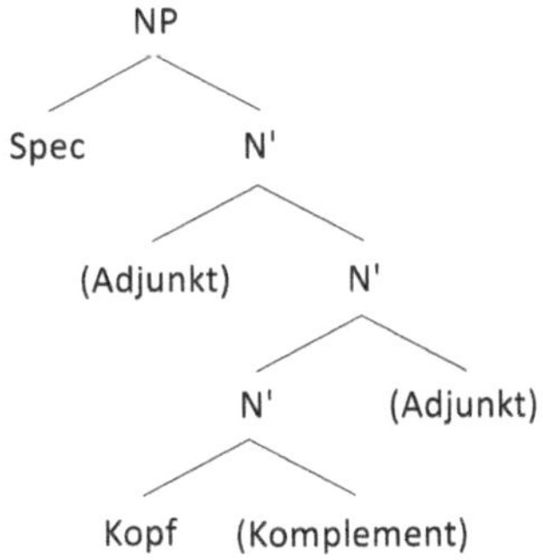

Abb. 8.3: Abstraktes Baumdiagramm der Nominalphrase mit Komplement und Adjunkten (nach Gabriel/Meisenburg [4]2021: 221).

Dieses Modell kann man noch stärker verallgemeinern und an Stelle der Platzhalter N und V ein X einsetzen. Daher spricht man von *X-bar*-Theorie.

À vous !

Der Satz *Le chat mange la souris sous la table.* ist zweideutig. Erklären Sie die beiden Interpretationsmöglichkeiten.

8.2.2 Gebrauchsbasierte Grammatik

Claire Blanche-Benveniste (1935–2021) hat vorgeschlagen, die Syntax des Französischen aus einer vollkommen anderen Perspektive zu betrachten. Mit ihrem *Groupe aixois de recherches en syntaxe* (GARS) an der Universität Aix-Marseille war sie eine der ersten, die große Korpora des gesprochenen Französisch untersucht hat. Ihre Studien unterstreichen, dass gesprochene Sprache in realen Lebenskontexten ganz anders aussieht als die in der Syntaxtheorie häufig (aber nicht nur) verwendeten isolierten Beispielsätze wie *Le chat mange la souris.*

Wenn Menschen miteinander sprechen, dann sprechen sie nicht 'wie ein Buch' (vgl. dazu bereits Kapitel 1). Sie produzieren Sprache spontan, d. h. sie überlegen während des Sprechens, was sie überhaupt sagen wollen. Entsprechend finden sich in gesprochener Sprache Abbrüche, Häsitationen (z. B. dt. *äh*, fr. *euh*), Wiederholungen, verschiedene Ansätze zur Formulierung und Selbstkorrekturen. In einer linearen Transkription sieht das ziemlich unübersichtlich aus, und man fragt sich, warum es uns im Alltag überhaupt nicht schwerfällt, solche Äußerungen zu verstehen. Präsentiert man das Gesprochene dagegen graphisch in zwei Dimensionen – die syntagmatische Achse horizontal und die paradigmatische Achse vertikal (vgl. Kapitel 7.1.1), – dann wird es gleich viel übersichtlicher. Dies sieht man etwa am folgenden Beispiel:

(3) (a) Il fallait avoir le euh... ah zut... ...Ah ! J'arrive plus à trouver le nom ! ... Le brevet, le, le diplôme là, de secouriste, le brevet de secouriste

(b) Il fallait avoir le euh –
    (ah zut... ...Ah ! J'arrive plus à trouver le nom)
        le brevet
        le
        le diplôme là de secouriste
        le brevet de secouriste

(Blanche-Benveniste [1990] 2000: 18)

Dabei ist es nicht ungewöhnlich, dass mehrere Sprecher*innen gemeinsam den Diskurs konstruieren:

(4) L1 : Ça fait un... comment on dit ? Je sais plus... un chose, là
L2 : Une écharpe ? Un col roulé ? Un...
L1 : Mais non ! Le truc blanc qu'ils ont, ceux qui se sont cassé la, le, eu...
L2 : Ah oui !
L1 : la la la la cheva-
L2 : La minerve !
L1 : Voilà ! La minerve

(Blanche-Benveniste 2000: 19)

Solche Korpusausschnitte passen schwer zu Modellen, in denen die Sprecher*innen im Kopf zunächst auf Basis eines Lexikons und eines Regelwerks perfekte Phrasen oder Sätze bilden, die sie anschließend äußern (z. B. im Generativen Paradigma). Allerdings gehören auch in gebrauchsbasierten Grammatiken Wiederholungen und Selbstkorrekturen nicht zur Syntax. BLANCHE-BENVENISTE (2000: 93, 104) zählt zu den syntaktischen Phänomenen des gesprochenen Französisch u. a. die Struktur *il y a ... qui* (z. B. *il y a peu de gens qui font quelque chose*) und das '*que* passe-partout' (z. B. *la chose que je vous parlais*). Modellierungen und Prädiktionen wie die Generative Grammatik liefert sie dazu allerdings nicht. Man kann syntaktische Phänomene aber natürlich nicht nur im Rahmen syntaktischer Theorien betrachten, sondern auch im Rahmen der Variation und Wandel-Forschung (vgl. Kapitel 3). Aus dieser Perspektive sehen wir uns im Folgenden noch drei syntaktische Charakteristika des gesprochenen Französisch an.

8.3 Charakteristika des gesprochenen Französisch

Das Besondere an der Syntax des Französischen ist, dass sich gesprochenes Französisch und geschriebenes Französisch sehr stark unterscheiden – manche Spachwissenschaftler*innen sprechen sogar von einer *Diglossie* mit zwei Systemen (vgl. Kapitel 1.1 und 4.2). So gehören zum mündlichen System beispielsweise die Negation nur mit *pas*, verdoppelte Subjektpronomina und die Intonationsfrage, zum schriftlichen System die Negation mit *ne...pas*, einfache Subjektpronomina und die Inversionsfrage. Die drei folgenden Unterkapitel vertiefen dies jeweils.

8.3.1 Negation

Das Besondere an der französischen Verneinung ist, dass sie aus **zwei Teilen** besteht: *ne...pas*.[5] Diese beiden Teile heben sich nicht gegenseitig auf (wie in dt. *Sie ist nicht untalentiert.* für 'Sie ist talentiert.') und verstärken sich auch nicht (wie in bairisch *Des intressiert doch koa oide Sau net!* für 'Das interessiert doch echt niemanden!'). Beide Wörter zusammen drücken einfach nur gemeinsam die ganz normale Negation aus: *Je t'aime.* heißt 'Ich liebe dich.' und *Je ne t'aime pas.* 'Ich liebe dich nicht.'.

Sprachgeschichtlich geht diese zweiteilige Verneinung aber auf eine **Verstärkung** zurück. Im Lateinischen erfolgte die Negation allein mit *non* 'nicht'. Dazu kamen dann im Altfranzösischen (11.–13. Jahrhundert) diverse Verstärkungspartikeln: afr. *mie* 'Krümel', *goute* 'Tropfen' – durchgesetzt hat sich am Ende *pas* 'Schritt' (neben *point* 'Punkt'). Dahinter steckt folgender **rhetorischer Trick**:

5 Eine Übersicht über unterschiedliche generative Modellierungen der französischen Negation liefert MEISNER (2016).

> Wenn du mit besonderem Nachdruck darstellen möchtest, daß ein bestimmter Sachverhalt sich wirklich ÜBERHAUPT NICHT ereignet hat, so kannst du dies tun, indem du darstellst, daß er sich NICHT EINMAL IM KLEINSTEN VORSTELLBAREN MASS zugetragen hat. (DETGES 2001: 75)

À vous !
Wie kann man heute auf Französisch eine besonders starke Verneinung ausdrücken? Tipp: Übersetzen Sie dt. *Kein Schwein ist da!* und *Das ist keinen Pfifferling wert!*.

Zurück zur Sprachgeschichte: Zunächst wurden die Partikeln in thematisch passenden Kontexten verwendet: 'keinen Krümel essen', 'keinen Tropfen trinken', 'keinen Schritt gehen' etc. Irgendwann verblasste dann die Ursprungsbedeutung von *pas* (und anderen Negationspartikeln) immer mehr und es blieb nur mehr die Funktion der Negation zurück (**Grammatikalisierung**). Die Partikel *pas* wurde schließlich obligatorisch.

Schon bald wurde die Negation immer häufiger ohne *ne* gebildet. Schon der Leibarzt Ludwigs XIII. (1601–1643) dokumentierte in seinem berühmten *Journal d'Héroard*, dass der Prinz im Alter von vier bis neun Jahren bei der Negation häufig das *ne* wegließ: « Maman ai-je pas bien dansé ? », « Non, je veux pas ». Der folgende Abschnitt gibt einen Einblick in dieses einzigartige sprachgeschichtliche Zeugnis:

> *Le 27, jeudi.* – A souper il mange gaiement, et dit : *Je sens la senteur des laüins qui sont dans ce fossé.* Je lui dis : « Mais, Monsieur, ce ne sont pas des lapins, la fenêtre est fermée. » – *Je sais pas, mais je sens quéque chose qui pue ; je pense c'est c'homme qui vouloit passer et qui potoit cette boîte ; je pense qu'il est dans ce fossé* – « Monsieur, que sentoit cette boîte ? » – *Elle sentoit le safran.*
>
> (Juillet 1607; *Journal d'Héroard* 1: 275).

Natürlich handelt es sich nicht um eine Tonaufnahme, und man muss sich die Frage stellen, wie realitätsgetreu die Transkription durch Jean Héroard ist. Aber es gibt kaum authentischere Quellen für die Rekonstruktion der Sprache früherer Epochen. Was kann man also aus diesem Tagebuch über die Geschichte der französischen Negation lernen? Von insgesamt 763 Negationen mit *pas* realisiert der junge Ludwig XIII. 519 ohne *ne*. Das entspricht einer Quote von 68 % Nicht-Realisierungen (vgl. DUFTER/STARK 2007: 126). Die Negation ohne *ne* war also schon zu Beginn des 17. Jahrhunderts weit verbreitet. Ob dies ein reines Phänomen der Kindersprache war oder auch unter Erwachsenen üblich, lässt sich aufgrund der spärlichen Datenlage allerdings schwer einschätzen.

Bis heute ist sich die Wissenschaft nicht einig, ob es sich bei der Negation mit und ohne *ne* um eine **stabile Variation** oder um einen **Sprachwandelprozess** in Richtung einer einteiligen Negation nur mit *pas* handelt. Für einen Wandelprozess sprechen eine

Reihe von Korrelationen mit **externen Variablen**: Zunächst einmal nimmt die Negation ohne *ne* in Korpora ab den 1980er Jahren zu. Das könnte aber auch daran liegen, dass die Korpora immer nähesprachlichere Daten enthalten. Ein weiteres Argument ist, dass jüngere Sprecher*innen die Negation häufiger ohne *ne* realisieren als ältere. Dies könnte aber auch eine altersbedingte Variation sein. Außerdem findet sich die Negation ohne *ne* besonders häufig in bildungsfernen Schichten und Situationen der kommunikativen Nähe wieder (für eine Übersicht vgl. Meisner 2016).

Neben diesen externen Variablen hängt die Variation der französischen Negation aber auch von **internen Variablen** ab. Die wichtigste ist dabei sicher das Subjekt: 'Schwere' (d. h. mehrsilbige und akzentuierbare) Subjekte wie Nominalphrasen und Eigennamen tendieren zur Negation mit *ne* (z. B. *la mère ne sait pas, Ulysse n'écoute pas*; Beispiele aus Meisner 2016), 'leichte' Subjekte wie klitische Pronomina (vgl. Kapitel 6.2.2) dagegen zur Negation ohne *ne* (z. B. *j'ai pas grand-chose à dire, on peut pas faire les bruits des animaux*). Ganz besonders häufig ist die Negation ohne *ne* nach einem gedoppelten Subjekt (z. B. *sa fille elle veut pas*) – was ebenfalls typisch mündlich ist (vgl. Kapitel 8.2.2). So wird beispielsweise im Korpus von Meisner 2016 (Prüfungsgespräche und Spontansprache von Student*innen mit L1 Französisch) die Negation nach schweren Subjekten zu 55 % ohne *ne* realisiert, nach leichten Subjekten zu 94 % und nach gedoppelten Subjekten zu 100 %. Besonders häufig fehlt das *ne* auch in frequenten Kookkurrenzen, die in Form und Bedeutung konventionalisiert sind (z. B. *je sais pas* [ʃepa], nicht nur im Sinne von 'ich weiß nicht', sondern auch als Diskursmarker verwendet). Dagegen scheint *ne* realisiert zu werden, wenn die Verneinung verstärkt werden soll (vgl. Fonseca-Greber 2007).

Trotz der unbestrittenen **Korrelation** zwischen der Negationsform und der kommunikativen Situation (je nähesprachlicher, desto weniger *ne*) besteht laut Dufter/Stark 2007 und Meisner 2016 kein **Kausalzusammenhang** zwischen diesen beiden Variablen. Die Forscher*innen stellen vielmehr die Hypothese auf, dass es sich um ein sogenanntes *Epiphänomen* handelt, das lediglich mit dem Subjekttyp korreliere. Nur letzterer hänge von der Situation ab und lasse sich durch diese erklären: In der Distanzsprache drückt man sich expliziter aus und nutzt daher auch mehr schwere Nominalphrasen, in der Nähesprache dagegen mehr leichte Klitika. Die Korrelation zwischen *ne*-Realisierung und Situationen der kommunikativen Distanz werde allerdings von Sprecher*innen mit hohem Bildungsniveau als Kausalität **reinterpretiert**. Aus diesem Grund würden diese zusätzliche **hyperkorrekte** *ne*-Okkurrenzen produzieren – entgegen der internen Regularitäten (also z. B. nach Klitika).

8.3.2 Subjektpronomina

In der Sprachpraxis haben Sie die unbetonten und betonten Subjektpronomina des Französischen kennengelernt: *je, tu, il/elle/on, nous, vous, ils/elles* und *moi, toi, lui/elle, nous, vous, eux/elles* (vgl. Tab. 8.2). Sie haben gelernt, dass die französischen Verben normalerweise mit den unbetonten Pronomina konjugiert werden – *je chante, tu chantes* etc. – und dass die betonten zur besonderen Hervorhebung hinzukommen: z. B. *moi je chante – et pas toi !*

Im gesprochenen Französischen finden sich allerdings noch eine Reihe anderer Formen, die Ergebnis sowohl von Schwächungs- als auch von Stärkungsprozessen sind. Reduzierte Formen sind *j', t', i'/e', on, (v)(z), i'(z)/e'(z)* bzw. die komplette Nicht-Realisierung des unpersönlichen Pronomens in *(il) faut, (il) y a* etc. (vgl. Tab. 8.2). Diese Formen lassen sich z. T. als Ergebnisse regulärer phonologischer Prozesse interpretieren: Schwa-Elision (z. B. *j'pense*) bzw. Liquid-Elision (z. B. *i'pense*). Die anderen Fälle lassen sich eher als lexikalische Alternativformen modellieren: *t'* statt *tu* vor Vokal (z. B. *t'es, t'as*) und *v'(z)* statt *vous* (vgl. Culbertson 2010).

Numerus	Person	Betontes Pronomen	Unbetontes Pronomen	Reduzierte Form	Gedoppelte Form
Singular	1	*moi*	*je*	*j'*	*moi je*
	2	*toi*	*tu*	*t'*	*toi tu*
	3	*lui/elle*	*il/elle/on*	*(i')/e'*	*lui il/elle elle*
Plural	1	*nous*	*nous*	*on*	*nous on*
	2	*vous*	*vous*	*(v)(z)*	*vous vous*
	3	*eux/elles*	*ils/elles*	*i'(z)/e'(z)*	*eux ils/elles elles*

Tab. 8.2: Varianten der französischen Subjektpronomina.

Aus der Kombination eines Subjektpronomens und der entsprechenden Verbform eines frequenten Hilfsverbs kann sich auch eine feste Konstruktion entwickeln: z. B. *je suis* [ʃɥi] und *je sais* [ʃe] (vgl. [ʃpɔmwa] und <chépa> in Kapitel 1.1). Dagegen wird die Verbform *je suis* 'ich folge' (von *suivre*) – die in der Distanzsprache mit *je suis* 'ich bin' (von *être*) homophon ist – auch in der Nähesprache [ʒəsɥi] ausgesprochen.

Neben den reduzierten Formen finden sich im gesprochenen Französisch aber auch gedoppelte Formen, z. B. *moi je* – und zwar sehr häufig und bei Weitem nicht nur zur Hervorhebung. Ganz besonders häufig tritt die Sequenz *moi je* in Kombination mit Verben des Sagens und Denkens auf, z. B. *moi je pense, moi je crois, moi je trouve* (vgl. u. a. Detges 2018). Es ist daher schon seit einem ganzen Jahrhundert Gegenstand von Diskussionen, ob es sich bei *je, tu* etc. überhaupt noch um eigenständige Wörter handelt oder ob sich diese möglicherweise zu Präfixen grammatikalisiert haben (zur Grammatikalisierung vgl. Kapitel 3.3.3): Heißt also die Verbform mittlerweile nicht mehr *pense* – in der Phonie ohne Endung [pɑ̃s] (vgl. Kapitel 1.1.1) –, sondern *jepense* [ʃpɑ̃s] mit einem Präfix *je-*, das Person und Numerus anzeigt? Diese **Konjugationsthese** oder **Präfixthese** wird allerdings auch durch zahlreiche Gegenargumente in Frage gestellt. U. a. verhalten sich die Pronomina nicht alle gleich: Während die Doppelung in der 1. und 2. Person fast automatisch erfolgt, ist sie in der 3. Person seltener. Im Gegensatz zu den Subjektpronomina werden zudem die Objektpronomina nur selten verdoppelt, z. B. *y a quelque chose qui m'étonne moi* (KAISER 2008: 318). Aus diesem Grund sehen viele Sprachwissenschaftler*innen die französischen Subjektpronomina lieber als sogenannte **Klitika** an. Das sind unbetonte Wörter, die sich an das Nachbarwort 'anlehnen' (vgl. u. a. KAISER 2008).

8.3.3 Fragekonstruktionen

Ein weiterer bekannter Unterschied zwischen gesprochenem und geschriebenem Französisch lässt sich im Bereich der Fragekonstruktionen beobachten. Hierbei muss man zunächst zwischen Entscheidungsfragen (auf die man mit *ja* oder *nein* antworten kann) und Ergänzungsfragen (*Wer? Wie? Was?* etc.) unterscheiden. Im Französischen gibt es drei Möglichkeiten, Entscheidungsfragen zu formulieren (Intonation, Inversion, *est-ce que*) und mindestens 16 Möglichkeiten (vgl. QUILLARD 2001) für Ergänzungsfragen!

Bei den **Entscheidungsfragen** (vgl. Tab. 8.3) dominiert im gesprochenen Französisch ganz klar die Intonationsfrage. So werden beispielsweise im spontansprachlichen Korpus von COVENEY (2002) 79 % der Fragen durch Intonation gebildet, 21 % durch *est-ce que* und keine einzige mit Inversion. *Inversion* meint dabei die Umkehrung der Reihenfolge von Subjekt+Verb (z. B. *ils sont*) zu Verb+Subjekt (z. B. *sont-ils*). Die Fragetypen scheinen aber nicht nur von der Kommunikationssituation abzuhängen, sondern haben auch unterschiedliche pragmatische Funktionen. So wird beispielsweise für die Bitte um Informationen und Handlungsaufforderungen bevorzugt die Intonationsfrage verwendet und die *est-ce que*-Frage für explizites Fragen.

Fragetyp	Beispiel
Intonation	*Ils / Les autres sont partis ?*
Est-ce que	*Est-ce que les autres / ils sont partis ?*
Klitikinversion	*Sont-ils partis ?*
Komplexe Inversion	*Les autres sont-ils partis ?*

Tab. 8.3: Typen der französischen Entscheidungsfrage (nach COVENEY 2002: 114).

Bei den **Ergänzungfragen** (für eine Auswahl vgl. Tab. 8.4) dominiert im Korpus von COVENEY (2002) die *est-ce que*-Frage mit 50 %, gefolgt von der Voranstellung (25 %) und der *in situ*-Frage (16 %). Bei der *in situ*-Frage steht das Fragepronomen an dem Ort, wo auch die entsprechende Antwort stehen würde, z. B. *Ils sont partis où ? Ils sont partis en Martinique*. (vgl. lat. IN SITU 'am Ort'). Dabei tritt die als familiär geltende *in situ*-Frage besonders häufig in Kombination mit den Fragewörtern *quoi* und *où* auf, *pourquoi* und *comment* in Voranstellung und *est-ce que* in *Qu'est-ce que...?*.

Fragetyp	Beispiel
In situ	*Ils sont partis où ?*
Voranstellung	*Où ils sont partis ?*
Klitikinversion	*Où sont-ils partis ?*
Stilistische Inversion	*Où sont partis les autres ?*
Est-ce que	*Où est-ce qu'ils sont partis ?*

Tab. 8.4: Die wichtigsten Typen der französischen Ergänzungsfrage (nach Coveney ²2002: 93).

Der Inversion schließlich begegnet man im gesprochenen Französisch v. a. in festen Konstruktionen wie *Vois-tu ?*, *Comprenez-vous ?*, *Comment allez-vous ?* oder *Quelle heure est-il ?* (vgl. Quillard 2001, Elsig 2009, Grevisse ¹⁶2016: 596).

Lesetipps

Gabriel, Christoph / Müller, Natascha / Fischer, Susann [2008] (³2018): *Grundlagen der generativen Syntax: Französisch, Italienisch, Spanisch*, Berlin: De Gruyter.

Kaiser, Georg (2020): *Syntax des Französischen*, Berlin: Erich Schmidt.

Riegel, Martin / Pellat, Jean-Christophe / Rioul, René [1994] (⁸2021): *Grammaire méthodique du français*, Paris: PUF.

Blanche-Benveniste, Claire (2000): *Approches de la langue parlée en français*, Paris: Ophrys.

9 Semantik und Pragmatik

Eine der spannendsten Fragen der Sprachwissenschaft ist die nach dem Verhältnis von **Sprache und Denken**: Drücken sich in unterschiedlichen Sprachen unterschiedliche Weltbilder aus? Und können wir die 'Brille', mit der wir durch unsere Sprache die Welt betrachten, auch 'absetzen', sei es durch Reflexion, sei es durch das Lernen von Fremdsprachen? Wie funktioniert Rhetorik? Und wie kann man sich gegen sprachliche Manipulation schützen?

Nehmen wir ein paar Beispiele aus dem Deutschen und Französischen: Das Wort *Rabenmutter* gibt es nur im Deutschen, *pain au chocolat* nur im Französischen. Im Prinzip sind solche Wörter unübersetzbar. Aber man kann natürlich Franzosen und Französinnen erklären, dass es im deutschsprachigen Raum ein abfälliges Wort für Frauen gibt, die nach der Geburt ihrer Kinder arbeiten, und Tourist*innen fällt es nicht schwer, in einer *boulangerie* ein *pain au chocolat* zu kaufen. Mit neuen Gegenständen und Ideen kommen ja auch regelmäßig neue Wörter in unsere Sprache (z. B. *Café*; vgl. Kapitel 4.3.2). Dagegen ist es nicht egal, ob man *Neger* oder *Person of Color* sagt, *auteurs* oder *auteur.e.s* schreibt. Totale Synonymie gibt es nicht: Auch wenn diese Wörter jeweils dieselben Menschen bezeichnen, ist *Neger* rassistisch und macht *auteur.e.s* Frauen sichtbarer, Texte aber weniger verständlich. Aber sollte man daher auch Kinderbücher wie *Pippi Langstrumpf* umschreiben, und führt genderinklusive Sprache wirklich zu mehr Gleichberechtigung in Familie, Beruf und Gesellschaft?

Um diese Fragen beantworten zu können, brauchen wir erst einmal ein Modell, das den Zusammenhang zwischen nicht-sprachlicher Realität, Kognition und Sprache darstellt (vgl. Kapitel 9.1.1). Nachdem die wichtigsten Konzepte geklärt sind, lernen Sie die Whorf-Hypothese kennen, nach der Sprache unser Denken bestimmt. Diese Hypothese wird bis heute heftig diskutiert (vgl. Kapitel 9.1.2). Im Anschluss werden wir uns die zwei wichtigsten semantischen Theorien im Kontrast ansehen: die strukturalistische Merkmalssemantik und die kognitive Prototypensemantik (Kapitel 9.2). Daraufhin geht es darum, wie der Wortschatz horizontal und vertikal strukturiert ist: in Gleichheit, Ähnlichkeiten, Verbindungen und Gegensätzen sowie in Über- und Unterordnungen (Kapitel 9.3). Abschließend werden wir uns damit beschäftigen, wie bildliche Sprache funktioniert (Kapitel 9.4) und wie man aus Sicht der aktuellen Forschung damit das Denken manipulieren – und sogar töten – kann (Kapitel 9.5).

9.1 Sprache und Denken

9.1.1 Dinge, Konzepte, Bedeutungen

Das Zeichenmodell von Saussure 1916 besteht aus *signifiant* 'Zeichenausdruck' und *signifié* 'Zeicheninhalt' (vgl. Kapitel 3.1.1). Die nicht-sprachliche Welt ist hier ausgeschlossen. Im Zeichenmodell von Odgen/Richards 1923 kommt der Referent dazu. Raible 1983 ergänzt schließlich noch die phonetischen Realisierungen und die kognitiven Konzepte. Eine Version mit modernisierten Begrifflichkeiten findet sich in Abb. 9.1.

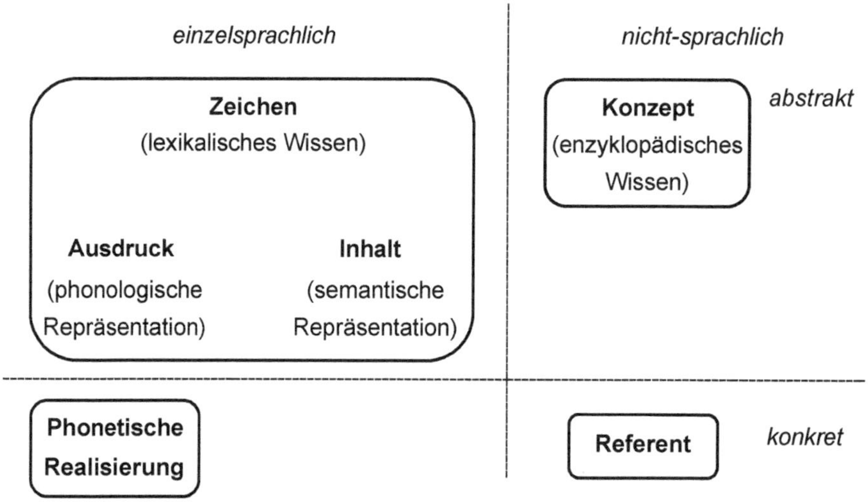

Abb. 9.1: Zeichenmodell angelehnt an Raible 1983, Blank 2001 und Krefeld/Pustka 2014.

Das Modell ist durch zwei zentrale Unterscheidungen gekennzeichnet: einen einzelsprachlichen und einen nicht-sprachlichen Bereich, eine abstrakte und eine konkrete Ebene. Oben links im Modell findet sich das einzelsprachliche abstrakte Zeichen von Saussure 1916 mit **Ausdruck** (phonologischer Repräsentation) und **Inhalt** (semantischer Repräsentation). Unten rechts finden sich die Dinge in der Welt, die damit bezeichnet werden, d. h. die konkreten nicht-sprachlichen **Referenten**. Während die Bedeutung sich in der strukturalistischen Semantik auf die **semantische Repräsentation** beschränkt, umfasst sie in der kognitiven Semantik auch das **enzyklopädische Wissen**. Dadurch entsteht eine Verbindung zwischen einzelsprachlichen und nicht-sprachlichem Wissen. Auch das Abstrakte und das Konkrete sind miteinander verknüpft: Die phonologische Repräsentation ist mit der **phonetischen Realisierung** verbunden, die Bedeutung mit dem Referenten. Die beiden letzteren sind in keinem Fall gleichzusetzen. So bezeichnen *Morgenstern* und *Abendstern* denselben Referenten, nämlich (meist) den Planeten Venus. Dennoch ist die Bedeutung der beiden Wörter verschieden.

Auf dieser Basis kann man nun klar zwischen Bedeutung und Bezeichnung unterscheiden: Der Begriff der ***Bedeutung*** bezieht sich auf den sprachlichen Zeicheninhalt (*signifié*), der Begriff der ***Bezeichnung*** auf den Bezug vom Zeichen auf den Referenten. So *bedeutet* fr. *livre* 'assemblage de feuilles en nombre plus ou moins élevé, portant des signes destinés à être lus' (TLF*i*). Dieses Wort *bezeichnet* insbesondere den Gegenstand, den Sie gerade in Händen halten (falls es nicht ein *e-book* oder ein Stapel Kopien ist). Entsprechend kann man auch zwischen zwei sprachwissenschaftlichen Perspektiven unterscheiden: Die **Onomasiologie** ('Bezeichnungslehre') untersucht, welches sprachliche Zeichen man für einen bestimmten Referenten verwendet. Das ist ein typisches Vorgehen in der traditionellen Dialektologie. Dort zeigt man den Informant*innen landwirtschaftliche Geräte oder Fotos davon und fragt sie, wie sie dazu sagen (Untersuchungsmethode *Wörter und Sachen*). Die **Semasiologie** ('Bedeutungslehre') interessiert sich dagegen beispielsweise dafür, wie sich der *signifié* eines *signifiant* im Laufe der Zeit verändert hat, d. h. wie Bedeutungswandel stattfindet (z. B. durch Über- und Unterordnung oder Metaphern; vgl. Kapitel 9.3 und 9.4).

Bei der Bedeutung muss man außerdem unterscheiden zwischen der neutralen Grundbedeutung (**Denotation**), den in einer Sprachgemeinschaft 'mitschwingenden' u. a. stilistischen und wertenden Nebenbedeutungen (**Konnotationen**) sowie den rein subjektiven Assoziationen. Derselbe Gegenstand kann mit unterschiedlichen sprachlichen Zeichen bezeichnet werden, z. B. *livre, bouquin* oder *manuel* für dieses Buch: *livre* ist am neutralsten, *bouquin* mündlich und *manuel* ein Unterbegriff ('Lehrbuch').

Die Tatsache, dass es kognitive Konzepte auch unabhängig von sprachlichen Zeichen gibt, ist für die Frage nach der Beziehung zwischen Sprache und Denken hochrelevant. Sie kennen sicherlich diesen ca. 30 cm langen Plastik- oder Holzstab, den man auf das Band der Supermarktkasse hinter die Waren legt, die man kaufen möchte – und den Sie sich jetzt gerade vorstellen, während Sie diese Zeilen lesen. Das entsprechende Wort *Warentrenner* oder *Warendifferenzierungsmodul* haben Sie aber bestimmt noch nie gehört. Sie können also an etwas denken, wofür Sie keine Worte haben! Außerdem ist es alles andere als ungewöhnlich, dass Sie mit neuen Erfindungen konfrontiert werden und die Wörter dafür erst dazulernen müssen. Denken Sie nur an Ihren Computer- und Smartphonewortschatz, der sich ständig erweitert! Außerdem gibt es zahlreiche Wörter für Dinge, die nicht (mehr) in der Welt existieren: Dinosaurier, Einhörner, Klingonen etc.

9.1.2 Sapir-Whorf-Hypothese

Auch wenn der Ethnologe und strukturalistische Linguist **Edward Sapir (1884–1939)** und sein Schüler **Benjamin Lee Whorf (1897–1941)** nie gemeinsam publiziert haben, so hat sich doch aufgrund ihrer ähnlichen Ideen der Begriff der *Sapir-Whorf-Hypothese* herausgebildet. Genau genommen handelt es sich dabei um zwei Hypothesen:

- Die **Hypothese der sprachlichen Relativität** lautet: „Wir gliedern die Natur in Linien auf, die uns durch unsere Muttersprachen vorgegeben sind." (Whorf [25]2008: 12). Wir sehen also je nach Sprache die Welt durch eine unterschiedliche 'Brille'.
- Die **Hypothese des sprachlichen Determinismus** besagt, dass jede Sprache nicht nur ein „Instrument zum Ausdruck von Gedanken ist, sondern vielmehr selbst die Gedanken formt" (Whorf [25]2008: 12). Unsere Sprache beeinflusst also unser Denken.

Die beiden Forscher haben untersucht, wie Zeit und Raum – also zwei kultur-unabhängige Dimensionen der natürlichen Umwelt des Menschen – in verschiedenen Sprachen der Welt versprachlicht werden. So haben etwa die in Arizona lebenden Hopi keine unterschiedlichen Tempora für Gegenwart, Vergangenheit und Zukunft. Dagegen unterscheiden sie systematisch zwischen einem Bericht über ein Geschehen, der Erwartung eines Geschehens und generalisierenden Aussagen. In Bezug auf den Raum sind wir es in Europa gewohnt, von uns selbst ausgehend zwischen RECHTS und LINKS zu unterscheiden. In zahlreichen anderen Gebieten der Welt (Australien, Polynesien, Mexiko, Bali, Nepal, Namibia, Madagaskar) unterscheiden die Menschen dagegen zwischen Nord, Süd, West und Ost, in einer Sprache Mexikos sogar zwischen BERGAUF und BERGAB. Dies lässt sich damit erklären, dass man sich in der Stadt eher an Gebäuden und Straßen mit RECHTS und LINKS orientieren kann, man auf dem Land aufgrund mangelnder Orientierungspunkte aber die Himmelsrichtungen braucht. Auch wenn die empirische Grundlage dieser Hypothesen zwischenzeitlich in Frage gestellt wurde (die Daten zum Hopi stammten von einem einzigen in New York lebenden Informanten, und in ihrer Sprache gibt es wohl doch Wörter zum Ausdruck der Zeit), so bleibt die folgende Schlussfolgerung von Jakobson 1959 bis heute aktuell:

> „Thus the true difference between languages is not in what may or may not be expressed but in what must or must not be conveyed by the speakers." (Jakobson 1959: 140)

Sind bestimmte Kategorien grammatikalisiert, dann muss man sie ausdrücken: *je t'aime* [ɛm] oder *je t'aimais* [ɛmɛ] – eine zeitneutrale Form gibt es im Französischen (wie im Deutschen) nicht. Entsprechend müssen manche Sprecher*innen immer mitdenken, wo Norden und Osten ist (s. o.). Wer ein bestimmtes kognitives Konzept ausdrücken will, kann dies aber immer irgendwie tun, auch wenn es keine grammatikalisierten Kategorien dafür gibt, sei es lexikalisch oder im Notfall durch komplizierte Umschreibungen. Auch im Lexikon ist man in manchen Sprachsystemen gezwungen, bestimmte Unterscheidungen zu treffen: So musste man sich früher sowohl im Deutschen als auch im Französischen zwischen *Frau* und *Fräulein* bzw. *Madame* und *Mademoiselle* entscheiden. D. h. man musste immer nachfragen bzw. drüber Auskunft geben, ob eine Frau verheiratet war oder nicht – im Gegensatz zu Männern, bei denen diese Unterscheidung nicht getroffen wurde.

9.2 Semantische Theorien im Vergleich

Nachdem wir gesehen haben, dass Menschen die Welt auf unterschiedliche Weise in kognitive Konzepte und semantische Repräsentationen unterteilen können, wenden wir uns nun deren innerer Struktur zu. Beginnen wir mit einem kurzen Brainstorming:

À vous !

Was ist ein Vogel? Formulieren Sie zunächst eine Definition, bestehend aus einer Liste notwendiger und hinreichender Merkmale. Zeichnen Sie im Anschluss einen Vogel und nennen Sie drei Vogelarten, die Ihnen spontan einfallen!

Wahrscheinlich sind Ihnen folgende Merkmale eingefallen: Ein Vogel hat einen Schnabel, Flügel und Federn, er kann fliegen und legt Eier. Als besonders typisch würden die meisten von Ihnen wohl einen Spatz einschätzen, weniger eine Eule oder einen Papagei und noch weniger einen Strauß oder einen Pinguin. Der erste Ansatz Bedeutung zu bestimmen – über Merkmale –, ist der strukturalistische (vgl. Kapitel 9.2.1). Problematisch daran ist, dass die genannten Merkmale nicht nur Vögel auszeichnen: Eier legen auch Frösche und Eidechsen, fliegen können auch Dinosaurier, Fledermäuse und Flugzeuge. Dagegen können Pinguine und Strauße nicht fliegen – obwohl sie Vögel sind. Wo beginnt und wo endet also die Kategorie 'Vogel'? Angesichts dieser Abgrenzungsprobleme hat die Kognitive Linguistik einen anderen Ansatz entwickelt: Sie ordnet typische und weniger typische Exemplare um einen Protoyp herum an (vgl. Kapitel 9.2.2).

9.2.1 Strukturalistische Merkmalssemantik

So wie die Phonologie im 19. Jahrhundert den Lautwandel untersucht hat, hat sich die Semantik mit dem Bedeutungswandel beschäftigt. Im 20. Jahrhundert wurde dann die synchrone Herangehensweise von der Phonologie auf die Semantik übertragen. Die Strukturalisten modellierten Bedeutung aus Merkmalen und strukturierten auf diese Weise Wortfelder: das Wortfeld des Verstandes im Deutschen (Trier 1931), das der Sitzgelegenheiten im Französischen (Pottier 1963).

Der Franzose Bernard Pottier (*1924) hat versucht, Wörter wie *chaise* 'Stuhl' und *tabouret* 'Hocker' genauso wie Phoneme (vgl. Kapitel 6.2.1) mit Hilfe distinktiver Merkmale (z. B. +/- [mit Armlehnen]) zu beschreiben und voneinander abzugrenzen (vgl. Tab. 9.1). Dabei teilt das gesamte Wortfeld der Sitzgelegenheiten (fr. *sièges*) das positiv ausgeprägte Merkmal [zum Sitzen]. Der aus Litauen stammende französische Sprachwissenschaftler Algirdas Julien Greimas (1917–1992) führte 1966 für die distinktiven Merkmale den Begriff des *Sems* ein, und für die Menge aller Seme, die ein Wort definieren, den des *Semems*. Dieses entspricht damit dem *signifié* des sprachlichen Zeichens nach Saussure 1916 (vgl. Kapitel 3.1.1).

	[avec dossier]	[sur pied]	[pour une personne]	[pour s'asseoir]	[avec bras]	[avec matériaux rigide]
chaise	+	+	+	+	-	+
fauteuil	+	+	+	+	+	+
tabouret	-	+	+	+	-	+
canapé	+	+	-	+	+	+
pouf	-	+	+	+	-	-

Tab. 9.1: Merkmalsanalyse des Wortfelds der Sitzgelegenheiten (vgl. Pottier 1963).

Definitionen von Wörtern in Wörterbüchern enthalten eine solche Auflistung von Merkmalen. *Tabouret* ist im TLF*i* beispielsweise wie folgt beschrieben: « Siège pour une personne, généralement à quatre pieds, sans bras ni dossier. »

So wie es in allen Sprachen der Welt Vokale und Konsonanten und meist auch /a/, /u/, /i/ und stimmhafte und stimmlose Plosive gibt, so hat man auch in der Semantik nach sogenannten *semantic primes* gesucht. Wierzbicka 1992 zufolge gibt es folgende 60 semantische Konzepte in allen Sprachen der Welt:

Kategorie	***semantic primes***
Substantive	I, YOU, SOMEONE, PEOPLE, SOMETHING/THING, BODY
Determinierer	THIS, THE SAME, OTHER
Quantifizierer	ONE, TWO, SOME, ALL, MANY/MUCH
Bewertung	GOOD, BAD
Beschreibung	BIG, SMALL, (LONG)
Intensität	VERY
Geistige Tätigkeiten	THINK, KNOW, WANT, FEEL, SEE, HEAR
Sprache	SAY, WORD, TRUE
Aktionen	DO, HAPPEN, MOVE
Existenz und Besitz	THERE IS, HAVE
Leben und Tod	LIVE, DIE
Zeit	WHEN/TIME, NOW, BEFORE, AFTER, A LONG TIME, A SHORT TIME, FOR SOME TIME, MOMENT

Raum	WHERE/PLACE, HERE, ABOVE, BELOW; FAR, NEAR; SIDE, INSIDE; TOUCHING
Logik	NOT, MAYBE, CAN, BECAUSE, IF
Steigerung	MORE
Klassifizierung	KIND OF, PART OF
Ähnlichkeit	LIKE

Tab. 9.2: Semantische Primitive (vgl. WIERZBICKA 1992).

Kommen wir zurück zur strukturalistischen Semantik. Ganz so einfach lässt sich der strukturalistische Ansatz nämlich nicht von der Phonologie auf die Semantik übertragen. Grund dafür ist, dass die Anzahl der Laute einer Sprache (im Französischen ca. 32–33; vgl. Kapitel 6.2.1) sehr viel geringer ist als die Anzahl der Wörter (ca. 60 000 im *Petit Robert*, 100 000 im TLF*i* – um nur zwei Wörterbücher zu nennen). Daher wurden auch nur einzelne Wortfelder auf diese Weise modelliert (wobei die Auswahl der Wörter und damit die Abgrenzung der Wortfelder subjektiv bleibt); für den gesamten Wortschatz einer Sprache ist dies aus forschungsökonomischen Gründen nicht möglich. Ein weiteres Problem dieser Herangehensweise ist, dass Konnotationen und Polysemie (vgl. Kapitel 9.3.1) hierbei nicht berücksichtigt werden können und die Ordnung der sprachlichen Zeichen damit mehr zu einer Ordnung der sie bezeichnenden Dinge wird. Außerdem erkennen wir einen Stuhl immer noch als einen Stuhl, wenn seine Lehne abgebrochen ist oder sich zwei Personen daraufsetzen. Wie kann das sein?

9.2.2 Kognitive Prototypensemantik

Die Kognitive Linguistik setzt genau hier an: Natürliche Alltagssprache ist nicht logisch. Erste Überlegungen finden sich dazu schon 1953 in den postum erschienenen *Philosophische Untersuchungen* des österreichischen Philosophen Ludwig Wittgenstein (1889–1951), der vergeblich versucht, das Wort dt. *Spiel* zu definieren (vgl. Textauszug im grauen Kasten).

À vous !
Mit welchen Merkmalen lassen sich Spiele definieren? Überlegen Sie sich zunächst selbst eine Antwort und fassen Sie dann die Antwort Wittgensteins in Stichpunkten zusammen. Bei welchen Spielen fehlen welche Merkmale? Was verbindet Spiele dennoch miteinander?

Bedeutung als Netz von Familienähnlichkeiten: das Beispiel dt. *Spiel*

Betrachte z. B. einmal die Vorgänge, die wir 'Spiele' nennen. Ich meine Brettspiele, Kartenspiele, Ballspiele, Kampfspiele, u.s.w. Was ist allen diesen gemeinsam? – Sag nicht: „Es muß ihnen etwas gemeinsam sein, sonst hießen sie nicht 'Spiele'" – sondern schau, ob ihnen allen etwas gemeinsam ist. – Denn, wenn du sie anschaust, wirst du zwar nicht etwas sehen, was allen gemeinsam wäre, aber du wirst Ähnlichkeiten, Verwandtschaften, sehen, und zwar eine ganze Reihe. Wie gesagt: denk nicht, sondern schau! – Schau z. B. die Brettspiele an, mit ihren mannigfachen Verwandtschaften. Nun geh zu den Kartenspielen über: hier findest du viele Entsprechungen mit jener ersten Klasse, aber viele gemeinsame Züge verschwinden, andere treten auf. Wenn wir nun zu den Ballspielen übergehen, so bleibt manches Gemeinsame erhalten, aber vieles geht verloren. – Sind sie alle 'unterhaltend'? Vergleiche Schach mit dem Mühlfahren. Oder gibt es überall ein Gewinnen und Verlieren, oder eine Konkurrenz der Spielenden? Denk an die Patiencen. In den Ballspielen gibt es Gewinnen und Verlieren; aber wenn ein Kind den Ball an die Wand wirft und wieder auffängt, so ist dieser Zug verschwunden. Schau, welche Rolle Geschick und Glück spielen. Und wie verschieden ist Geschick im Schachspiel und Geschick im Tennisspiel. Denk nun an die Reigenspiele: Hier ist das Element der Unterhaltung, aber wie viele der anderen Charakterzüge sind verschwunden! Und so können wir durch die vielen, vielen anderen Gruppen von Spielen gehen. Ähnlichkeiten auftauchen und verschwinden sehen.
Und das Ergebnis dieser Betrachtung lautet nun: Wir sehen ein kompliziertes Netz von Ähnlichkeiten, die einander übergreifen und kreuzen. Ähnlichkeiten im Großen und Kleinen.
Ich kann diese Ähnlichkeiten nicht besser charakterisieren, als durch das Wort 'Familienähnlichkeiten'; denn so übergreifen und kreuzen sich die verschiedenen Ähnlichkeiten, die zwischen den Gliedern einer Familie bestehen: Wuchs, Gesichtszüge, Augenfarbe, Gang, Temperament etc. etc. – Und ich werde sagen: die 'Spiele' bilden eine Familie.
[...] Was ist noch ein Spiel und was ist keines mehr? Kannst du die Grenzen angeben? [...]
Man kann sagen, der Begriff 'Spiel' ist ein Begriff mit verschwommenen Rändern. – 'Aber ist ein verschwommener Begriff überhaupt ein Begriff?'

(Wittgenstein [1953] 2003: 56–60)

Wittgenstein schlägt also vor, Bedeutungen als **Netzwerke von Exemplaren** zu modellieren, die sich durch **'Familienähnlichkeiten'** auszeichnen. Denn Spiele charakterisieren sich nicht – wie andere alltagssprachliche Wörter auch – durch ein oder mehrere Merkmale, die sie alle gemeinsam hätten und die sie von anderen Wörtern abgrenzen würden. Sie sind vielmehr durch ein „Netz von Ähnlichkeiten" (siehe Kasten) miteinander verbunden – so wie die Mitglieder einer Familie: Bei manchen findet man die Knollnase der Großmutter wieder, bei anderen die Grübchen des Onkels. Jedes Familienmitglied sieht irgendwie anders aus, aber wenn man alle gemeinsam sieht, weiß man: Es handelt sich um eine Familie. Ein weiterer wichtiger Aspekt ist, dass die Kategorie *Spiel* „verschwommene[n] Ränder[n]“ (vgl. Textausschnitt im Kasten) hat. In der kognitiven Semantik spricht man von *fuzzy boundaries.* Alltagssprachliche Begriffe sind also nicht in sich homogen und klar voneinander abgegrenzt, wie man das von wissenschaftlichen Fachbegriffen einfordert (vgl. Kapitel 2.1.1).

Die kognitive Semantik hat dieses Problem der Abgrenzung intensiv an den Beispielen von Farben (Berlin/Kay 1969), Tassen (Labov 1973; vgl. Abb. 9.2) und neben vielen anderen Konzepten auch an Vögeln (Rosch 1975) erforscht.

Abb. 9.2: Stimuli der Tassen-Studie von Labov 1973.

basic colour terms

Farbwörter eignen sich deswegen so gut für eine Analyse, da die nicht-sprachliche Welt im Bereich der Farben kontinuierlich ist (und man dies physikalisch quantifizieren kann), ihre Versprachlichung aber in diskreten Kategorien stattfindet (*rot, blau* etc.). Diese Kategorisierung ist allerdings kein rein sprachliches, sondern z. T. auch ein physiologisches Phänomen (da durch die menschliche Wahrnehmung bedingt) und damit nicht komplett arbiträr wie die Abgrenzung beispielsweise zwischen Tassen und

Bechern (vgl. Abb. 9.2). Wie sind Berlin/Kay 1969 methodisch vorgegangen? Führen Sie das Experiment einmal selbst aus!

À vous !
Welche Farben kennen Sie? Erstellen Sie eine Liste! Sehen Sie sich im Anschluss die folgende Farbtafel an: Markieren Sie das Kästchen, das jede Farbe am besten repräsentiert und grenzen Sie dann alle Farbbereiche voneinander ab.

Abb. 9.3: Farbtafel zur Erforschung von Farbwörtern (http://www.icsi.berkeley.edu/wcs/data.html).

Dies haben Berlin/Kay 1969 Sprecher*innen von 78 Sprachen gefragt. Sie sollten sich dabei auf die sogenannten *basic colour terms* beschränken. Diese zeichnen sich durch die folgenden Kriterien aus:

- *monolexemic*: Wurzel, keine Derivationen und Kompositionen,
  z. B. dt. *blau*, nicht *bläulich*, *himmelblau* oder *grau-blau*,
- kein Unterbegriff,
  z. B. dt. *purpur* als Unterbegriff von *rot*,
- nicht auf bestimmte Konzepte beschränkt,
  z. B. dt. *blond* nur für Haare,
- keine Wörter für typische Objekte,
  z. B. dt. *gold* (aber: diachron häufig Etymologie von *basic colour terms*, z. B. *orange*),
- keine jungen Entlehnungen,
  z. B. dt. *beige*,
- keine Fachbegriffe,
  z. B. dt. *magenta*, eine aus rote und blau gemischte Farbe ('helles Purpur').

Die Studie brachte folgende Ergebnisse:

- Es gibt typische und untypische Repräsentanten einer Farbe. Die typischen Repräsentanten nennt man *Prototypen*.

- Die Prototypen sind meist dieselben, egal welche Sprache(n) die Sprecher*innen sprechen. Sie lassen sich mit der menschlichen Wahrnehmung erklären.
- Dagegen können die Abgrenzungen zwischen den Farben sehr unterschiedlich sein.
- Die Anzahl der *basic colour terms* variiert von Sprache zu Sprache, zwischen mindestens zwei (SCHWARZ/DUNKEL bzw. WEISS/HELL) bis hin zu elf. Dabei besteht folgende universelle Implikationsskala („wenn X, dann Y"):

1./2.		3.		4./5.		6.		7.		8.-11.
SCHWARZ WEISS	>	ROT	>	GRÜN GELB	>	BLAU	>	BRAUN	>	LILA ROSA ORANGE GRAU

Wenn eine Sprache zum Beispiel ein Wort für BLAU hat, dann hat sie auch Wörter für GRÜN und GELB, ROT sowie SCHWARZ und WEISS (bzw. DUNKEL und HELL).

- Manchmal finden sich auch zusätzliche *basic colour terms.* So unterscheidet das Italienische beispielsweise zwischen *blu* 'dunkelblau' und *azzurro* 'hellblau'.

Die drei häufigsten Farbkonzepte – SCHWARZ, WEISS und ROT – lassen sich physiologisch erklären. Erstens sind im menschlichen Auge andere Rezeptoren für HELL/DUNKEL als für die Farben zuständig: HELL/DUNKEL unterscheiden wir mit den Stäbchen, Farbtöne mit den Zapfen. Dabei sind die Stäbchen im Vergleich zu den Zapfen primär: Sie arbeiten schneller und funktionieren auch gut bei Dunkelheit (wo wir weniger bis gar keine Farben sehen). Außerdem gibt es auch farbenblinde Menschen. ROT ist deshalb die wichtigste Farbe, da Blut rot ist. ROT kann daher eine Warnfarbe sein, die auf Gefahr hinweist, oder auch eine Signalfarbe, die bei der Fortpflanzung hilft (rote Lippen, rote Pavianhintern etc.). Die emotionale Erregung, die wir verspüren, wenn wir ROT sehen, ist messbar. Deshalb ist es nicht beliebig (arbiträr), dass eine rote Ampel 'Stopp!' anzeigt. GRÜN und GELB schließlich sind die Farben essbarer Früchte und BLAU die des Wassers. Wer beruflich mit Farben zu tun hat – sei es mit Kleidung oder Holzlacken – kann noch viele weitere Farben unterscheiden und Farbwörter (oder Nummerncodes) dazu lernen: z. B. dt. *beige, mauve, taupe* und *aubergine.* Diese Farbwörter stammen übrigens nicht zufällig aus dem Französischen: Paris ist eines der wichtigsten Zentren der Mode weltweit.

Vögel, Obst und Möbel

Schauen wir uns im Folgenden noch eine weitere berühmte Studie an, die die Prototypentheorie weiter ausgebaut hat: Ziel von ROSCH 1975 war es herauszufinden, was Menschen für eine **kognitive Repräsentation** aufrufen, wenn sie ein Wort wie *Vogel* hören. Dazu hat sie zunächst einmal 209 US-amerikanische Psychologie-Student*innen mit L1 Englisch Wörter zu 10 Kategorien – u. a. Vögel, Obst und Möbel – jeweils auf einer 7-stelligen Skala bewerten lassen: Handelt es sich um ein gutes oder ein schlechtes Beispiel? Wenn die Teilnehmer*innen fanden, dass *Apfel* ein typisches Exemplar für Obst ist, sollten sie 1 ankreuzen, wenn sie fanden, dass es ein weniger typisches Beispiel ist, dann einen mittleren Wert und für ein untypisches Beispiel 7. Die Auswertung zeigte, dass die Antworten der Teilnehmer*innen sehr ähnlich waren. Eine Auswahl der (ins Deutsche übersetzten) Ergebnisse findet sich in Tab. 9.3.

Vögel	Obst	Möbel
1. Rotkehlchen	1. Orange	1. Stuhl
2. Spatz	2. Apfel	2. Sofa
6. Amsel	3. Banane	4. Tisch
…	…	…
22. Taube	23. Wassermelone	29. Bank
27. Rabe	25. Zitrone	31. Lampe
29. Papagei	29. Feige	35. Klavier
…	…	…
48. Huhn	42. Kokosnuss	54. Kühlschrank
50. Strauß	44. Avocado	57. Vase
53. Pinguin	49. Olive	60. Telefon

Tab. 9.3: Mehr und weniger typische Exemplare einer Kategorie (nach Rosch 1975).

Auf dieser Basis führte Rosch 1975 eine Reihe psychologischer Experimente durch. Gesamtergebnis war, dass sich kognitive Repräsentationen um einen **Prototyp** herum strukturieren, d. h. das 'beste' Exemplar einer Kategorie; die übrigen Exemplare variieren in ihrem Grad der Zugehörigkeit zur Kategorie.

Intuitiv ist die Prototypentheorie sehr gut nachvollziehbar. Aus sprachwissenschaftlicher Sicht stellt sich allerdings folgendes Problem: Sind diese Repräsentationen sprachspezifisch oder variieren sie von einem Individuum zum anderen? Geht es hierbei wirklich um sprachliche Wörter und semantische Repräsentationen oder vielmehr um kognitive Konzepte oder gar Dinge in der Welt? Und wie kann man diese Kategorisierungen erklären? Allein die Anzahl der Referenten bzw. die Häufigkeit ihrer Wahrnehmung durch die Menschen kann es nicht sein. So wird beispielsweise die Karotte als 'gemüsiger' wahrgenommen als die Kartoffel. Auch Ähnlichkeit liefert keine Erklärung: Warum können sonst Erbsen und Möhren so nah beieinanderstehen?

9.3 Struktur des Wortschatzes

Für die strukturalistische Sprachwissenschaft zentral ist, in welchen Oppositionen sprachliche Einheiten zueinanderstehen (vgl. Kapitel 3.1.1). In kognitiver Perspektive bilden diese Netzwerke im Gehirn. Wir sehen uns im Folgenden eine Auswahl dieser **semantischen Relationen** an: Horizontal – also auf gleicher Ebene – kann man unterscheiden zwischen gleicher Bedeutung (Synonymie), zufällig gleicher Form (Homonymie), miteinander verbundenen Bedeutungen (Polysemie) und Arten von Gegenteilen (Antonymie) (Kapitel 9.3.1); vertikal geht es um Über- und Unterordnungen sowie das sogenannte *basic level* in der Mitte (Kapitel 9.3.2).

9.3.1 Horizontale Relationen

Synonymie

In der Schule haben Sie bestimmt gelernt, dass Sie sich nicht wiederholen sollen.

À vous !
Machen Sie die Probe! Wie gelungen finden Sie den folgenden Text? Was würden Sie anders formulieren?

„Ich erinnere mich", erzählte der alte Mann. „Ich weiß, du hast mich nicht verlassen, weil du gezweifelt hättest."
„Papa hat es mir befohlen. Ich bin ein Kind und muss ihm gehorchen."
„Ich weiß", klagte der alte Mann. „Das ist ganz normal."
„Er hat nicht viel Vertrauen."
„Nein", stimmte der alte Mann zu. „Aber wir. Wir haben Vertrauen."
„Ja", sagte der Junge. „Darf ich dir in der Bar ein Bier ausgeben, danach bringen wir die Sachen nach Hause."
„Warum nicht?", meinte der alte Mann. „Unter uns Fischern."

An diesem Text hätte man lieber gar nichts umformulieren sollen (vgl. Linden 1998). In *The Old Man and the Sea* (dt. *Der alte Mann und das Meer*) von Ernest Hemingway (1952) heißt es nämlich jedes Mal „the old man said" – ohne irgendeine ‘Abwechslung’ im Ausdruck: Überall dort, wo oben im Kasten *erzählen*, *klagen*, *zustimmen* und *meinen* steht, gehört eigentlich *sagen* hin. Man kann dieses Wort nicht einfach durch Synonyme austauschen. Warum nicht? Weil es Synonyme streng genommen gar nicht gibt. Unterschiedliche Wörter haben immer leicht unterschiedliche Bedeutungen (z. B. ist *klagen* emotionaler als *sagen*, und *meinen* subjektiver), gehören unterschiedlichen

Varietäten an (z. B. fr. *livre* und *bouquin*), sind mit unterschiedlichen Konnotationen oder Wertungen verbunden (z. B. klingt dt. *Reststoffe* viel positiver als *Müll*) oder haben unterschiedliche Selektionsbeschränkungen (z. B. fr. *cheveux bruns* vs. *yeux marrons*). Während es totale Synonymie also gar nicht gibt, spricht man von partieller Synonymie, wenn zwei Wörter auf denselben Referenten verweisen.

Homonymie

Ein im Grunde genommen nicht semantisches Phänomen ist die Homonymie. Hierbei handelt es sich um zwei sprachliche Zeichen, deren Form zufällig gleich ist und die vollkommen verschiedene Inhalte haben. Französische Beispiele dafür sind *voler* 'fliegen' und 'stehlen' oder *avocat* 'Avocado' und 'Anwalt'. Im Wörterbuch stehen in solchen Fällen üblicherweise zwei getrennte Einträge: *voler*$_1$ und *voler*$_2$, *avocat*$_1$ und *avocat*$_2$ (im Gegensatz zur Polysemie; s. u.).

Sprachgeschichtlich kann es sich um einen zufälligen lautlichen Zusammenfall von vollkommen verschiedenen Wörtern handelt. So stammt *avocat* 'Anwalt' von lat. ADVOCATUS ab, *avocat* 'Avocado' dagegen aus nahuatl *ahuacatl* (über das Spanische ins Französische entlehnt). Es kann aber auch passieren, dass sich aus demselben Etymon unterschiedliche Bedeutungen entwickeln und wir es zunächst mit Polysemie zu tun haben (s. u.). Wenn sich die Bedeutungen so stark auseinanderentwicklen, dass für die Sprecher*innen keine Verbindung mehr besteht, dann handelt es sich aus synchroner Perspektive ebenfalls um Homonyme. Dies ist bei *voler* geschehen: *voler* 'fliegen' geht auf lat. VOLARE zurück. Für 'stehlen' sagte man im Altfranzösischen noch *rober* (aus dem Germanischen; vgl. dt. *rauben*). Im 16. Jahrhundert entwickelte sich dann aus *voler* 'fliegen' auch 'stehlen', und zwar im Zusammenhang von Falken, die einen anderen Vogel angriffen.

Während bei den bisherigen Beispielen sowohl die Lautung als auch die Schreibung der beiden sprachlichen Zeichen identisch war und sich nur die Bedeutung unterschied, gibt es auch Fälle, in denen nur die Lautung *oder* nur die Schreibung identisch ist: Homophonie und Homographie. **Homophone** sind Lexeme mit gleicher Lautung, aber unterschiedlicher Schreibung und unterschiedlichem *signifié*. Da sich im Französischen (u. a. aufgrund des intensiven Sprachkontakts mit germanischen Sprachen) die Lautung sehr stark gewandelt hat, gibt es heute im Französischen sehr viele Homophone. So spricht man beispielsweise neun Wortformen als [o] aus: *eau, eaux, haut, hauts, au, aux, aulx, oh, ho*. Diese Homonyme sind Grundlage für das Wortspiel *calembour*. Hierfür liefert der folgende Kasten ein paar bekannte Beispiele.

Calembours

« Notre but est atteint, comme la tarte du même nom. » (*est attaint* mit Liaison hört sich genauso wie *est Tatin* an: [ɛtatɛ̃])

« Nous le savons et pas seulement de Marseille. » (*savon de Marseille*)

« Les mots rendent les cris vains. » (*l'écrivain*)

(www.lalanguefrancaise.com/general/24-calembours-les-plus-droles-de-la-langue-francaise/)

Bei **Homographen** ist es andersherum: Hierbei handelt es sich um Lexeme mit gleicher Schreibung, aber unterschiedlicher Lautung und unterschiedlichem *signifié*. Solche Fälle sind in den Sprachen der Welt eher selten. Im Französischen gibt es im Alltagswortschatz immerhin zwei bekannte Fälle: <fils> [fis] 'Söhne' vs. [fil] 'Fäden' und <est> [ɛ] 'ist' vs. [ɛst] 'Osten'.

Monosemie und Polysemie

Wie bereits mehrmals erwähnt, ist es vollkommen normal in den Sprachen der Welt, dass sich im Laufe der Sprachgeschichte Bedeutungen weiterentwickeln. Dabei ist der Zusammenhang zwischen alten und neuen Bedeutungen offentlichtlich. Man spricht in diesem Fall von *Polysemie* ('Mehrdeutigkeit'). Das Gegenteil ist eher selten der Fall: die **Monosemie** ('Eindeutigkeit'). Hier entspricht eine sprachliche Form genau einem Inhalt. Dies kommt bei Innovationen vor (z. B. fr. *message WhatsApp*) und auch bei bewusst geschaffener wissenschaftlicher Fachterminologie (z. B. *Plosiv*).

Unter einem **Polysem** versteht man dagegen einen *signifiant* mit zwei oder mehreren zusammenhängenden *signifiés* (die sich durch Bedeutungswandel ergeben haben). So besteht zum Beispiel eine Verbindung zwischen fr. *café* 'Kaffeebohnen', 'Kaffeepulver', 'Kaffeegetränk' und 'Gaststätte, in der man (u. a.) Kaffee trinkt': Aus den Bohnen mahlt man das Pulver, das man zum Getränk verarbeitet und schließlich in der Gaststätte zu sich nimmt. Daneben ist *café* auch ein Farbwort ('kaffeebraun'), das sich aus der Farbe der Bohnen, des Pulvers bzw. des Getränks ableitet. Aus diesem Grund nennt man die Polysemie auch die „Synchronie des Bedeutungswandels" (Blank 2001: 104).

Der Begriff der *Polysemie* stammt vom französischen Philologen **Michel Bréal** (1832–1915), der als Begründer der Semantik gilt:

> Le sens nouveau, quel qu'il soit, ne met pas fin à l'ancien. Ils existent tous les deux l'un à côté de l'autre. Le même terme peut s'employer tour à tour au sens propre et au sens métaphorique, au sens restraint ou au sens étendu, au sens abstrait ou au sens concret... A mesure qu'une signification nouvelle est donnée au mot, il a l'air de se multiplier et de produire des exemplaires nouveaux, semblables de forme, mais différents de valeur. Nous appelons ce phénomène de multiplication la polysémie. (Bréal 1897: 154 f.)

Antonymie

Nachdem wir nun ausführlich über die sprachlichen Zeichen gesprochen haben, die dieselbe Form (Homonymie) oder denselben Inhalt haben (Synonymie), kommen wir nun zu denjenigen, bei denen die Inhalte im Gegensatz zueinander stehen: den Antonymien. Davon gibt es verschiedene Typen. Die vier wichtigsten sind: die kontradiktorische oder komplementäre Antonymie, die graduelle Antonymie, die konverse Antonymie und die Reversivität.

Unter **kontradiktorischer** oder **komplementärer Antonymie** versteht man einen sich ergänzenden Gegensatz. Das eine Element ist also die Negation des anderen; *tertium non datur* ('ein Drittes gibt es nicht'). Ein Beispiel dafür ist: *présent* vs. *absent.* Das eine ist die Negation des anderen: *il est présent = il n'est pas absent, il est absent = il n'est pas présent.* Diese Adjektive sind in ihrer Grundbedeutung nicht skalierbar: **plus absent,* **très absent.* Denn: Entweder ist jemand oder etwas da oder eben nicht. Dennoch kann man sagen: fr. *un père qui n'était pas très présent dans sa vie* (auf die Häufigkeit der Begegnungen bezogen) oder *Sie ist heute nicht ganz präsent* (ironisch auf die geistige Präsenz bezogen). Im übertragenen Sinne gelten die Gesetze der Logik also nicht.

Bei der **graduellen Antonymie** handelt es sich dagegen um einen polaren Gegensatz, d. h. zwei Pole auf einem Kontinuum. Beispiele dafür sind *jeune* vs. *vieux, petit* vs. *grand, haut* vs. *bas, bon* vs. *mauvais, beau* vs. *laid, froid* vs. *chaud.* Hier gibt es Komparative (z. B. *moins chaud, plus chaud*) und auch lexikalische Zwischenstufen (z. B. *tiède* 'lauwarm').

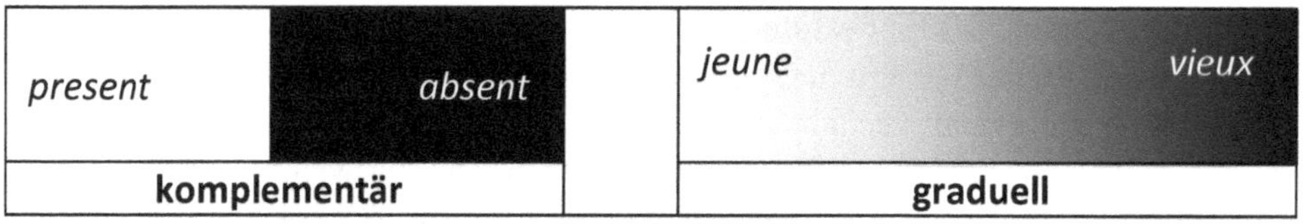

Abb. 9.4: Komplementäre und graduelle Antonymie.

Während die ersten beiden Typen der Antonymie typisch für Adjektive sind, sehen wir im Folgenden, dass auch Verben und Substantive einander entgegengesetzt sein können. Dabei stellt die **konverse Antonymie** eine spiegelbildliche Aufeinanderbezogenheit dar, z. B. *acheter* vs. *vendre* (vgl. Abb. 9.5a), *antérieur* 'vorhergehender' vs. *postérieur* 'folgender', *médecin* vs. *patient.* Hier ist nicht ein Teil des Wortpaars die Negation des anderen, sondern die beiden definieren sich in Bezug zueinander: Aus der Perspektive des Arztes ist der andere der Patient, aus der Perspektive des Patienten der andere der Arzt.

Ein weiterer Typ der Antonymie – der letzte, den wir hier besprechen werden – ist die **Reversivität**. Dieser Gegensatz besteht darin, dass die Handlungsrichtung umgedreht wird, z. B. *s'endormir* vs. *se réveiller*, *ouvrir* vs. *fermer*. Im Unterschied zur konversen Antonymie finden die beiden Prozesse nicht gleichzeitig statt (und werden nur aus unterschiedlichen Perspektiven betrachtet): Wenn jemand etwas verkauft, kauft immer auch ein anderer etwas (konverse Antonymie); wenn jemand etwas aufmacht, muss deshalb aber noch kein anderer automatisch etwas zumachen (Reversivität) (vgl. Abb. 9.5b).

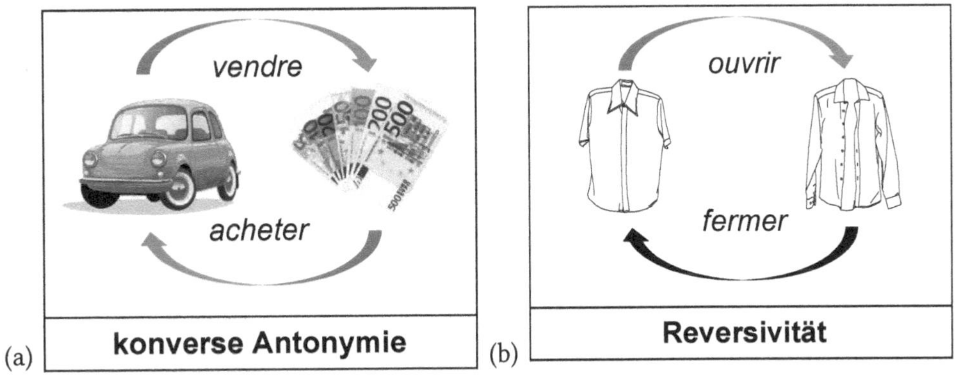

Abb. 9.5: Konverse Antonymie und Reversivität.

9.3.2 Taxonomien und *basic level*

Der Wortschatz lässt sich nicht nur danach strukturieren, was auf derselben Ebene ähnlich und was unterschiedlich ist, sondern auch hierarchisch, d. h. nach höheren und niedrigeren Ebenen. Es ist wichtig, dass diese sprachlichen Taxonomien nicht immer mit den Taxonomien der Dinge in der Welt identisch sind. So sind Melonen, Gurken, Kürbisse und Zucchini beispielsweise aus botanischer Sicht Früchte (die gemeinsam der Familie der Cucurbitaceae angehören); aus kultureller und sprachlicher Sicht handelt es sich aber um Gemüse – mit Ausnahme der Melonen, die man sowohl als Vorspeise (mit Schinken oder Portwein) als auch im Obstsalat wiederfindet.

Ein Beispiel für eine sprachliche Taxonomie liefert Abb. 9.6. Die sprachwissenschaftliche Fachterminologie dazu lautet wie folgt: Den Oberbegriff nennt man *Hyperonym*, Unterbegriffe davon *Hyponyme* und die Unterbegriffe in Bezug zueinander *Kohyponyme*. Entsprechend lautet der Fachbegriff für Unterordnung ***Hyponymie*** und für Überordnung ***Hyperonymie***. Aus sprachwissenschaftlicher Perspektive ist interessant, dass die sprachlichen Taxonymien je nach Sprache mal vollständig und mal unvollständig sein können. So kennt das Deutsche beispielsweise den Oberbegriff dt. *Geschwister*, das Französische dagegen nicht; um dieselben Referenten zu bezeichnen, muss es die beiden Unterbegriffe miteinander koordinieren: fr. *frères et soeurs*.

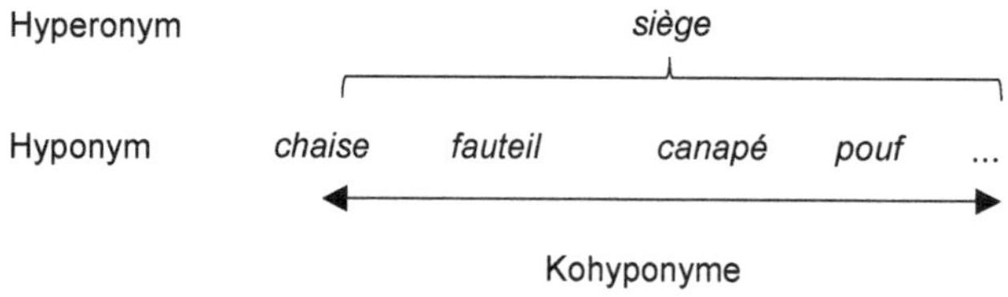

Abb. 9.6: Sprachliche Taxonymie (BLANK 2001: 31).

Die kognitive Semantik hat herausgefunden, dass nicht alle Ebenen unserer kognitiven Taxonomien gleichberechtigt sind: In der Tat sind es die mittleren Ebenen, die am meisten nach dem Prinzip der Prototypikalität strukturiert sind. Nehmen Sie das Beispiel TIER – VOGEL – SPATZ. Sie können gut einschätzen, was ein typischer und ein untypischer Vogel ist (s. o.); dagegen wird es ihnen schwerer fallen, Tiere generell oder Spatzen im Speziellen in typische und untypische Exemplare einzuordnen. Diese mittlere Ebene – VOGEL, HUND, KATZE – nennt man *basic level.*

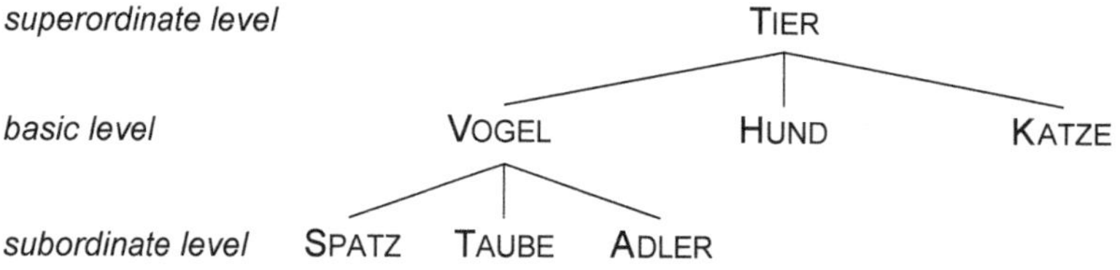

Abb. 9.7: *Basic level* als mittlere Stufe der Taxonomie (BLANK 2001: 50).

9.4 Metapher und Metonymie

Metaphern sind seit langer Zeit aus der Rhetorik bekannt. Wissenschaftlich wurden sie zunächst aber nur in der Literaturwissenschaft und nicht in der Sprachwissenschaft behandelt. Sie waren weder Gegenstand der strukturalistischen noch der generativen Semantik. Danach hat sie aber die kognitive Semantik zu einem prominenten Thema gemacht. Das grundlegende Werk in diesem Bereich ist *Metaphors we live by* (1980) der US-Amerikaner **George Lakoff (*1941)** und **Mark Johnson (*1949)**. Sie definieren die Metapher als eine Übertragung (vgl. gr. *metaphorá* 'Übertragung') von einer **gesagten Quelldomäne** auf eine **gemeinte Zieldomäne**.

Nehmen wir das Beispiel der Konzeptmetapher ARGUMENTIEREN IST KRIEG (vgl. Abb. 9.8). Sowohl im Deutschen als auch im Französischen gibt es Ausdrücke wie *Worte als Waffen* oder *attaquer un point faible de son argumentation* (vgl. auch Kasten unten). Dabei wird eine Argumentation so dargestellt, als sei sie ein Krieg. Für die Zieldomäne ARGUMENTATION mit ihren unterschiedlichen Konzepten (ARGUMENTE, FORMULIERUNGEN etc.) verwendet man Konzepte aus der Quelldomäne KRIEG (WAFFEN, SCHIEßEN etc.).

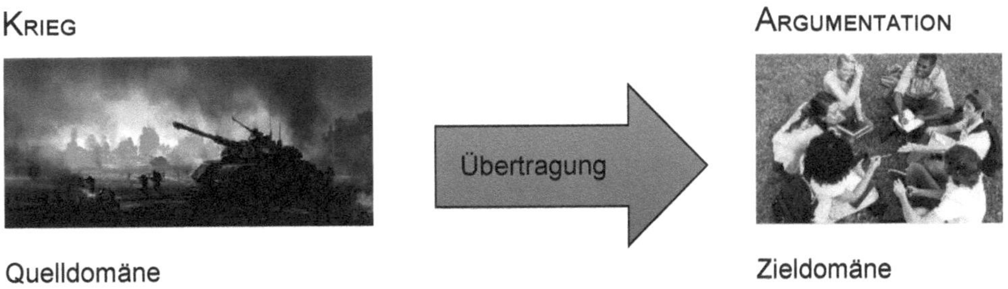

Abb. 9.8: Metapher als Übertragung von einer Quell- auf eine Zieldomäne.

Argumentieren ist Krieg	la discussion, c'est la guerre
• Er *griff jeden Schwachpunkt* meiner Argumentation *an.* • Seine Kritik *traf ins Schwarze.* • Ich *schmetterte* sein Argument *ab.* • Ich habe noch nie eine Auseinandersetzung mit ihm *gewonnen.* • Sie sind anderer Meinung? Nun, *schießen* Sie *los!* • Wenn du nach dieser *Strategie* vorgehst, wird er dich *vernichten.* • Er *machte* alle meine Argumente *nieder.* • *Wortgefechte* • *Worte als Waffen*	• Il a *attaqué chaque point faible* de mon argumentation. • Ces critiques visaient *droit au but.* • J'ai *démoli* son argumentation. • Je n'ai jamais *gagné* sur un point avec lui. • Tu n'est pas d'accord? Alors, *défends*-toi ! • Si tu utilises cette *stratégie*, il va t'écraser. • Les arguments qu'il m'a opposés ont tous *fait mouche.*

Abb. 9.9: Beispiele für die Konzeptmetapher Argumentieren ist Krieg auf deutsch und französisch (Lakoff/Johnson [1998] ^{6}2008: 12, 1985: 14).

Durch dieses *conceptual mapping* werden auf Basis von Ähnlichkeiten (**Similarität**) zwischen Quell- und Zielkonzepten Verbindungen hergestellt. Dadurch werden bestimmte Aspekte des jeweiligen Zielkonzepts hervorgehoben (*highlighting*) und andere versteckt (*hiding*). Durch diese *sprachliche* Metapher denken wir, dass die Argumentierenden gewinnen oder verlieren können und *handeln* auch entsprechend.

> Die Metapher ist für die meisten Menschen ein Mittel der poetischen Imagination und der rhetorischen Geste – also dem Bereich der außergewöhnlichen und nicht der gewöhnlichen Sprache zuzuordnen. Überdies ist es typisch, daß die Metapher für ein rein sprachliches Phänomen gehalten wird – also eine Frage der Worte und nicht des Denkens oder Handelns ist. Aus diesem Grunde glauben die meisten Menschen, sehr gut ohne Metapher auskommen zu können. Wir haben dagegen festgestellt, daß die Metapher unser Alltagsleben durchdringt, und zwar nicht nur unsere Sprache, sondern auch unser Denken und Handeln. Unser alltägliches Konzeptsystem, nach dem wir sowohl denken als auch handeln, ist im Kern und grundsätzlich metaphorisch. (Lakoff/Johnson ^{6}2008: 11)

Wie kann man diese **Konzeptmetapher** Argumentieren ist Krieg, die in vielen Sprachen der Welt existiert, erklären? Sie ist nicht willkürlich, sondern hat eine natürliche Erfahrungsgrundlage: Tiere tragen Konflikte körperlich aus, und auch Kinder tun dies zunächst, bis sie immer mehr lernen, sich auch und schließlich meist sprachlich auszudrücken und rational zu argumentieren. Unter Jugendlichen und Erwachsenen ist körperliche Gewalt eine Straftat. Im Extremfall kann ein zunächst sprachlich ausgetragener Konflikt in einen Krieg münden, der durch technische Hilfsmittel noch brutaler werden kann als ein rein körperlich ausgetragener Kampf. Es bestehen also gleich mehrere Zusammenhänge zwischen Argumentation und Krieg – in der Entwicklungsgeschichte der Menschen (Phylogenese) und jedes einzelnen Menschen (Ontogenese), im Grad der Intensität und im zeitlichen Ablauf.

Wichtig ist hierbei zu verstehen: Eine Argumentation ***ist** kein* Krieg – wir stellen sie uns mit der Metapher nur so vor. Es gibt auch Alternativen: Durch andere Metaphern ergeben sich ganz andere Vorstellungen. So kann man sich eine Argumentation auch als ein Gefäß, einen Tanz, eine Reise oder einen Weg vorstellen. Dadurch geraten ganz andere Aspekte in den Vordergrund und auch in den Hintergrund. Sehen Sie sich dazu die Beispiele im folgenden Kasten an! Hier verschwindet der aggressive Aspekt völlig und das Ziel rückt ins Zentrum.

Eine Argumentation ist ein Weg	Une discussion suit un chemin
• Er *kam von der* Argumentationslinie *ab.* • Können Sie meiner Argumentation *folgen?* • Jetzt haben wir wieder die *falsche Richtung eingeschlagen.* • Ich habe mich in meiner Argumentation *vergallopiert.* • Sie *drehen* sich mit ihren Argumenten ständig *im Kreis.*	• Il *s'est écarté* de la ligne de son argumentation. • Est-ce que tu *suis* mon raisonnement ? • Maintenant, nous nous sommes de nouveau engagés *dans la mauvaise direction.* • J'ai *perdu mon chemin.* • Vous *tournez en rond.*

Abb. 9.10: Beispiele für die Konzeptmetapher Eine Argumentation ist ein Weg auf deutsch und französisch (Lakoff/Johnson ^{6}2008: 107, 1985: 99).

À vous !

Zeichnen Sie die Metapher Das Studium ist eine Reise! Zeichnen Sie einmal das Studium als einen Cluburlaub und einmal als eine Rucksacktour. Überlegen Sie sich dazu zunächst, aus welchen Elementen die beiden Quelldomänen bestehen (z. B. Animateure, Karaoke-Abend; Rucksack, spontane Routenplanung) und stellen Sie dann eine Verbindung zum Studium her. Welche Metaphern finden Sie geeigneter, um Abiturient*innen zu verdeutlichen, wie ein BWL-Studium an der FH und wie ein Französisch-Studium an der Universität funktioniert? Warum?

Natürlich kann man ein Studium auch ganz anders darstellen: EIN STUDIUM IST... EIN GEBÄUDE (mit 'Säulen' wie Sprach- und Literaturwissenschaft), ...EIN KAMPF (bei dem man durch mangelnde Prüfungserfolge seine Zulassung verlieren kann) oder auch ...EINE DROGE (nach der man süchtig werden kann und dann Wissenschaftler*in wird).

Wie genau wirken sich nun Metaphern auf Kognition und Emotionen aus?

Metaphern erleichtern das Denken, indem sie...

- Unbekanntes als Bekanntes,
- Abstraktes als Konkretes,
- Fernliegendes als Naheliegendes,
- Künstliches als Natürliches,

darstellen und uns damit verständlicher machen.

Daher werden Metaphern auch so häufig in der Wissenschaft verwendet: vom Atom*kern* (vgl. Kapitel 2.2.1) zum Syntax*baum* (vgl. Kapitel 8.2.1). Daneben wirken sich Metaphern auch auf das Fühlen aus: Expressive Metaphern erregen Emotionen (z. B. dt. *abkratzen* für *sterben*), euphemistische Metaphern unterdrücken sie (z. B. dt. *entschlafen* für *sterben*). Sprachliche Metaphern drücken also nicht nur unser Denken und Fühlen aus, sondern konstruieren es auch mit:

> Metaphern gründen nicht nur auf unserer physischen und kulturellen Erfahrung; sie wirken auch auf unsere Erfahrung und unsere Handlungen zurück. (LAKOFF/JOHNSON [6]2008: 83)

LAKOFF/JOHNSON ([6]2008: 167) schreiben es ganz deutlich: Metaphern können nicht nur eine „präexistierende Realität [...] konzeptualisieren", sondern auch eine neue „Realität [...] schaffen". Aus diesem Grund sind Metaphern auch in der politischen Rhetorik so verbreitet. Darum geht es im nächsten Kapitel.

9.5 Manipulation

„Metaphors can kill" – Metaphern können töten. George Lakoff erklärt wie. In seinem 2003 erschienenen Artikel „Metaphor and War, Again" über den bevorstehenden Krieg der USA gegen den Irak erklärt er dies wie folgt:

> One of the most central metaphors in our foreign policy is that A Nation Is A Person. It is used hundreds of times a day, every time the nation of Iraq is conceptualized in terms of a single person, Saddam Hussein. The war, we are told, is not being waged against the Iraqi people, but only against this one person. Ordinary American citizens are using this metaphor when they say things like, 'Saddam is a tyrant. He must be stopped.' What the metaphor hides, of course, is that the 3000 bombs to be dropped in the first two days will not be dropped on that one person. They will kill many thousands of the people hidden

by the metaphor, people that according to the metaphor we are not going to war against. (escholarship.org/uc/item/32b962zb)

Lakoff fordert deshalb: Journalist*innen sollten diese Macht der Sprache kennen. Sie sollten sie nicht naiv reproduzieren, sondern durchschauen und in ihrer Berichterstattung explizit thematisieren. Anstelle eines 'objektiven' Journalismus solle daher vielmehr ein bewusster Journalismus das Ideal sein (vgl. Lakoff/Wehling [2008] [4]2016: 177 f.).

9.5.1 Familienmetaphern in der US-Politik

An einem anderen Beispiel führt George Lakoff die politische Rhetorik noch genauer aus: Die **Familienmetaphorik in der US-Politik** (vgl. Lakoff/Wehling [4]2016). Lakoff zufolge greifen die amerikanischen Parteien in ihrer Rhetorik auf zwei verschiedene Familienmodelle zurück (wie wir in Kapitel 9.4 auf zwei Modelle des Studiums): Die Republikaner auf das konservative Familienmodell mit ihrer *Strenger-Vater*-Moral, die Demokraten auf ein progressives Familienmodell mit einer *Fürsorgliche-Eltern*-Moral. Im **konservativen Familienmodel** stellt der Vater die einzig legitime und unanfechtbare Autorität für Werte dar. Nur er weiß, was richtig und falsch ist. Er schützt die Familie vor dem Bösen und ernährt sie (und tritt dazu in Wettbewerb gegen andere). Er erzieht seine Kinder zu Stärke; seine Instrumente dafür sind Belohnung und Strafe. Im **progressiven Familienmodell** sind die Eltern dagegen gleichberechtigt. Ziel der Erziehung ist es, dass die Kinder Verantwortung übernehmen. Das Mittel dazu ist der Dialog: Man nimmt sich gegenseitig ernst und versucht sich zu verstehen.

Die Politik der Republikaner und Demokraten entspricht diesen Familienmodellen – in der Innenpolitik wie in der Außenpolitik. Während die Republikaner im Inneren für Waffenbesitz (gegen das Böse) und Todesstrafe (zur Bestrafung) stehen, treten die Demokraten für steuerfinanzierte Sozialsysteme sowie Umwelt- und Verbraucherschutz ein. Die **Außenpolitik** besteht in republikanischer Perspektive aus Entwicklungshilfe (für die 'Kinderstaaten') und Krieg (gegen böse Staaten – ohne Rücksicht auf die Menschen); dabei agiert die 'Weltpolizei' USA im Zweifel auch gegen internationale Abkommen. Die Demokraten setzen dagegen auf Dialog und betrachten die Menschen im Ausland als Akteure. Entsprechend setzen sie sich für die Menschenrechte ein.

Während das politische Handeln also den Familienmodellen entspricht, gelingt es Lakoff zufolge den Republikanern deutlich besser, ihre Metaphorik in der politischen Rhetorik einzusetzen – und damit ihre Werte zu verbreiten und Wahlen zu gewinnen. Metaphern wie die der Nation als eine Person (s. o.) und der Weltgemeinschaft als Familie von Staaten (s. o.) sind weit verbreitet. Das Problem der Demokraten sei, so Lakoff, dass sie zum einen unreflektiert die Metaphern der Republikaner aufgreifen und damit ungewollt ihr Weltbild und ihre Werte mitverbreiten, auch wenn sie sich explizit dagegen positionieren. Außerdem sei die Strategie, rational Informationen zu vermitteln, weniger erfolgreich als emotionale Rhetorik. Daher bräuchten die Demokraten 'linguistische Nachhilfe'.

Was ist das Problem daran, die Metaphern des politischen Gegners aufzunehmen? Die Metaphern entfalten ihre Wirkung auf Denken und Fühlen – unabhängig von der Logik von Verneinungen. Wer vom *'Krieg' gegen den 'Terror'* und der *'Achse des Bösen'* spricht, der aktiviert die Domäne ANGST VOR DEM BÖSEN. Damit wird das *Strenger-Vater*-Familienmodell gestärkt und über die Metapher DER STAAT IST EINE FAMILIE auch die Vorstellung eines 'starken' Staats, damit das konservative Weltbild und die Partei der Republikaner.

9.5.2 *Newspeak* in George Orwells Dystopie *1984*

Ein fiktives Extrembeispiel, bei dem die Macht der Sprache noch deutlicher wird, ist die Kunstsprache *newspeak* im Roman *1984* des Briten George Orwell (1903–1950) aus dem Jahr 1949. Er zeichnet die Dystopie eines totalitären Überwachungsstaats. Über ein dichtes Kameranetz werden die Menschen in ihrem täglichen Tun dauerüberwacht. Das geflügelte Wort *Big Brother is watching you* stammt aus diesem Buch. Dabei ist Big Brother der oberste Parteichef (wobei unklar bleibt, ob es sich um einen real existierenden Menschen handelt). Aus sprachwissenschaftlicher Sicht hochspannend ist die fiktive Sprache *Neusprech* (fr. *novlangue* bzw. *néoparler*), die Orwell für seinen Roman entworfen hat. Auch der Begriff *Neusprech* ist in die Alltagssprache eingegangen, um Unwörter zu bezeichnen wie die Euphemismen *Kollateralschaden* für 'Tötungen oder Verletzungen unbeteiligter und unschuldiger Menschen' oder *Steueroase*, die 'verdurstende' 'Steuerflüchtlinge' 'rettet' (vgl. BIERMANN/HAASE 2012).

Das explizite Ziel der bewusst geschaffenen Sprache *Neusprech* ist es, das Denken der Menschen zu manipulieren – um von der Ideologie abweichende Gedanken undenkbar zu machen:

> Neusprech sollte nicht nur ein Ausdrucksmittel für die den Anhängern des Engsoz gemäße Weltanschauung und Geisteshaltung bereitstellen, sondern auch alle anderen Denkweisen unmöglich machen. Es war geplant, daß, wenn Neusprech ein für allemal angenommen und Altsprech vergessen worden war, ein ketzerischer Gedanke – d. h. ein von den Prinzipien des Engsoz abweichender Gedanke – buchstäblich undenkbar sein sollte, insoweit wenigstens, als Denken an Worte gebunden ist. Das Vokabular war so konstruiert, daß jeder schicklichen Meinung, die ein Parteimitglied äußern wollte, ein genauer und oft sehr subtiler Ausdruck gegeben werden konnte, während zugleich alle anderen Inhalte und auch die Möglichkeit, sie indirekt zu vermitteln, ausgeschlossen wurden. (ORWELL 1949/[18]1999: 362)

Schon der Wunsch zum Widerstand ist in *1984* ein 'Gedankenverbrechen' – das von der Gedankenpolizei verfolgt wird.

Wie sieht also diese Sprache *newspeak* aus? Im Anhang des Romans „Appendix – The Principles of Newspeak" ist sie ausführlich dargestellt. Grundsätzlich besteht Neusprech aus Reduktionen – des Wortschatzes, der Grammatik und der Aussprache. Am größten ist dabei die Reduktion des **Wortschatzes**. *Newspeak* zeichnet sich nämlich auf der einen Seite dadurch aus, dass zahlreiche Wörter verboten sind, da die damit verbundenen kognitiven Konzepte unerwünscht sind: z. B. *Gerechtigkeit*, *Moral* und *Wissenschaft*. Daneben sind auch manche Bedeutungen polysemer Wörter verboten: z. B. darf das Wort *frei* nur in Zusammenhängen wie *frei von Flöhen* oder *frei von Unkraut* verwendet werden, nicht im Sinne von 'politisch frei'. Auf der anderen Seite beinhaltet *newspeak* aber auch eine ganze Reihe neuer Wörter, die durch Komposition und/oder Kürzungsverfahren (vgl. Kapitel 7.2.1) gebildet wurden: z. B. *Gutdenk* oder *Altdenk*. Typisch sind schließlich auch Euphemismen wie *Freudelager* ('Zwangsarbeitslager'). Auf Ebene der **Grammatik** ist Neusprech durch morphologische Regelmäßigkeit charakterisiert: Es handelt sich um eine analytische Sprache ohne Wortarten (vgl. Kapitel 7.4.1). Die **Phonologie** schließlich ist schnell und monoton und soll auf diese Weise das Denken ausschalten:

> Jede Reduktion war ein Gewinn. Letztlich hoffte man so weit zu kommen, daß der Kehlkopf ohne Einschaltung der höheren Gehirnzentren die Sprache artikulierte. Dieses Ziel wurde in dem Neusprechwort *Quaksprech*, d. h. 'quaken wie eine Ente', offen zugegeben. (Orwell 1949/^{18}1999: 370)

Im folgenden Kasten erhalten Sie zum Abschluss einen Einblick in den Roman *1984* mit seiner Sprache Neusprech.

Ausschnitt aus dem Roman *1984* von Orwell (1949)

Das Wahrheitsministerium – „Miniwahr" in Neusprech[1] – hebt sich deutlich von allem anderen in seinem Blickfeld ab. Ebene um Ebene ragt eine riesenhafte Pyramidenstruktur aus weiß schimmerndem Beton auf, dreihundert Meter hoch. Von da, wo er steht, kann Winston die eleganten Lettern der drei Parteislogans auf der weißen Fläche gerade so entziffern:

KRIEG IST FRIEDEN
FREIHEIT IST SKLAVEREI
UNWISSEN IST STÄRKE

[...] Das Wahrheitsministerium, das sich mit Nachrichten, Unterhaltung, Bildung und Kultur befasst. Das Friedensministerium, das sich um den Krieg kümmert. Das Liebesministerium, das für Recht und Ordnung sorgt. Und das Wohlstandsministerium, das für Wirtschaft zuständig ist. Auf Neusprech lauten ihre Namen: „Miniwahr", „Minipax", „Minilieb" und „Miniwohl".

[1] Neusprech ist die Amtssprache von Ozeanien. Zu ihrer Struktur und Etymologie siehe Anhang.

(Orwell [1949] 2021: 9–10)

9.5.3 Gleichberechtigung durch Sprache?

Der Zusammenhang von Sprache und Denken ist auch Gegenstand aktueller Diskussionen – v. a. in Bezug auf die sogenannte **gendergerechte oder inklusive Sprache**, auf Französisch *langage non-sexiste* bzw. *écriture inclusive*. Diese hat sowohl morphologische, graphematische als auch semantische Aspekte, die wir in diesem Kapitel gemeinsam betrachten.

Es begann mit der sogenannten ***féminisation des noms de métiers en français*** – zunächst in Québec und erst Jahrzehnte später in Frankreich. Die *Académie Française* sah in ihrem Wörterbuch von 1935 (aktuellste abgeschlossene Auflage) nur wenige feminine Berufsnamen mit entsprechenden Suffixen vor (z. B. *infirmière, institutrice, pharmacienne*) und zeigte sich ansonsten als Verfechterin des **generischen Maskulinums**. 2019 ergänzt sie in einem Bericht, dass man im Sprachgebrauch mittlerweile auch bei anderen Berufen feminine Formen findet, u. a. die bereits im Mittelalter belegten *chirurgienne* und *autrice*.

Aktuell wird in den französischen Medien heftig über den ***point médian***, den Punkt in der Zeilenmitte, diskutiert: *étudiant·e·s*. Alternativen sind ein ganz normaler Punkt (z. B. *étudiant.e.s*) oder – wie auch im Deutschen – Doppelformen (z. B. *étudiants et étudiantes*). 2020 veröffentlichen 32 französische Sprachwissenschaftler*innen ein Manifest gegen diese Schreibungen in der Zeitschrift *Marianne*. Darin finden sich u. a. folgende Gegenargumente:

> [...] les pratiques inclusives ne tiennent pas compte de la construction des mots: tou.t.e.s travailleu.r.se.s créent des racines qui n'existent pas (tou-, travailleu-). Ces formes fabriquées ne relèvent d'aucune logique étymologique et posent des problèmes considérables de découpages et d'accords. [...] En réservant la maîtrise de cette écriture à une caste de spécialistes, la complexification de l'orthographe a des effets d'exclusion sociale. [...] Tous les systèmes d'écriture connus ont pour vocation d'être oralisés. Or, il est impossible de lire l'écriture inclusive: cher.e.s ne se prononce pas. (*Marianne* vom 18.09.2020)

Eine Woche später zeichnen 65 Sprachwissenschaftler*innen ein Manifest, das die entgegengesetzte Position einnimmt:

> Les recherches linguistiques sur le genre et sur les usages protéiformes et fluctuants de l'écriture inclusive sont nombreuses et foisonnantes. Nous refusons de croire que les linguistes signataires de la tribune de Marianne les ignorent. Leur crispation obsessionnelle sur les abréviations utilisant des points médians nous étonne. Nous sommes navrées qu'elles offrent de la linguistique une vision rabougrie, nous sommes ennuyées par leur prétention à dicter l'usage – en complète contradiction avec leurs propres travaux –, nous sommes pantoises devant leur renoncement à se saisir des problèmes auxquels les francophones cherchent aujourd'hui des solutions. (*Blog Mediapart* vom 18.09.2020[1])

---

1 blogs.mediapart.fr/les-invites-de-mediapart/blog/250920/au-dela-de-l-e-criture-inclusive-un-progr amme-de-travail-pour-la-linguistique-d-aujour.

Neben Punkten und Suffixen geht es aber auch um den Wortschatz. So war es ein großes Thema in den französischen Medien, dass der *Larousse* 2021 das Wort *féminicide* aufnahm (sechs Jahre nach dem *Petit Robert*). Auch wenn der bezeichnete Referent derselbe ist, wecken *Feminizid* oder *Frauenmord* andere Assoziationen als *Mord aus Leidenschaft*/ *crime passionnel* oder *Ehrenmord*/ *crime d'honneur*. Der Zeitungsartikel im folgenden Kasten zeigt, welche Auswirkungen die Sprache auf die Welt haben kann.

Qu'est-ce que le « féminicide » ?

[...] Le féminicide, ou *femicide* en anglais, est un mot-valise constitué des termes *female* (ou « féminin ») et « homicide », sur le même modèle que « parricide » ou « infanticide ». [...] Il s'agit du meurtre de femmes ou de jeunes filles lié au fait qu'elles sont des femmes. Le caractère genré du motif doit être présent. Une femme tuée dans le cambriolage d'une banque ou par un chauffard ne peut pas être *de facto* considérée comme victime d'un féminicide. Le meurtrier n'est pas nécessairement un homme. [...] En France, l'expression est officiellement entrée en 2014 dans le vocabulaire du droit et des sciences humaines, mais pas en tant que telle dans le code pénal. [...] L'association *Osons le féminisme !* milite pour que le féminicide soit reconnu comme un « fait de société » alors que de nombreux meurtres de femmes sont encore qualifiés de « crimes passionnels » et relégués au rang de faits divers.

(*Le Monde* vom 02.02.2018)

Worte können also nicht nur töten, sondern auch bestrafen – und vielleicht auch Leben retten.

Lesetipps

BLANK, Andreas (2001): *Einführung in die lexikalische Semantik für Romanisten*, Berlin/Boston: De Gruyter.

AITCHISON, Jean (1997): *Wörter im Kopf. Eine Einführung in das mentale Lexikon*, Tübingen: Niemeyer.

LAKOFF, George / JOHNSON, George [1998] ([6]2008): *Leben in Metaphern. Konstruktion und Gebrauch von Sprachbildern*, Heidelberg: Carl Auer.

LAKOFF, George / JOHNSON, George (1985): *Les métaphores dans la vie quotidienne*, Paris: Les Éditions de Minuit.

10 Variation und Varietäten

Das Französische gilt als eine Sprache mit einer starren Norm, über die seit Jahrhunderten die *Académie Française* wacht. Dieses Image lässt oft vergessen, wie sehr eigentlich die französische Sprache variiert – und zwar auf allen Ebenen: regional, sozial, situationell und stilistisch (vgl. Kapitel 1.1.1, 3.4.2 und 3.4.3). Diese Variation ist so umfangreich und vielfältig, dass man für ihre Darstellung ein eigenes Lehrwerk mit Hunderten Seiten bräuchte. Nach dem Motto „weniger ist mehr" verzichtet dieses Einführungsbuch daher auf eine Übersicht und stellt eine kleine Auswahl von Varietäten exemplarisch dar: für die regionalen Varietäten stellvertretend das Südfranzösische (Kapitel 10.1.1) und das *québécois* (Kapitel 10.1.2), für den Komplex der sozio-stilistischen Variation das *français populaire* (Kapitel 10.2.1) und die Jugendsprache (Kapitel 10.2.2). Zum Abschluss diskutieren wir die Frage der Norm(en) (Kapitel 10.3).

10.1 Regionale Varietäten

10.1.1 Südfranzösisch

Français du Midi, *français méridional* oder *français du Sud*? Das Südfranzösische hat viele Namen. Man spricht es **im südlichen Drittel Frankreichs**, von Nizza bis Bordeaux – auf dem ehemaligen Verbreitungsgebiet des Okzitanischen (vgl. Abb. 3.12 in Kapitel 3.4.1) und darüber hinaus (im französischen Baskenland und in Nordkatalonien; vgl. Coquillon/Durand 2010). Zählt man die Einwohnerzahlen der entsprechenden Regionen bzw. *départements* zusammen, kommt man auf ca. 17 Mio. Sprecher*innen (d. h. 25 % der ca. 68 Mio. Einwohner Frankreichs). Neben dem Nordfranzösischen – das manche als neutralen Standard betrachten, dem andere aber genauso einen Akzent zuschreiben – handelt es sich um **die meistverbreitete regionale Varietät** des Französischen. Auch wenn zahlreiche lexikalische und einige grammatische Besonderheiten des Südfranzösischen dokumentiert sind, so handelt es sich doch in erster Linie um einen Akzent (also um die Aussprache), und zwar um den mit Abstand **bekanntesten und beliebtesten Akzent** des Französischen. Wie kam es dazu?

Sprachgeschichte

Im südlichen Drittel Frankreichs – das deutlich früher romanisiert wurde als der Norden – bildete sich auf Basis des Vulgärlateins zunächst das Okzitanische heraus (vgl. Kapitel 1.2.1, 3.4.1 und 5.5.1). Das Französische gelangte dort erst ab dem 16. Jahrhundert hin. Lange wurde es nur als Zweitsprache (L2) von wenigen gelernt, die lesen und schreiben konnten. Erinnern Sie sich: Noch zur Zeit der Französischen

Revolution konnten nur 3 von 15 Millionen Bürger fließend Französisch sprechen! Erst mit der Einführung der allgemeinen Schulpflicht 1882 (*loi Jules Ferry*) verbreitete es sich zunehmend. Dieser Prozess war in den ländlichen Gebieten erst nach dem Zweiten Weltkrieg abgeschlossen.

Im **Sprachkontakt zwischen Französisch und Okzitanisch** hat sich dabei zunächst unter L2-Sprecher*innen des Französischen eine *interlanguage* – das ***francitan*** – herausgebildet (vgl. Boyer 1988). Während zahlreiche grammatische und lexikalische Interferenzen dieser Lernervarietät dokumentiert sind, hat man sich den phonetischen und phonologischen Besonderheiten erst später auf Basis systematischer Tonaufnahmen gewidmet (vgl. Durand/Slater/Wise 1987, Pustka 2010). Beispiele für Interferenzen sind francitan *Il est tant fier comme toi.* statt fr. *Il est aussi fier que toi.* (vgl. okz. *Es tant fiér coma tu.*) und francitan *Mire les agasses !* für fr. *Regarde les pieds !*, das sehr an okz. *Mira las agassas !* erinnert (vgl. Mazel 1980: 135).

Diese typischen 'Fehler' wurden bereits im 18. und 19. Jahrhundert in den zahlreichen sogenannten ***Gasconnismes corrigés*** dokumentiert und kritisiert: « 'C'est la maison à un tel' *pour* 'd'un tel' », « AGRIOTE *pour* La Griotte » (Villa 1802: 1, 9). Diese beiden Beispiele sind besonders bemerkenswert, da es sich im ersten Fall um ganz normales gesprochenes Französisch handelt und im zweiten Fall um eine Entlehnung aus dem Okzitanischen, die im Nordfranzösischen reanalysiert wurde (das anlautende /a/ wurde als Teil des bestimmten Artikels *la* interpretiert): oc. *agriota* > fr. *la griotte* 'Sauerkirsche' (vgl. *Petit Robert*). Das, was Hörer*innen als Fehler wahrnehmen, sind also aus sozio-/psycholinguistischer und sprachhistorischer Sicht nicht unbedingt welche.

Warum aber sprach man in dieser Zeit gerade von *gascognismes*, wo das *francitan* doch in ganz Südfrankreich verbreitet war? In der Tat störte die okzitanisch-französische *interlanguage* niemanden in Südfrankreich – aber in Paris. Als Henri IV von Navarra (1553–1610) im Jahr 1589 den französischen Thron bestieg, nahm er viele seiner Landsleute vom Süden nach Paris mit. Deren Französisch stand in der Kritik der Sprachpuristen François de Malherbe (1555–1628) und Claude Favre de Vaugelas (1585–1650): « dégasconner la cour » war das deklarierte Ziel von Malherbe, und in seinen *Remarques* von 1647 gab Vaugelas den *Gascons* die Schuld für sogenannte *barbarismes* (vgl. auch Kapitel 10.3.1 zur Geschichte der Normierung des Französischen).

Das Südfranzösische, das man in Südfrankreich heute als L1 spricht, ist dagegen v. a. durch seinen Akzent charakterisiert. Ein entscheidender Faktor bei seiner Herausbildung ist, dass das Normfranzösische v. a. über das graphische Medium nach Südfrankreich gekommen ist:

> Ces faits montrent que les Toulousains qui ont, depuis le XVIème siècle, diffusé le français dans leur ville, *voyaient* cette langue au moins autant qu'ils *l'entendaient*: le français a été introduit dans le Midi surtout par voie graphique, et le peuple a suivi la prononciation orthographique des clercs: on entend dire couramment: 'Dans le Midi, toutes les lettres se prononcent.' (Séguy 1951: 22; Kursivierungen im Original)

Die Buchstaben, die ausgesprochen werden, sind u. a. das Schwa und auch einige finale Konsonanten (s. u.).

Medienpräsenz

Das Südfranzösische ist – als einzige regionale Varietät Frankreichs – in den **audio-visuellen Medien** omnipräsent: Bereits ab den 1930er Jahren haben es die Filme von Marcel Pagnol (1895–1974) in ganz Frankreich berühmt gemacht. Heute findet man es in Sketchen, populärwissenschaftlichen Sendungen und Dokumentarfilmen. Dabei fällt eines auf: Im Zentrum steht dabei in der Regel der *accent marseillais* – ganz zum Missfallen der Sprecher*innen anderer südfranzösischer Regionen (s. u.). Im folgenden Sketch dreht sich alles um angeblich besonders frequente Schimpfwörter:

« La grammaire » (1997) von Patrick Bosso

Oh, il est vrai qu'à Marseille, nous avons une manière bien particulière de construire nos phrases. Par exemple, on nous reproche souvent à Marseille de dire putain toutes les trois secondes. Mais c'est uniquement parce que chez nous, putain, ça remplace la virgule. Par exemple, vous, vous dites : 'Hier, virgule, j'ai bien mangé, point.' Eh ben, nous, on remplace la virgule par putain, et ça donne : 'Hier, putain, j'ai bien mangé hein, point.' Bon alors, jusque là, c'est bon, vous comprenez ? Alors, après ça devient un peu plus compliqué parce qu'on remplace le point par enculé. Alors donc, le point par enculé, ça donne : 'Hier, putain, j'ai bien mangé, enculé.'

(Video: https://www.dailymotion.com/video/x2a0z9;
Transkription aus Pustka (2010: 132)

Zur Medienpräsenz des *accent marseillais* gehören auch zahlreiche **populärwissenschaftliche Darstellungen**. So hat der in Marseille geborene Sprachwissenschaftler Médéric Gasquet-Cyrus (*1975), der 2004 das *Assimil Marseillais de poche* und 2012 das *Marseillais pour les Nuls* veröffentlicht hat, seit etwa zwei Jahrzehnten eine Radiosendung « Dites-le en Marseillais » auf *France Bleu Provence.* Besonders häufig geht es darin um den Akzent sowie um Wörter, die aus dem Okzitanischen übernommen wurden.

Im seit 2015 laufenden *Citizen Science*-Projekt *Français de nos régions* (https://francaisdenosregions.com) kann jeder selbst anonym einen Beitrag liefern: In einem Online-Fragebogen sehen Sie Fotos von Gegenständen und können zwischen einer Vielzahl von Bezeichnungen wählen bzw. eigene hinzufügen. Ein Nachteil dieser Untersuchungsmethode ist, dass sie nicht auf einer repräsentativen Stichprobe (wie z. B. bei einer Wahlprognose) basiert, sondern nur Sprecher*innen teilnehmen, die von dem Projekt erfahren und gerne an Online-Umfragen teilnehmen (also tendenziell mehr Student*innen als Rentner*innen). Zudem ist nicht gesichert, ob die Teilnehmer*innen seriös über ihr Sprachwissen Auskunft geben. Dennoch zeichnen sich interessante

Tendenzen ab. So liefert der auf dieser Basis entstandene populärwissenschaftliche *Atlas du français de nos régions* (Avanzi 2017) etwa die folgende Karte zum Verbreitungsgebiet des *chocolatine* im Kontrast zu *pain au chocolat* (vgl. Abb. 10.1).

Abb. 10.1: Das Verbreitungsgebiet von *chocolatine* (Avanzi 2017: 33).

À vous !

Sehen Sie sich den Dokumentarfilm *Avec ou sans accent ?! (2016)*[1] von Vincent Desombre (1966–2020) an. Entsprechen die Aussagen darin Ihren eigenen Erfahrungen in Frankreich oder nicht? Wie unterscheidet sich Ihrer Einschätzung nach die Bedeutung der Norm und das Prestige der Akzente zwischen Frankreich und Deutschland, Österreich oder der Deutschschweiz?

Der südfranzösische Akzent gilt also einerseits als sympathisch, da er typischerweise mit dem Sommerurlaub assoziiert wird (« accent du soleil »). Gleichzeitig wird er aber oft auch als unseriös stigmatisiert. Der französische Politiker Jean-Luc Mélenchon (*1951) hat 2018 einen Skandal provoziert, als er eine südfranzösische Journalistin zunächst nachgeäfft und anschließend mit folgenden Worten abgekanzelt hat: « Quel-

1 www.youtube.com/watch?v=qO1QNSOm07c.

qu'un a-t-il une question formulée en français à peu près compréhensible ? ».[2] Erst seit wenigen Jahren wird ein solches Verhalten als ***glottophobie*** oder *discrimination linguistique* (Blanchet [2016] ^{2}2019) kritisiert.

Wie hört sich das Südfranzösische an?

Wir möchten es hier aber nicht beim mediatisierten südfranzösischen Akzent belassen, sondern beschreiben und analysieren, wie ganz normale Menschen in Südfrankreich sprechen.

À vous !
Hören Sie sich die Sprachaufnahme unter www.meta.narr.de/9783823384625/Zusatzmaterial.zip an. Unterstreichen Sie alle Merkmale des südfranzösischen Akzents in der Transkription im grauen Kasten!

Interview mit einem Schreiner (*1948) im *département* Aveyron

E : Et vous gardez un bon souvenir de l'école ?

L : Tout à fait. Parce que, bon, après o/, on apprend sur le temps, on devient autodidacte après en, en, en vieillissant hein, en, si on est un peu. Mais c'est vrai que ça donne une bonne formation euh de base, notamment avec le dessin. Le dessin industriel nous, nous, nous, nous donne une bonne formation pour, pour après pouvoir connaître les plans, pour, on est moins emprunté que quand même si on apprend un métier euh par la formation euh normale d'un autre artisan, surtout il y a trente ans.

E : Et ça se f/, faisait encore à l'époque, des apprentissages chez <l'artisan> ?

L : Ça, oui, oui, chez l'artisan, ça ar/, ça arrivait encore. Mais enfin euh, moi je pense que par le collège technique, c'était une meilleure formation, hum, pour après rentrer dans une vie, parce que le métier est une euh, mais après, il y a pas que le métier, il y a quand même des connaissances générales qu'il faut avoir. Parce que si tu es emprunté pour lire un plan quand tu es après dans la vie active, c'est, tu peux connaître le métier, si tu sais pas lire un plan euh. Moi je pense que c'était beaucoup plus, plus étoffé de, de passer par un collège technique que de faire rien qu'une formation chez un artisan. C'est mon sentiment.

(Korpus Pustka; PFC-Code: 12bbr1; vgl. Pustka 2007)

---

2 https://www.ouest-france.fr/politique/jean-luc-melenchon/quelqu-un-une-question-en-francais-jean-luc-melenchon-se-moque-de-l-accent-d-une-journaliste-6024747.

Merkmale

Die typischen **Merkmale** des südfranzösischen Akzents sind (Durand/Slater/Wise 1987, Taylor 1996, Pustka 2007):

- Realisierung des **Schwas** in der Wortmitte nach einem Konsonanten (z. B. in *Roquefort*) und am Wortende (z. B. in *bonne*, *encore* und *connaissances générales* in der Sprachaufnahme),
- **Nasalvokale** mit konsonantischem Appendix (z. B. in *bien* [bjɛŋ] statt [bjɛ̃]; mit Zwischenformen: [bjɛɛ̃ŋ], [bjɛ̃ŋ] etc.; *rien* [ʁjɛŋ] in der Aufnahme),
- ***loi de position*** der mittleren Vokale, d. h. in offener Silbe Neutralisierung zu [e] (z. B. in *lait* [le] statt [lɛ]), [ɔ] und [œ] in geschlossener Silbe vor [z] (z. B. in *chose* [ʃɔz] statt [ʃoz], *jaune* [ʒɔn] statt [ʒon], *coiffeuse* [kwafœz] statt [kwaføz]),
- phonologische Opposition /ɛ̃/ : /œ̃/ (z. B. in *brin* vs. *brun*),
- **Aussprache des finalen /s/ in *moins*,**
- **'singende' Prosodie** (*accent chantant*),
- **'gerollte' Aussprache des /r/** als [ɾ] oder [r] (nur noch bei den ältesten Personen auf dem Land mit L1 Okzitanisch).

Selbstverständlich sprechen nicht alle Menschen in Südfrankreich immer und durchgehend mit allen diesen Merkmalen, sondern es besteht eine enorme Variation. Wir sehen uns im Folgenden zunächst die externen Faktoren an (Alter, Stadt/Land, Südosten/Südwesten), die diese Variation bedingen, und dann die internen (sprachliche Kontexte, frequente Konstruktionen etc.).

Externe Variation

Ältere Sprecher*innen haben einen stärkeren südfranzösischen Akzent als jüngere, und auf dem Land hört man den Akzent deutlicher und öfter als in der Stadt. Das ist wenig überraschend: Wie andere Varietäten auch lässt sich das Südfranzösische mit einer Prototypenstruktur modellieren, und wie bei anderen Dialekten und Regiolekten lässt sich als Prototyp der NORM-Sprecher identifizieren (vgl. Kapitel 3.4.4). Allerdings stellt daneben auch der urbane *Marseillais* einen Protoyp in den (medial konstruierten) Repräsentationen der Sprecher*innen dar. Die Variation um den Prototypen ist auf Basis zahlreicher Korpora für unterschiedliche Merkmale dokumentiert.

Für das **Schwa** (vgl. Kapitel 6.2.2) zeigt Courdès-Murphy 2018, dass die Realisierungsraten mit steigendem Alter deutlich zunehmen – und zwar in allen Kontexten (vgl. Tab. 10.1).

Kontext	18–23 Jahre	27–32 Jahre	52–63 Jahre	68–85 Jahre
Einsilbler	78 %	76 %	93 %	96 %
1. Silbe	81 %	83 %	97 %	89 %
2. Silbe	36 %	43 %	64 %	66 %
Finale Silbe	29 %	40 %	55 %	62 %

Tab. 10.1: Schwa-Realisierungsraten nach Altersgruppe in Toulouse (Courdès-Murphy 2018: 260).

Eychenne 2019 zeigt zudem, dass im Korpus des Forschungsprogramms *Phonologie du Français Contemporain* (vgl. Kapitel 6.2) deutlich mehr Schwas in den kleinen Gemeinden Douzens (741 Einwohner; *département* Aude) und Lacaune (2 478 Einwohner; *département* Tarn) produziert werden als in der Großstadt Marseille (868 877 Einwohner).

Gegenstand aktueller Diskussion ist, ob Sprecher*innen nur *glauben*, zwischen den Akzenten von Toulouse und Marseille bzw. zwischen dem ***Sud-Ouest*** und dem ***Sud-Est*** unterscheiden zu können (Pustka 2010, 2011) oder ob sie dazu tatsächlich *fähig sind* (Jansen 2019). Abb. 10.2 zeigt, dass die *Toulousain.e.s* den *accent marseillais* als besonders unterschiedlich wahrnehmen – obwohl Marseille rein geographisch weniger weit entfernt als Nizza ist und der *accent marseillais* ähnlicher ist als der Akzent von Lyon (wo ein Französisch mit frankoprovenzalischem und nicht mit okzitanischem Substrat gesprochen wird). Dies ist ohne Zweifel durch nicht-sprachliche Faktoren beeinflusst, nämlich durch die traditionelle Rivalität zwischen den beiden südfranzösischen Metropolen Toulouse und Marseille. Während man in Paris den *accent du Sud* oft mit dem *accent marseillais* gleichsetzt, wollen die Sprecher*innen des *Sud-Ouest* nicht in das Provence-Stereotyp mit Lavendel und Bouillabaisse einverleibt werden.

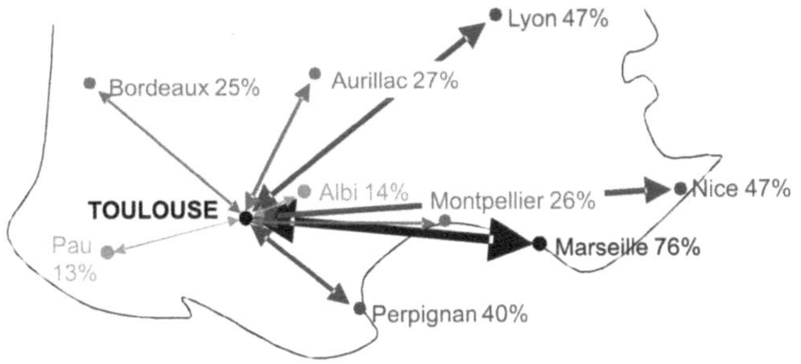

Abb. 10.2: Starker Akzentunterschied in den Repräsentationen (Pustka 2010: 139).

Interne Variation

Eines der Schibboleths des Südfranzösischen ist die Realisierung des **Schwas** (vgl. Kapitel 3.4.4 und 6.2.2). In einem der ersten Bücher zum *français de Marseille* heißt es sogar: « L'e dit muet n'est pas muet. » (Brun 1931: 31). Ganz so pauschal stimmt das nicht: <e> bleibt vor und nach Vokal sehr wohl stumm (z. B. in *ami(e), pât(e)s italiennes*). Außerdem werden bestimmte Lexeme und Konstruktionen von der Mehrheit der heutigen Sprecher*innen ohne Schwa realisiert: *est-c(e) que, qu'est-c(e) qui, n'est-c(e) pas ?, parc(e) que, p(e)tit, maint(e)nant, ach(e)ter, ell(e), j(e) sais pas, comm(e) ça, tout l(e) temps, tout l(e) monde, c(e) qui, c(e) que* etc. Abgesehen davon wird das Schwa von weniger prototypischen Sprecher*innen am Wortende (z. B. in *jeun(e)*), in Klitika (z. B. in *j(e) sais pas*) und in der mittleren Silbe mehrsilbiger Wörter nach einem Konsonanten (z. B. in *tell(e)ment*) zunehmend elidiert.

Ein weiterer Schibboleth ist die Aussprache der **Nasalvokale** als Folge von Oralvokal und Nasalkonsonant, z. B. *bien* [bjɛŋ] statt [bjɛ̃]. Ganz so einfach ist es aber auch nicht. Der velare Nasalkonsonant [ŋ] ist nämlich nur die Variante, die vor Pause realisiert wird; vor Konsonanten assimiliert sich der Artikulationsort des Nasalkonsonanten an den Folgekonsonanten (z. B. in *entre* [antʁə], *ample* [amplə]). Zudem ist der konsonantische Appendix bei den Nasalvokalen /ɛ̃/ und /œ̃/ häufiger als bei /ɑ̃/ und /ɔ̃/ (vgl. Courdès-Murphy/Eychenne 2020).

10.1.2 *Québécois*

Das *français québécois* wird bei Weitem nicht von so vielen Menschen gesprochen wie das Südfranzösische; es ist aber sehr viel besser erforscht. Eine Erklärung hierfür liefert sicherlich seine besondere sprachpolitische Situation. Während das Französische in ärmeren Regionen der Welt (z. B. auf dem afrikanischen Kontinent) andere Sprachen dominiert und verdrängt, ist es im wohlhabenderen Nordamerika bedroht – und zwar vom Englischen. In Kanada – mit 10 Mio. km^2 übrigens dem zweitgrößten Land der Welt (nach Russland) – ist es nur in einer einzigen Provinz die Mehrheitssprache: in Québec (vgl. Abb. 10.3a). Ca. 6 der 7 Mio. frankophonen Kanadier*innen leben hier. Dabei sind die meisten Provinzbewohner um den Sankt-Lorenz-Strom angesiedelt (vgl. Abb. 10.3b). Aus diesem Grund bevorzugen manche Sprachwissenschaftler*innen auch den Begriff ***français laurentien***. Die beiden großen Zentren sind die sehr französisch wirkende und frankophone Stadt Québec (800 000 Einwohner) und das multikulturelle Montréal (1,7 Mio. Einwohner) mit nur 48,5 % Frankophonen (vgl. Reinke/Ostiguy 2016).

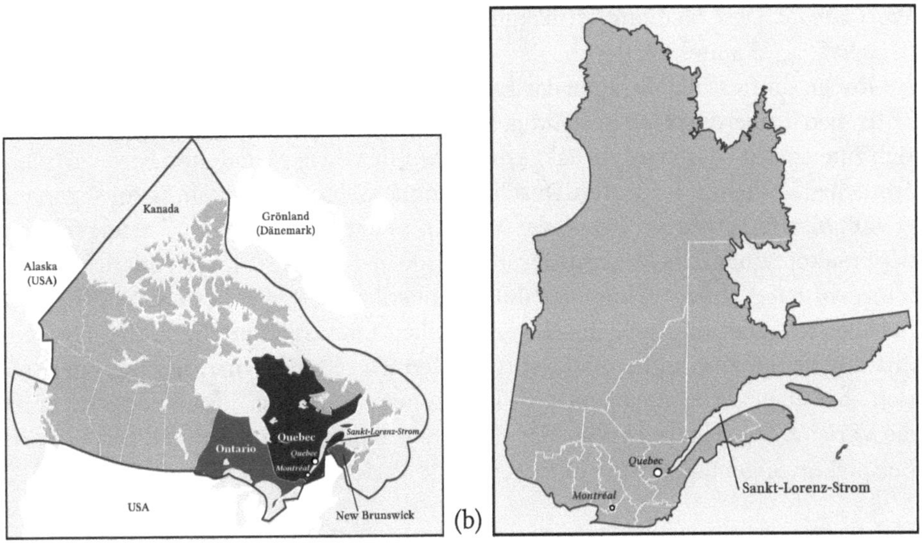

(a) (b)

Abb. 10.3: Französisch in Kanada (a) und Québec (b).

Sprachgeschichte

Die Geschichte des Französischen in Kanada beginnt **1534**. Der französische Seefahrer Jacques Cartier (1491–1557) entdeckte das Gebiet um den Sankt-Lorenz-Strom und nahm es für Frankreich in Besitz. Ab 1608 kamen französische Siedler, v. a. aus dem Norden und Westen Frankreichs, zwischen 1663 und 1673 dann die sogenannten *filles du roy* aus Paris und der Île-de-France – Waisenmädchen und Töchter armer Familien, die das Geschlechterverhältnis ausgleichen und für Nachwuchs sorgen sollten. Entsprechend wuchs die Bevölkerung von 2 500 im Jahr 1663 auf 55 000 im Jahr 1755. Die Basis des Québec-Französischen sind also die Dialekte und Regiolekte des **Nordens, Westens und Zentrums der *oïl*-Region**. Daher haben sich auch Wörter aus diesen Regionen in Québec erhalten, z. B. *bleuet* für *myrtille* 'Blaubeere'. Mindestens eine Ausnahme gibt es aber: In Québec sagt man nicht *pain au chocolat*, sondern *chocolatine* (francaisdenosregions.com/2017/01/13/chocolatine-a-conquis-le-quebec/) – wie in Südwestfrankreich (vgl. Kapitel 10.1.1). Zudem hat sich die lange Überfahrt von Europa nach Amerika auf die Sprache ausgewirkt. Im kanadischen Französisch finden sich zahlreiche Wörter aus dem sogenannten ***français maritime*** wie beispielsweise *débarcadère* 'Be- und Ablademöglichkeit im eingeschränkten Halteverbot' < 'Landungsbrücke' (vgl. linkes Foto in Abb. 10.5).

Die Sprachen der ***premières nations***[3] haben dagegen kaum Spuren hinterlassen. Eine der wenigen Ausnahmen ist der Name *Canada* selbst, der auf das irokesische

3 Heute sind in Québec elf *premières nations* anerkannt: Inuits, Mohawks, Innus, Cris, Algonquins, Atikamekws, Micmacs, Hurons-Wendat, Abénaquis, Malécites, Naskapis (französische Bezeichnungen).

Wort *kanata* 'Dorf, Siedlung' zurückgeht. Eine andere Ausnahme ist die 'Mischsprache' ***Mitchif*** (vgl. Kapitel 4.4.3).

Großen Einfluss hat dagegen das **Englische**, mit dem sich das Französische seit der britischen Eroberung 1759 in ständigem engen Kontakt befindet. Die Québécois hatten sich zunächst auf das Land zurückgezogen, wo sie von der Land- und Forstwirtschaft in ärmlichen Verhältnissen lebten. Durch ihre hohe Geburtenrate kam es zur sogenannten ***revanche des berceaux*** 'Rache der Wiegen': dem enormen Bevölkerungswachstum der Frankophonen. Die Modernisierung wurde in den 1960er Jahren mit der sogenannten ***révolution tranquille*** eingeleitet (Krankenkasse, Rente, kostenlose Pflichtschule für alle etc.). Dies führte auch zur sprachlichen Emanzipation der Frankophonen, die ihre eigene Sprache immer mehr verteidigten. Durch die Urbanisierung intensivierte sich aber auch der Kontakt mit dem Englischen. In diesem Zusammenhang entstand die Varietät des *joual* (< *cheval*): das *français populaire* von Montréal. Das literarische Beispiel im folgenden Kasten illustriert diese Varietät.

Joual **im Theaterstück *Les Belles-soeurs* von Michel Tremblay (1965)**

« La pudeur, y connaissent pas ça, les Uropéens ! Vous avez qu'à regarder les films, à télévision ! C'est ben effrayant de voir ça ! Ça s'embrasse à tour de bras au beau milieu d'la rue ! C'est dans eux-autres, ils sont faits comme ça ! »

« Parlez-moé-z'en pas ! »

« Pis si y'a une chose que j'peux pas endurer, c'est ben la muisque classique ! – Ouache, moé non plus ! – C'est pas écoutable, vous avez raison. Beding par icitte, bedang par là...»

« J'veux avoir un char, un beau logement, du beau linge ! »

« Moé, j'mange d'la marde pis j'vas en manger toute ma vie ! »

« Ah ! J'cré ben, si tu prends nos maris comme exemple ! On mélange pas les torchons pis les sarviettes ! »

Die Ausschnitte karikaturieren eine ganze Reihe von Merkmalen, die als typisch *québécois* gelten: In der Aussprache z. B. *moé* statt *moi* und *sarviette* statt *serviette* und im Wortschatz *char* statt *voiture* sowie *pis* (< *puis*) statt *et*. Wir kommen später noch genauer dazu.

Sprachpolitik

Kanada ist ein zweisprachiger Staat. In der Verfassung steht:

> English and French are the official languages of Canada and have equality of status and equal rights and privileges as to their use in all institutions of the Parliament and government of Canada. (Constitution Act 1982, §16.1)

In der Provinz Québec hingegen hat allein das Französische einen offiziellen Status. Die *Charte de la Langue Française* von 1977 – auch *Loi 101* genannt – stellt klar:

> Langue distinctive d'un peuple majoritairement francophone, la langue française permet au peuple québécois d'exprimer son identité.
> L'Assemblée nationale reconnaît la volonté des Québécois d'assurer la qualité et le rayonnement de la langue française. Elle est donc résolue à faire du français la langue de l'État et de la Loi aussi bien que la langue normale et habituelle du travail, de l'enseignement, des communications, du commerce et des affaires. (...)
> Le français est la langue officielle du Québec.
> (http://www.legisquebec.gouv.qc.ca/fr/showdoc/cs/c-11)

Dies hat ganz konkret die folgenden Konsequenzen:

- **Schule:** Die kostenlosen öffentlichen Schulen sind französischsprachig. Eine Ausnahme gibt es lediglich für Kinder, deren Vater oder Mutter aus einer anderen Provinz Kanadas stammt und dort auf eine englischsprachige Schule gegangen ist. Diese Regelung empfinden besonders Immigrant*innen als ärgerlich, da sie häufig eine englischsprachige Schulbildung bevorzugen, da sie damit in Kanada, Nordamerika aber auch weltweit flexibler bleiben.
- **Arbeitsleben:** Firmennamen müssen auf Französisch sein. In Firmen mit über 50 Personen müssen alle Personen Französisch beherrschen und Französisch mündlich und schriftlich als Arbeitssprache innerhalb der Firma und bis auf Ausnahmen auch mit Kunden, Lieferanten etc. verwenden.
- **Werbung:** Werbeplakate müssen auf Französisch sein. Eine weitere Sprache ist erlaubt, wenn das Französische ganz klar dominiert.

Bereits 1961 wurde das ***Office Québécois de la Langue Française*** (OQLF) eingesetzt. Die ***Loi 101*** schreibt seine Aufgaben fest und weitet sie aus. So soll das OQLF insbesondere kontrollieren, dass die *Loi 101* eingehalten wird. Außerdem erstattet sie den zuständigen Minister*innen alle fünf Jahre über die Entwicklung des Französischen Bericht, insbesondere über die Einstellungen und das Sprachverhalten der unterschiedlichen Bevölkerungsgruppen sowie die 'Qualität' der französischen Sprache in Québec. Dafür hat es ein Jahresbudget von über 24 Mio. Dollar (2018/2019) und über 200 Mitarbeiter*innen. Das OQLF beherbergt insbesondere zwei große Wörterbuchprojekte (*Grand dictionnaire terminologique* GDT und *Banque de dépannage linguistique* BDL), vergibt Auszeichnungen und Preise und ist auch Anlaufstelle für Verbraucher. Diese können sich hier beschweren, wenn z. B. Produktverpackungen oder Gebrauchsanweisungen nicht auf französisch vorliegen.

Lexikon

Entsprechend der Geschichte und Sprachgeschichte Québecs lassen sich die lexikalischen Besonderheiten des *québécois* – wie die aller Regiolekte – in drei Gruppen aufteilen: **Archaismen und Dialektalismen** (z. B. *fret(te)* '(très) froid'), **Entlehnungen** aus dem Englischen (z. B. *fun*) und indigenen Sprachen (z. B. *ouananiche* 'heimischer Süßwasserlachs' < Innu) und schließlich **Innovationen** (z. B. *pourriel* 'Spam').

Interessanterweise ist die Klassifizierung des ***Dictionnaire Usito*** der Universität Sherbrooke (https://usito.usherbrooke.ca) eine ganz andere: Es stellt Québec-Französisch und Frankreich-Französisch gleichberechtigt gegenüber und unterscheidet entsprechend Wörter, die Besonderheiten in der nicht-sprachlichen Realität der beiden Regionen bezeichnen (Flora und Fauna, Ernährung, Wohnen, politisches System, Kultur etc.) von *Québécismen* und *Französismen.* Im Kasten sind ein paar sehr bekannte Beispiele aus Québec aufgelistet. Beispiele für Französismen sind etwa *cartable* (vs. Québecois *sac d'école*) und *chewing gum* (vs. québécois *gomme à mâcher*).

Lexikalische Besonderheiten des *québécois* im *Dictionnaire Usito*

- ***Mots désignant des réalités typiquement québécoises, canadiennes ou nord-américaines:***
  - *acériculture* 'exploitation de la sève de l'érable à sucre pour la production de sirop et de produits dérivés (beurre, tire, sucre d'érable)',
  - *cabane à sucre* 'bâtiment central d'une érablière, où se font toutes les opérations de transformation de l'eau d'érable en différents produits (sirop, tire, beurre, sucre)',
  - *poutine* 'mets à base de frites garnies de fromage en grains et nappées de sauce brune'.
- ***Québécismes:***
  - *bleuet* 'baie d'un bleu noirâtre, à saveur douce et acidulée, que produisent diverses espèces d'airelles à port dressé, notamment des espèces indigènes de l'est de l'Amérique du Nord',
  - *crème glacée* 'préparation congelée à base de lait, de crème ou d'un mélange des deux',
  - *dépanneur* 'petite épicerie de quartier dont les heures d'ouverture s'étendent au-delà de celles des autres commerces',
  - *poudrerie* 'neige au sol soulevée et poussée par un vent plus ou moins violent',
  - *pourriel* 'message électronique constitué principalement de publicité non sollicitée et importune, distribué massivement par courriel'.

Man kann sich fragen, warum bei den ***québécismes*** nicht die berühmten Québecer Flüche auftauchen. Da Flüche typischerweise Tabus brechen, ist es nicht verwunderlich, dass sich viele von ihnen aus dem Vokabular der in Québec lange sehr dominanten katholischen Kirche speisen: *Criss !* (< *christ*), *Viarge !* (< *vierge*), *Ostie !* (< *hostie*), *Tabernak !*, *Baptême !*, *Câlisse !* (< *calice* 'Kelch'), *Ciboire !* ('Altarüberbau') etc. Die Flüche werden auch als Intensivierer eingesetzt wie in *C'est un criss de bon repas !* oder *crissément* (vgl. Reinke/Ostiguy 2016, *Usito*).

Bei manchen Wörtern ist die Klassifikation nicht so klar. So gab es beispielsweise *covoiturage* und *écotourisme* zunächst in Québec und erst dann in Frankreich. Dennoch werden diese Wörter in Frankreich nicht als *québécismes* eingeschätzt. Manchmal gibt es auch parallele und sich durchmischende Entwicklungen. So wurde in Québec beispielsweise sehr viel früher gegendert als in Frankreich, nach dem Muster *l'auteur* > *l'auteure*. In Frankreich verwendete man dagegen zunächst *une auteur* und zunehmend auch *une autrice* (zum Gendern vgl. auch Kapitel 9.5.3). Heute finden sich beide femininen Formen in beiden Ländern, wenn auch in unterschiedlicher Frequenz. Das gilt auch für das englische Lehnwort *(e-)mail* und die Québecer Innovation *courriel*; *pourriel* für *spam* ist in Frankreich dagegen nicht üblich.

Die Fotos in Abb. 10.4 dokumentieren einige der aufgelisteten Wörter in der *Linguistic Landscape* von Montréal und Québec Stadt.

Abb. 10.4: *débarcadère, dépanneur, crème glacée* und *poutine* in der *Linguistic Landscape* von Québec Stadt und Montréal (© Pustka 2017).

Aufgrund des intensiven Sprachkontakts mit dem Englischen sind **Anglizismen** in Québec ein besonders sensibles Thema. Einerseits sind sprachpuristische Institutionen bei der Ersetzung von Anglizismen durch französische Wörter noch aktiver als in Frankreich: Statt *babysitter* soll es laut Wörterbuch *Usito* lieber *gardien.ne (d'enfants)* heißen, statt *skateboard* lieber *planche à roulettes* oder *rouli-roulant*, statt *popcorn* eher *maïs éclaté* oder *maïs soufflé* etc. Daneben hört man in Québec häufig aber auch eine Aussprache von Anglizismen, die dem (nordamerikanischen) Englischen sehr viel näher ist als die in Frankreich. So unterscheidet man in Québec etwa *pool* [pu:l] vs. *poule* [pʊl], während man in Frankreich beide Wörter homophon als [pul] realisiert.

Phonetik und Phonologie

Im Bereich der Aussprache gibt es in Québec einen großen Unterschied zwischen dem *français populaire* und der Norm, die man etwa bei Fernsehsprecher*innen findet. Doch selbst die Aussprachenorm Québecs unterscheidet sich schon deutlich von der Pariser Norm (vgl. Kapitel 6.2.1 zum Phonemsystem und 10.3.2 zur Plurizentrik). Wie Tab. 10.2 zeigt, handelt es sich dabei u. a. um den Erhalt der zwischenzeitlich in Frankreich aufgegebenen phonologischen Oppositionen /a/:/ɑ:/, /ɛ/:/ɛ:/ und /ɛ̃/:/œ̃/ – also um **Archaismen**, die der Schreibung entsprechen.

Ausprachemerkmal	Beispiel
/a/:/ɑ:/	*patte* [pat] vs. *pâte* [pɑ:t]
<-oi> [wɑ]	*trois, baignoire*
/ɛ/:/ɛ:/	*faites* [fɛt] vs. *fête* [fɛ:t]
/ɛ̃/:/œ̃/	*brun* [bʁœ̃]

Tab. 10.2: Merkmale der Aussprachenorm Québecs (Chalier 2021: 434–435).

Daneben verfügt das *québécois* über zahlreiche weitere Aussprachebesonderheiten (vgl. Tab. 10.3).

Aussprachemerkmal	Beispiel
Realisierung des /ɛ/ als [a]	*marde* für *merde* (s. o.)
Realisierung des /ɑ/ als [ɔ]	*ça ?* [sɔ], *Canada* [kanadɔ]
Realisierung des /ɑ̃/ als [ɛ̃]	*penser* [pɛ̃se]
Realisierung des /ɛ̃/ als [ẽ]	*médecin* [medsẽ]
Realisierung des <oi> als [wa] oder [ɛ]	*moé* für *moi* (s. o.), *fret* [fʁɛt] (Intensivierung von *froid*)
Diphthongierung	*fête* [fa^{ɜ}t][4], *neige* [ne^{i}ʒ]
Ungespannte Vokale	*six* [sɪs], *boule* [bʊl], *rude* [ʁʏd]
Elision unbetonter Vokale	*verification* [veʁif:kasjɔ̃]
Affrizierung von /t/ und /d/ vor /i/, /y/, /j/ und /ɥ/	*tu dis* [t^{s}yd^{z}i]
Realisierung des finalen <t>	*fret* [fʁɛt], <icitte> für *ici*

Tab. 10.3: Weitere Aussprachebesonderheiten Québecs (vgl. u. a. Reinke/Ostiguy 2016, Chalier 2021).

Grammatik

Die beiden auffälligsten morphosyntaktischen Besonderheiten des Quebecer Substandards sind sicherlich die Form der Pronomina und der Fragesätze. Bei den **Pronomina** findet man in Québec für *elle* häufig [a] (vor Konsonant) bzw. [al] (vor Vokal): z. B. *elle veut* [avø], *elle aime ça* [alɛmsɔ]. Außerdem existieren die Plural-Formen *nous-autres, vous-autres* und *eux-autres* für *nous, vous* und *eux*. Eine Besonderheit sind schließlich auch die **Fragekonstruktion mit postverbalem *-tu***: z. B. *Ça va-tu ?* (für *Ça va ?*) oder *Pierre, i'est-tu parti hier ?* (für *Pierre est parti ?*).

4 Das hochgestellte IPA-Symbol [ɜ] steht für einen Vokal, der auf derselben Zungenhöhe wie [ɛ] produziert wird, aber in zentraler Zungenlage (vgl. IPA-Chart in Kapitel 6.1.2).

10.2 Sozio-stilistische Variation

10.2.1 *Français populaire*

Ein Etikett im Wörterbuch

Im *Petit Robert* sind Wörter wie *crever* 'mourir', *thune* 'argent' und *pompe* 'chaussure' als *populaire* markiert. Aber sind diese Wörter wirklich auf ein soziales Milieu beschränkt, nämlich auf das 'einfache Volk' oder eine 'Arbeiterklasse' (falls man davon im heutigen Frankreich überhaupt sprechen kann)? Das suggeriert zumindest die Definition von *populaire* im *Petit Robert:* « Qui est créé, employé par le peuple et n'est guère en usage dans la bourgeoisie et parmi les gens cultivés. » Für weitere soziale 'Schichten' gibt es keine entsprechenden Label, nur *familier* (was sich aber auf die Situation bezieht), *argotique*[5] und *vulgaire.* Der folgende Kasten illustriert dies am Beispiel der Wörter für GELD.

Wörter für GELD im *Petit Robert*:

- **Fam.:** *blé, cash, fric, galette* (vieilli), *jonc* (vieilli), *maille, pépètes* (vieilli), *picaillon* (vieilli), *pognon, ronds, sous, trèfle* (vieilli),
- **Pop.:** *flouse/flouze,*
- **Arg.:** *braise* (vieilli), *grisbi, oseille, pèze, thune.*

Die Antwort lautet: Diese in Wörterbüchern übliche Skala an Markierungen und ganz besonders der Begriff des *français populaire* sind in der Sprachwissenschaft hochumstritten (vgl. GADET 1992).

Ein umstrittener Begriff

Umstritten ist zunächst einmal der Begriff *populaire* an sich. Der französische Soziologe Pierre Bourdieu (1930–2002) nimmt diesen in seinem Artikel « Vous avez dit 'populaire' ? » (1983) genauer unter die Lupe. Ihm zufolge handelt es sich um einen *relationalen* Begriff. Das bedeutet, dass er sich auf eine Bezugsgröße bezieht – nämlich die legitime Norm:

> Il en est ainsi de la notion de 'langage populaire' qui, à la façon de toutes les locutions de la même famille ('culture populaire', 'art populaire', 'religion populaire', etc.), n'est définie que

5 Das *argot* bezeichnete ursprünglich die Geheimsprache der Gauner, heute auch Fachsprachen von Berufsgruppen (z. B. *l'argot des bouchers*). Das Label *argotique* im Wörterbuch bezeichnet aber auch andere Wörter, z. B. *cinoche* für *cinéma*, *polar* 'roman policier' oder *tchatche* 'langage argotique des cités' (*Petit Robert*).

> relationnellement, comme l'ensemble de ce qui est exclu de la langue légitime, entre autres choses par l'action durable d'inculcation et d'imposition assortie de sanctions qu'exerce le système scolaire. (Bourdieu 1983: 98)

Von den Merkmalen zur Varietät

In den Repräsentationen der Sprecher*innen entspricht das *français populaire* dem *français non-standard* von Paris. Es findet sich seit Jahrhunderten in der Literatur inszeniert, nicht in seiner Gesamtheit, sondern durch eine stereotype Konzentration einzelner Merkmale:

> [...] le français populaire est pour l'essentiel un usage non standard stigmatisé, que le regard social affable de l'étiquette de populaire : tout ce qui est familier et susceptible d'être taxé de populaire si le locuteur s'y prête, et seuls certains traits populaires sont étrangers à l'usage familier non populaire. (Gadet 1992: 27)

Es gibt also keine 1:1-Zuordnung zwischen externen und internen Variablen, sondern beide konstruieren zusammen Identitäten und Situationen (vgl. Kapitel 3.4.2). Das bedeutet, dass jemand ohne *bac*, der in einer Fabrik arbeitet, nicht automatisch *flouze* für 'Geld' sagt, sondern dass – unter anderem – ein bestimmter Kleidungsstil und eine bestimmte Wortwahl dazu führen, dass jemand besonders elegant, einfach oder volksnah wirkt.

Von der Varietät zum Stereotyp

Seit der Industrialisierung und der Landflucht und damit der Herausbildung von Arbeitermilieus finden sich Inszenierungen des *français populaire* in der Literatur – allen voran bei Zola (vgl. Kapitel 1.1.3). Eine aktuellere Inszenierung liefert der französische Schriftsteller Édouard Louis (*1992), der in seinem autobiographisch geprägten Bestsellerroman *En finir avec Eddy Bellegueule* (2014) das homophobe Arbeitermilieu in einem Dorf in der Picardie darstellt.

À vous !
Welche Merkmale des *français populaire* enthält der folgende Romanausschnitt? Wobei handelt es sich um Merkmale des gesprochenen Französisch oder anderer Varietätendimensionen?

Stereotypisierung in *En finir avec Eddy Bellegueule* (2014)

« Ma mère m'avait rapporté cette anecdote. C'était lors d'un des bals du village – des bals aux noms saugrenus qui avaient lieu dans la salle des fêtes plusieurs fois par an 'Soirée tartiflette et années quatre-vingt', 'Soirée cassoulet et sosies de Johnny'. Il y avait un homosexuel, courageux, qui avait pris la décision de vivre sans se cacher. [...] L'alcool, l'effet de groupe, les garçons ont commencé à cahuter l'homosexuel, quelques coups d'épaule, des regards que l'on pourrait qualifier d'agressifs, *Eh t'es pédé toi pu quoi, tu aimes la bite, baisse les yeux ou je te pète la gueule.* Mon père est arrivé, il avait tout entendu. Il était terriblement en colère, il a serré la mâchoire avant de s'adresser à eux, *Vous allez lui foutre la paix bordel de merde, vous vous croyez malins à l'insulter, ça vous regarde si il est pédé ? Ça vous dérange ?* Il leur a dit de rentrer chez eux *Faites plus chier. Il était à deux doigts de leur tomber dessus* a conclu ma mère. » (Louis 2014: 109–110)

Im Ausschnitt sieht man einen sehr deutlichen Kontrast zwischen Erzählertext und (kursiv gedruckter) direkter Rede: Der Erzählertext entspricht dem Standardfranzösischen und enthält auch stilistisch besonders hoch markierte Varianten (z. B. *l'on*). In der direkten Rede dagegen findet man zunächst einmal typische Merkmale des gesprochenen Französisch (vgl. Kapitel 1.1.1): die Interjektion *eh*, *t'* statt *tu* vor Vokal, Intonationsfragen (z. B. *Ça vous derange ?*) und die Negation ohne *ne* (*Faites plus chier.*). Eine Reihe von Wörtern sind im *Petit Robert* als *familier* gekennzeichnet (*pédé, péter, gueule, bordel, merde*), andere als *vulgaire* (*bite*) oder als *familier ou vulgaire* (*chier*) – aber kein einziges als *populaire*. Allein der Einsatz dieser nicht-schriftsprachlichen Wörter in einem schriftlichen Text führt zu einem *effet populaire* (vgl. Nicolosi im Druck).

10.2.2 Jugendsprache

Positive und negative Klischees

Während die einen die lexikalische Armut der Jugend von heute beklagen, rühmen die anderen deren sprachliche Kreativität. Nur 350–400 Wörter besäßen 12–15 % der französischen Jugendlichen, so der französische Sprachwissenschaftler Alain Bentolila (*1949) in der Tageszeitung *Le Monde* (« Vivre avec 400 mots », 19.03.2005). Allerdings besitzen schon 2-jährige Kinder ein aktives Vokabular von 400 Wörtern, und 7-Jährige laut Bentolila selbst normalerweise 8 000, aber zumindest 3 300 Wörter (vgl. Candéa/Véron 2019: 77). Gleichen Sie skandalisierende Schlagzeilen also immer mit dem Stand der Forschung ab!

Aber auch das positive Klischee gehört auf den Prüfstein: Ist die Jugendsprache wirklich so innovativ? Wer einen Blick in nicht-wissenschaftliche (Online-)Wörterbuchprojekte wirft, wird schnell enttäuscht. So wirbt das *Dictionnaire de la zone* etwa mit 2 200 Einträgen: von *verlan* (*rebeu, zyva*), englischen und arabischen Lehnwörtern (*shit* 'haschich', *bézef* 'beaucoup') bis hin zu Abkürzungen (*ado* < *adolescent*), Suffigierungen (*alcoolo* < *alcool(ique)* + Suffix *-o*) und SMS-Sprache (*OKLM* = *au calme*). Viele dieser Wörter gab es allerdings schon, bevor die Eltern der heutigen Jugendlichen geboren waren! So weist der *Petit Robert* den Erstbeleg von *alcoolo* mit 1970 aus, von *ado* mit 1974, von *rebeu* mit 1984 etc. Besonders interessant ist mit Blick auf das *français populaire* (Kapitel 10.2.1), dass auch *crever*, *pompe* und *thune* in diesem Wörterbuch auftauchen! Um den stark mediatisierten Begriff der *Jugendsprache* wissenschaftlich zu fassen, muss man also zunächst einmal klären, was überhaupt unter *Jugend* zu verstehen ist.

Was ist Jugend?

À vous !
Definieren Sie *Jugend*! Welcher Altersspanne ordnen Sie diese Lebensphase zu? Abgesehen vom absoluten Alter: Welche Faktoren scheinen Ihnen für die Definition relevant?

Die Jugend lässt sich zwischen Kindheit und Erwachsensein situieren. **Biologisch** betrachtet handelt es sich um die Pubertät (vgl. lat. *pubertas* 'Geschlechtsreife'), in der sich die Geschlechter immer mehr ausdifferenzieren. Hier gibt es große Unterschiede zwischen den Individuen und zwischen den Geschlechtern: Während man bei den Mädchen die Pubertät zwischen 8 und 17 Jahren ansetzt, verläuft die Spanne bei den Jungen von 9 bis 21 Jahren. Aus **psychologischer** Sicht handelt es sich um eine Phase der Identitätsfindung, die sowohl durch Unsicherheit als auch durch Selbstdarstellung charakterisiert ist. In **sozialer** Hinsicht geht es um Freiheit und Verantwortung: wirtschaftliche Unabhängigkeit, 'Abnabelung' von den Eltern und zunehmende Orientierung an der *peer group*: Die Jugendlichen wollen dazu gehören und unterwerfen sich dafür mehr oder weniger dem Gruppendruck (u. a. bei Kleidung, Musik); außerdem positionieren sie sich innerhalb der Gruppe (in Rollen wie Anführer, Mitläufer oder Einzelgänger). Dabei gibt es nicht *die* eine Jugendkultur, sondern ganz unterschiedliche (Nerds, Punks etc.) – wobei diese Subkulturen oft über Sprach- und Landesgrenzen verbreitet sind.

Wenn man diese verschiedenen Faktoren zusammennimmt, stellt man zwischen den Epochen, aber auch zwischen verschiedenen sozialen Milieus derselben Epoche große Unterschiede fest. Während die Österreicherin Marie-Antoinette (1755–1793) bereits mit 14 Jahren den künftigen französischen König Ludwig XVI heiratete, verschob sich der Eintritt ins Arbeitsleben und die Familiengründung mit der Industrialisierung im 19. Jahrhundert nach hinten. Largo/Czernin 2013 skizzieren die aktuelle Lage wie folgt:

> Nicht einmal ein Drittel aller 30-Jährigen erfüllt alle 3 Kriterien, die sie in soziologischer Hinsicht als Erwachsene definieren: die Schule hinter sich haben, eigenes Geld verdienen und nicht mehr bei den Eltern wohnen. (Largo/Czernin 2013: 242)

Können wir also – jenseits unseres biologischen Alters – für immer jung bleiben? Diese Frage lässt sich ganz leicht beantworten: Es kommt immer darauf an für wen: « On est toujours le vieux ou le jeune de quelqu'un. » (Bourdieu 1978). Für 13-Jährige sind Student*innen 'alt', auch wenn diese sich selbst als 'jung' fühlen. Für das Phänomen dieser immer länger werdenden Jugendlichkeit gibt es im Französischen ein *mot-valise* aus *adolescence* und *adulte*: *adulescence* (vgl. Kapitel 7.2.1).

Was ist Jugendsprache?

Noch schwerer als *Jugend* ist *Jugendsprache* zu definieren. Die Probleme liegen auf drei Ebenen:

> Es gibt nicht *die* (eine) Jugendsprache, weil es nicht die Jugend als homogene Gruppe gibt. [...]
> Es gibt nicht die *Jugend*sprache (im Gegensatz zur Erwachsenensprache) [...]
> Es gibt nicht die Jugend*sprache*, sondern das Sprechen von Jugendlichen.
> (Gloy/Bucher/Callieux 1985: 116, zit. nach Neuland 2008: 42)

Man kann also zusammenfassen: Nicht alles, was Jugendliche sprechen, ist Jugendsprache. Und: Nicht jeder, der Jugendsprache spricht, ist jugendlich.

Auf Französisch kann man zwischen drei Ebenen der Jugendsprache unterscheiden: Wenn man in einem Korpus wie *Multicultural Paris French* (MPF; vgl. Gadet et al. 2017) untersucht, wie Jugendliche sprechen, dann ist der Begriff ***parlers des jeunes*** adäquat. Interessiert man sich dagegen für die kognitiven prototypisch strukturierten Repräsentationen, dann passt ***langue*** besser. Übereinzelsprachliche Merkmale lassen sich dagegen auf dem Niveau des ***langage*** situieren (vgl. dazu auch Androutsopoulos 1998). Auch bei dieser Varietät lässt sich ein **Prototyp** ausmachen: Hier ist es der männliche Jugendliche aus einer *cité HLM* in der Pariser *banlieue*, wie er auf der Straße mit seinen *peers* spricht (vgl. Kasten zur Studie von Lepoutre 1997 unten).

Französische Jugendsprache

Die französische Jugendsprache ist seit den 1990er Jahren zunehmend in den Fokus der Sprachwissenschaft gerückt. Ein Pionier in diesem Bereich ist der Ethnologe David Lepoutre (*1959). Während er in La Courneuve (*département* Seine-Saint Denis) wohnte und als Lehrer für *histoire-géographie* arbeitete, hat er dort Feldforschungen für seine Doktorarbeit durchgeführt (teilnehmende Beobachtungen und Sprachaufnahmen). Im Fokus standen dabei prototypische Sprecher der französischen Jugendsprache: männliche Jugendliche zwischen 10 und 16 Jahren mit Migrationshintergrund in einer *cité HLM* der Pariser *banlieue*. Besonders intensiv widmet sich Lepoutre 1997 dem Phänomen der rituellen Beschimpfungen durch sogenannte *vannes*. Der folgende Kasten gibt einen Einblick in sein methodisches Vorgehen und seine Ergebnisse.

Échanges de vannes **– rituelle Beschimpfungen**

Le terme 'vanne' – d'usage populaire plus ou moins argotique – désigne communément toutes sortes de remarques virulentes, de plaisanteries désobligeantes et de moqueries échangées sur le ton de l'humour entre personnes qui se connaissent ou du moins font preuve d'une certaine complicité. Le principe des vannes repose fondamentalement sur la distance symbolique qui permet aux interlocuteurs de se railler ou même de s'insulter mutuellement sans conséquences négatives. [...] Les vannes de la culture de rues tiennent également leur spécificité de leur contenu, qui est souvent grossier, grivois, voire tout à fait obscène. [...] cette pratique adolescente des insultes rituelles se donne à voir sous son aspect le plus original et le plus frappant dans un type particulier de vanne – type modèle en quelque sorte – qui n'existe, semble-t-il, que dans ce contexte social. Ce sont les vannes sur la mère, ou vannes référencées, qui visent indirectement, c'est-à-dire par parents interposés, les personnes 'insultées'. [...] Les origines culturelles de la pratique des vannes sont multiples et anciennes. [...] États-Unis [...] Afrique noire [...] Elle est incontestablement liée, en tout cas, à une culture de l'honneur [...] « ta mère, la grosse » [...] «...elle a le cul en bois ! », «...elle a trois seins », «...elle a la chatte rouillée ! », «... elle s'est jetée du quinzième étage, le sol il s'est sauvé ! », «...dans ses seins y a des épinards ! » [...] Comme tous les combats rituels, les joutes de vannes se font toujours en présence d'un public, plus ou moins nombreux selon les circonstances. On a vu d'ailleurs, au fil des exemples, que les échanges se déroulent généralement dans des lieux publics : école, halls d'entrée d'immeubles, véhicules de transport en commun... [...] Il s'agit bien sûr d'un public de pairs à exclusion de tout autre, car c'est le seul en mesure de comprendre la nature rituelle de l'échange et d'apprécier la qualité des vannes produites. [...] '[...] On peut estimer l'efficacité d'une vanne [...] au nombre de personnes qui rient dans le public. [...]' [...] L'évaluation négative est tout aussi franche. Le rejet est net et sans appel. L'exclamation la plus courante est 'pas marrant' [...].

(Lepoutre 1997: 137–139, 146, 154)

En savoir plus :
Podcast *Parler comme jamais* #11 « Les jeunes parlent-ils mal ? »
https://www.binge.audio/podcast/parler-comme-jamais/les-jeunes-parlent-iels-mal.

Ein neueres größeres Forschungsprojekt ist das Korpus *Multicultural Paris French* (MPF; 2010–2014). Insgesamt 123 Sprachaufnahmen haben 24 Feldforscher*innen in diesem Rahmen aufgenommen (zwischen 6 und 153 Minuten lang). Die Feldforscher*innen waren mehrheitlich jung und den Jugendlichen bereits aus dem Alltag bekannt (z. B. durch Arbeit in Schulen oder als Ehrenamtliche in der Freizeit). Ziel war es, eher Interaktionen als Interviews aufzunehmen. Die Teilnehmer*innen sind zwischen 12 und 37 Jahre alt und sollten möglichst aus einem *milieu populaire* und *multiculturel* stammen. Der Schwerpunkt liegt dabei auf Jugendlichen mit maghrebinischem und antillischem Migrationshintergrund. Räumlich stammen die Sprecher*innen alle aus den nord-östlichen *arrondissements* von Paris sowie fünf *départements* der *banlieue.* 2016 standen davon 72 Stunden Sprachaufnahmen zur Verfügung, die mit dem Programm PRAAT transkribiert und anonymisiert wurden. Die Daten werden sukzessive *open access* im Repositorium Ortolang (www.ortolang.fr) publiziert (vgl. Gadet et al. 2017).

Die folgenden Beispiele aus dem Korpus illustrieren den Gebrauch der häufigen Wörter *wesh, trop, comme quoi* und *genre*:

> « Je me suis dit mais *wesh* elle a vraiment peur de moi »
> « Euh bah elle parlait *trop* mal a s- euh comme son père »
> « Et il leur a dit une phrase *comme quoi* c'était pas vrai elle a menti »
> « il y a des expressions bizarres que j'avais jamais entendues *genre* bader des trucs comme ça. Ouais *genre* euh tu me fais bader »
> (Gadet et al. 2017: 83, 92–94).

Wesh und *trop* haben es bereits ins Wörterbuch geschafft: *Wesh* (auch <wech>, <ouech> oder <ouèche> geschrieben) ist ein arabisches Interrogativadverb für 'Comment ? Quoi ?' (1983), das zum Schibboleth der Jugendsprache der *banlieues* geworden ist (daher auch « *Parler wech wech,* comme les jeunes des banlieues »; *Petit Robert*). *Trop* ist ein Intensivierer, der ebenfalls mit der Jugendsprache, nicht aber speziell mit den *banlieues* verbunden wird: « FAM. (lang. des jeunes) Beaucoup, extrêmement. *On était trop bien ! Il est trop fort.* » (*Petit Robert*) Das MPF-Korpus erlaubt es nun, den Gebrauch von *trop* im Vergleich zu *très* zu quantifizieren: Die Jugendlichen realisieren in den Sprachaufnahmen 59 % der Intensivierungen mit *trop* und 41 % mit *très.* Die Ausdrücke *comme quoi* und *genre* signalisieren eine Wiedergabe direkter Rede, *genre* kann auch ein Beispiel einleiten (s. o.).

Als typisch für die französische Jugendsprache gilt auch der ***verlan***, also die Umkehrung der Silben: z. B. *meuf* für *femme* ([fam(ə)] > [məfa] > [mœf]). Auch dieses Wort ist bereits seit 1981 im *Petit Robert* verzeichnet (« ARG. FAM. Femme, jeune fille »). Hier zeigt das MPF-Korpus, dass die beiden Wörter aber nicht totale Synonyme sind:

> Mais il va pas continuer à faire des séjours et laisser sa *femme* partir un weekend avec les mecs les *meufs* et tout (Gadet et al. 2017: 112).

Während *meuf* von den Jugendlichen des Korpus als Normalwort für Mädchen und Frauen verwendet wird, findet sich *femme* nur in spezifischen Kontexten.

À vous !
Was ist der Unterschied zwischen *arabe, beur* und *rebeu*? Recherchieren Sie in unterschiedlichen Wörterbüchern und im Internet!

10.3 Die Frage der Norm(en)

« Je parle mal » – das hört man nicht nur aus dem Mund vieler Lerner*innen des Französischen, sondern auch vieler L1-Sprecher*innen. Im Französischen ist die **sprachliche Unsicherheit** (fr. *insécurité linguistique*) besonders stark ausgeprägt. Dies lässt sich mit der besonderen Bedeutung der Norm erklären (« purisme et idéologie du standard »; Gadet 2007: 30). Zum Abschluss dieses Buchs sehen wir uns daher die Geschichte der Normierung des Französischen (Kapitel 10.3.1) und die aktuelle Diskussion um die Plurizentrik – d. h. die Existenz mehrerer Normen (Kapitel 10.3.2) – genauer an.

10.3.1 Geschichte der Normierung

Im Mittelalter schrieb jeder, wie er wollte – bzw. jede, wie sie wollte, denn es gab auch zahlreiche Dichterinnen und Schreiberinnen. Die Schreibung variierte enorm. So schrieb man beispielsweise das heutige *homme* u. a. <homne>, <home>, <ome> und <om>. Dabei gab es regionale Schreibtraditionen, die sogenannten ***Scriptae***: Texte aus der Normandie ähnelten sich untereinander mehr als Texten aus der Champagne. Man erkennt auch Schreibtraditionen bestimmter Klöster wieder und sogar die sogenannte **'Hand'** einzelner abschreibender Mönche. Damit ist nicht nur die Handschrift gemeint, sondern auch ihre Graphien. Doch auch innerhalb eines Textes, der von derselben Person (ab-)geschrieben wurde, finden sich Variationen.

Die Rechtschreibung entstand erst mit dem **Buchdruck** – und zwar auf Initiative der Drucker. Im 16. Jahrhundert wurden insbesondere Akzente, *cédille*, Apostroph und *tréma* eingeführt – da das lateinische Alphabet für die französische Sprache nicht mehr ausreichte. Zwei herausragende Persönlichkeiten waren dabei Louis Meigret (1500–1558) und Robert Estienne (1503–1559). Meigret war Verfechter einer phonetischen Schreibung. Er wollte insbesondere nicht ausgesprochene Buchstaben weglassen, z. B. <ę> statt <et> ohne <t>. Damit konnte er sich aber nicht durchsetzen. Als Modell galt vielmehr die Rechtschreibung in Estiennes *Dictionnaire françois-latin* (1539) – übrigens das erste Wörterbuch des Französischen.

Die berühmte Definition des ***bon usage*** stammt schließlich von Claude Favre de Vaugelas (1585–1650). Er schreibt in seinen *Remarques sur la Langue Françoise, utiles à tous ceux qui veulent bien parler et bien escrire* (1647):

> Voici donc comme on définit le bon Usage. [...] C'est la façon de parler de la plus saine partie de la Cour, conformément à la façon d'écrire de la plus saine partie des Auteurs du temps.

> Quand je dis la Cour, j'y comprends les femmes comme les hommes, et plusieurs personnes de la ville où le Prince réside, qui par la communication qu'elles ont avec les gens de la Cour participent à sa politesse. (Vaugelas 1647: *Préface*, n.p.)

Damit situiert er die Norm bei der Pariser Elite.

Hüterin der Norm ist die ***Académie française***, die Kardinal Richelieu (1585–1642) im Jahr 1634 begründete. Nach den bis heute gültigen Statuten ist ihre Aufgabe:

> La principale mission de l'Académie sera de travailler avec tout le soin et toute la diligence possibles à donner des règles certaines à notre langue et à la rendre pure, éloquente et capable de traiter les arts et les sciences. (https://www.academie-francaise.fr/linstitution/statuts-et-reglements)

Die *Académie française* besteht aus 40 Mitgliedern auf Lebenszeit, die die Mitglieder selbst berufen. Bis heute äußert sie sich normativ. Da ihre Mitglieder keine Sprachwissenschaftler*innen sind und ihre Empfehlungen vom Typ « Dire, ne pas dire » weit vom tatsächlichen Sprachgebrauch entfernt liegen, wird ihr Einfluss als gering eingeschätzt und der Sinn der Institution selbst immer mehr in Frage gestellt.

10.3.2 Plurizentrik?

Französisch ist eine Weltsprache, die sich durch die Kolonisierung von Europa aus in der ganzen Welt verbreitet hat – so wie auch das Englische, das Spanische und das Portugiesische. Bei all diesen Sprachen stellt sich die Frage, ob es eine einzige weltweite Norm gibt oder mehrere. Im Englischunterricht in der Schule haben Sie ganz selbstverständlich britisches und amerikanisches Englisch parallel gelernt, im Französischunterricht dagegen vermutlich primär eine Norm, die sich am Pariser Französisch orientiert. Seit mindestens einem halben Jahrhundert fordern aber zumindest die *Québécois* die Anerkennung einer eigenen Norm. Aktuelle Studien (z. B. Chalier 2021) zeigen, dass kanadische Nachrichtensprecher*innen in Radio und Fernsehen – die häufig als **Modellsprecher*innen** gelten – heute immer weniger versuchen, das Pariser Französisch zu imitieren. Stattdessen bilden bestimmte Aussprachemerkmale mittlerweile eine *norme québécoise* (vgl. Kapitel 10.1.2). In Québec wird dies durch eine sehr umfangreiche sprachpolitische Diskussion und zahlreiche eigene normative Werke (u. a. Wörterbücher) gestützt. Dagegen orientieren sich beispielsweise die Schweizer Nachrichtensprecher*innen (noch?) sehr viel mehr am Pariser Französisch.

À vous !

Hören Sie sich die drei Moderationen im Internet an, zu denen Sie im folgenden Kasten die Transkriptionen finden! Welche Gemeinsamkeiten und Unterschiede fallen Ihnen auf?

Fernsehmoderationen

Paris: Antoine Fonteneau, TV5 (04.11.2015)[6]

Le Journal de l'économie sur T.V.5. Monde, bienvenue à tous ! Sous l'œil de notre microscope, dans un instant, les ennuis continuent pour le fabriquant d'airbags, 'Takata'. Mais d'abord, le scandale 'Volkswagen' rebondit avec une série euh de nouvelles révélations sur les fameux moteurs diesel truqués et même de nouveaux aveux de la part du constructeur. Aujourd'hui, le groupe allemand reconnaît ce qu'il appelle des irrégularités sur huit cent mille véhicules, des modèles, dont la consommation de carburant serait largement au-dessus des chiffres annoncés par le constructeur et qui donc émettraient beaucoup plus de C.O.2., de dioxyde de carbone, un nouveau volet de l'affaire, puisque jusqu'à présent, ce sont les émissions d'oxyde d'azote qui étaient faussées.

Schweiz: Romaine Jean, RTS1/RTS2 (10.06.2015)[7]

Bonsoir à tous ! Bienvenu dans cette nouvelle édition des coulisses de l'évènement. On ne le sait pas vraiment, mais chaque nuit, des centaines de réfugiés souvent clandestins traversent la Suisse par train, en quête de l'eldorado européen. Il arrive parfois que le voyage se passe mal. En été dernier, une jeune femme syrienne enceinte a perdu son bébé à Brig après des heures de souffrance et sans que personne ne lui porte secours. L'affaire avait ému toute la Suisse. Sommes-nous devenus inhumain ou simplement dépassés ? Les coulisses de l'évènement ont reconstitué l'histoire de la famille de Suha, Louis Lema, Frédéric Choffa.

Québec: Claudine Bourbonnais, Radio-Canada Télé (01.01.2000)[8]

Bonsoir Mesdames et Messieurs ! Et bien, le passage à l'an deux-mille, ce n'est déjà plus l'avenir, c'est déjà le passé pour les quatre cinquièmes de la planète. Depuis l'Océanie où tout a commencé, et à chaque fuseau horaire, le changement s'est fait dans une douce euphorie pour des millions de personnes. Alors pas de signe du redouté bug, même la désuète centrale nucléaire de Tchernobyl a tenu le coup. À Paris, plus d'un million et demi de personnes ont attendu le nouvel an, qui a commencé, là comme ailleurs, sous le signe de la lumière. Céline Galipeau nous en parle.

Auswahl: Marc Chalier, Transkription: Luise Jansen
(vgl. auch Pustka/Chalier/Jansen 2017)

---

6 Video: www.tv5monde.com/cms/chaine-francophone/Economie/p-29107-Le-journal-de-l-economie/Volkswagen-nouvelles-revelations-Les-airbags-Takata-laches-par-Honda.htm?t=20151104.

7 Video: pages.rts.ch/emissions/les-coulisses-de-l-evenement/6454425-les-coulisses-de-l-evenement.html.

8 Video: https://www.youtube.com/watch?v=u1l853_9-PQ.

Im französischen Kontext noch kaum diskutiert ist dagegen die Frage der sogenannten ***Pluriarealität***: Gibt es im Bewusstsein der Sprecher*innen möglicherweise auch innerhalb von Frankreich verschiedene Normen? So wie Münchner*innen in der Regel nicht der Meinung sind, dass man in Hannover, Hamburg oder Berlin besser spricht als in München, so sind auch die *Toulousain.e.s* stolz auf ihren Akzent und nähern diesen v. a. dann an das Pariser Französisch an, wenn sie nach Paris umziehen. Wer als L1-Sprecher*in des Deutschen viel regionale Variation gewohnt ist, bemerkt in der Frankophonie möglicherweise auch mehr davon als Wissenschaftler*innen, die mit der 'Ideologie des Standards' groß geworden sind. Aus diesem Grund bereichert der 'Blick von außen' seit Jahrhunderten die Französische Sprachwissenschaft. Machen Sie mit!

Lesetipps

Detey, Sylvain / Durand, Jacques / Laks, Bernard / Lyche, Chantal (Hrsg.) (2010): *Les variétés du français parlé dans l'espace francophone: ressources pour l'enseignement*, Paris: Ophrys. PDFs mit Artikeln zu den Varietäten, Sounds und Transkriptionen *online open access*: https://www.projet-pfc.net/dvdophrys/.

Gadet, Françoise (1992): *Le français populaire*, Paris: PUF.

Reinke, Kristin / Ostiguy, Luc (2016): *Le français québécois d'aujourd'hui*, Berlin/Boston: De Gruyter.

Bibliographie

AITCHISON, Jean (1997): *Wörter im Kopf. Eine Einführung in das mentale Lexikon*, Tübingen: Niemeyer.

AITCHISON, Jean [1981] (⁴2013): *Language change: progress or decay*, Cambridge: CUP.

ANDROUTSOPOULOS, Jannis (1998): *Deutsche Jugendsprache. Untersuchungen zu ihren Strukturen und Funktionen*, Frankfurt am Main: Lang.

ANSELIN, Alain (1990): *L'émigration antillaise en France. La troisième île*, Paris: Karthala.

APPEL, René / MUYSKEN, Pieter [1987] (²2005): *Language Contact and Bilingualism*, Amsterdam: Amsterdam University Press.

ARISTOTELES [1890] (2020): *Metaphysik VII*, übersetzt von Hermann Bonitz, herausgegeben von Eduard Wellmann, Berlin: Reimer 1890. Nachdruck 2020: Berlin/Boston: De Gruyter.

ARNAULD, Antoine / LANCELOT, Claude (1660): *Grammaire de Port-Royal*, Paris: Prault.

AVANZI, Matthieu (2017): *Atlas du français de nos regions*, Paris: Armand Colin.

BAAYEN, Harald (2008): *Analyzing Linguistic Data: A Practical Introduction to Statistics using R*, Cambridge: CUP.

BAKKER, Peter (2013): „Michif structure dataset", in: MICHAELIS, Susanne Maria / MAURER, Philippe / HASPELMATH, Martin / HUBER, Magnus (Hrsg.): *Atlas of Pidgin and Creole Language Structures Online*, Leipzig: Max Planck Institute for Evolutionary Anthropology (apics-online.info/contributions/75, 12.10.2021).

BELL, Allan (1984): „Language style as audience design", in: *Language in Society* 13, 145–204.

BERLIN, Bent / KAY, Paul (1969): *Basic Color Terms: Their Universality and Evolution*, Berkeley: University Press.

BERNSTEIN, BASIL (1964): „Elaborated and Restricted Codes: Their Social Origins and Some Consequences", in: *American Anthropologist* 66.6, 55–69.

BICHSEL, Peter (1969): *Kindergeschichten*, Neuwied: Luchterhand.

BIERMANN, KAI / HAASE, MARTIN (2012): *Sprachlügen: Unworte und Neusprech von „Atomruine" bis „zeitnah"*, Frankfurt am Main: Fischer.

BLANCHE-BENVENISTE, CLAIRE (1990): „Grammaire première et grammaire seconde: l'exemple de *en*", in: *Recherches sur le français parlé* 10, 51–73.

BLANCHE-BENVENISTE, Claire (1990): *Approches de la langue parlée en français*, Paris: Ophrys.

BLANCHE-BENVENISTE, Claire (2000): *Approches de la langue parlée en français*, Paris: Ophrys.

BLANCHE-BENVENISTE, CLAIRE / JEANJEAN, COLETTE (1987): *Le français parlé. Transcription et edition*, Paris: Didier.

BLANCHET, Philippe [2016] (²2019): *Discriminations: combattre la glottophobie*, Limoges: Lambert-Lucas.

BLANCHET, Philippe / CLERC-CONAN, Stephanie / LEDEGEN, Gudrun (2019): *Francophonies: Le grand jeu de toutes les langues françaises*, Chennevières-sur-Marne: Assimil.

BLANK, Andreas (2001): *Einführung in die lexikalische Semantik für Romanisten*, Berlin/Boston: De Gruyter.

Bloch, Bernard (1948): „A Set of Postulates for Phonemic Analysis“, in: *Language* 24, 3–46.
Bloomfield, Leonard (1933): *Language*, New York: Holt, Rinehart & Winston.
Bossong, Georg (2008): *Die romanischen Sprachen. Eine vergleichende Einführung*, Hamburg: Buske.
Boughton, Zoë (2005): „Investigating puristic attitudes in France: Folk perceptions of variation in standard French“, in: Langer, Nils / Davies, Winifred (Hrsg.): *Linguistic Purism in the Germanic Languages*, Berlin/New York: Mouton de Gruyter, 282–299.
Bourdieu, Pierre [1978] (1992): „La 'jeunesse' n'est qu'un mot“, in: Bourdieu, Pierre: *Questions de sociologie*, Paris: Éditions de Minuit, 143–154.
Bourdieu, Pierre (1983): „Vous avez dit 'populaire'?“, in: *Actes de la Recherche en Sciences Sociales* 46, 98–105
Boyer, Henri (1988): „Le 'francitan'. Matériaux pour une approche des représentations et des fonctionnements sociolinguistiques d'un interlecte“, in: *Lenguas* 23, 71–95.
Bréal, Michel (1897): *Essai de Sémantique*, Paris: Hachette.
Brun, Auguste [1931] (²1978): *Le français de Marseille*, Marseille: Laffitte.
Bühler, Karl [1934] (1982): *Sprachtheorie. Die Darstellungsfunktion der Sprache*, Jena: Gustav Fischer.
Bybee, Joan [2001] (²2010): *Phonology and Language Use*, Cambridge: CUP.
Caesar, Gaius Iulius (2014): *De bello Gallico / Der Gallische Krieg*, Lateinisch / Deutsch. Übersetzt und herausgegeben von Marieluise Deißmann, Stuttgart: Reclam.
Candéa, Maria / Véron, Laélia (2019): *Le français est à nous !*, Paris: La Découverte.
Chalier, Marc (2021): *Les normes de prononciation du français: une étude perceptive panfrancophone*, Berlin/Boston: De Gruyter.
Chambers, Jack K. / Trudgill, Peter [1980] (2004): *Dialectology*, Cambridge etc.: CUP.
Chomsky, Noam (1957): *Syntactic Structures*, The Hague/Paris: Mouton de Gruyter.
Chomsky, Noam (1965): *Aspects of the Theory of Syntax*, Cambridge: The MIT Press.
Chomsky, Noam (1986): *Knowledge of language. Its nature, origin, and use*, New York: Praeger.
Chomsky, Noam (1995): *The Minimalist Program*, Cambridge: The MIT Press.
CLG 1916 = Saussure, Ferdinand de [1916] (1995): *Cours de linguistique générale*, Paris: Payot.
Coquillon Annelise / Durand, Jacques (2010): „Le français meridional: éléments de synthèse“, in: Detey, Sylvain / Durand, Jacques / Laks, Bernard / Lyche, Chantal (Hrsg.): *Les variétés du français parlé dans l'espace francophone : ressources pour l'enseignement*, Paris: Ophrys, 185–210.
Coseriu, Eugenio (1980): „'Historische Sprache' und 'Dialekt'“, in: Göschel, Joachim (Hrsg.): *Dialekt und Dialektologie*, Wiesbaden: Steiner, 106–122.
Courdès-Murphy, Léa (2018): *Nivellement et sociophonologie de deux grands centres urbains : le système vocalique de Toulouse et de Marseille*, unveröffentlichte Doktorarbeit, Université Jean Jaurès/Toulouse.
Courdès-Murphy, Léa / Eychenne, Julien (2020): „Dynamiques à l'œuvre dans le nivellement des voyelles nasales à Marseille“, in: *Journal of French Language Studies*, 1–25.
Coveney, Aidan (2002): *Variability in Spoken French: A Sociolinguistic Study of Interrogation and Negation*, Bristol: Elm Bank Publications.

Crystal, David (1998): *Die Cambridge Enzyklopädie der Sprache*, Frankfurt am Main/New York: Campus.

Crystal, David (2019): *The English Language*, Cambridge: CUP.

Culbertson, Jennifer (2010): „Convergent evidence for categorial change in French: From subject clitic to agreement marker", in: *Language* 86.1, 85–132.

Dahl, Östen (2004): *The Growth and Maintenance of Linguistic Complexity*, Philadelphia: John Benjamins.

Dardel, Robert de / Wüest, Jakob (1993): „Les systèmes casuels du protoroman. Les deux cycles de simplification", in: *Vox Romanica* 52, 25–65.

Darwin, Charles (1859): *On the Origin of Species*, London: John Murray.

Delattre, Pierre (1965): *Comparing the Phonetic Features of English, German, Spanish and French*, Heidelberg: Julius Gross.

Detey, Sylvain / Durand, Jacques / Laks, Bernard / Lyche, Chantal (Hrsg.) (2010): *Les variétés du français parlé dans l'espace francophone: ressources pour l'enseignement*, Paris: Ophrys.

Detges, Ulrich (2001): *Grammatikalisierung. Eine kognitiv-pragmatische Theorie, dargestellt am Beispiel romanischer und anderer Sprachen*, unveröffentlichte Habilitationsschrift, Universität Tübingen.

Detges, Ulrich (2018): „Strong Pronouns in Modern Spoken French. Cliticization, Constructionalization, Grammaticalization?", in: *Linguistics* 56.5, 1059–1097.

Deutsche Forschungsgemeinschaft (DFG) (2013): DFG-Handreichung „Informationen zu rechtlichen Aspekten bei der Handhabung von Sprachkorpora", (www.dfg.de/download/pdf/foerderung/grundlagen_dfg_foerderung/informationen_fachwissenschaften/geisteswissenschaften/standards_recht.pdf, 18.10.2021).

Deutscher, Guy [2010] ([3]2013): *Im Spiegel der Sprache*, München: dtv.

Diekmann, Andreas [1995] ([27]2016): *Empirische Sozialforschung. Grundlagen, Methoden, Anwendungen*, Reinbek bei Hamburg: Rowohlt.

Diels, Hermann / Kranz, Walther ([4]1922) (Hrsg.): *Die Fragmente der Vorsokratiker. Griechisch und Deutsch. Abdruck der dritten Auflage mit Nachträgen*, Band 1, Berlin: Weidmannsche Buchhandlung.

Délégation générale à la langue française et aux langues de France
DLGLF (2016): *Les langues de France* (https://www.culture.gouv.fr/Sites-thematiques/Langue-francaise-et-langues-de-France/Nos-missions/Promouvoir-les-langues-de-France/References-2016-les-langues-de-France, 18.10.2021).

Dohmen, Dieter (2019): „Bildungsarmut und Qualifikationsentwicklung", in: Quenzel Gudrun / Hurrelmann, Klaus (Hrsg.): *Handbuch Bildungsarmut*, Wiesbaden: Springer, 39–75.

Dufter, Andreas / Stark, Elisabeth (2007): „La linguistique variationnelle et les changements linguistiques 'mal compris' : Le cas du 'ne' de négation", in: Combettes, Bernard / Marchello-Nizia, Christiane (Hrsg.): *Etudes sur le changement linguistique en français*, Nancy: Presses Universitaires de Nancy, 115–128.

Durand, Jacques / Slater, Catherine / Wise, Hilary (1987): „Observations on schwa in Southern French", in: *Linguistics* 25.2, 983–1004.

Durand, Jacques / Laks, Bernard / Lyche, Chantal (2002): „La phonologie du français contemporain: usages, variétés et structure“, in: Pusch, Claus / Raible, Wolfgang (Hrsg.): *Romanistische Korpuslinguistik- Korpora und gesprochene Sprache/Romance Corpus Linguistics – Corpora and Spoken Language*, Tübingen: Narr, 93–106.

Durand, Jacques / Lyche, Chantal (2008): „French liaison in the light of corpus data“, in: *Journal of French Language Studies* 18, 33–66.

Dürscheid, Christa (2016): „Neue Dialoge – alte Konzepte? Die schriftliche Kommunikation via Smartphone“, in: *Zeitschrift für germanistische Linguistik* 44.3, 437–468.

Eckert, Penelope (2012): „Three Waves of Variation Study: The Emergence of Meaning in the Study of Sociolinguistic Variation“, in: *Annual Review of Anthropology* 41, 87–100.

Elsig, Martin (2009): *Grammatical variation across space and time: the French interrogative system*, Amsterdam: John Benjamins.

Eychenne, Julien (2019): „On the deletion of word-final schwa in Southern French“, in: *Phonology* 36.3, 355–389.

Fairon, Cédric / Klein, Jean René / Paumier, Sébastien (2006): *Le langage sms. Étude d'un corpus informatisé à partir de l'enquête « Faites don de vos sms à la science »*, Louvain-la-Neuve: Presses universitaires de Louvain.

Ferguson, Charles (1959): „Diglossia“, in: *Word* 15, 325–340.

Fonseca-Greber, Bonnibeth Beale (2007): „The Emergence of Emphatic ‘ne’ in Conversational Swiss French“, in: *Journal of French Language Studies* 17.3, 249–275.

Forsa (2019): *dbb Bürgerbefragung. Öffentlicher Dienst. Einschätzungen, Erfahrungen und Erwartungen der Bürger* (https://www.dbb.de/teaserdetail/artikel/forsa-studie-staat-ist-ueberforde rt-buerger-vertrauen-schwindet.html, 18.10.2021).

Gabriel, Christoph / Müller, Natascha / Fischer, Susann ([3]2018): *Grundlagen der generativen Syntax: Französisch, Italienisch, Spanisch*, Berlin: De Gruyter.

Gabriel, Christoph / Meisenburg, Trudel [2007] ([4]2021): *Romanische Sprachwissenschaft*, Paderborn: Wilhelm Fink.

Gadet, Françoise (1992): *Le français populaire*, Paris: PUF.

Gadet, Françoise [2003] (2007): *La variation sociale en français*, Paris: Ophrys.

Gadet, Françoise / Ludwig, Ralph (2014): *Le français au contact d'autres langues*, Paris: Ophrys.

Gadet, Françoise et al. (2017): *Les parlers jeunes dans l'Ile-de-France multiculturelle*, Paris: Ophrys.

Gauchat, Louis (1903): „Gibt es Mundartgrenzen?“, in : *Archiv für das Studium der Neueren Sprachen und Literaturen* 111, 345–403.

Gauchat, Louis (1905): „L'unité phonétique dans le patois d'une commune“, in: Bovet, Ernest et al. (Hrsg.): *Aus romanischen Sprachen und Literaturen. Festschrift Heinrich Morf zur Feier seiner fünfundzwanzigjährigen Lehrtätigkeit von seinen Schülern dargebracht*, Halle an der Saale: Niemeyer, 1–58.

Gladwell, Malcolm (2000): *The Tipping Point: How Little Things Can Make a Big Difference*, Boston: Little Brown.

Gloy, Klaus / Bucher, Hans-Jürgen / Cailleux, Michel (1985): „Bericht zum Zusammenhang von sozialem Wandel und Sprachwandel“, in: Ermert, Karl (Hrsg.): *Sprüche. Sprachen.*

Sprachlosigkeit. Ursachen und Folgen subkultureller Formen der Kommunikation am Beispiel der Jugendsprache, Rehburg: Evangelische Akademie Loccum.

Glück, Helmut / Rödel, Michael (Hrsg.) [1993] (52016): *Metzler Lexikon Sprache*, Stuttgart/Weimar: Metzler.

Goetsch, Paul (1985): „Fingierte Mündlichkeit in der Erzählkunst entwickelter Schriftkulturen“, in: *Poetica* 17, 202–218.

Goffman, Erving [1969] (102003): *Wir alle spielen Theater. Die Selbstdarstellung im Alltag*, München: Piper (englisches Original von 1959: *The presentation of self in everyday life*, New York: Doubleday & Company).

Gorter, Durk (2006) (Hrsg.): *Linguistic landscape: A new approach to multilingualism*, Clevedon: Multilingual Matters.

Greenberg, Joseph H. (1960): „A Quantitative Approach to the Morphological Typology of Language“, in: *International Journal of American Linguistics* 26.3, 178–194.

Grégoire, Henri (1794): *Rapport sur la nécessité et les moyens d'anéantir les patois et d'universaliser l'usage de la langue française*, Convention Nationale (fr.wikisource.org/wiki/Rapport_sur_la_n%C3%A9cessit%C3%A9_et_les_moyens_d%E2%80%99an%C3%A9antir_les_patois_et_d%E2%80%99universaliser_l%E2%80%99usage_de_la_langue_fran%C3%A7aise, 18.10.2021).

Grevisse, Maurice [1936] (162016): *Le Bon Usage*, Louvain-la-Neuve: De Boeck Supérieur.

Grosjean, François (2015): *Parler plusieurs langues. Le monde des bilingues*, Paris: Albin Michel.

Grutschus, Anke / Kern, Beate (2021): „L'oralité mise en scène dans la bande dessinée: marques phonologiques et (morpho)syntaxiques dans *Astérix* et *Titeuf*“, in: *Journal of French Language Studies* 31.2, 192–215.

Guerin, Emmanuelle (2015): *Observer, décrire, ... enseigner, le français 'langue vivante'*, Habilitation à diriger les recherches (HDR), Université de Poitiers (https://hal.archives-ouvertes.fr/tel-01303370/document, 18.10.2021).

Gumperz, John (1982): *Discourse strategies*, Cambridge: CUP.

Halliday, Michael / McIntosh, Agnus / Strevens, Peter (1964): *The Linguistic Sciences in Language Teaching*, London: Longmans.

Hambye, Philippe / Simon, Anne-Catherine (2004): „The Production of Social Meaning Via the Association of Variety and Style: A Case Study of French Vowel Lengthening in Belgian“, in: *Journal of Canadian Linguistics* 49, 397–421.

Heiszenberger, Elisabeth (2019): *Pragmatik und Semantik des Codeswitchings im Kindergarten: Eine explorative Untersuchung am Lycée français de Vienne und an der École maternelle Harmonie de Vienne*, unveröffentlichte Diplomarbeit, Universität Wien.

Hemingway, Ernst [1952] (2000): *The Old Man and the Sea: Englischer Text mit deutschen Worterklärungen*, Stuttgart: Reclam.

Héroard, Jean (1609): *De l'institution du prince*, Paris.

Hornsby, David (2020): *Norm and Ideology in Spoken French. A Sociolinguistic History of Liaison*, Cham: Palgrave Macmillan.

Huchon, Mireille (2002): *Histoire de la langue française*, Paris: Librairie Générale Française.

Hunink, Vincent (2011): *Glücklich ist dieser Ort! 1000 Graffiti aus Pompeji; lateinisch – deutsch*, Stuttgart: Reclam.

Jakobson, Roman (1959): „Boas' view of grammatical meaning", in: Goldschmidt, Walter (Hrsg.): *The anthropology of Franz Boas: Essays on the centennial of his birth*, Menasha, Wis.: American Anthropological Association, 139–45.

Jakobson, Roman (1960): „Linguistik und Poetik", in: Ihwe, Jens (1971) (Hrsg.): *Literaturwissenschaft und Linguistik. Ergebnisse und Perspektiven*, Frankfurt am Main: Athenäum, 142–178.

Jansen, Luise (2019): „Varietäten als Prototypen: eine perzeptionslinguistische Modellierung am Beispiel des Südfranzösischen", in: Bülow, Lars / Herbert, Kristina / Fischer, Ann-Kathrin (Hrsg.): *Dimensionen des sprachlichen Raums: Variation – Mehrsprachigkeit – Konzeptualisierung*, Frankfurt am Main: Lang.

Jansen, Luise (in Vorbereitung): *Phonological Variation in Southern French: Production, Perception and Representations*, Doktorarbeit, Universität Wien.

Kaiser, Georg (2008): „Zur Grammatikalisierung der französischen Personalpronomina", in: Stark, Elisabeth / Schmidt-Riese, Roland / Stoll, Eva (Hrsg.): *Romanische Syntax im Wandel*, Tübingen: Narr, 305–325.

Kaiser, Georg (2020): *Syntax des Französischen*, Berlin: Erich Schmidt.

Keller, Rudi [1990] ([4]2014): *Sprachwandel. Von der unsichtbaren Hand in der Sprache*, Tübingen/Basel: Francke.

Kielhöfer, Bernd / Jonekeit, Sylvie [1983] ([11]2006): *Zweisprachige Kindererziehung*, Tübingen: Stauffenburg.

Kinder, Herman / Hilgemann, Werner [1964] ([37]2004): *dtv-Atlas Weltgeschichte, Band 1: Von den Anfängen bis zur Französischen Revolution*, München: dtv.

Kleber, Felicitas (2022): *Phonetik und Phonologie. Eine Einführung*, Tübingen: Narr.

Kloss, Heinz [1952] ([2]1978): *Die Entwicklung germanischer Kultursprachen seit 1800*, Düsseldorf: Schwann.

Koch, Peter (1997): „Diglossie in Frankreich?", in: Engler, Winfried (Hrsg.): *Frankreich an der Freien Universität. Geschichte und Aktualität*, Stuttgart: Steiner, 219–249.

Koch, Peter / Oesterreicher, Wulf (1985): „Sprache der Nähe – Sprache der Distanz", in: *Romanistisches Jahrbuch* 36, 15–43.

Koch, Peter / Oesterreicher, Wulf [1990] ([2]2011): *Gesprochene Sprache in der Romania: Französisch, Italienisch, Spanisch*, Tübingen: Niemeyer.

Koch, Peter / Oesterreicher, Wulf (1996): „Sprachwandel und expressive Mündlichkeit", in: *Zeitschrift für Literaturwissenschaft und Linguistik* 102, 64–96.

Kornmesser, Stephan / Büttemeyer, Wilhelm (2020): *Wissenschaftstheorie: Eine Einführung*, Stuttgart: Metzler.

Kramer, Johannes (1999): „Sind die romanischen Sprachen kreolisiertes Latein?", in: *Zeitschrift für romanische Philologie* 115.1, 1–19.

Kramer, Johannes (2010): „Gibt es leichte und schwere Schulsprachen? Überlegungen zum Englischen, Spanischen, Italienischen und Französischen", in: *Zeitschrift für romanische Sprachen und ihre Didaktik* 4, 105–119.

Krefeld, Thomas (2004): „Die drei Dimensionen des kommunikativen Raums und ihre Dissoziation: Sprachliche Variation bei italienischen Migranten“, in: Lenz, Alexandra / Radtke, Edgar / Zwickl, Simone (Hrsg.): *Variation im Raum*, Frankfurt am Main etc.: Lang, 211–232.

Krefeld, Thomas (2015): „L'immédiat, la proximité et la distance communicative“, in: Polzin-Haumann, Claudia / Schweickard, Wolfgang (Hrsg.): *Manuel de linguistique française*, Berlin/Boston: De Gruyter, 262–274.

Krefeld, Thomas / Pustka, Elissa (2010): „Einleitung: Für eine perzeptive Varietätenlinguistik“, in: Krefeld, Thomas / Pustka, Elissa (Hrsg.): *Perzeptive Varietätenlinguistik*, Frankfurt am Main u. a.: Peter Lang, 9–28.

Krefeld, Thomas / Pustka, Elissa (2014): „Welt, Wahrnehmung, Sprache – die perzeptive Grundlage der Linguistik“, in: Krefeld, Thomas / Pustka, Elissa (Hrsg.): *Perzeptive Linguistik*, Stuttgart: Steiner, 9–18.

Kristiansen, Gitte / Dirven, René (Hrsg.) (2008): *Cognitive sociolinguistics. Language variation, cultural models, social systems*, Berlin: Mouton de Gruyter.

Kristiansen, Gitte (2008): „Style-shifting and shifting styles. A Socio-Cognitive Approach to Lectal Variation“, in: Kristiansen, Gitte / Dirven, René (Hrsg.): *Cognitive Sociolinguistics: Language Variation, Cultural Models, Social Systems*, Berlin: Mouton de Gruyter, 45–88.

Kuhn, Thomas (1962): *The Structure of Scientific Revolutions*, Chicago: University of Chicago Press.

Labov, William (1966): *The Social Stratification of English in New York City*, Washington, Center for Applied Linguistics.

Labov, William (1972): *Sociolinguistic patterns*, Philadelphia: University of Pennsylvania Press.

Labov, William (1973): „The boundaries of words and their meanings“, in: Bailey, Charles-James / Shuy, Roger (Hrsg.): *New Ways of Analyzing Variation in English*, Washington: Georgetown University Press, 340–737.

Labov, William (1981): „Resolving the Neogrammarian controversy“, in: *Language* 57, 267–302.

Labov, William (1994): *Principles of linguistic change*, Band 1: *Internal Factors*, Malden etc.: Wiley-Blackwell.

Labov, William (2001): *Principles of linguistic change*, Band 2: *Social Factors*, Malden etc.: Wiley-Blackwell.

Labov, William (2010): *Principles of linguistic change*, Band 3: *Cognitive and Cultural Factors*, Malden etc.: Wiley-Blackwell.

Lakoff, George / Johnson, George (1980): *Metaphors we live by*, Chicago: University of Chicago Press.

Lakoff, George / Johnson, George (1985): *Les métaphores dans la vie quotidienne*, Paris: Éditions de Minuit.

Lakoff, George / Johnson, George [1998] ([6]2008): *Leben in Metaphern. Konstruktion und Gebrauch von Sprachbildern*, Heidelberg: Carl Auer.

Lakoff, George / Wehling, Elisabeth [2008] ([4]2016): *Auf leisen Sohlen ins Gehirn. Politische Sprache und ihre heimliche Macht*, Heidelberg: Carl Auer.

Landry, Rodrigue / Bourhis, Richard Y. (1997): „Linguistic landscape and ethnolinguistic vitality: An empirical study“, in: *Journal of Language and Social Psychology* 16, 23–49.

LARGO, Remo H. / CZERNIN, Monika [2011] (2013): *Jugendjahre: Kinder durch die Pubertät begleiten*, München/Zürich: Piper.

LENNEBERG, Eric Heinz (1967): *Biological Foundations of Language*, New York: John Wiley & Sons.

LEPOUTRE, David (1997): *Cœur de banlieue*, Paris: Odile Jacob.

LINDEN, Peter (1998): *Wie Texte wirken*, Berlin: Zeitungs-Verlag.

LODGE, Anthony (2004): *A sociolinguistic History of Parisian French*, Cambridge: CUP.

LOUIS, Édouard (2014): *En finir avec Eddy Bellegueule*, Paris: Seuil.

LUPYAN, Gary / DALE, Rick (2010): „Language Structure is partly determined by Social Structure", in: *PLoS ONE* 5.1, 1–10 (e8559. doi:10.1371/journal.pone.0008559, 18.10.2021).

MARTINET, André (1955): *Économie des changements phonétiques*, Bern etc.: Francke.

MASSOT, Benjamin / ROWLETT, Paul (2013): „Le débat sur la diglossie en France: aspects scientifiques et politiques", in: *Journal of French Language Studies* 23.1, 1–16.

MAZEL, Jean (1980): „Francitan et français d'oc. Problèmes de terminologie", in: *Lengas* 7, 133–141.

MCCLOY, Daniel R. (2016): *phonR: tools for phoneticians and phonologists. R package version 1.0-7.*

MEILLET, Antoine (1912): „L'évolution des formes grammaticales", in: *Scientia* (*Rivista di Scienza*) 12.26/6, 384–400 (Wiederabdruck in: MEILLET, Antoine (1948): *Linguistique historique et linguistique générale*, Band 1, Paris: Champion, 130–148).

MEINDL, Claudia (2011): *Methodik für Linguisten: Eine Einführung in Statistik und Versuchsplanung*, Tübingen: Narr.

MEISNER, Charlotte (2016): *La variation pluridimensionnelle*, Bern: Lang.

MILROY, James / MILROY, Lesley (1985): „Linguistic change, social network and speaker innovation", in: *Journal of Linguistics* 21, 339–84.

MÖHREN, Frankwalt (1980): *Le renforcement affectif de la négation par l'expression d'une valeur minimale en ancien français*, Tübingen: Niemeyer.

MÜLLER-LANCÉ, Johannes [2006] (³2020): *Latein für Romanist*innen. Ein Lehr- und Arbeitsbuch*, Tübingen: Narr.

MÜLLER, Natascha et al. [2006] (³2011): *Einführung in die Mehrsprachigkeitsforschung*, Tübingen: Narr.

MÜLLER, Natascha et al. (2015): *Code-Switching: Spanisch, Italienisch, Französisch. Eine Einführung*, Tübingen: Narr.

NICOLOSI, Frédéric (im Druck): „Représentation de l'oralité populaire dans *En finir avec Eddy Bellegueule* d'Édouard Louis", in: *Zeitschrift für Französische Sprache und Literatur.*

NEULAND, Eva [2008] (²2018): *Jugendsprache. Eine Einführung*, Tübingen: A. Francke.

NOLL, Volker (2017): „Vietnam, Cambodge et Laos", in: REUTNER, Ursula (Hrsg.): *Manuel des francophonies*, Berlin/Boston: De Gruyter, 588–604.

NOLL, Volker / KIESLER, Reinhardt [2005] (2018): *Einführung in die Problematik des Vulgärlateins*, Berlin/Boston: De Gruyter.

ODGEN, Charles Kay / RICHARDS, Ivor Armstrong (1923): *The Meaning of Meaning*, London/New York: Kegan Paul.

OIF (2019): *La langue française dans le monde 2015–2018*, Paris: Gallimard.

ORWELL, George [1949] (³2021): *1984.* Neu übersetzt von Frank Heibert, Frankfurt am Main: Fischer.

Palsgrave, John [1530] (1852): *L'esclarcissement de la langue françoyse, composé par maistre jehan palsgrave, angloys, natyf de londres et gradué de paris*, Paris: Honoré Champion.

Peirce, Charles Sanders [1903] (1997): *The 1903 Harvard „Lectures on Pragmatism"*, hrsg. von Patricia Ann Turrisi, Albany: State of New York Press.

Petit Robert = *Le Nouveau Petit Robert de la Langue Française* (2021), Paris: Dictionnaires le Robert (Datenbank).

Pichoche, Jacqueline / Marchello-Nizia, Christiane [1994] (2003): *Histoire de la langue française*, Paris: Nathan.

Pirazzini, Daniela (2013): *Theorien und Methoden der romanischen Sprachwissenschaft*, Berlin/Boston: De Gruyter.

Platen, Christoph (1997): *Ökonymie. Zur Produktnamen-Linguistik im Europäischen Binnenmarkt*, Niemeyer: Tübingen.

Platon (2014): *Kratylos: Griechisch/Deutsch*, übersetzt von Gernot Krapinger, Stuttgart: Reclam.

Pomino, Natascha / Zepp, Susanne ([2]2008): *Hispanistik*, Paderborn: Wilhelm Fink.

Pompino-Marschall, Bernd [1995] ([3]2009): *Einführung in die Phonetik*, Berlin/New York: De Gruyter.

Popper, Karl (1935): *Logik der Forschung. Zur Erkenntnistheorie der modernen Naturwissenschaft*, Wien: Springer.

Pottier, Bernard (1963): *Recherches sur l'analyse sémantique en linguistique et en traduction mécanique*, Nancy: Publications linguistiques de la Faculté des Lettres et des Sciences Humaines de Nancy.

Purschke, Christoph (2017): „Crowdsourcing the linguistic landscape of a multilingual country. Introducing Lingscape in Luxembourg", in: *Linguistik Online* 85.6, 181–202.

Purschke, Christoph (2018): „Sprachliche Vielfalt entdecken mit der Lingscape-App", in: *Der Deutschunterricht: Beiträge zu seiner Praxis und wissenschaftlichen Grundlegung* 4, special issue „Linguistic Landscapes – Sprachlandschaften", 70–75.

Pustka, Elissa (2007): *Phonologie et variétés en contact. Aveyronnais et Guadeloupéens à Paris*, Tübingen: Narr.

Pustka, Elissa (2008): „*accent(s) parisien(s)* – Auto- und Heterorepräsentationen stadtsprachlicher Merkmale", in: Krefeld, Thomas (Hrsg.): *Sprachen und Sprechen im städtischen Raum*, Frankfurt am Main etc.: Lang, 213–249.

Pustka, Elissa (2009): „A prototype-theoretic model of Southern French", in: Beeching, Kate / Armstrong, Nigel / Gadet, Françoise (Hrsg.): *Sociolinguistic Variation in Contemporary French*, Amsterdam/Philadelphia: John Benjamins, 77–94.

Pustka, Elissa (2010): „Der südfranzösische Akzent – in den Ohren von Toulousains und Parisiens", in: Krefeld, Thomas / Pustka, Elissa (Hrsg.): *Perzeptive Varietätenlinguistik*, Frankfurt am Main etc.: Lang, 123–150.

Pustka, Elissa [2010] ([2]2016): *Einführung in die Phonetik und Phonologie des Französischen*, Berlin: Erich Schmidt.

Pustka, Elissa (2011): „L'accent méridional : représentations, attitudes et perceptions toulousaines et parisiennes", in: *Lengas* 69, 117–152.

Pustka, Elissa (2015): *Expressivität. Eine kognitive Theorie angewandt auf romanische Quantitätsausdrücke*, Berlin: Erich Schmidt.

Pustka, Elissa (2021a): *Phonetik und Phonologie des Spanischen. Eine korpuslinguistische Einführung*, Berlin: Erich Schmidt Verlag.

Pustka, Elissa (2021b): „Wo Österreich französisch ist: eine Pilotstudie zur Linguistic Landscape der Wiener Josefstadt (8. Bezirk)", in: Lücke, Stephan / Piredda, Noemi / Postlep, Sebastian / Pustka, Elissa (Hrsg.): *Linguistik grenzenlos: Berge, Meer, Käse und Salamander 2.0 – Linguistica senza confini: montagna, mare, formaggio e salamandra 2.0.* Korpus im Text, Band 14 (http://www.kit.gwi.uni-muenchen.de/?p=75170&v=1, 18.10.2021).

Pustka, Elissa / Chalier, Marc / Jansen, Luise (2017): „À la recherche d'une norme de prononciation : le modèle des présentateurs de télévision", in: *Journal of French Language Studies* 27.1, 101–115 (https://doi.org/10.1017/S0959269516000338, 18.10.2021).

Queneau, Raymond (1955): „Écrit en 1955", in: Queneau, Raymond (1965): *bâtons, chiffres et lettres*, Paris: Gallimard, 65–94.

Queneau, Raymond (1959): *Zazie dans le métro*, Paris: Gallimard.

Quillard, Virginie (2001): „La diversité des formes interrogatives: comment l'interpréter? ", in: *Language et société* 95, 57–72.

Raible, Wolfgang (1983): „Zur Einleitung", in: Stimm, Helmut / Raible, Wolfgang (Hrsg.): *Zur Semantik des Französischen*, Wiesbaden: Steiner, 1–24.

Reinke, Kristin / Ostiguy, Luc (2016): *Le français québécois d'aujourd'hui*, Berlin/Boston: De Gruyter.

Reutner, Ursula (2017) (Hrsg.): *Manuel des francophonies*, Berlin/Boston: De Gruyter.

Riegel, Martin / Pellat, Jean-Christophe / Rioul, René [1994] (^{8}2021): *Grammaire méthodique du français*, Paris: PUF.

Ronjat, Jules (1913): *Le développement du langage observé chez un enfant bilingue*, Paris: Champion.

Rosch, Eleanor (1975): „Cognitive Representations of Semantic Categories", in: *Journal of Experimental Psychology* 104.3, 192–233.

Rousseau, Jean-Jacques (1990): *Essai sur l'origine des langues*, Paris: Gallimard.

Sabatier, Marie-Dominique (2014): *Dictionnaire sms-français*, CreateSpace Independent Publishing Platform.

Saussure, Ferdinand de [1916] (1995): *Cours de linguistique générale*, Paris: Payot. (= CLG)

Schlegel, August Wilhelm von (1818): *Observations sur la langue et la littérature provençales*, Paris: Librairie Grecque-Latine-Allemande.

Schleicher, August (1861): *Compendium der vergleichenden Grammatik der indogermanischen Sprachen*, Band 1, Weimar: Böhlau.

Schneider, Wolf [1982] (^{27}2001): *Deutsch für Profis. Wege zu gutem Stil*, München: Goldmann.

Schpak-Dolt, Nikolaus [1992] (^{4}2016): *Einführung in die französische Morphologie*, Tübingen: Niemeyer.

Schuchardt, Hugo (1884): *Hugo Schuchardt Brevier. Ein Vademekum der allgemeinen Sprachwissenschaft*, Halle: Niemeyer.

SCHUCHARDT, Hugo (1885): „Ueber die Lautgesetze. Gegen die Junggrammatiker", in: VENNEMANN, Theo / WILBUR, Terence H. (Hrsg.) (1972): *Schuchardt, the Neogrammarians, and the transformational theory of phonological change: Four essays by Hugo Schuchardt, Theo Vennemann, Terence H. Wilbur*, Frankfurt am Main: Athenäum, 9–37.

SCHULZ VON THUN, Friedemann [1981] (482010): *Miteinander reden*, Band 1: *Störungen und Klärungen. Allgemeine Psychologie der Kommunikation*, Reinbek bei Hamburg: Rowohlt.

SÉGUY, Jean [1951] (31978): *Le français parlé à Toulouse*, Toulouse: Privat.

SÖLL, Ludwig [1974] (31985): *Gesprochenes und geschriebenes Französisch*, Berlin: Erich Schmidt.

STARK, Elisabeth / UEBERWASSER, Simone / GÖHRING, Anne (2014–) : Corpus „What's up, Switzerland?", Universität Zürich, www.whatsup-switzerland.ch.

STEFENELLI, Arnulf (1981): *Geschichte des französischen Kernwortschatzes*, Berlin: Erich Schmidt.

STEIN, Peter [1984] (2017): *Kreolisch und Französisch*, Tübingen: Niemeyer.

TAYLOR, Jill (1996): *Sound Evidence. Speech Communities and Social Accents in Aix-en-Provence*, Bern etc.: Lang.

THOMASON, Sarah G. (2001): *Language Contact. An Introduction*, Edinburgh: Edinburgh University Press.

TLF*i* = *Trésor de la Langue Française informatisé* (http://atilf.atilf.fr/).

TREMBLAY, Michel (1965): *Les Belles-soeurs*, Montréal: Leméac.

TRIER, Jost (1931): *Der deutsche Wortschatz im Sinnbezirk des Verstandes; die Geschichte eines Sprachlichen Feldes*, Heidelberg: Winter.

TRUBETZKOY, Nikolaus [1939] (71989): *Grundzüge der Phonologie*, Göttingen: Vandenhoeck & Ruprecht.

TRUDGILL, Peter (1972): „Sex, covert prestige and linguistic change in the urban British English of Norwich", in: *Language in Society* 1, 179–195.

TRUDGILL, Peter (2011): *Sociolinguistic Typology: Social Determinants of Linguistic Complexity*, Oxford: OUP.

VAUGELAS, Claude Favre de (1647): *Remarques sur la Langue Françoise, utiles à tous ceux qui veulent bien parler et bien escrire*, Paris: Vve J. Camusat et P. Le Petit.

VILLA, Étienne (1802): *Nouveaux gasconismes corrigés ou tableau des principales expressions et constructions vicieuses, usitées dans la partie méridionale de la France*, Montpellier: G. Izar et A. Ricard.

WANG, William S.Y. (1969): „Competing changes as cause of residue", in: *Language* 45, 9–25.

WATZLAWICK, Paul / BEAVIN, Janet H. / JACKSON, Don D. (1969): *Menschliche Kommunikation – Formen, Störungen, Paradoxien*, Bern: Huber.

WEAVER, Warren / SHANNON, Claude (1949): *The Mathematical Theory of Communication*, Urbana: University of Illinois Press.

WERDER, Lutz von (1995): *Grundkurs des wissenschaftlichen Lesens*, Berlin/Milow: Schibri.

WHITNEY, William Dwight [1875] (21880): *The Life and Growth of Language*, London: C. Kegan Paul & Co.

WHORF, Benjamin L. [1956] (252008): *Sprache, Denken, Wirklichkeit. Beiträge zur Metalinguistik und Sprachphilosophie*, Reinbek bei Hamburg: Rowohlt.

Wierzbicka, Anna (1992): *Semantics, Culture and Cognition: Universal Human Concepts in Culture-Specific Configurations*, Oxford/New York: Oxford University Press.
Wittgenstein, Ludwig [1953] (2003): *Philosophische Untersuchungen*, Frankfurt am Main: Suhrkamp.
Wolff, Alexandre (2014): *La langue française dans le monde*, Paris: Nathan.
Zipf, George Kingsley [1949] (1965): *Human behavior and the principle of least effort. An introduction to human ecology*, New York: Hafner.
Zola, Émile [1877] (1996): *L'Assommoir*, Paris: Librairie Générale Française.

Abbildungsverzeichnis

Tabellenverzeichnis